COLLECTION « VECU »

ALBERT FALCO
YVES PACCALET

CAPITAINE DE LA CALYPSO

Préface de J.-Y. Cousteau
de l'Académie française

ÉDITIONS ROBERT LAFFONT
PARIS

ISBN 2-221-05829-1

PRÉFACE

Le dieu de l'Eau

Dans les pages de ses mémoires, « Bébert » se demande : « Pourquoi moi ? » Il est vrai que la dynamite peut rester inerte, sans détonateur.

Quand Falco évoque, dans le chapitre qu'il intitule « Le nez de Cousteau », sa candidature au poste de plongeur de la Calypso, *il ne mentionne pas les cinq mots qui ont provoqué l'explosion de sa fulgurante carrière. Cinq mots prononcés par le président Borelli en guise d'introduction du candidat :*

« *C'est* le dieu de l'Eau. »

J'avais eu la chance de commencer la grande aventure avec des amis extraordinaires, Philippe Tailliez et Frédéric Dumas. Ensemble nous avions goûté à l'ivresse de la découverte, nous avions forcé les barrières qui avaient jusque-là interdit le libre accès au monde de la mer. Il restait à conquérir la planète d'eau tout entière. Conscient de ma fragilité physique, que je n'arrivais à dominer qu'à force de volonté, je savais bien que j'avais besoin, auprès de moi, d'un enthousiaste plus robuste que moi, capable de partager mes rêves et de m'aider à les réaliser.

Le candidat devait être sensible à la moindre caresse de l'eau ou du vent, capable de résister aux tempêtes, ou de ruser avec elles, attentif aux moindres indices des forces de la nature ou du comportement d'animaux peu connus, ouvert aux initiatives les plus folles, prêt à les servir avec détermination et puissance.

Ce candidat, en somme, c'était le dieu de l'Eau. C'était Falco. De simple plongeur, Falco est devenu sans le moindre conflit le chef indiscuté de ses camarades, puis, avec Jean Alinat, mon conseiller technique, mon chef d'expédition, et enfin, commandant de la Calypso. *Bébert vous racontera lui-même les étapes de notre grand voyage au cours duquel se sont développées, avec une sorte de respect mutuel et de pudeur, nos relations de travail, puis notre camaraderie, enfin notre amitié.*

Ce qu'Albert Falco ne pouvait pas vous dire, c'est qu'il fait partie de ces très rares amis que je n'ai jamais tutoyés.

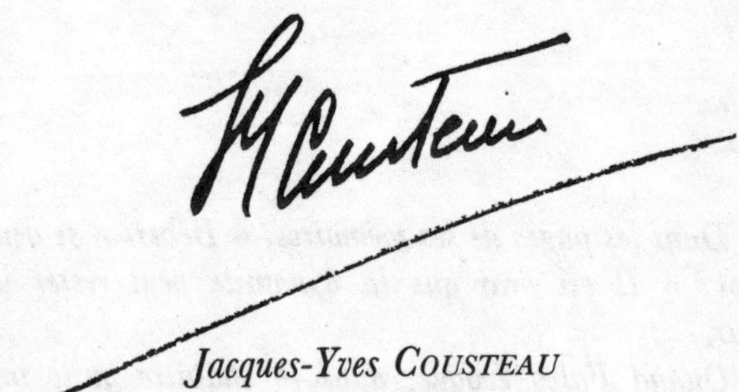

Jacques-Yves COUSTEAU
de l'Académie française

PROLOGUE

Une aube à Tahiti

La Nouvelle-Cythère défigurée • Soixante ans !
L'esprit d'équipe • L'aventure autour du monde
La confiance du Pacha.

Le chef de quart inscrit sur le Livre de bord la date du 17 octobre 1987.

Il rédige ses observations de la nuit, les signe et vient me réveiller dans ma cabine :

« Capitaine, il est 5 heures ! »

Je saute de ma couchette, j'enfile un short et un tricot de marin. A la passerelle, je vérifie la position du navire, comme je le fais toujours. Et je contemple le lever du soleil.

C'est ma récompense. Depuis trente-cinq ans que je navigue sur la *Calypso*, je n'ai pas raté une aurore. Même par temps de pluie, de brouillard ou de neige... J'aime saluer la beauté des choses au moment où elles commencent : c'est ma drogue — comme la télévision pour d'autres... Quand le spectacle est réussi, le ciel prend des couleurs féeriques où l'or et le rouge se mêlent aux mauves. Les goélands ou les albatros passent en silence devant ces draperies.

Ce 17 octobre 1987, l'aurore se lève sur une île fameuse. Une terre de rêve... Au XVIIIe siècle, le grand explorateur Louis Antoine de Bougainville l'avait baptisée la « Nouvelle-Cythère ».

Tahiti...

J'ai visité des dizaines d'archipels, de la Méditerranée à la mer Caraïbe, de l'Antarctique à l'océan Indien. Bizarrement, jamais Tahiti... Pour moi aussi, c'est un rêve qui se réalise. La scène est grandiose : seule la nature, inégalable peintre, peut oser ce ciel jaune et cette mer bleu sombre, avec cette hachure de cocotiers à l'horizon.

Je comprends ce qu'a représenté, pour les navigateurs du Siècle des lumières, l'arrivée dans ce paradis. Un choc. Un instant d'émotion pure...

Aujourd'hui, Tahiti reste belle — mais seulement vue du large. Lorsqu'on approche de Papeete, la capitale (quatre-vingt-dix mille habitants), l'enchantement disparaît. Les bateaux à moteur, les transbordeurs de voitures, les avions vrombissent. Le lagon de turquoise, où nageaient des poissons d'or, est dévasté. Trop de pêcheurs. Trop de touristes. Trop de chasseurs sous-marins. Trop d'immeubles et trop de routes... L'utopie se transforme en hurlements des réacteurs, en flaques d'huile et en pétarades de hors-bord.

Oui : les hors-bord ont remplacé les lentes et élégantes pirogues à balancier qu'on voudrait voir encore, propulsées par des athlètes à la peau brune accompagnés de vahinés à la chevelure bleu-noir piquée d'une fleur de tiaré... Il ne reste plus, de cette magie, que le parfum des frangipaniers et des tubéreuses porté par la brise...

A Papeete, l'image de l'Eden se dissout dans les fumées des pots d'échappement, dans les alignements de magasins de souvenirs et dans les caniveaux-dépotoirs encombrés de boîtes de bière et de bouteilles de plastique... Même les jardins aux plantes luxuriantes sont souillés par la civilisation. Tout est dégradé. Comme un cadeau cassé.

A Tahiti, l'homme n'a pas été chassé du Paradis terrestre : il a chassé le Paradis terrestre.

Je préfère les Marquises, d'où nous venons. Elles sont moins touchées par les destructions des hommes. Je les aime à cause de leur âpre grandeur. Paul Gauguin et Jacques Brel ont peint, écrit ou chanté cet archipel sauvage, ces montagnes de la mer où les rouleaux de l'océan se ruent à l'assaut de la lave noire. Ils y ont trouvé le but de leur quête de l'absolu ; ils y ont réconcilié l'art et l'homme ; ils y ont vécu leur destin. Ils y reposent.

Les Marquises ne sont ni accueillantes, ni douces. Elles se méritent. Mais elles donnent davantage au voyageur. Elles sont hantées par le souvenir de cette aventureuse civilisation polynésienne qui, dès le IIe siècle avant notre ère, envoya sur l'infini du Pacifique des navigateurs sur leurs fragiles pirogues. Je songe à ces hommes, à ces femmes, à ces enfants qui parcoururent des milliers de milles sur une mer inconnue, qui endurèrent les tempêtes, la soif et la faim, qui périrent par centaines, mais qui finirent par peupler toutes les terres habitables du Grand Océan — jusqu'à la Nouvelle-Zélande et à l'île de Pâques.

Je commande la manœuvre. La *Calypso* accoste. Je regagne ma cabine. Je suis triste et déçu. Je regrette la farouche beauté des Marquises, où nous avons passé deux mois. Je voudrais connaître la beauté originelle de la Nouvelle-Cythère ; mais la Nouvelle-Cythère n'est plus qu'une fumée qui s'estompe dans la mémoire des vieux Tahitiens. Désormais, les vahinés font tourner la machine à laver et vont en courses au supermarché. Et les athlètes à la peau brune qui maniaient la pagaie travaillent dans les bureaux du ministère de la Défense, en prévision du prochain tir nucléaire de Mururoa.

Je m'allonge sur ma couchette et je laisse divaguer mon esprit. Des accords de guitare me tirent de ma rêverie. Je descends l'échelle de coupée. Je longe la coursive bâbord. Je jette un coup d'œil au carré.

L'équipage m'attend. Je franchis le seuil. Le chœur de la *Calypso* (musicalement approximatif, mais si chaleureux !) entonne un retentissant « Joyeux anniversaire ! ».

Simone Cousteau (Mme Cousteau, « la Bergère », comme nous l'appelons tous) orchestre la cérémonie. C'est une femme admirable, dont la modestie et la discrétion n'ont d'égal que le courage. Elle a, depuis les premières missions du navire, passé plus de temps sur la *Calypso* que son illustre mari. C'est la seule femme de marin qui attende son époux en mer !

Elle est la mère, la grand-mère, l'amie, la confidente des équipiers. Elles les écoute. Elle les conseille. Elle les soutient quand la mission devient pénible, quand le moral flanche. Elle s'inquiète de savoir s'ils ont des nouvelles de leur femme, de leur fiancée, de leurs enfants, de leurs proches. Elle veille à ce que la séparation ne pose pas trop de problèmes. (Dieu sait qu'elle en pose !) Elle est attentive à tout.

Elle n'a jamais oublié un anniversaire.

Elle a fait préparer en mon honneur un somptueux souper tahitien : cochon grillé, potiron, poisson cru au citron, fruits d'arbre à pain, bananes bouillies ou en gelée...

Le gâteau glacé est surmonté des soixante bougies qu'il faut que je souffle.

Soixante ans !

J'ai soixante ans à Tahiti...

L'ambiance est chaleureuse, un peu à cause du champagne, beaucoup grâce à l'amitié que me témoignent mes compagnons. Chacun prononce une courte phrase de compliment, parfois maladroite, toujours remplie d'émotion. C'est ainsi que le cœur du loup de mer le mieux endurci bat plus vite... Je mesure la chance que j'ai de pouvoir compter sur un tel groupe. Soudé. Responsable. Conscient des risques et des dangers qu'il faut affronter pour mériter le beau titre d'explorateur. Conscient du privilège que constitue ce métier dans lequel on a le devoir de courir le monde — d'aller où personne d'autre ne va.

Cet esprit de haute curiosité, ce besoin de savoir, le commandant Cousteau l'a forgé, mission après mission. Non seulement il l'a voulu, mais il l'a entretenu dans les pires moments. En montrant l'exemple.

Je me suis efforcé de suivre le modèle du Pacha — JYC, comme nous l'appelons d'après ses initiales. Comme Jacques-Yves Cousteau, j'essaie d'inculquer le goût de l'aventure et de la connaissance à de nouvelles générations de marins, de mécaniciens, de radios, de cinéastes et de plongeurs.

La fête d'anniversaire se termine. Je me retrouve seul dans ma cabine, les bras chargés de cadeaux.

Je m'assieds sur ma bannette.

Soixante ans ! Un cap... Le moment, peut-être, de plonger en moi-même — après avoir si souvent plongé dans la mer !

L'instant de jeter un coup d'œil sur mon passé — de considérer sans complaisance le cours de ma vie.

Je mesure à quel point la chance m'a souri. A vingt ans, je n'avais rien — ni riche famille, ni brillante éducation, ni qualité particulière (en dehors, peut-être, de la capacité physique de nager comme un poisson). Je n'étais qu'un jeune Marseillais sans souci ni ambition — amoureux de la nature et de l'eau, certes, et rêvant de longs voyages.

Mais la vie m'a donné tellement plus ! Tellement plus que tout ce que j'avais imaginé dans les plus délirants de mes rêves d'enfant... Elle m'a offert la mer — la mer entière, des pôles à l'équateur, de la surface aux profondeurs. La beauté du monde. Le soleil et la glace. Les marécages et les coraux. Les déserts et les forêts. Le petit et le grand — le plancton et la baleine. La luxuriance et la variété...

J'ai vu mille endroits sublimes. J'ai posé mes pieds ou agité mes palmes sur tant de terres ou dans tant d'eaux vierges... J'ai joui de toutes ces richesses, d'abord comme simple marin et plongeur, puis comme chef plongeur et chef de mission, enfin comme capitaine de la *Calypso* — seul maître à bord après Dieu (et le Pacha quand il est là !).

Un destin que mon père lui-même n'aurait jamais osé rêver pour moi quand il m'emmenait explorer son univers — les calanques de Marseille : Sormiou, En-Vau, Morgiou... Un honneur et un bonheur. Une succession de rencontres et d'émerveillements. Un idéal, pour tous ceux que passionnent l'évasion, la mer, les animaux, les horizons infinis, la phosphorescence des tropiques ou l'éclat des aurores boréales...

Les événements qui marquent la vie des hommes sont le résultat de facteurs imprévisibles, de coïncidences, de concours de circonstances que rien n'annonce. Comment en suis-je arrivé là ? Comment cette fonction de capitaine de l'un des plus fameux bateaux du monde m'a-t-elle été confiée ? Comment suis-je devenu l'un des responsables de cette mission de Redécouverte — cinq années de navigation autour du globe — que le commandant Cousteau a voulue, et qui constitue la plus ambitieuse de toutes les campagnes qu'il a lancées ?

Je tente de démêler les fils de ma vie. J'ai l'impression d'avoir embarqué sur la *Calypso* hier au soir : mais c'était en 1952 ! Il y a plus de trente-cinq ans... Il me semble que toutes ces saisons de plongées, de voyages, de découvertes, d'émotions, se mêlent, se télescopent et finissent par n'en plus faire qu'une.

J'ai participé à de nombreuses campagnes océanographiques. J'ai sillonné la Méditerranée en tous sens. J'ai vu les coraux de la mer Rouge avant la guerre des Six Jours et les cocos-fesses des Seychelles avant le tourisme. J'ai sondé les fosses vertigineuses de l'océan Atlantique. J'ai nagé avec les requins du Yucatán et les mérous du Belize. J'ai plongé dans les torrents glacés d'Alaska avec les saumons rouges et les ours bruns. J'ai caressé les loutres de mer dans leurs lits d'algues géantes. J'ai regardé la baleine franche en face et je me suis accroché au bras blanc de la baleine à bosse. Je suis devenu l'ami des dauphins. J'ai nagé parmi les piranhas de la forêt amazonienne. J'ai guetté les requins et les mantas géantes. J'ai survolé des temples de coraux hantés de poissons-papillons et de poissons-anges. J'ai passé des heures à guetter les manèges des vers spirographes, des crevettes-pistolets, des labres nettoyeurs ou des bénitiers des tropiques. De la Grèce aux Grands Lacs et du golfe d'Aden à la Grande Barrière de corail, j'ai visité des centaines d'épaves où j'ai parfois trouvé des ossements humains, et où se sont jouées d'effroyables tragédies...

PROLOGUE

J'ai vécu des milliers d'heures à bord de la *Calypso,* dont je connais chaque encoignure — probablement mieux que mon appartement de Marseille. J'ai pris autant de repas à la grande table du carré, en mer, que je n'en ai goûté avec ma femme Jackie, à terre...

Ce qui m'étonne le plus, dans ce déferlement d'événements, c'est la confiance dont, depuis notre première rencontre, le commandant Cousteau m'a honoré. Je me demande comment j'ai mérité — et pourquoi je mérite encore — ce crédit. Le Pacha m'a fait plongeur. Il m'a prêté ses yeux pour voir sous la mer. Il m'a confié la mission de regarder à sa place — en scaphandre ou en soucoupe — chaque fois qu'il était retenu par de fastidieux (mais indispensables) travaux de bureau.

Cette confiance m'honore et m'effraie à la fois. Etre responsable de la vie d'un équipage, commander un bateau aussi prestigieux que la *Calypso,* n'est pas une sinécure...

Au soir de mon soixantième anniversaire, dans cette île de Tahiti qui résume les magnificences de la Terre et les destructions des hommes, je rentre en moi-même. Et je me pose la question : comment ?

Comment en suis-je arrivé là ?

Pourquoi suis-je le capitaine de ce navire et le chef de cette mission ? Pourquoi moi ?

1
Une enfance marseillaise

La mer droit devant • Le souvenir de Pythéas
Le bleu des calanques • Je me noie
Ma première pêche.

LA MER. La mer, droit devant...

Aussi loin que remontent mes souvenirs, la mer est là Présente. Si bleue, si belle, au bout de l'horizon... Elle m'appelle comme elle en a appelé d'autres. Je ne résiste pas, je n'ai pas la force de résister. J'embarque. Je navigue. Je sillonne l'immense océan sur les traces de celui que parfois, dans mes rêves les plus fous, je me plais à croire mon ancêtre : Pythéas de Marseille.

Marseille : j'y suis né, le 17 octobre 1927. J'y ai couru les criques et les calanques. Lorsque je ne suis pas à l'autre bout du monde, sur la *Calypso,* j'y reviens. J'y habite. Je ne m'en passe pas davantage que de la mer.

J'ignore s'il existe une hérédité du désir de naviguer : je pense que les biologistes répondraient « non » à la question. Mais tous les marins, pères de marins ou fils de marins disent « oui ».

Mon père était marin : il a fait la guerre de 1914-1918 sur un dragueur de mines ; par hasard, c'est aussi sur un dragueur de mines — reconverti : la *Calypso* — que j'ai vécu mes plus belles aventures...

J'ai toujours été troublé par cette formidable passion d'aller plus loin, qui a poussé les Grecs de Phocée — cité d'Asie Mineure — à traverser la Méditerranée pour fonder une colonie autour de ce qui s'appelle aujourd'hui le Vieux Port de Marseille.

J'ai toujours été subjugué par les exploits de Pythéas, l'un des plus grands navigateurs de l'Histoire, qui cingla vers le nord au IVe siècle avant Jésus-Christ et aperçut l' « Ultima Thulé »... Pythéas voyagea, dit-on, « jusqu'au pays où le soleil ne se couche jamais » (l'Islande, les îles Féroé ou la Norvège : nul ne sait). Ce n'était pas seulement un aventurier mais un savant. Un mathématicien. Un astronome qui avait établi la relation entre les marées et les phases de la lune, et calculé la latitude de Marseille avec une précision stupéfiante. Il disait : quarante-trois degrés nord ; c'est quarante-trois degrés, dix-sept minutes et cinquante-deux secondes !

Pythéas de Marseille... J'aime croire que l'étrave de sa galère est venue toucher le sable de Sormiou. L'une des calanques. « Ma » calanque, où je loue toujours un cabanon... L'idée n'est pas folle : en provençal, « Sormiou » (*Sourd Mieù*) signifie « Bonne Source ». On y trouve de l'eau douce. Les navigateurs de l'Antiquité venaient s'approvisionner à cette aiguade.

Les plus vieux et les plus beaux souvenirs que j'ai de la mer sont ici, à Sormiou. Le vert sombre des pins, le blanc pur des falaises, l'azur de la Méditerranée. Et les joyaux vivants qui pullulent sous la surface...

Sormiou... Dans mon enfance, aucune route goudronnée n'y conduit. Nous y venons à pied, après avoir gagné en tramway le village de Mazargues (qui, pour mon bonheur, est resté un vrai village, au cœur de la folie bétonnière qui défigure Marseille).

Nous y montons en famille, généralement le dimanche. Un

âne porte les provisions (du pain bis, des olives, un bout de charcuterie, du fromage...), l'eau des enfants, le pastis et le vin des adultes. Nous grimpons la colline sur le « sentier des ânes » pavé de pierres chaudes, qui court entre les pins, les chênes verts, les genévriers et les romarins. Lorsque nous nous arrêtons pour souffler, je fouille les buissons à la recherche des mantes religieuses (les « prie-dieu » (*préga-dieu*), comme on les appelle dans le Midi). Je m'enchante du vol des papillons (machaons jaunes zébrés de noir, rares et grands jasons bruns, ou pachas à deux queues...). Je guette la longue silhouette vert et bleu des lézards ocellés. J'ai parfois la chance d'apercevoir une huppe ou un couple de guêpiers. Je suis du regard les goélands argentés (gabians) qui tournent dans le ciel net.

Quand je n'ai que deux ou trois ans, mon père me porte sur ses épaules pour finir le chemin : je me souviens de ma joie quand, passée la ligne de crêtes de la colline, après les « Treize contours », j'aperçois le long entonnoir courbe de la calanque avec ses roches blanches éclaboussées de lumière, ses pentes couvertes de pins et de garrigue, et, là-bas, au bout, l'ovale bleu de la mer... A cette époque, la calanque est un écrin vert. La forêt méditerranéenne de pins maritimes et de pins d'Alep descend jusqu'à l'eau. Hélas ! trop d'incendies ont ravagé cette splendeur... Mais aujourd'hui encore, chaque fois que je marche sur ce sentier que plus personne n'emprunte (à l'exception de quelques grands randonneurs), j'ai la joie de saluer au passage un grand pin que j'y voyais dans mon enfance, qui m'a cent fois prêté son ombre, et qui a survécu par miracle aux flammes.

Nous descendons vers la Méditerranée. La mer promise !... Les enfants ne résistent pas au plaisir de courir. Nous glissons sur les cailloux du chemin. Nous nous faufilons entre les touffes de genêts, de romarins et de cannes de Provence qui peuplent le fond de la vallée. Nous débouchons sur la plage en hurlant d'excitation.

« J'ai toujours passionnément aimé l'eau. » Un ami m'a un

jour cité cette phrase, en précisant qu'elle est de Jean-Jacques Rousseau. J'aurais voulu l'écrire. Ma mère raconte que, gamin, à Sormiou, je disparais dix fois par jour. Dix fois par jour, elle demande : « Où est Bébert ? » Et chacun de donner la réponse : « Bébert ?... Té !... Dans l'eau, pardi ! »

Je marche vers les vagues comme si elles étaient l'aimant et moi le fer. Je m'approche du bord. Je regarde déferler les rouleaux : l'eau éclate en paillettes blanches, repart vers l'arrière, reforme une onde — inlassablement. Je ne m'ennuie pas une seconde à ce spectacle.

Je longe la plage de sable gris parsemée de feuilles de posidonies. J'escalade les rochers. Les cigales crissent dans les pins, par-dessus ma tête, avec une telle force que j'en suis assourdi. Je cherche une flaque littorale, et je m'abîme dans la contemplation de la petite faune qui y élit domicile.

Il y a un demi-siècle de cela. Essayez d'imaginer... La Méditerranée est superbe — bien plus propre, bien plus limpide, bien plus grouillante de vie que de nos jours. Les rochers battus par les vagues sont constellés d'arapèdes (patelles, ou chapeaux chinois), de balanes, de chitons... Des crustacés isopodes courent en tous sens — mille-pattes de la mer. Dans les bassins de pierre remplis d'eau, au cœur de forêts miniatures d'algues brunes, rouges ou vertes (cystoceires, corallines, ulves), pullulent les carambes (crevettes grises).

Je taquine ces crustacés au démarrage foudroyant. Je les pêche « au doigt » : j'ai remarqué qu'ils sont attirés par l'odeur de la peau. Je vous livre le truc : il ne réclame que de la patience. Vous posez la main au fond de l'eau et vous ne bougez plus. La crevette sort de son trou. Elle s'approche de votre index ou de votre majeur : elle veut vous grignoter. Quand elle est tout près, vous l'attrapez par les antennes, qu'elle a d'une longueur démesurée. Evidemment, c'est une technique de capture moins destructrice que celle des dragues de fond ; vous avez peu de chances de vous cuisiner un bon plat !

Je prends aussi des gobies blanc et gris. Et des *trojas* (blennies) : je m'étonne des curieuses « cornes de cerf » qui surmontent la tête de ces poissons longs comme le doigt... Je transfère mes captures vivantes dans un aquarium que mon père a bricolé pour moi. Je les observe pendant des heures. Je leur rends la liberté en les chargeant de messages pour les requins et les baleines.

Je retourne à la mer. Dans l'eau cristalline des bords, les oursins creusent leurs trous dans la roche calcaire : des armées d'oursins, d'un beau pourpre violacé... J'entrevois, parmi les posidonies vert bouteille fichées dans le sable du fond, des étoiles de mer orange vif et d'autres brunes qui ressemblent à des soleils; des violets (ou vioulets : ce sont des ascidies rouges, comme leur nom ne l'indique pas) ; des nacres (pinnes) de plus de cinquante centimètres de hauteur. Je regarde passer des bancs de cabots (mulets), de saupes, de blades (oblades), de loups (ou bars).

Ma première pêche s'achève en noyade — ou presque. Je dois avoir trois ans. Je me suis confectionné un filet avec des bouts de mailles ramassés près des barques du port. J'entre dans l'eau. Je lance l'engin du geste large que j'ai vu faire aux hommes. Je me prends les pieds dans une matte de posidonies. Je m'étale... Je ne sais pas nager. D'instinct, j'emploie la méthode du chiot, mais je bois la tasse. Et même deux bonnes tasses... J'ai l'impression que je ne réussirai jamais à revenir à la terre. Puis je sens qu'on m'empoigne par le maillot et qu'on me soulève au-dessus de la surface, avant de me déposer ruisselant sur le sable : c'est mon père. Il rit aux éclats !

Papa décide tout de même que cette mésaventure me servira de leçon. Je dois me débrouiller seul dans cette eau qui m'attire tant..

J'ai oublié combien de temps cela me coûte d'apprendre à nager — certainement très peu... Vers quatre ans, encouragé par mon père et ses amis, je me lance dans la traversée du chenal (large de vingt mètres) qui sépare la roche de la jetée du port de Sormiou. A mes yeux, c'est l'Atlantique : je triomphe de l'Atlantique !

Un an plus tard, je franchis la calanque dans sa plus grande largeur. Adolescent, je m'entraînerai comme un nageur de fond : seul dans l'eau pendant cinq heures ou davantage, non seulement je traverserai la calanque de Sormiou en long, en large et en travers, mais j'irai à la brasse jusqu'à Morgiou ou Cortiou. Il m'arrivera de partir de Cassis par la mer jusqu'à La Ciotat, en demandant simplement à un proche de venir m'y reprendre en voiture.

A cinq ans, je me bricole une canne à pêche avec un bout de fil et un hameçon « empruntés » à mon père. Je revois le sourire de ce dernier quand il me regarde filer vers l'eau avec mon attirail...

Je jette la ligne près du port. A peine l'appât (un morceau de bigorneau) est-il immergé que je hurle : « J'en ai un ! J'en ai un gros !... » Papa rit de plus belle. Pour lui, c'est une galéjade. Surprise quand il approche : j'ai ferré un congre d'un mètre cinquante ! Le poisson, beaucoup plus grand que moi, se défend puissamment. Je glisse de mon rocher. Je tombe à l'eau...

Une fois de plus, mon père me sort du bain.

Je n'ai pas lâché ma canne miraculeuse (il aurait fallu qu'on m'arrache le bras !). Nous attrapons l'animal. Imaginez ma fierté lorsque je montre à ma famille cette énorme anguille gris argenté, à la gueule pointue, garnie de dents acérées, et au corps de boa ! En ce temps-là, la Méditerranée est vraiment riche... Les congres hantent les trous proches du bord. Ils ne sont pas seuls : on trouve des rascasses à deux mètres de fond, et des mérous à cinq ou six. Les loups frayent dans les gravières des grottes voisines : ils frétillent dans moins de cinquante centimètres d'eau.

Je ne suis pas attiré que par la mer. Quand je ne nage pas, j'escalade les éboulis et les falaises des calanques (à une époque où Gaston Rébuffat commence probablement aussi de le faire — mais en grand varappeur !). Je rapporte du thym et du romarin à ma mère. Au printemps, je cueille des asperges sauvages — au goût si délicat. A l'automne, dans le parfum des bruyères en fleur, je ramasse des champignons — la girolle et le cèpe, le lactaire délicieux et l'oronge des Césars, qui est si belle que c'est presque un péché de la manger...

Toutes ces découvertes me font comprendre que la vie s'est diversifiée de façon prodigieuse, et qu'elle s'accroche partout. Dans la moindre fissure de la pierre. Dans la plus petite cavité marine... C'est une leçon que je n'oublierai jamais, et qui me paraîtra particulièrement pertinente lorsque, membre de l'équipe Cousteau, je visiterai l'Arctique et l'Antarctique, les îles de lave et les abysses sans lumière, les montagnes des Andes et les déserts d'Egypte...

Le soir, dans la calanque, quand les cigales ont cessé de crisser et que des nuages de lucioles tourbillonnent comme des étoiles sous le couvert obscur des pins, nous nous rassemblons dans un petit restaurant. A la lueur de la lampe à pétrole (Dieu merci, il n'y a toujours pas l'électricité à Sormiou !), nous faisons griller au feu de bois de succulentes girelles, des rougets, des rascasses ou des mulets...

C'est l'occasion, pour les adultes, de raconter le lot d'histoires dont les Marseillais semblent pourvus dès la naissance.

Quant à moi, je me remémore les rencontres que j'ai faites dans la journée. J'ai regardé une crevette les yeux dans les yeux. J'ai détaillé la beauté des écailles d'une girelle royale. J'ai deviné, derrière un massif de posidonies, le manège d'un labre mâle en train de faire son nid : une fois achevé ce logis, le petit poisson y a attiré sa femelle en se livrant à une danse nuptiale compliquée.

Je regrette de ne pouvoir observer tout cela que fort mal, à travers la couche d'eau qui trouble la vision des hommes.

J'ignore encore qu'il existe des masques de plongée.

2
La bette de mon père

Le tramway de l'Estaque • L'odeur du coaltar
Le pointu méditerranéen • Un livre d'images
Les goélands du Riou.

UN SAMEDI du mois de juillet de l'année 1933. J'ai presque six ans. Mon père me prend par la main : il a dans les yeux une petite flamme malicieuse que je ne m'explique pas — et le sourire aux lèvres. Mon oncle Paul nous rejoint. Nous grimpons dans le tramway de l'Estaque, qui part de la place Sadi-Carnot, à Marseille.

Il fait lourd : la canicule provençale... Mais le wagon est ouvert aux quatre vents. Nous brinquebalons vers le littoral. Tintamarre de ferraille. Crissement de roues... J'aperçois au loin le bleu de la Méditerranée. Mes yeux s'emplissent de cette couleur de rêve. Il me semble que mon cerveau se teint d'azur. J'observe l'horizon, les îles de Marseille. Pas un mot... Je contemple les bateaux qui passent.

Les bateaux ! Ils fendent la mer et soulèvent de part et d'autre de leur étrave des gerbes d'écume blanche. J'ai l'impression d'avoir embarqué : je suis debout sur le pont avant. Je scrute l'horizon en quête d'inconnu — îles du bout du monde, poissons-lunes, dauphins, baleines... Je m'imagine dans l'aventure. J'effectue les plus fabuleuses découvertes.

Le grincement des freins du tramway me tire du songe. Nous approchons de l'Estaque. Voici le port... Nous descendons. Une puissante odeur de coaltar sature l'atmosphère : elle s'élève des barques couchées sur le quai, en carénage d'entretien. Le goudron de houille sert à étancher les coques de bois peintes. Un peu partout, des pêcheurs démaillent des sardines luisantes, qu'ils lancent dans des cagettes. Ils iront les vendre aux poissonniers du voisinage.

Mon père aborde un vieux marin qui fume la pipe, assis sur un amoncellement de filets. L'homme (un vrai loup de mer de carte postale !), sans lâcher son brûle-gueule, lui indique de longer le quai, puis de tourner à gauche.

Personne ne m'a dit pourquoi nous sommes là. J'emboîte le pas de mon père et de mon oncle sur un ponton flottant. Je détaille les dizaines de bateaux, de toutes les dimensions, de toutes les formes et de toutes les couleurs, qui sont amarrés là.

Au bout de la panne de planches, mon père interpelle un homme muni d'un tournevis et occupé à régler le moteur d'un bateau. Cette embarcation-là est une bette : dans le parler provençal, il s'agit de la barque méditerranéenne typique à fond plat qu'on appelle aussi « pointu » à cause de la forme de ses extrémités, et qu'on trouve (presque à l'identique) de l'Espagne à la Turquie.

L'inconnu arrête le moteur, saute sur le quai, salue mon père et mon oncle, et s'avance vers moi. Il me tend la main. Il s'accroupit pour me parler à égalité. Il a un air mi-rieur, mi-solennel. Il dit :

« Tu aimes les bateaux ?... Eh bien : tu vas naviguer, moussaillon !... Ton père achète cette bette. D'après mon petit doigt, tu ne vas pas tarder de partir à la pêche !... »

Je tourne les yeux vers mon père. Il rit et me confirme la nouvelle d'un hochement de tête. J'exulte. Je ne sais plus ce que je fais. Je lui saute dans les bras... Un bateau ! Un vrai ! Une bette. La bette de mon père !

Je grimpe dans sa barque. Dans MA barque... Je caresse la coque peinte en bleu et blanc, le plat-bord poli, le moteur luisant et un peu gras. Je me penche au-dessus de l'eau. J'observe le manège des petits poissons du port, qui se faufilent entre les cordages ou descendent vers le plancher marin tapissé d'algues vertes. A travers la couche d'eau transparente, j'aperçois un bernard-l'hermite : le crustacé, logé dans une coquille de buccin, laisse dépasser ses pinces et tente de voler un fragment de poisson à deux crevettes qui se le disputent elles-mêmes. A quelque distance, une étoile de mer rouge vif rampe paresseusement parmi les végétaux, en quête d'un oursin ou d'une moule pour son repas. Une anguille au corps serpentin, un peu inquiétante, ondule dans l'épaisseur liquide, se glisse sous le tapis de verdure et disparaît. Le monde sous-marin m'enchante. Je le comprends d'instinct. C'est un livre d'enfant colorié par la nature. C'est MON univers.

Tandis que je rêve, agenouillé dans la bette de mon père, ce dernier marchande. Il finit par s'accorder sur le prix avec le vendeur. Il note les particularités du moteur; il demande comment on l'entretient, comment on le répare. Il met en marche.

A mon grand désespoir, il me fait descendre sur le ponton et me confie à mon oncle Paul... Il m'explique que nous irons dès demain à la pêche, mais qu'il préfère conduire seul la bette, jusqu'aux calanques. Il largue l'amarre, crie : « A Sormiou ! », passe la marche arrière, manœuvre le gouvernail et met en avant. La bette vibre tandis qu'il accélère. Elle quitte le quai et s'éloigne vers le large.

A l'époque, mener un petit bateau depuis l'Estaque jusqu'à Sormiou n'est pas si simple — surtout lorsque la mer est formée. Mais mon père, je l'ai dit, est un bon marin. Au cours de la Première Guerre mondiale, c'est comme premier maître timonier qu'il a navigué sur le dragueur de mines *Géranium*. Il a fait campagne en Grèce, entre Patras et Salonique : les Alliés avaient établi là un puissant camp retranché, qui servait de point de ravitaillement pour les forces de soutien aux Serbes, durant la campagne de Macédoine. Mon père m'a raconté sa « navale ». Ses récits m'ont fasciné... Démobilisé, il est devenu chef comptable dans une société d'huilerie marseillaise : il faut bien faire bouillir la marmite... On ne peut pas dire que ce travail le comble. Il ne pense qu'à reprendre la mer. En attendant, il pêche. Il nourrit de girelles et de rascasses son petit monde, le dimanche, à Sormiou, dans le cabanon familial au toit de tuiles rouges qui domine la Méditerranée.

Mon oncle Paul me ramène à la maison. Je houspille ma mère et ma sœur Andrée : « A Sormiou, tout de suite!... » Nous prenons le tramway, nous chargeons notre âne et nous empruntons le sentier de la calanque. Mon père est arrivé. Sa bette est au mouillage dans le petit port : je l'aurais reconnue entre mille... Elle brille comme un objet précieux dans la lumière du soleil qui se couche.

Tandis que maman prépare le repas du soir (une grillade au feu de bois parfumée au romarin), je saoule papa de questions : Est-ce que le voyage s'est bien passé? Combien de temps? Y avait-il du vent? Des vagues? Des courants? Des pirates? Des requins? Des baleines? Des dauphins? Ah! des dauphins... Combien? Est-ce qu'ils nageaient vite? Est-ce qu'ils sautaient haut?

Et ainsi de suite...

Mon père répond avec patience et affection. Il prépare ses appâts — ses esques. Ce sont des mouredus (« museaux durs » : sortes de vers marins aux mâchoires cornées), des piades et des piadons (bernard-l'hermite), qu'il a achetés sur le Vieux Port de Marseille à une pittoresque marchande; celle-ci met des poignées de vers grouillants sous le nez du chaland en lui criant :

« Elles sont fraîches, mes esques! Elles sont belles!... »

Mon père range ses boîtes d'appâts dans une banaste (un grand panier) d'osier, avec ses lignes à main (des palangrottes). La journée s'achève. Je suis à la fois fatigué et excité, comme un soir de Noël. Ma mère m'envoie me coucher. J'accepte en râlant. J'escalade l'échelle de la « suspente » (la mezzanine) qui nous sert de chambre, dans ce cabanon où règne une tiède odeur de résine de pin. Maman me borde. Je m'endors.

A 5 heures du matin, une allumette craque au rez-de-chaussée et me réveille. Mon père allume la vieille lampe à pétrole d'opaline bleu et blanc, dont la lumière jette au plafond des ombres démesurées. Il ranime le feu de bois dans l'âtre et fait le café. Je l'observe par-dessus la rambarde : il prépare des montures de lignes avec divers plombs et hameçons.

Une cuiller qui tinte dans une tasse : c'est le signal du lever. Je saute dans mon pantalon et dans mes sandales, je passe un tricot et je me retrouve devant mon bol où je laisse couler une demi-boîte de lait concentré sucré (mon péché mignon, aujourd'hui encore !).

J'ai juste le temps d'avaler ce nectar : papa sort et marche vers la mer. Je cours derrière lui. Il tire la barque à quai. Il y grimpe. Il installe la magnéto. Il verse un bidon d'essence dans le réservoir à travers le filtre d'un vieux chapeau de feutre.

Ma mère nous rejoint. Ma sœur Andrée, élève studieuse, prépare son brevet de couturière : elle reste au cabanon pour repasser ses leçons. Nous embarquons, maman sur le banc transversal avant, papa à la barre, moi au milieu. Papa lance le moteur : l'hélice cavite (brasse de l'air dans l'eau) un instant, puis se visse régulièrement dans le liquide et propulse le bateau vers le large.

Nous doublons le cap Sormiou — un exploit, à mes yeux ! Je découvre, dans la lumière mauve et bleu de l'aube d'été, le prodigieux panorama des calanques. A l'est, le cap Morgiou, château de calcaire bizarrement asymétrique, et la succession des falaises vers Cassis et La Ciotat. Derrière nous, le cap Sormiou, cathédrale de dents et de murs d'une blancheur parfaite. Au sud et au sud-ouest, le chapelet gris-bleu des îles de Marseille...

Mon père me les désigne du doigt et me les nomme :

« La plus grande, en face de nous, avec sa haute crête de

pics découpés, c'est Riou. Elle est flanquée de deux îlots que nous distinguerons quand nous nous serons approchés davantage : le Grand et le Petit Conclu (ou Congloué). Des centaines de gabians (goélands) y nichent dans les fissures de falaise, ainsi que des mouettes rieuses, des cormorans et d'autres espèces. Au début de l'été, les gabians de l'année, âgés de trois mois, s'envolent pour la première fois. Ils ont encore leur plumage juvénile tacheté de gris et de brun. Ils manquent de force et d'expérience : nombreux sont ceux qui tombent à l'eau. Lorsque cela arrive, leurs mères ne les abandonnent pas : elles se posent près d'eux et les guident à la nage vers des rochers qui affleurent, afin qu'ils fassent sécher leurs ailes au soleil. Cependant, la loi de la nature est cruelle pour les oisillons malades ou débiles : ceux qui meurent d'épuisement sont déchiquetés et mangés par leurs congénères.

« Maintenant, poursuit mon père, regarde à droite : cette île longue et plate a reçu le nom logique de Plane ; on l'appelle aussi Calseraigne. Les suivantes, là-bas, sont la Jarre, Maïre (ou Maire) et Tiboulen. Beaucoup plus loin vers l'ouest, tu distingues le phare de l'îlot du Planier. Derrière le cap Croisette se cachent les îles Pomègues, Ratonneau et le château d'If. Je t'emmènerai les visiter. Toutes...

« Pour le moment, apprends donc un peu à mener le bateau. Je mets le moteur au ralenti. Empoigne la barre... Choisis deux repères : on dit des amers Par exemple, ces deux pointes de l'île Riou... Tâche de garder le cap. Plus à droite... Maintenant, plus à gauche... Doucement. Il faut y aller doucement ! »

Je ne trouve pas de mots pour décrire ma fierté. Je suis le capitaine de la bette de mon père. J'exulte. Ma mère sourit comme sourient toutes les mamans du monde lorsqu'elles assistent aux premiers exploits de leurs rejetons.

Teuf ! Teuf ! Teuf !... Nous sommes arrivés. Mon père coupe les gaz et jette l'ancre, qui disparaît dans le bleu sombre en faisant naître un chapelet de bulles d'argent le long de son cordage de chanvre. Le mouillage touche le fond. Mon père déclare qu'il y a quarante-cinq mètres. Il attache le filin au capian (ornement de proue) par deux demi-clés. La pêche commence.

Papa me tend une ligne enroulée autour d'un liège et munie de deux hameçons dorés. Il me montre comment amorcer en recouvrant bien le fer courbe et pointu, de façon à tromper le poisson. Je laisse descendre ma ligne dans la mer.

Maman aussi a envoyé sa palangrotte. Elle pousse un petit cri lorsqu'elle remonte son fil : elle a pris deux girelles royales. Rien n'est beau comme ces poissons aux écailles d'argent rehaussé de bleu et de vert, avec leurs flancs zébrés d'une bande orange vif et leur tache noire en arrière de chaque pectorale... J'apprendrai plus tard qu'il n'existe pas deux espèces différentes de girelles, comme le croient la plupart des pêcheurs méditerranéens : la « normale » et la « royale ». Ce sont deux formes du même animal. La première (nommée « gioffredi » par les naturalistes) est femelle; la seconde (dite « julis » par les savants) est mâle. La girelle, comme de nombreux poissons, est hermaphrodite . après une période femelle, chaque individu change de sexe et finit sa carrière paré des brillantes couleurs du sexe dit « fort ».

« Fais attention à ce que tu fais!... me lance mon père. Remonte ta ligne de vingt centimètres si tu sens une pitée (une touche). Laisse le poisson goûter l'appât pendant une seconde, et tire sur le fil d'un coup sec! »

J'essaie... Deux fois, trois fois... Je sens la pitée. Mais quand je lève ma palangrotte, il n'y a rien au bout... Je commence d'enrager, d'autant que ma mère accomplit une petite pêche miraculeuse : déjà six girelles luisent près d'elle dans la banaste.

Mon appât a été dévoré. J'amorce de nouveau. Je relance et j'attends la touche... En voici une, très nette. Je patiente une seconde et je ferre. J'en ai un!

Mon père me conseille de l'amener en surface sans à-coup,

le plus régulièrement possible. J'ai peine à contrôler mes gestes. Enfin, MON poisson sort de l'eau : c'est une castagnole rose aux superbes écailles brillantes, aux yeux bleus et à la queue profondément fendue. Et, surprise, un deuxième animal a mordu ! Un serran-écriture aux flancs zébrés de brun et rehaussés d'azur, et aux joues marquées de sinuosités qui ressemblent à des successions de lettres.

Depuis que j'ai embarqué sur la *Calypso*, je ne pêche plus guère. Tout ce que je demande aux poissons, c'est d'être beaux et de me tolérer dans leur espace vital. De se laisser observer et filmer. Le spectacle de leurs évolutions, de leurs amours, de leurs luttes, de leurs comportements familiers ou bizarres, suffit à mon bonheur. Mais quand je repense à ce dimanche de juillet 1933, que j'ai vécu dans la bette de mon père au pied de la muraille blanche du cap Sormiou, je revis une sorte d'extase.

A cette époque, la Méditerranée est généreuse. Beaucoup plus riche que de nos jours... Au terme de ma première vraie pêche en mer, nous comptons dans la banaste plus de trente poissons de tailles diverses (des girelles, des labres, des serrans, des oblades, etc.), auxquels il faut ajouter cinq vérades argentées (des sortes de sars), trois rascasses brunes hérissées de pointes et de lambeaux de peau, et un superbe roucaou (labre varié) aux teintes changeantes, long de quarante centimètres et qui pèse huit cents grammes. Au total, pour cinq heures de « travail », douze kilogrammes de prises...

En revenant, je suis le roi du monde. Ma joie est telle que je la communique à mes parents. Mon père me laisse la barre. Je crie, je chante. J'entonne à tue-tête mon air préféré, celui des *Cloches de Corneville* :

« *Va, petit mousse,*
Le vent te pousse,
Le vent te pousse au gré des flots,

Sur ton navire,
Vogue ou chavire... »

En pilotant la bette de mon père, les sourcils froncés comme le loup de mer que j'imagine être, je regarde mon avenir sur la ligne d'horizon. Je le vois bleu.

3

Les années de guerre

Le temps du malheur • Les deux couturières
Mon ami Beuchat • A la barbe des Allemands
Les quatre mousquetaires.

MON APRENTISSAGE de la mer dure six années.

Six ans de plénitude familiale et d'innocence enfantine, pendant lesquels je grandis sans souci du lendemain ni du reste du monde, ne songeant qu'à jouer, rêvant de voyages, fréquentant l'école par obligation et la Méditerranée par passion...

Deux drames jettent à terre ce fragile édifice de bonheur. En septembre 1939, la guerre est déclarée.

Quelques mois plus tard, mon père meurt d'une crise cardiaque que rien n'annonçait. J'ai douze ans : j'ai à peine entendu parler d'Adolf Hitler et de l'infarctus du myocarde. Pour moi, ces deux fléaux resteront à jamais associés.

Mon père disparu, ma mère et ma sœur doivent se mettre au travail. A cette époque de sang et de larmes, il leur faut trouver de l'argent pour nous loger et nous nourrir tous les trois. Elles font de la couture : de l'aube jusqu'à la nuit, elles se crèvent les yeux à manier l'aiguille. Elles sont payées à la pièce — des sommes dérisoires. Elles prennent soin de moi. Elles me gâtent autant qu'elles le peuvent et que l'époque le permet. Les restrictions sont pénibles à supporter pour tout le monde. Davantage encore pour un adolescent... Une ou deux tranches de pain ne satisfont pas l'appétit d'un garçon de douze à dix-sept ans. Ma mère et ma sœur se privent pour moi. Naïf, je ne m'en apercevrai qu'à la Libération.

Elles se débrouillent aussi pour que j'acquière un minimum d'instruction. Certes, je ne prépare pas Polytechnique... Je passe mon certificat d'études, puis j'accomplis deux années de cours complémentaire, durant lesquelles j'apprends les métiers du fer et du bois. Je ne regretterai pas cette formation pratique lorsque, sur la *Calypso,* il faudra réparer avec les moyens du bord, à l'autre bout de la Terre...

En 1942, quand même un peu conscient de la charge que je représente pour ma mère et ma sœur, je décide de chercher du boulot. Elles refusent ; je m'entête. J'ai quinze ans. En mémoire de mon père, qui a travaillé pour eux pendant dix-sept années, les directeurs de la société Rocca-Tassy-De Roux acceptent de m'embaucher comme apprenti. Mon minuscule salaire soulage à peine le labeur des deux couturières, que je vois penchées sur leur ouvrage de plus en plus tôt et de plus en plus tard.

Au fil des mois, puis des années, la blessure causée par la mort de mon père se cicatrise. Nous reprenons, chaque fin de semaine, le sentier du Sormiou. Dans la calanque, nous partageons notre cabanon avec des parents et des amis.

En dépit de la guerre, des privations et des souffrances, la magie de la Méditerranée reste intacte. Lorsque je la retrouve et que je m'y plonge, son eau agit sur moi comme un baume. J'oublie les horreurs et les drames. Je joue avec la crevette grise ou la blennie cornes de cerf comme si la folie meurtrière des hommes était entre parenthèses, comme si les tragiques événements dont parlent la radio et les journaux concernaient une autre planète.

La mer me console — ou me distrait — de la cruelle imbécillité de mon espèce.

Et elle me rend libre. A cette époque, je n'ai même pas entendu parler de Baudelaire, ni de son fameux poème (« Homme libre, toujours tu chériras la mer »...) que le commandant Cousteau affichera au carré de la *Calypso*. Mais je devine qu'il y a, dans l'infini des vagues, un appel à l'insoumission, à l'originalité, au refus des conventions et des lâchetés. A la révolte.

Quand j'arrive à Sormiou, je jette mon sac à dos sur le seuil de notre cabanon et je cours vers la plage. La bette de mon père est là, au sec, sur le terre-plein où il l'avait rangée. Elle m'attend. Je la trouve toujours aussi belle ; mais sa peinture se ternit et commence de se craqueler. Le bois, sans l'humidité de la mer, se dessèche et se fendille. Entre les bordés, des joints se distendent et laissent voir le jour.

Je suis trop jeune pour mener seul au large ce lourd pointu. Mais je commence de l'entretenir. Je lui rends un peu de vie en l'étanchant. Je mastique et je peins. Je verse de l'eau entre ses membrures, afin de faire gonfler le bois et de resserrer les joints.

L'expérience de marin et de plongeur qui me manque, je l'acquiers grâce à un ami cher entre tous.

Georges Beuchat...

En 1942, c'est un athlète. Un authentique champion, une sorte de Johnny Weissmuller phocéen. Il joue dans l'équipe de water-polo du Cercle des nageurs de Marseille, dont il est la vedette. Il devient le mentor de mes aventures aquatiques.

Comme moi, il aime la mer avec passion. Bien qu'il soit mon aîné de seize ans, nous nous entendons à merveille. Notre amitié commence au hasard d'une rencontre à Sormiou. Au bout d'une semaine, nous avons compris qu'elle est solide, et que rien ne pourra plus l'entamer. Chaque épreuve la renforce, comme les intempéries durcissent les concrétions marines. Une amitié pour la vie...

En 1942, on assiste, à Marseille, aux débuts de la chasse

sous-marine. Georges Beuchat a eu l'occasion d'observer la technique d'un Canaque, par ailleurs champion du lancer de javelot, et nommé Eugène Canaldo ; celui-ci chausse une paire de lunettes étanches, dont la monture est en bois de cocotier (ou en écaille de tortue), et traque le poisson sous la surface avec une foëne qu'il manie habilement. Georges Beuchat retient l'idée des lunettes, qui permettent de voir nettement dans l'élément liquide. Et il confectionne le premier fusil sous-marin de l'Histoire — le premier harpon à élastique. L'engin, d'aspect barbare, se compose de trois tubes en aluminium longs de trois mètres, d'une tige en acier et d'une pointe détachable retenue par un sandow. On récupère la pointe, après le tir, grâce à une cordelette.

Chaque fin de semaine, je retrouve Beuchat à Sormiou. Nous partons à la pêche : il m'emmène dans son canoë. Nous visitons d'autres calanques : Morgiou, Cancéou... Il saute par-dessus bord, le fusil chargé. Il disparaît pendant une ou deux minutes. Lorsqu'il remonte, il a à la pointe du harpon un poisson frétillant : loup, sar, rascasse, daurade ou mérou... Il jette l'animal au fond du canot. Un repas assuré...

Aujourd'hui, après tant d'années passées en mission avec l'équipe Cousteau, je condamne formellement la pêche sous-marine. Trop de touristes s'y adonnent pour le « plaisir » du trophée (étrange plaisir, en vérité !) or, nous avons constaté que c'est une forme grave de saccage de la mer. Les fusils-harpons dévastent les plus beaux fonds. En outre, le chasseur va au poisson ; il le traque ; il le fait fuir, même s'il le manque, et il perturbe l'existence de toutes les créatures avoisinantes.

La chasse sous-marine à laquelle je me livre avec Georges Beuchat, pendant les années de guerre, n'a rien à voir avec le divertissement des modernes nemrods des récifs. Nous tuons pour manger. Parce que ce sont les restrictions et que nous avons faim... Je revois le visage épanoui de ma mère et de ma sœur lorsque je rentre avec un loup de trois livres ou un beau mérou bien dodu...

J'observe attentivement la façon de plonger de mon ami. Je

le regarde s'oxygéner en surface, puis basculer la tête la première vers le fond en donnant un coup de pied aux nuages. Je ne résiste pas longtemps au plaisir de l'imiter. Il me passe une paire de lunettes Fernez, inspirées des lunettes polynésiennes. Je prends ma respiration. Je franchis la surface argentée. Mon ami Georges Beuchat m'ouvre la porte bleue des profondeurs. Je reste ébahi devant tant de splendeurs, que je n'avais jamais vues que troubles — ou mortes, hors de l'eau. Enfin, les posidonies me sont livrées dans leur beauté vert sombre, avec les bulles d'argent dont leur respiration les habille. Enfin je contemple, dans leur milieu, les éponges clathrines jaune vif, les zoanthaires orange qui ressemblent à des fleurs, les vers spirographes et leurs panaches de tentacules bruns ou blancs, les spondyles à la coquille incrustée, les cigales de mer à la carapace rectangulaire, des étoiles de mer vermillon, les saupes voraces, rayées horizontalement de jaune-vert, et qui broutent les algues microscopiques sur les feuilles de posidonies...

Un univers surgit devant mes yeux d'adolescent. Un monde des merveilles.

Le 11 novembre 1942, les Allemands violent les accords d'armistice. Ils franchissent la ligne de démarcation et occupent le sud de la France. Marseille et sa région deviennent zones stratégiques. Les ports, les jetées, les plages et les calanques sont interdits, de même que la navigation de plaisance et la pêche en barque.

Cela ne nous dissuade pas de continuer nos sorties en mer, Georges Beuchat et moi. Mais il faut ruser... Je garde de ce temps un souvenir passionné. Adolescent, je n'ai aucun sens du danger. Je vis cette époque comme une excitante partie de gendarmes et de voleurs.

Pour gagner nos lieux de pêche favoris, Georges et moi nous livrons à de longues marches à l'aube. Le matériel sur le dos, nous escaladons les crêtes des collines marseillaises. Nous franchissons des cols escarpés sur des sentiers à peine tracés. Nous arrivons aux plages ou aux calanques par les itinéraires les plus fous. Lorsque nous plongeons, nous nous retrouvons dans un véritable aquarium. Autour de nous, les poissons pullulent : grands bancs de mulets, nuages de castagnoles, escadrons de bogues, bataillons de daurades, de pageaux et de loups... Des mérous s'embusquent dans leurs grottes ; des rascasses se figent derrière des rangées de gorgones éclatantes ; des dentés (ou dentis) et des corbs (ou corbeaux) montent la garde à l'entrée des grottes immergées...

Impossible de revenir bredouille. Nos efforts sont chaque fois récompensés. J'estime qu'il existe, rien que dans la calanque de Sormiou, plus de cinquante mérous adultes... Plus difficile est d'échapper à la vigilance des Allemands. En général, nous y parvenons grâce à notre connaissance du terrain. Nous pêchons de la sorte, chaque fin de semaine, à la barbe des occupants. Parfois, nous changeons totalement d'endroit : nous allons à bicyclette jusqu'à Carry-le-Rouet ou à La Redonne. Nous rapportons assez de poissons pour nos repas familiaux de plusieurs jours.

Nous nous enhardissons. Je nous revois, embusqués derrière des rochers, près du port du Pharo. Nous attendons que la sentinelle ait achevé sa ronde. Nous passons sous les filets anti-sous-marins. Nous nous mettons à l'eau et nous nageons en dehors de la zone portuaire, sur des fonds où les poissons abondent. Mais la sentinelle a de bons yeux : en plusieurs occasions, des coups de feu de sommation nous claquent aux oreilles. Nous devons nous cacher, et revenir à la côte par un itinéraire détourné.

A Sormiou, nous réussissons mieux qu'ailleurs à déjouer la surveillance des Allemands. Cela n'empêche pas qu'un jour notre sortie de pêche s'achève en débandade sous les rafales de mitraillette... C'est un miracle si nous en réchappons. Je me demande encore comment nous réussissons à regagner le rivage indemnes.

Une autre fois, à La Redonne, nous empruntons le tunnel du chemin de fer, puis un sentier de chèvres, pour gagner la mer. Nous plongeons, armés d'un nouvel engin fabriqué par

Georges Beuchat : une arbalète à crosse de bois. Je débusque, sous un rocher, un énorme mérou dont la gueule aux lippes épaisses palpite. Je tire. Je ne réussis pas à extraire l'animal de son trou. Il ne me faut pas moins de trois flèches pour le tuer. J'ai seize ans : c'est ma première prise importante. Au retour, nous enfilons un autre tunnel vers Méjean. Nous débouchons à l'air libre... exactement sous les filets de camouflage de l'artillerie allemande ! Nous nous retrouvons le dos au mur, une mitraillette sur le ventre, à subir les vociférations d'un officier. Nous n'en menons pas large. Et c'est le mérou qui nous sauve : l'officier nazi, impressionné par la taille de l'animal, nous demande comment nous l'avons eu. Il se fait expliquer le fonctionnement de nos engins de chasse. Et il nous libère avec notre prise... Nous détalons sur la voie ferrée jusqu'à la station de Niolon, où le chef de gare nous laisse peser le poisson sur sa bascule : vingt-cinq kilogrammes !

Mes escapades avec Georges Beuchat, sous l'Occupation, comptent parmi mes meilleurs souvenirs. Les plus palpitants. Les plus aventureux... Mais la vie quotidienne n'est pas composée que de parties de gendarmes et de voleurs. A longueur de semaine, je travaille au bureau. Je m'y ennuie, mais j'y lie de nouvelles connaissances. C'est grâce à une employée de la société Rocca-Tassy-De Roux que je rencontre un autre fou de la mer et des poissons, qui devient aussi mon ami : Paul Brémond. Il a une dizaine d'années de plus que moi. Malgré son emploi de rond-de-cuir, il est prodigieusement habile de ses mains. Il travaille le bois, le fer et le béton, et ce qu'il fabrique vaut l'œuvre d'un compagnon. Je l'invite à nous rejoindre à Sormiou, le samedi et le dimanche. Il décide de remettre à neuf la bette de mon père. Pouvais-je trouver maître ouvrier plus habile et plus compétent ?

Nous voici trois : Beuchat, Brémond et moi. Trois amis, trois plongeurs, trois passionnés de mer et de pêche. Le quatrième mousquetaire arrive un jour que nous braconnons près des jetées de l'Estaque, pendant l'été de 1943. C'est le plus âgé. Il s'appelle Robert (Bob, ou Poup) Prigent. Breton d'origine, c'est un authentique marin. Un professionnel. Il a fait plusieurs fois le tour du monde comme soutier sur des cargos. Il a été pompier à Shanghai, du temps de la Concession internationale. En Indochine, il s'est occupé de l'intendance d'un camp de réfugiés annamites. Il a sillonné les cinq océans.

Ce quatrième mousquetaire est aussi le plus expérimenté et le plus sage du groupe. Aramis, en quelque sorte, si Beuchat a des allures de Porthos, Brémond d'Athos et moi — moi qui suis le plus modeste ! — de d'Artagnan...

Nous nous promettons assistance et fidélité, à la manière de nos fameux modèles. Nous désirons une existence remplie d'aventures. Au moment où nous constituons notre bande, la liberté nous manque pour entreprendre. La France est sous le joug.

L'opportunité nous est donnée quand les Alliés débarquent en Provence, le 15 août 1944, et chassent l'occupant de Marseille et de Toulon.

J'ai presque dix-sept ans.

4

L'homme-poisson de la Sorgue

A nous, la liberté • Les Robinsons de Riou
La grande peste • Une ancre de pierre
Explosion • Laure et Pétrarque.

JE REVOIS ce samedi de septembre 1944 où, à Sormiou, mes amis mousquetaires et moi remettons à l'eau la bette de mon père. Les Allemands ont réquisitionné le moteur dans les jours qui ont précédé le débarquement de Provence. Il faut ramer. Qu'importe !

Nous halons l'embarcation jusqu'à la mer sur des rondins de bois. Elle se balance joliment en surface. Nous sautons à bord. Nous souquons d'enthousiasme vers le large. Nous chantons à tue-tête. J'ai l'impression que nous rompons nos chaînes. A nous la liberté !

En avançant dans la calanque, nous découvrons des dizaines de caisses tombées à l'eau. Elles proviennent de navires américains qui ont participé à la libération de Marseille. Nous en ouvrons plusieurs : bonheur !... Elles sont pleines de galettes et de gâteaux secs, de tablettes de chocolat, de fruits confits, de rations pour militaires et de cigarettes, le tout enveloppé dans des papiers paraffinés. Festin à bord...

Ceux qui ont vécu cette époque me comprennent : longtemps privé, on se goinfre ! Le parfum du chocolat nous réconcilie avec l'existence.

Nous embarquons une partie de ces caisses aux trésors : je n'ai jamais refait de pêche aussi miraculeuse... Nous rentrons au port un peu fous. Heureux comme des gamins le matin de Noël. Nous rassemblons les Calanquais sur la plage. Nous partageons le butin.

La guerre est bien finie !

Le lendemain, dimanche, nous retournons en mer. Loin, très loin... Nous pêchons — de vrais poissons, cette fois — le long des falaises de Cassis.

La semaine suivante, nous récupérons le moteur confisqué. Il pétarade très fort, mais pas très juste. Il passerait mal les contrôles antipollution actuels. Mais il fait tourner l'hélice, et c'est tout ce que je lui demande.

En compagnie de Bob Prigent et de Paul Brémond (Georges Beuchat est exceptionnellement absent), nous mettons le cap sur l'île de Riou. J'aime ce château fort de calcaire gris-bleu où ne croissent que quelques immortelles et des buis rabougris. Je trouve superbes ces hautes falaises battues par les vagues. L'île culmine à cent quatre-vingt-dix mètres. Trois quarts d'heure de trajet, depuis Sormiou, nous y mènent. Des cormorans nichent dans les parois. Des dizaines de gabians, les ailes déployées dans l'azur, planent et virevoltent, enfants de la brise, piquant parfois vers la surface pour y cueillir du bout du bec un fragment de nourriture, une crevette ou un poisson.

Nous débarquons sur la petite plage de sable du nord de l'île. Nous sommes seuls. A une distance infinie, nous semble-t-il, de la populeuse cité phocéenne... Nous déposons nos provisions sous deux tamaris (les uniques arbres locaux), près d'une maison en ruine. Nous voici les Robinsons de Riou.

En vérité, l'homme a depuis longtemps visité cette terre. Il y a laissé des commensaux qui prolifèrent : je veux parler des rats. Au coucher du soleil, quand nous mangeons, nous voyons sortir de leurs trous deux douzaines de ces rongeurs — fort intéressés par nos provisions. Comment ne pas penser que ce sont les descendants des animaux qui, en 1720-1722, furent les véhicules de la grande peste de Marseille? Les navires venus d'Orient, qu'on soupçonnait de propager l'épidémie, passaient leur quarantaine dans ces îles...

J'ai beau savoir que la peste est une maladie domptée, je me sens mal à l'aise. Mes compagnons aussi... Nous employons notre nuit à chasser les rongeurs. Nous inventons des pièges pour les anéantir. Etrange renaissance d'une terreur ancestrale. Crainte atavique de Marseillais...

A l'aube, les rats disparaissent dans leurs refuges. Nous sommes fatigués, mais nous décidons de plonger quand même. Non seulement nous avons nos lunettes, mais nous disposons d'un tuba (central, avec pince-nez) et de palmes. Nous nous sommes procuré ces accessoires chez Georges Beuchat, qui commence d'en faire commerce.

Nous partons à la découverte de notre nouveau royaume marin. A trois cents mètres à l'ouest du camp s'élève un mur de pierres sèches qui ressemble à une ancienne forteresse, et qui porte le nom de Sablière. Nous entrons dans l'eau au pied de l'édifice. Sous la surface, notre attention est attirée par de gros blocs minéraux couverts d'algues et de gorgones, entre lesquels évoluent des nuées de sars, de mulets, de dentis et de corbs, sans oublier des rougets de roche, des rascasses et des castagnoles, ni bien sûr de robustes mérous embusqués dans leurs fissures et prêts à bondir sur leurs proies. Notre incursion dans ce biotope inviolé provoque un début de panique. Nous harponnons. Facile... Beaucoup trop facile... Je réalise que si la guerre est finie pour les hommes, elle commence pour les poissons...

De ce jour date mon opposition viscérale à la chasse sousmarine; même si, pour me nourrir, je tirerai encore quelque temps...

De ce jour date également ma passion pour les épaves. Lors d'une de mes apnées (je tiens facilement deux minutes sous la surface), j'aperçois, dans un couloir rocheux, plusieurs pierres en trapèze, percées de trois trous. J'en soulève une. Elle est lourde : je ne réussis pas à la remonter. J'appelle mes compagnons. Nous nous servons de la bette comme base de travail. Nous halons l'objet dans la barque au bout d'un filin.

Je viens d'accomplir ma première découverte archéologique. Sans le savoir, comme Monsieur Jourdain faisait de la prose... Je comprendrai plus tard la vraie nature de ces trapèzes minéraux. Ce sont des ancres antiques. Au cours des siècles, des dizaines de bateaux phéniciens, grecs, romains, byzantins, sarrasins, vénitiens, etc., se sont présentés devant Riou. Ils y ont mouillé. Certains d'entre eux y ont perdu leur ancre à la suite d'une manœuvre précipitée, ou à cause d'un brusque coup de vent d'ouest.

En revenant vers le camp, je ne cesse de considérer ma trouvaille. L'homme qui l'a façonnée était un artisan habile. Il ne se doutait pas qu'elle servirait pendant des siècles de support à des animaux marins... Si je ne connais pas encore avec précision la fonction de l'objet que j'ai « inventé », j'ai l'intuition que cette découverte est beaucoup plus importante pour moi que celle d'un nouveau lieu de pêche. Je change de perspective. La mer ne m'apparaît plus seulement comme un milieu qu'on exploite — qui donne à manger — ou qu'on admire. Elle devient un champ de mystères. Un livre liquide dont chaque page contient une énigme à résoudre.

Au cours des mois qui suivent, je sillonne avec mes compagnons les calanques et les parages de Marseille. Mais seulement lors des fins de semaine : chaque lundi, je me retrouve assis derrière mon bureau. Huit heures-midi ; quatorze heures-dix-huit heures... J'aligne des colonnes de chiffres. Je suffoque. Je me rends compte que je ne supporterai jamais cette existence. Je dois trouver autre chose. M'arracher de ces murs sans soleil, sans ciel et, surtout, sans mer...

Etienne Paul, un autre ami de Sormiou, me connaît depuis mon enfance. Il me présente à un transporteur nommé Gaston Michaud. Ce dernier, mordu de pétanque, taquine volontiers le cochonnet dans la calanque. Il nous accompagne en mer. Il devient le témoin de nos premières acrobaties de plongeurs. Je lui dis que j'ai l'intention de changer de métier. Il m'offre de travailler avec lui, à Miramas. Il me demande de contrôler (en compagnie d'un autre ami calanquais) une équipe de dix chauffeurs. Ceux-ci conduisent de gros camions F.W.D. de l'armée américaine, et convoient surtout des bidons d'huile de moteur.

J'accepte, parce que ce boulot me donne la possibilité de vivre au grand air. Mais un coup du sort me frappe alors que je n'ai pas dix-neuf ans.

Un de nos jeux, le dimanche, à Sormiou, consiste à aider les démineurs de l'armée. Nous nettoyons la plage et les rochers des centaines de mines, d'obus, de grenades, d'armes en tout genre, que les Allemands ont abandonnés à la Libération. Nous cherchons et nous ramassons ces engins de mort. Nous les jetons au large, dans de profonds canyons où ils ne menacent plus personne. Il faut, pour ce jeu-là, du courage et même de l'inconscience.

Le 9 février 1946, il pleut. Sur la plage, l'averse dégage du sable un objet cylindrique qui ressemble à un stylo. Je me doute qu'il s'agit d'un piège, mais je le touche. A peine l'ai-je effleuré que l'engin explose. La déflagration m'arrache la plus grande partie des quatre doigts de la main gauche.

Impossible de raconter ma stupeur après ce coup. Ni mon désespoir au spectacle de ma pauvre main mutilée, d'où le sang gicle avec force... Mes amis me tortillent un pansement de fortune et m'emmènent aussi vite qu'ils peuvent (d'abord à pied, par le sentier des ânes, puis en tramway) jusqu'à l'hôpital de la Conception, à Marseille. Je passe trois semaines dans cet établissement. Mes jours ne sont pas en danger, mais je touche le fond du désespoir.

Je confie à la mer ma rééducation physique et morale. C'est elle qui me retape physiquement — et me redonne le goût de vivre. Je nage deux ou trois heures par jour. Je vais de plus en plus loin, seul, le long des falaises immaculées des calanques. Je plonge avec mes lunettes Fernez, mon tuba et mes palmes.

Je reprends contact avec les blennies et les murènes, les loups et les mérous. Parce que j'ai souffert dans ma chair, je considère ces créatures autrement. Je me sens plus proche d'elles. Plus fraternel. J'ai le sentiment de les comprendre. Leur sang est aussi rouge que le mien...

Trois mois après mon accident, je passe avec succès mes permis de conduire moto, voiture et camion. En dépit de mon infirmité... L'inspecteur me juge sur mes capacités réelles, et non sur mon dossier médical. Aujourd'hui, les règlements et la bureaucratie étant ce qu'ils sont, jamais on ne donnerait un permis de camion à un type qui n'a que des moignons de doigts à une main.

Je reprends le dessus. J'effectue de longues balades en mer dans la bette de mon père. Je reconnais, pilier par pilier, les falaises de Soubeyrannes, qui dominent de trois cent quatre-vingt-dix mètres la cité de Cassis, et qui passent pour les plus hautes d'Europe. Je tourne autour de l'île Verte, au sud de La Ciotat, et je reviens par le phare de la Cassidaigne ; celui-ci balise un dangereux écueil au large de Cassis, près d'une fosse vertigineuse de plus de deux mille mètres.

Les jours de mauvais temps, je m'entraîne à sortir de la calanque en lançant mon bateau comme un canot de sauvetage ; j'affronte la tempête en me donnant des airs de capitaine Achab. Lorsque j'ai du temps, je pousse jusqu'à l'étang de Berre : à l'époque, ce lac salé regorge de crustacés, de coquillages et de poissons (mulets, soles, anguilles, etc.) ; aujourd'hui, c'est un désert. Il est pollué... surtout par l'eau douce de la centrale de Saint-Chamas, où un canal d'Electricité de France conduit le flux détourné de la Durance.

Pendant nos vacances, avec mes amis mousquetaires, nous cinglons vers les îles d'Hyères (ou d'Or). Porquerolles, Port-Cros et leurs dépendances sont des paradis pour les amateurs de fonds vierges ; vastes prairies de posidonies, récifs-H.L.M. à mérous, champs de gorgones cascadant vers les noirs abîmes... L'île du Levant ajoute à ces charmes aquatiques ceux, non moins fascinants, de sirènes terrestres peu gênées par les surcroîts de vêtements.

Je plonge partout où je peux, chaque fois qu'une occasion se présente. La joie d'être sous l'eau, dans cet univers magique dont les poissons tiennent la baguette, me redonne le moral que mon accident m'a fait perdre.

C'est à cette époque que je fais la connaissance de Jacques Mayol : j'admire ce grand type moustachu et costaud, au coffre impressionnant, qui se prend pour un dauphin et qui, réellement, en est un ! Nous plongeons ensemble à Sormiou. Il me bat sans forcer : il est capable de descendre à soixante-dix mètres en apnée, rien que pour le plaisir. Je suivrai de loin ses diverses tentatives contre le record du monde. Ce n'est pas ma démarche : je n'ai jamais été obsédé par l'idée d'être le meilleur. Mais le personnage me fascine. C'est un aventurier du genre bohème. Il me propose de partir avec lui camper en pleine forêt canadienne pendant plusieurs mois. Je suis tenté ; j'accepte. Mais, au dernier moment, il change d'avis et file en Floride : tant pis... Des années plus tard, j'irai voir avec plaisir le film que Luc Besson tirera de son aventure — *Le Grand Bleu.*

Ma situation financière n'est pas brillante. Il me faut de nouveau chercher du boulot. Mon ami Etienne Paul, directeur du personnel à Marseille auprès du ministère de la Reconstruction, me fait embaucher simultanément comme gardien de prisonniers allemands (emploi provisoire...) et comme magasinier-chauffeur-mécanicien de son ministère. Je travaille avec acharnement, dans cette sorte de folie insouciante qui caractérise les années de l'immédiat après-guerre. Je veux me payer une moto, puis une automobile. L'argent est dur à gagner. Je fais des heures supplémentaires chez mon ami Georges Beuchat, qui a lancé une usine de fusils-harpons et de matériel de plongée.

L'un de mes boulots d'occasion me mène à Fontaine-de-Vaucluse, où la Papeterie Bachet a besoin d'un plongeur pour réparer son barrage. La tâche consiste à boucher, à l'aide de dalles de pierre, une excavation qui se creuse sous les fondations de l'ouvrage, et qui pourrait le ruiner. Après quoi, il s'agira d'aligner, d'enchaîner et de bétonner une vingtaine de pylônes métalliques destinés à casser la force destructrice du courant vers l'aval.

Labeur difficile... Mais c'est la première fois que je gagne ma vie dans l'eau, et cela suffit à mon bonheur. Je conserve de cette époque un souvenir euphorique. Mon patron me paie cash une partie de la somme qui figure au contrat. Je m'offre, pour soixante-quinze mille francs de 1949, ma première automobile. Une Amilcar Sport. D'occasion.

Le barrage de la Papeterie Bachet coupe le torrent de la Sorgue, qui s'échappe de la mystérieuse fontaine de Vaucluse, près des ruines du manoir où s'aimèrent la belle Laure et le poète Pétrarque. L'eau est limpide et froide. Les algues et les herbes ondulent dans le courant.

Je m'immerge. Des truites se débandent et se réfugient sous les pierres. Deux hommes, sur la rive, préparent des dalles d'un demi-mètre carré, qu'ils me font parvenir à l'aide d'un treuil. J'attrape la charge quand elle touche la surface ; et je l'emporte en plongée vers l'excavation que je dois boucher. Je suis jeune, costaud et enthousiaste. Au milieu de ma première semaine de contrat, mon patron me tempère :

« Tu vas beaucoup trop vite, sourit-il. A ce rythme, tu auras fini en une semaine ; mais moi, j'ai prévu trois semaines de chantier ! »

Voilà comment, ralentissant la manœuvre, je reste des heures dans l'eau à observer le manège des truites ! Je confesse que j'en attrape quelques-unes à la main. Je les apporte à la cuisinière du restaurant où je dîne : elle me les cuit.

Quand j'ai fini d'empiler les dalles dans le trou, je passe aux pylônes ; je les enchaîne ; je les bétonne. J'achève le chantier en consolidant le lit de la rivière avec des pierres de cinquante à quatre-vingts kilogrammes. C'est alors que je deviens l'attraction du village. Les habitants de Fontaine-de-Vaucluse accourent au barrage pour voir à l'œuvre le mélange d'homme-grenouille et de Tarzan dont on parle à l'heure du pastis... Les spectateurs ébahis me regardent empoigner seul, et déplacer sans effort dans l'eau des blocs que mes assistants sur la rive soulèvent péniblement à deux. On me fait la réputation d'un surhomme, ce qui n'est pas désagréable quand j'invite les filles à danser, au bal du samedi soir... Bien entendu, je n'ai rien d'un hercule : les villageois oublient que, dans l'élément aquatique, la poussée d'Archimède est mon alliée. Les pierres pèsent deux fois moins lourd que dans l'air.

Au terme de ces trois semaines de contrat, lorsque je grimpe dans mon Amilcar Sport (d'occasion !) et que je mets les gaz pour revenir à Marseille, je suis particulièrement fier d'avoir bouclé mon premier chantier aquatique. Je me dis que ce n'est pas le dernier, et même que je suis fait pour ça.

J'ai passé quatre-vingt-dix heures avec les truites de la Sorgue. Je me considère un peu comme de leur race. Homme-poisson...

5

L'épopée du *Surcouf*

Pauvre Tino Rossi ! • Le goût du mazout
Le souffle des rorquals • Les esprits de la mer
Le flair des douaniers.

ETIENNE PAUL est un fameux pêcheur de girelles, d'oursins et d'esquinades. Fameux, du moins, à Marseille, c'est-à-dire au centre du monde...

En 1950, il accepte de me prêter sa barque. Un pointu de six mètres cinquante de longueur.

Ce bateau s'appelle le *Surcouf*. Je ne connais pas de nom plus fier. Un roof, deux couchettes, une voile d'appoint : le luxe. D'autant qu'il possède un moteur de huit chevaux récupéré sur une vieille B14 Citroën, grâce auquel il file ses cinq nœuds par beau temps...

C'est une coque de noix — mais superbe.

J'ai formé mon équipage. Il se compose de Robert Prigent (Bob pour les intimes, Poup par déformation) ; de Henri Plé (alias l'Oncle) et de Paul Brémond (rebaptisé Boboss, allez savoir pourquoi), avec qui j'ai déjà vécu diverses aventures. Nous avons adopté une tenue : le pantalon bleu marine et le tricot rayé ; sans oublier la casquette. Style loup de mer qui n'a jamais navigué, ohé ! ohé !

Nous avons un but : la Corse.

Le 1er juillet 1950, à 15 h 15 (notez la précision), nous quittons le port du Carénage, à Marseille, sous les yeux mi-goguenards, mi-inquiets de nos parents et amis. Deux heures plus tard, nous jetons l'ancre au fond de la calanque de Sormiou. C'est d'ici que je veux vraiment partir. Je ne me lasserai jamais de ce fjord méditerranéen où les eaux sont si vertes et si bleues sous les falaises de calcaire blanc, et où les anciens navigateurs vinrent faire de l'eau à la « Bonne Source » en attendant que le mistral se calme et leur permettre d'entrer dans Phocée-Massilia...

Sormiou, la porte de toutes mes aventures !

Nous prenons avec la solennité qui convient notre dernier repas à terre, dans le restaurant « Le Lunch » que tient Jean-Louis Pibaud. Une soupe au pistou plus provençale que toute la Provence, avec ce qu'il faut de haricots, de pâtes et de basilic (le pistou même)...

Le large nous attend. A nous, Jason et les Argonautes ; à nous, Ulysse et Pythéas de Marseille !

A 21 heures, le *Surcouf* fend la houle, le cap sur le phare de la Cassidaigne. Nous avons tout supporté de nos convives du restaurant : depuis les plaisanteries à sous-entendu grivois (« En Corse, attention aux sirènes ! ») jusqu'aux chants de circonstance entonnés sur l'air du sarcasme (« L'enfant prodige de la gloire, Napoléon, Napoléon ! »). Pauvre Napoléon ! Pauvre Tino Rossi !

Tels des marins confirmés, nous établissons nos quarts. Boboss tient la barre au feu de la Cassidaigne (écueils, mais superbes poissons sous la surface). Je suis aux commandes quand nous doublons le cap Sicié, qui garde l'entrée de la rade de Toulon. L'Oncle me relaie au moment où nous saluons la presqu'île de Giens. Puis c'est Poup qui s'y colle. Au lever du soleil, petit déjeuner en mer. Café au lait accompagné d'un gâteau de ma mère.

Boboss envoie les couleurs. Emotion... tempérée par la pétarade peu protocolaire du moteur. A 6 h 30, nous accostons au Levant, l'une des îles d'Hyères (ou îles d'Or), fameuse à l'époque parce qu'elle abrite l'un des rares camps de nudistes de France, et même d'Europe et du monde. On sourit aujourd'hui de cette réputation : n'importe quelle plage de la Côte d'Azur en offre davantage au voyeur.

Ce ne sont pas les naturistes qui nous attirent au Levant (juré !), mais notre ami M. Vial, propriétaire du restaurant « La Réserve », à qui nous sommes fiers de présenter le *Surcouf*.

Ce voyage est, en vérité, une succession de visites à des amis. Les copains d'abord, comme chantera Brassens... Nous appareillons pour le phare du Titan. Nous voulons saluer le gardien et lui demander la meilleure route à suivre. Sept cents marches à grimper pour arriver au sommet de la tour. Mais quel spectacle, de là-haut... D'un côté, la Côte d'Azur, depuis Le Lavandou jusqu'à Cavalaire ; de l'autre l'horizon bleu — où nous allons.

Avant de repartir, je ne puis m'empêcher de piquer une tête dans l'eau limpide. Autour du phare, les poissons pullulent : d'énormes mérous dans leurs trous, des liches monumentales en patrouille le long de la falaise, des corbs et des sars dans leurs appartements de roche, sans compter des cortèges de poissons d'herbiers, notamment de saupes et de mulets.

Nous faisons le plein d'essence en transvasant le carburant d'un grand réservoir dans celui du moteur. Pour cela, il faut siphonner : il arrive à l'Oncle ce qui survient parfois dans ces circonstances. Il avale une rasade... Notre ami, malade, note sur le « Journal de bord » qu'il nous laisse tous ses biens par testament spécial rédigé en mer... Il assure quand même son quart. J'aurai une pensée pour lui lorsque, des années plus tard, je contemplerai le spectacle désolant des marées noires — ces pauvres oiseaux, ces phoques ou ces loutres de mer forcés d'ingurgiter du mazout pour se nettoyer les plumes ou le poil, et qui en meurent empoisonnés...

La nuit faite, nous naviguons en gardant le phare du Titan plein arrière. Lorsqu'il a disparu, nous nous fions aux étoiles. Quand le ciel se brouille, nous nous reportons au compas : le cap au 145. La mer est calme, le vent presque nul. Notre sillage brille de millions de points phosphorescents : ce sont des noctiluques, microscopiques organismes du plancton, qui scintillent dans l'eau noire. A minuit, nous croisons deux navires de guerre qui foncent tous feux allumés, sans nous voir. Aux premières lueurs de l'aube, nous devinons droit devant, gris sur gris, la silhouette des montagnes de la Corse.

5 heures. Le *Surcouf* continue son chemin, mais la Corse a disparu dans le brouillard. Soudain, des coups de canon. Des claquements, des gerbes d'eau à une centaine de mètres du bateau. Nous pensons à un exercice de tir de la Marine nationale, et nous ne nous sentons pas trop fiers au centre de la cible. Nous regardons mieux. Des souffles... Des baleines qui tapent de la queue sur la surface!... Presque en cadence. Allègrement...

C'est la première fois que je rencontre les géants des géants. Je ne me doute même pas que, dans ma vie de marin et de capitaine de la *Calypso,* j'aurai l'occasion d'en admirer des troupeaux, dans toutes les mers du monde.

J'en sais assez pour déterminer l'espèce : ce sont des rorquals. Des rorquals communs. Les plus gros animaux qui fréquentent la Méditerranée. Les proches cousins des baleines bleues, lesquelles sont les plus énormes créatures que la Terre ait jamais portées. Les rorquals communs atteignent vingt-trois mètres de longueur et (pour les plus grandes femelles) quatre-vingt-dix tonnes. En moyenne, l'équivalent d'une douzaine d'éléphants... Ce troupeau (je l'apprendrai au cours de mes voyages sur la *Calypso*) réside toute l'année en Méditerranée. Il ne cesse de tourner autour de l'ensemble que forment la Corse et la Sardaigne. A l'endroit où nous le rencontrons ce jour-là, il nage en surface sur des fonds de plus de deux mille mètres.

Les baleines soufflent. Pfouff!... Comparés à elles, nous

sommes quantités négligeables ; mais le tintamarre de notre moteur les inquiète. J'en vois une, à trente mètres du *Surcouf*, qui dresse la tête au-dessus de l'eau, dans la posture d'« espionnage » classique de son espèce. Je suppose qu'elle essaie de comprendre quel est cet objet bruyant sur lequel s'agitent quatre lilliputiens. Elle bascule sur le ventre et projette dans l'air son formidable panache de vapeur. Puis elle lève très haut son immense caudale et plonge. Elle sonde, comme disaient les baleiniers, comme disent encore les amis des cétacés...

Les autres membres du groupe, quoique dispersés sur plusieurs milles de mer, semblent obéir à un ordre : ils disparaissent sous la surface à la même minute. Mystère des comportements animaux...

Nous continuons de cingler vers cette île de Beauté que les anciens Grecs avaient déjà nommée *Kallystê* — « la Très Belle ».

Il était écrit que nous n'en aurions pas fini avec les cétacés. A peine les rorquals se sont-ils évanouis dans le royaume liquide qu'une troupe de dauphins vient à notre rencontre.

Combien sont-ils ? Je l'ignore. Plusieurs dizaines, en tout cas... Ce sont des dauphins communs. Les amis des hommes, depuis l'Antiquité, et sur les rives des cinq continents. Ils semblent courir à la surface de la mer. Ils marsouinent, sautent et ondulent en soulevant des gerbes d'écume. Ils sont superbes. Ils incarnent la réussite de l'évolution dans l'élément aquatique. Ils me font penser à des esprits de l'eau.

Les dauphins entourent le *Surcouf* comme pour lui faire fête. Quelques-uns d'entre eux s'amusent avec notre barque. Ils s'installent devant l'étrave et se laissent porter par la vague. Ils font du surf. D'autres bondissent très haut dans l'air et donnent des coups de queue à la lune. D'autres encore font mine de foncer sur notre coque, et l'évitent à l'ultime seconde. Heureuses natures.

De nouveau, le mystère : l'un d'eux lance un coup de sifflet que j'entends clairement hors de l'eau. Toute la troupe plonge, et ne reparaît plus.

Nous approchons de la terre. Nous choisissons pour amer le sommet poudré de neige du monte Cinto. L'odeur du maquis emplit nos narines. Elle bouleversait Napoléon Bonaparte, qui disait la reconnaître de loin, les yeux fermés. Les romarins, les sauges, les lavandes et les myrtes exhalent leurs essences, et ces parfums se mêlent à ceux des pins et de la mer. Délices du nez... Nous longeons les falaises des calanches de Piana : dentelles de pierre, figures d'animaux, de plantes ou d'hommes sculptées par l'érosion éolienne, et qui prennent (selon la lumière) toutes les teintes du blanc, du beige et du rose...

Nous gagnons la marine de Porto. Nous nous précipitons à la poste pour téléphoner à Marseille, afin de rassurer nos familles, nos amis — et le propriétaire du *Surcouf*... Nous nous promenons dans la ville, au fond de ce golfe splendide hérissé de promontoires d'un rouge ardent qui ont les pieds dans l'eau la plus bleue... Nous poussons jusqu'à la tour carrée, à l'embouchure de la rivière de Porto. Le fleuve finit entre deux allées d'énormes eucalyptus aux troncs noueux.

Nous mouillons pour la nuit près de la plage de Bussaglia, mieux abritée des vents d'ouest que la rade de Porto même. Nous dînons d'une soupe de poissons et d'oursins que nous récoltons sur les rochers alentour. Nous sommes fatigués. Nous nous répartissons les places pour dormir : un équipier sur chaque couchette, un autre sur le plancher, le quatrième sur le safran du gouvernail que nous avons relevé et posé à plat sur le capot du moteur. Les moustiques sont de quart. Ils se relaient. Leur vigilance ne fléchit pas une seconde.

L'un des plaisirs du marin est de se réveiller avec la brise. J'ouvre l'œil à l'aube, la joue caressée par le vent. Je me sens en harmonie avec moi-même et avec le monde. J'ai trouvé mon chemin. Il sera liquide. Frangé d'écume.

Le marin n'a pas que des plaisirs. Il doit remettre le gouvernail sur ses aiguillots, graisser la pompe à eau, vérifier le niveau d'essence, en rajouter, jurer parce que le moteur refuse de démarrer, etc. Il vit des moments de sueur et de crise au cours desquels il lui arrive de regretter d'être là.

Quand l'eau chuinte de nouveau sur les bordées de la coque, et que la ligne d'horizon se dessine droit devant, le bonheur recommence. Ce sont les hauts et les bas du métier. Une sorte de tangage moral...

Nous mettons le cap au nord. A midi, nous jetons l'ancre sous l'îlot rocheux du Palazzo, avec sa tour génoise et son canon de bronze. De nouveau, je plonge. La curiosité pour ce qui vit sous la surface est déjà devenue chez moi une maladie incurable. Je découvre, par vingt mètres de fond, une grotte merveilleuse dont les parois et le plafond sont entièrement hérissés de buissons de corail rouge — le corail des joailliers. Les milliers de polypes blancs qui décorent ces branches minérales tantôt roses et tantôt pourpres ont déployé leurs tentacules dans la pénombre : on jurerait une forêt d'arbres de Noël.

Route au nord, de nouveau. Après un petit en-cas arrosé d'une bouteille de vin rouge, l'équipage du *Surcouf* chante. Nous filons vers Galeria en hissant la voile. Escale. Chocolat, œufs, pain frais, allumettes et boissons. Nous nous donnons l'illusion d'être des pirates barbaresques qui cabotent le long des côtes de la Corse; mais nous payons de nos (rares) deniers nos razzias dans les magasins.

Vent portant, nous filons vers Calvi. Avant de passer sous le phare de la Revellata, nous visitons avec précaution la grotte des Veaux marins. Site superbe : l'auvent de roche, travaillé par la mer dans un minéral rouge et rose, se prolonge par une galerie de deux cents mètres de longueur où l'eau atteint une profondeur de cinq à dix mètres. Jadis, cette caverne était la maison des phoques moines. Mais ces mammifères marins qui hantaient la Méditerranée d'Ulysse et du philosophe Aristote (lequel les observa et les décrivit) sont en voie d'extinction. En 1950, ils habitent encore la Corse : dans la grotte des Veaux marins, nous n'en voyons pas; mais nous apercevons leurs traces, sous la forme d'une curieuse couleur rouge du sable, due à leurs déjections. A l'heure où j'écris ces lignes, le phoque moine est pratiquement éteint. Tué par les pêcheurs (qui l'ont accusé de manger « leurs » poissons), éliminé de ses zones de nourrissage et de reproduction par les activités de l'homme (les villes, les ports, les usines, les hôtels, bref le mur de béton). L'espèce ne compte plus que cinq cents individus, clairsemés depuis les îles turques jusqu'à la Mauritanie. Elle a cessé de nager dans les eaux de la Corse.

A Calvi, le granit des remparts est envahi par les figuiers de Barbarie et par ces jolies fleurs roses ou jaunes, originaires d'Afrique du Sud, qu'on connaît sous le nom de mains de sorcières. Sur la porte d'entrée du quai d'accostage, on lit la devise de la ville : « *Civitas Calvi semper fidelis.* » La phrase commémore le siège de 1555, au cours duquel les hommes et les femmes de la cité engagèrent une bataille héroïque contre les forces d'invasion françaises appuyées par le corsaire turc Dragut.

Nous jouons les estivants, puis nous passons sous la tour de Sel (douane, essence). Nous allons mouiller au milieu de la rade, parmi les bateaux de pêche à la langouste et les thoniers.

A 23 h 30, la tempête de l'est se déchaîne. Nous nous dirigeons au moteur vers l'abri relatif de la plage. Nous ne fermons pas l'œil : à 3 heures, le vent forcit encore, et notre quille talonne. Nous nous retrouvons tous quatre à l'eau, poussant comme des fous le *Surcouf* pour éviter l'échouage. Quand le coup de chien se calme, nous sommes exténués. Le jour se lève. Nous nous écroulons sur nos couches. Mais nous sommes réveillés par une escouade de douaniers : ils ont observé notre manège. N'y comprenant rien dans la purée de pois, ils nous ont pris pour des contrebandiers. Ils fouillent le bateau de la quille au mât. Ils nous cuisinent pendant des heures, sans réussir à mettre la main sur les ballots de cigarettes américaines qu'ils espéraient trouver. Et pour cause !

6

Le périple de la mer Ligure

Ulysse et Nausicaa • Ma première carte
La pêche au lamparo • Sous contrôle militaire
Poulpeville.

Le *Surcouf* est bon marin. Le vent nous pousse vers l'Ile-Rousse. Je me refuse à révéler notre vitesse réelle : elle est sensiblement inférieure à celle d'un hors-bord. Mais nous nous sentons tellement heureux...

A vrai dire, je trouve que Poup, le cuisinier du jour, nous a réveillés beaucoup trop tôt... Nous arrivons à 15 heures dans la « cité Paoli » aux roches ocre rouge, avec son port animé où les bateaux embarquent l'huile et les olives, les citrons et les oranges des vallées arrosées de l'arrière-pays.

Le lendemain, tandis que l'Oncle nous fait mijoter un plat de haricots blancs à la sauce tomate et aux langoustes (je tiens la recette à la disposition des chefs !), je plonge dans le port, près de la jetée. Je passe une heure à photographier une raie pastenague de deux mètres. L'animal plane joliment au-dessus du fond, et promène à quelques centimètres de mon visage le fouet de sa queue, dont la base est armée d'un aiguillon venimeux. Pas de danger — aussi longtemps que la raie ne se sent pas menacée.

Nous laissons l'Ile-Rousse : le cap sur le désert des Agriates. Nous nous arrêtons quelques heures dans l'anse de l'Ostriconi, où se jette le petit fleuve du même nom. C'est l'un des plus beaux paysages de la Terre : je l'affirme après avoir sillonné la planète. Une plage de sable blanc, encadrée par des falaises crépelées de cistes, de romarins et de bruyères arborescentes ; l'eau douce qui forme un marécage avant de se mêler à celle de la mer ; des dunes qui grimpent à l'assaut du maquis...

Le désert des Agriates occupe le nord de la Corse, entre l'Ile-Rousse et Saint-Florent. Il ne fut pas toujours désolé puisque, à l'époque romaine, la contrée était un grenier à blé. Il est désormais colonisé par un maigre maquis. Peu d'humains empruntent les chemins abandonnés qu'on devine entre les asphodèles et les lavandes.

Nous mouillons près d'une plage blanche. Je plonge dans des nuages de castagnoles roses, de saupes striées, de mulets aux larges écailles d'argent. Des ascidies rouges (les violets, ou vioulets, des Provençaux) gonflent leurs outres bizarres sur les rochers. Des gorgones tendent leurs ramures de sang. Entre les touffes de posidonies vertes, des nacres (ou pinnes, ou jambonneaux) sont fichées dans le sable par leur côté pointu : ces bivalves décorés de dentelle calcaire sont les plus grands coquillages des mers tempérées. Certains d'entre eux atteignent quatre-vingts centimètres.

Une tortue de mer !... Elle s'approche. Elle ne paraît pas me craindre. Il s'agit d'une carette (ou caret, ou caouane). Elle possède une carapace brune à motifs géométriques jaunes, longue de plus de un mètre. Elle dépasse sûrement les cent kilogrammes. Elle s'insinue sous un auvent de roche : je lui emboîte la nage. Elle m'accepte, pourvu que je n'essaie pas de la toucher. Par conséquent, je la contemple... L'espèce se reproduit en Méditerranée, notamment dans les îlots proches de la Sicile, en Grèce et en Turquie ; l'île ionienne de Zanthe

(Zakynthos) constitue l'un de ses principaux sites mondiaux de nidification.

J'aurai bien d'autres occasions de côtoyer des tortues de mer avec l'équipe de la *Calypso*. Je réussirai (au Mexique, dans les eaux du Yucatán) à me faire remorquer par une tortue verte dont j'aurai empoigné la dossière. Quoique munie d'un bec corné capable de trancher d'un seul coup le bras d'un homme, la bête ne manifestera qu'un peu d'agacement.

En quittant cette plage des Agriates où le *Surcouf* m'a mené, je songe que les tortues marines comptent parmi les animaux les plus menacés. L'homme les chasse depuis des siècles pour leur chair — et la fameuse soupe. Il vole leurs œufs dans les nids. Il installe ses hôtels et ses cités sur les côtes sableuses où leur instinct leur dicte de pondre. Il jette des sacs de plastique à la mer : les tortues les prennent pour des méduses ou des salpes (leurs proies favorites) ; elles les avalent et meurent d'occlusion intestinale.

J'achève ma plongée. Quand nous repartons, nous cassons l'arbre de mise en marche du moteur. Nous jurons et nous sacrons. Nous nous calmons et nous bricolons. Nous réussissons à faire pétarader notre fusée. Prière de ne pas couper le contact avant le prochain port, sous peine de finir à la rame.

Essayez de trouver un tourneur sur métal à Saint-Florent... Nous parcourons en vain, pendant une demi-journée, les rues du village ornées de lauriers-roses. Nous décidons de pousser jusqu'à Bastia, mais l'autocar nous file sous le nez. Il nous reste à fréter un taxi, lequel nous fait éprouver jusque dans nos tripes l'exceptionnelle sinuosité de la route du col de Teghime.

Bastia, capitale de la Corse du Nord... Cathédrale ocre, vieux port et citadelle... Outre un nouvel arbre de démarreur pour le *Surcouf*, nous y achetons un lot de cartes nautiques. Mes premières cartes marines... Aujourd'hui encore, lorsque, sur la passerelle de la *Calypso*, je consulte un relevé des côtes du Fiordland néo-zélandais, ou des chenaux de la Grande Barrière australienne, ou des mangroves de Bornéo, je songe à ces premiers documents que j'ai étudiés, barbouillés de traits de crayon incertains et piquetés de la pointe de mon compas.

Saint-Florent, de nouveau. Tournevis et cambouis. Ça marche ! Nous lançons notre B14 Citroën comme un vaisseau de ligne. Hors du port, nous faisons route vers le cap Corse. Calanques frangées de plages virginales et dominées par les croupes bleues des montagnes... Le vent se lève. Nous louvoyons parmi les flotteurs de casiers à langoustes. Sur les conseils d'un pêcheur, nous mouillons dans la baie de Centuri, qui abrite l'une des plus charmantes marines du cap Corse et constitue une base de langoustiers.

La météo n'annonce que de mauvaises choses. Nous doublons nos amarres. Nous mettons pied à terre : les petites maisons au crépi ocre, rose ou blanc ont des toits de lauzes taillées dans de la serpentine verte.

Boboss, qui est un peu corse, possède de la famille dans le village voisin d'Ersa. Il m'emmène en visite. Nous marchons deux heures sur un chemin qui se perd dans la confusion du maquis, avant de rejoindre la grand-route. Entre les bruyères géantes, les arbousiers et les pistachiers, nous apercevons l'îlot de la Giraglia et son phare, qui marquent l'extrémité nord de l'île de Beauté. La récompense vient, chez les cousins de Boboss, sous la forme d'un accueil typiquement... corse, à quoi s'ajoutent un panier d'œufs frais et un cageot de prunes.

Pendant notre absence, l'Oncle et Poup ont fait la lessive. C'est la meilleure nouvelle de la journée.

Nous méprisons les avertissements de la météo — et ceux des pêcheurs. Nous levons l'ancre avec la tempête. Un zeste de masochisme, peut-être ? J'éprouve un plaisir charnel à sentir les vagues frapper la coque du *Surcouf*. Je prends la barre et je joue avec elles. J'essaie de deviner leur vitesse et leur trajectoire, afin de les aborder selon l'angle qui les épouse, et non celui qui les affronte. Quand la manœuvre est réussie, le *Surcouf* s'envole — et moi, je plane.

Une heure plus tard, nous doublons le cap Corse. Au revoir, Kyrnos ou Kallystê ! Nous mettons le cap sur l'île italienne de

Capraia (Caprée, l'île des Chèvres). Le mistral nous pousse. Cap à l'est au vent arrière, moteur à fond, voile carguée.

Le *Surcouf* n'est jamais allé aussi vite.

Nous trouvons l'entrée du port de Caprée vers minuit — un peu à tâtons. Nous nous rangeons à quai entre deux yachts immaculés. Le *Surcouf* ressemble à une 4 CV entre deux Rolls. Nous n'en sommes que plus fiers. Nous nous endormons du sommeil du loup de mer.

Au matin, nous prenons conscience que nous sommes en Italie. Depuis cette époque, j'ai visité une soixantaine de pays du monde, du Guatemala à l'Indonésie et du Chili au Rwanda. Aucun ne m'a plus impressionné que l'Italie ce jour-là. C'est la première terre que je foule où l'on ne parle ni le français, ni le provençal...

A la capitainerie, où nous allons accomplir nos formalités d'escale, la compréhension ne règne pas. On nous confisque nos papiers (en 1950, l'Europe n'est encore qu'un projet dans la tête de Jean Monnet et de ses amis!). On nous explique quantité de choses essentielles, mais à toute vitesse et en italien. Nous répondons dans un français mâtiné d'un sabir anglo-italien, probablement à côté de la question. Tout finit par s'arranger puisqu'on nous rend à notre *Surcouf* — et à la mer.

Nous achetons de l'eau (celle-ci se donne rarement, dans les îles méditerranéennes). Nous pêchons notre friture du jour — une brochette de rougets plus rouges que le drapeau de l'Union soviétique.

Nous apprenons qu'une Française tient un restaurant au village. Nous lui rendons visite. Elle nous accueille avec la chaleur que nous sommes en droit d'espérer d'une compatriote. Quand nous lui achetons des vivres, les affaires redeviennent les affaires. Elle nous vend de l'huile, des fromages, de la charcuterie et du pain à un prix de marché noir, et nous change de l'argent à un taux d'escroquerie pure et simple.

Nous quittons le port en fin de journée, en direction de l'île de Gorgone, que nous touchons à la nuit tombée au milieu d'une flottille de pêcheurs au lamparo. Le spectacle est admirable — toutes ces lampes qui illuminent la mer pour attirer le poisson... La méthode est contestable : la pêche au lamparo constitue un pillage caractérisé des ressources piscicoles ; elle est interdite dans de nombreux pays.

A cette époque, l'île de Gorgone sert de pénitencier. Le port seul est ouvert aux plaisanciers. Lorsque deux Italiens d'allure bizarre nous demandent en catimini de les conduire à Livourne, nous éprouvons une légère inquiétude. Je ne saurai jamais s'il s'agissait d'évadés. Ils en avaient l'apparence. Craignant de ne pas être en règle nous-mêmes, nous nous défilons.

Nous quittons Gorgone à l'aube. A 10 heures, le *Surcouf* navigue sur un haut-fond qui m'intrigue. Nous mettons en panne et je plonge. Des débris d'un naufrage. Des amphores dont le col dépasse du sédiment... Une épave antique !

Je voudrais l'explorer, mais je dois remonter d'urgence en surface. J'ai eu les oreilles déchirées sous l'eau par des séries de violentes explosions qui m'ont laissé momentanément sourd. Je comprends lorsque je m'aperçois qu'à moins de dix encablures du *Surcouf* des pêcheurs de Livourne massacrent le poisson à la dynamite. Sans se cacher, quoique le procédé soit prohibé... Un désastre ! Partout alentour flottent des cadavres d'animaux — non seulement de poissons adultes et comestibles, mais d'espèces immangeables, de juvéniles, de crustacés, de mollusques, de larves de toutes sortes... La pêche au lamparo et à la dynamite sont deux plaies de la Méditerranée (et d'autres mers du monde, comme je l'ai constaté depuis). Hélas ! elles sont toujours pratiquées.

Livourne (Livorno) : un grand port industriel dont l'arrière-pays s'appelle la Toscane... Nous n'en voyons d'abord que le bureau des carabiniers, où nous sommes amenés comme des bandits, pour une vérification d'identité approfondie et circonstanciée. Nous n'avons ni passeport, ni certificat de santé (obligatoires, à l'époque), ni papiers dignes de ce nom pour le

Surcouf. Notre compte est bon. Nous moisirons au fond d'un cul-de-basse-fosse italien, au pain et à l'eau... Mais le commissaire est bon enfant : il nous boucle, Poup et moi-même ; et il autorise Paul et l'Oncle à aller en ville acheter de l'eau et des vivres. C'est ainsi que je n'aurai pas le plaisir d'admirer la fontaine du Quatramores et la statue de Cavour !

Lâchés par les carabiniers, nous passons une demi-journée dans le port : le *Surcouf* est amarré à côté d'un cuirassé dont les seules chaloupes sont deux fois plus grandes que lui.

Nous repartons vers Viareggio, où nous redoutons de nouveaux ennuis avec la police. Personne ne nous demande nos papiers. Nous débarquons dans cette station touristique, où nos pantalons bleus et nos tricots rayés d'opérette font sensation.

Au matin du 14 juillet, nous sommes réveillés par le remue ménage des chalutiers qui rentrent de la pêche. Les cris des marins ; les prix que les mareyeurs proposent à toute vitesse, et qui ne sont compris que des pêcheurs et d'eux-mêmes ; le bleu argenté des poissons dans les caisses ; les poulpes violacés, les crustacés qui grouillent, les coquilles Saint-Jacques alignées dans leurs paniers : en un mot, cette ambiance des ports de pêche où je me sens chez moi...

Nous levons l'ancre et nous mettons le cap au nord. Un grand bruit monte de la cloche d'embrayage : ça fume du côté du roulement à billes de la butée de l'arbre d'hélice. Ça fume à grosses volutes ; tellement que ça casse.

Pas de pièce de rechange, mais Boboss est bon mécano. Il démonte la moitié du moteur (en mer, c'est agréable : quelques coups de roulis, et tout passe par-dessus bord — les vis, les pièces de rechange et, bien entendu, le repas matinal du réparateur). L'Oncle bricole. Il rajoute de la graisse, beaucoup de graisse. Ça semble tenir. Ça tient. En vérité, ça tient par la graisse... En avant lente, nous rallions le phare de La Spezia. Nous célébrons la fête nationale française en même temps que celle de l'Oncle (la Saint-Henri), qui reçoit en cadeau une boîte de chocolats. Nous chantons *La Marseillaise* en nageant dans l'eau bleue de la Méditerranée.

Nous passons une nuit agitée dans le port de Vernazza. Vent, pluie, éclairs, tonnerre ; houle énorme... Ce petit havre est mal abrité. Les coques des bateaux se frôlent ou se choquent. Nous ne fermons l'œil que pour des périodes inférieures au temps normalement nécessaire pour commencer un rêve.

Au matin, le vent persiste et la mer moutonne. Le moteur du *Surcouf*, noyé, refuse de ronfler (contrairement à notre ami Boboss qui a décidé de dormir envers et contre tout). Nous lui réchauffons les bougies au butane (au moteur, pas à Boboss). Et le *Surcouf* affronte vaillamment les vagues du golfe de Gênes, où elles sont fortes et où les courants sont diaboliques.

Nous arrivons à Savone à l'instant où l'horloge de l'hôtel de ville sonne les huit coups du soir. La capitainerie est fermée. Nous tombons sur une patrouille de la police militaire, qui laisse un homme en armes sur le quai pour nous surveiller. Interdiction de bouger jusqu'à l'ouverture des bureaux.

Nous n'avons rien à boire, ni à manger. Les passagers d'un yacht français, près duquel nous nous sommes amarrés, nous prennent en pitié. Ils installent un système de cordes et de poulies, grâce à quoi ils nous envoient le pastis, puis la salade, puis des omelettes baveuses, puis du vin, puis des cafés.

Nous nous goinfrons. Le soldat fonctionnaire bat la semelle sur le môle : il n'ose accepter l'apéritif, ni l'assiette garnie que nous lui proposons. Il lorgne avec envie sur ce festin...

Aux heures légales de bureau, nous recevons la visite des carabiniers, puis celle des douaniers. Nous ne sommes pas davantage en règle qu'à Livourne : les mêmes causes produisant les mêmes effets, on nous soupçonne des pires trafics. Les douaniers ne trouvent pas le moindre brimborion de cigarette américaine à nous reprocher, mais ils nous font les gros yeux : ainsi s'assoit l'autorité des hommes. Ils ignorent que j'avais trouvé en plongée, près de Caprée, un fusil de guerre allemand : nous nous en sommes débarrassés pendant la nuit.

L'arme repose par dix mètres de fond dans le port de Savone. Elle y est encore.

Nous récupérons nos papiers, mais nous sommes consignés à bord jusqu'à nouvel ordre. Nous allons nous coucher. A trois heures du matin, l'Oncle se réveille ; il jette un œil sur le quai : notre cerbère à mousqueton a disparu ! L'Oncle nous secoue. Nous ne nous posons pas de question : en une minute, l'amarre est larguée et le moteur lancé (le brave démarre au quart de tour). Nous nous éloignons du môle. Salut, Savone !

Nous hissons la voile et naviguons grand train jusqu'au cap Melo, que nous doublons l'après-midi. Poup, en verve culinaire, nous confectionne une omelette aux orties de mer. J'ai perdu cette recette. Je confirme que les orties de mer se mangent cuites ; mais, lorsqu'elles sont vivantes, ce sont elles qui cuisent le cuisinier maladroit ! Ces petites méduses rose et vert sont munies de filaments garnis de cellules urticantes. Poup fait un faux mouvement : il m'en laisse tomber une sur l'épaule : la brûlure me fait un mal de chien. J'en frissonne de fièvre pendant douze heures. J'en garde une cicatrice rouge pendant trois semaines — comme un forçat sa marque d'infamie !

Nous reprenons la route liquide. C'est dimanche : nous tentons d'approcher du port d'Imperia, où se déroulent des régates et des matches de water-polo. A peine avons-nous le temps d'assister au premier quart du spectacle qu'une vedette de la police se dirige vers nous. Nous l'évitons en nous faufilant parmi les concurrents. Nous gouvernons vers le large.

Nous passons Vintimille et la frontière française. Nous affalons le pavillon italien de fortune que Boboss nous avait confectionné à Caprée, avec des bouts de chiffons dénichés je ne sais où dans la cale.

A Menton, nous dormons douze heures. Ensuite, nous nous livrons sur la plage à quelques-unes de nos gamineries favorites. En voici une : à l'heure où les baigneurs sont nombreux, Boboss fait mine de donner une leçon de natation à Poup. Il joue les professeurs sévères, puis caractériels, puis franchement sadiques. Poup tient le rôle du cancre. A la fin, Boboss, prétendûment excédé, recourt aux moyens extrêmes. Il empoigne Poup et lui tient la tête sous l'eau. Trente secondes. Une minute. Deux minutes... Les touristes indignés veulent arrêter le crime : c'est à ce moment que Poup, qui est en vérité doté d'un coffre hors du commun, se relève, éclate de rire et s'éloigne en battant un crawl parfait...

Les facéties n'occupent pas tout notre temps. Nous plongeons sur une épave d'avion allemand Messerschmitt, qui gît par douze mètres de fond devant le port de Menton. L'appareil semble intact — à peine cabossé. Le cockpit est ouvert : le pilote a peut-être eu le temps de sauter en parachute.

Nous mettons le cap sur Monaco. Nous visitons le Musée océanographique, avec sa salle de la baleine, ses rayonnages d'échantillons zoologiques, son aquarium et ses feux d'artifice de poissons tropicaux : poissons-anges et poissons-papillons, poissons-trompettes et poissons-perroquets, poissons-coffres et poissons-chirurgiens... J'ai peine à m'arracher au spectacle. J'en rêverai pendant des nuits. Je ne me doute pas, évidemment, que je reviendrai à Monaco sur un navire nommé *Calypso*, dont le Pacha sera — par ailleurs — le directeur du Musée !

Nice, sa baie des Anges, sa promenade des Anglais et ses « pans bagnas »... La Côte d'Azur est encore belle, en ce début des années cinquante. La même lumière, mais beaucoup moins d'immeubles, de béton et de bagnoles que de nos jours. Une certaine joie de vivre, aussi, qui s'est éteinte dans les vapeurs du fric...

Nous rentrons vers Marseille par les îles de Lérins . à Saint-Honorat, nous mouillons au sec des Moines. Je plonge pour renouveler nos provisions de poisson frais. Je refais surface avec une ceinture de sars : mais mes amis jugent que je suis resté trop longtemps seul dans l'eau ; ils me punissent de mon imprudence... en m'y remettant pour dix minutes !

Saint-Tropez : le petit port commence d'être à la mode. Pastis chez Sénequier avant le déferlement des touristes... Il v a des yachts incroyables dans le port, et des célébrités du cinéma, de la chanson ou de la littérature qui bronzent ou qui pétanquent.

Nous repassons aux îles d'Hyères. Le Levant et le phare du Titan... Nous trouvons notre ami Victor Buisson, sculpteur en bois et moniteur de plongée aux Grottes : il revient de la pêche avec une liche et un mérou. Il nous invite à les manger, grillés sur la plage au feu de bois et aux herbes de Provence, à condition que nous lui racontions par le menu l'odyssée du *Surcouf*.

Le lendemain, nous plongeons ensemble sur les tombants rocheux de l'îlot de la Gabinière, près de Port-Cros. Voici le paradis des mérous : ils peuplent toutes les fissures, toutes les grottes marines, depuis sept mètres de profondeur jusqu'à... Jusqu'à combien ? Je l'ignore. En tout cas, c'est une véritable H.L.M. pour poissons ! J'admire ces animaux parfois longs de plus de un mètre, qui pèsent jusqu'à cinquante kilogrammes. Ils ont la lippe épaisse et la queue coupée net, pratiquement sans encoche. Ils ne craignent pas l'homme — pour leur malheur. Rien n'est facile comme de leur planter une flèche dans le ventre... Les mérous de la Gabinière, chassés pendant des décennies, finiront par disparaître. Seule l'institution du parc national de Port-Cros et une stricte surveillance du site leur rendront leur cité sous-marine. J'ai plongé au même endroit, à la fin des années soixante : un désert... J'y ai replongé dans les années quatre-vingt : j'ai ri dans mon masque en constatant que les locataires de l'H.L.M. étaient revenus. Presque aussi nombreux qu'avant...

Trois jours de mistral : nous les passons à l'abri à Port-Cros, dans l'anse de Port-Man. Puis nous poussons jusqu'à l'île voisine de Porquerolles. Prairies de posidonies semées de nacres, de spondyles, d'oursins et d'étoiles de mer orange vif. Je découvre, dans l'anse d'Alicastre, une prodigieuse concentration de poulpes. Ces mollusques timides et malins pullulent : ils vivent une dramatique crise du logement.

Certains d'entre eux (les privilégiés) ont trouvé une

amphore romaine, ou une moderne boîte de conserve, dans laquelle ils se coulent en cas de danger. D'autres ne disposent que d'un abri précaire et se battent pour emménager dans un appartement plus spacieux. Je me rappellerai ce site lorsque, avec l'équipe Cousteau, nous inscrirons à notre programme le tournage d'un film sur les pieuvres. Nous reviendrons plonger dans la baie d'Alicastre, que Cousteau et Dumas appellent « Poulpeville ».

Quittée la cité des pieuvres, nous allons mouiller dans l'anse des Langoustiers, à l'ouest de Porquerolles, où nous tombons sur des amis marseillais. Le couple Besson est en croisière sur son navire, le *Marco Polo*. Nous organisons une partie de pêche entre la pointe du Grand-Langoustier et la presqu'île de Giens. Il s'ensuit une bouillabaisse mémorable.

Le 27 juillet à 1 heure du matin, le *Surcouf* balance sa coque sur les eaux cristallines de la calanque de Sormiou, d'où il est parti un mois plus tôt.

J'ai fait le tour du golfe de Gênes — de la mer Ligure. Il ne me reste plus qu'à boucler le tour du monde.

7

Les fantaisies du *Hou Hop*

A bord du Titanic • *Le cri des indigènes*
La tour des Génois • *L'eau des Sanguinaires*
Premier requin.

J'AI NAVIGUÉ pour de vrai. Je ne rêve que de recommencer. Le plus tôt sera le mieux.

Avec quel bateau ?

Restitué à son propriétaire, le *Surcouf* a regagné son port d'attache, parmi ses semblables les pointus marseillais qui n'ont jamais dépassé les îles du Frioul, ni quitté des yeux la Bonne Mère.

J'ai besoin d'un bateau plus grand, plus solide, qui se défende en haute mer. Autant dire que j'ai surtout besoin d'argent...

Je ne suis pas riche (c'est une litote). Dans notre équipe de mousquetaires, seul Poup, plus âgé que la moyenne, possède des économies. Trop maigres pour nos ambitions nautiques.

Un bateau, nous en connaissons un qui conviendrait. Il est beau. Il est amarré à Marseille, près du ferry-boat, à quelques brasses de la place aux Huiles où était jadis l'arsenal aux Galères. C'est un gangui — une coque solide, longue de dix mètres cinquante. Il s'appelle le *Titanic II*. Je sais : il faut du courage pour envisager d'acheter le *Titanic*, fût-il deuxième du nom. Nous aurions cette audace... si nous avions de quoi.

Un soir de septembre, Poup nous invite chez lui avec un air de conspirateur. Il prépare un événement. Il nous montre sa cheminée, soulève la plaque de fonte du foyer et découvre un amas de papiers brûlés. Il écarte les débris du foyer, et nous comprenons la solennité de la mise en scène : au cœur de la cendre brillent dix louis d'or ! Son héritage, Poup a décidé de l'investir dans le bateau que nous désirons.

Je ne vais pas décrire les embrassades et les témoignages d'affection qui s'ensuivent... Mais la coque est à nous !

Le *Titanic II* possède un bordé solide et des membrures en bon état. Il faudra du boulot pour en faire le bateau prodigieux que nous avons vingt fois aménagé par la pensée. Nous le faisons remorquer jusqu'à Sormiou (bien sûr !). Nous essayons de le treuiller en direction du terre-plein réservé aux réparations : mais les engrenages de l'engin de levage cassent net. Le bateau reste le cul dans l'eau, sans que nous puissions rien faire pour le sortir. Nous sommes dimanche soir : nous devons travailler demain matin et tous les autres jours de la semaine. Pourvu que, dans les six prochains jours, un coup de vent d'est n'aille pas soulever une tempête qui brise — littéralement — notre rêve !

Le vendredi soir, ce que nous redoutons arrive : la mer se déchaîne. Notre merveille se met en travers de la lame ; elle s'emplit d'eau et de sable, puis menace de se disloquer. Le propriétaire du restaurant de Sormiou nous en avertit par téléphone.

La panique !... Nous sautons dans la voiture de l'Oncle. Au bas de la colline de Sormiou, là où la route s'arrête à cette époque, nous chargeons sur notre dos le matériel dont nous nous sommes munis. De vraies bourriques : palan, élingues, cordes, etc. Il pleut à verse. Nous glissons sur les cailloux du sentier des ânes.

D'énormes vagues balaient la plage. Les embruns nous

fouettent le corps. Nous fixons une élingue sur un tamaris (merci, arbuste providentiel !). Pendant une heure, nous écopons le *Titanic II*, qui porte maintenant très bien son nom. Le palan installé, nous commençons de haler la coque. Elle est lourde, lourde... Elle ne bouge pas. Nous tirons de toutes nos forces : elle avance d'un demi-centimètre. Nous recommençons : un centimètre entier. Et ainsi de suite... Au bout d'un moment, nous ne savons même plus pourquoi nous nous escrimons. Nos muscles se tétanisent dans la pluie et le froid. Comme on dit à Marseille, seul le dessous de nos langues est encore sec.

Il nous faut trois heures de travail de forçat pour haler le bateau sur son plan incliné et le mettre à l'abri des fureurs de Neptune.

Que ne ferions-nous pas pour naviguer ?

Pendant l'hiver, chaque fin de semaine, nous mastiquons et nous ponçons. Nous peignons en rouge (minium), puis en noir, le bordé de chêne. Cela prend de l'allure. Malgré la totale confiance que nous avons dans notre étoile de marins, nous décidons de rebaptiser le *Titanic II* ; l'image de son grand frère, qui repose par près de quatre mille mètres de fond au sud de Terre-Neuve, est difficile à supporter.

Nous avons depuis des années un cri de ralliement : « Hou !... Hop !... », que Poup (qui a voyagé) prétend avoir entendu chez les indigènes des Nouvelles-Hébrides.

Hou Hop... Le nom s'impose. Boboss le sculpte en relief sur la coque.

Partiellement remis en état, le *Hou Hop* prend la route de Marseille pour une série de travaux complémentaires. Nous lui trouvons une place près du port de carénage, que protège le fameux fort de Saint-Nicolas construit par Vauban au XVIIe siècle. Nous armons notre vaisseau de ligne : un roof ; un mât et une élégante voile latine blanche ; un excellent moteur diesel quatre cylindres de trente-cinq chevaux ; une plage arrière spécialement conçue pour les équipements et la mise à l'eau des plongeurs ; quatre couchettes montées en tubes d'aluminium et en cordons taillés dans des chambres à air de camion... Le luxe !

Les premiers essais se déroulent au large de Marseille, entre les îles du Frioul. Le *Hou Hop* tient encore mieux la mer que je ne l'espérais. Il est solide comme le cachalot et léger comme la mouette. Il se rit des vagues et des paquets de mer.

Un an après l'épopée du *Sourcouf,* nos congés de juillet sont l'occasion d'un second voyage en Corse.

Nous levons l'ancre que Poup a mouillée : le cordage forme un sac de nœuds semblable aux palangrottes des pescadous amateurs de Sormiou ou des Goudes. Poup n'a jamais été doué pour le maniement des filins. L'Oncle le lui fait savoir une fois de plus, dans une bordée de jurons.

A la fin de la litanie, le *Hou Hop* fend si joliment l'eau du Vieux Port que nous poussons un triple « hou ! hop ! » de bonheur. Nous passons près des vestiges des piliers du pont transbordeur, que les Allemands ont détruit à la Libération. Nous laissons sur notre droite le fort Saint-Jean. Nous saluons les jetées du Pharo.

Cap sur la Corse.

Il ne nous faut qu'un jour et une nuit pour traverser. A l'aube, les îles Sanguinaires justifient leur nom dans un embrasement de roches écarlates. L'odeur du maquis nous emplit la narine. Nous passons sous la tour de la Parata. Plutôt que de rallier Ajaccio, nous décidons de nous offrir un séjour aux Sanguinaires.

Nous mouillons dans une anse de la Grande Sanguinaire, précisément sous la tour de la Parata. Nous installons notre camp dans une ruine. Nous escaladons la vieille bâtisse génoise, du haut de laquelle les guetteurs voyaient venir de plus de vingt kilomètres les pirates barbaresques.

Les îles Sanguinaires sont réputées pour leur beauté, mais aussi pour leur aridité. Pas la moindre goutte d'eau à espérer, dit-on, de ces rochers plus secs qu'un concentré de Sahara.

Pas d'eau ? Voire... Dans la salle centrale de la tour de la Parata, qu'éclairent des faisceaux de lumière obliques tombés d'une couronne de meurtrières, je repère une cheminée et un puits de section carrée. J'y jette un caillou. J'entends un « plouf! ». De l'eau, il y en a — et limpide! De l'eau de pluie — des centaines de litres d'eau de pluie, fraîche et potable, parfaitement conservée dans le cœur de la roche. Les Génois étaient malins...

Nous sommes aux Sanguinaires pour plonger, plonger, plonger encore. Les passes qui séparent les rocs rouges sont peuplées de milliers de poissons de toutes les espèces : puissants corbs aux écailles anthracite, élégants loups gris, mérous lippus, sars argentés, liches ventrues... Sans compter les tourbillons de girelles et de castagnoles, les pageaux, les oblades, les murènes, les rascasses...

Nous nous immergeons deux fois par jour dans ce paradis sous-marin. Je me passionne pour les poissons, bien sûr, qui sont des créatures moins « merlan frit » qu'on ne croit; mais aussi pour l'incroyable variété des invertébrés.

Je contemple, sur les rochers fertiles, des éponges clathrines jaune vif et des éponges incrustantes rouges; des gorgones d'or ou de sang; des anémones de mer aux longs tentacules verts et des leptopsammes dorées qui ressemblent à des étoiles; de courtes branches de corail rouge et de longs buissons maigres de gorgones eunicelles blanches; des coquillages (spondyles, coquilles Saint-Jacques aux yeux bleus, murex épineux); des nudibranches aux couleurs irréelles (ah! le rose violacé des flabellines!); des calmars, des seiches et des poulpes qui jouent les caméléons de la mer; des bryozoaires pareils à des napperons de dentelle; des crevettes translucides; des cigales de mer rectangulaires; des langoustes aux armures de soldats du Grand Siècle espagnol; des oursins livides et des violets; des étoiles de mer-soleils et des astéries vermillon; des concombres de mer qui rampent ou qui crachent le lait blanc de leurs produits génitaux; des ascidies rouges qui dissimulent dans leur corps en ballon de baudruche la complexité de leur système nerveux...

Je ne me lasse pas de cet univers des merveilles.

Un jour que je plonge pour prendre les quatre poissons du dîner (pas un de plus !), je décide de conclure sportivement mon bain. Je me lance dans le tour de la Grande Sanguinaire à la nage. Poup m'accompagne, mais nous sommes loin l'un de l'autre.

J'ai accroché mes poissons à ma ceinture. Je sens que je suis suivi. Je me retourne.

Un requin !

Un gros. Long de deux mètres cinquante ou davantage... Un requin bleu, ou peau-bleue. Un squale à la réputation de tueur. Taillé pour la vie aquatique... Une machine à nager, avec une gueule aux dents impressionnantes et de petits yeux noirs, sans expression... J'essaie de ne pas céder à la panique : c'est le premier que je rencontre dans son environnement naturel. Je ne le quitte pas du regard : je sais déjà que ce serait une erreur.

Je nage à reculons, en tenant l'animal à distance à l'aide de la flèche de mon fusil. Je voudrais détacher de ma ceinture les poissons morts qui l'ont attiré, et les lui laisser pour le distraire (après tout, il n'en demande pas davantage). Mais la peur me rend maladroit. Je n'y parviens pas. J'observe, fasciné, les ondulations puissantes de la créature : cette tête qui balance de droite et de gauche, ce corps souple, cette ample queue verticale qui godille. Superbe créature... dont je n'ai cependant pas l'intention de devenir le dîner !

En nageant sur le dos, j'avise un rocher qui émerge. Je parviens à l'atteindre. Lorsque j'en suis à une brasse, je me propulse hors de l'eau avec une énergie dont je ne me serais jamais cru capable... Tout se passe en une seconde : le saut que j'accomplis et la charge du squale. Je n'ai le temps de rien voir : des éclaboussures, un bouillonnement d'écume... Je me retrouve assis sur le caillou, apparemment entier. Sauf que j'ai perdu une palme, et que celle qui me reste porte de profondes coupures disposées en demi-cercle, comme un pointillé...

Ainsi se passe ma première entrevue avec un requin. Dans les eaux de la Corse... Lorsque j'y réfléchis, je me dis que c'est aussi la plus palpitante. J'aurai, avec l'équipe Cousteau, mille occasions de côtoyer des squales, depuis les inoffensives roussettes et les émissoles timides jusqu'à ces énormes carnassiers que sont les requins-tigres, le requin longimane, le requin-marteau ou le requin blanc. Je saluerai le requin à pointes blanches et le requin-citron, le requin-nourrice et le requin-tapis. Je m'accrocherai à la nageoire dorsale de l'immense requin-baleine, qui atteint quinze mètres de longueur et pèse vingt tonnes, mais ne mange que du plancton et des poissons de la taille des sardines.

Je regarderai dans les yeux ces créatures dont les ancêtres sont apparus sur la Terre voici trois cent cinquante millions d'années, et qui incarnent l'un des plus éclatants succès de l'évolution. Je les affronterai (pacifiquement) armé d'un débordoir à requins, simple bâton symbolique, à bout ferré mais non blessant, de soixante centimètres de longueur. Je les attirerai avec des appâts et je les verrai, gagnés par la folie du sang, charger et mordre tout ce qui bouge (j'aurai pris la précaution de me mettre à l'abri dans la cage antirequin de la *Calypso* !). Je mènerai des séries d'expériences scientifiques pour savoir ce que ces animaux voient, grâce à quels organes des sens ils détectent leurs proies, et comment on peut se protéger contre leurs attaques.

Je deviendrai, sinon intime avec les requins, du moins suffisamment habitué à eux et averti de leurs mœurs et de leurs réactions pour oser les caresser au passage.

Cependant, chaque fois que j'en verrai un exemplaire se matérialiser dans la mer, je songerai à mon peau-bleue des îles Sanguinaires. Mon premier. Mon bizutage de plongeur, si l'on accepte la comparaison...

Ce jour-là, j'avoue que je ne brille guère. Crispé sur mon rocher salvateur, les orteils soigneusement hors de l'eau, je n'ose bouger de crainte que le squale ne tourne encore dans les parages. Je constate que Poup perche, lui aussi, sur un caillou. Il a vu l'aileron, et il a eu le même réflexe... Nous attendons au moins une demi-heure avant d'avoir le courage de nous jeter à l'eau. Nous nageons plus vite que nous ne l'avons jamais fait en direction de la côte.

Le lendemain, calmé, je réfléchis. A condition de rester raisonnablement prudent et surtout très attentif, le danger est minime. Je persuade mes amis que nous devons prendre des photographies du monstre. Ils me regardent bizarrement, comme des individus sains d'esprit considèrent un candidat à l'asile. Mais la passion de l'aventure est plus forte : ils acceptent. Du reste, ils savent que, si nous plongeons à quatre, le requin aura affaire à forte partie.

Je charge mon boîtier Foca. Nous appâtons et nous nous immergeons. Je photographie toutes sortes de poissons : le requin ne vient pas. Lorsqu'il paraît enfin, après s'être fait désirer pendant deux heures, il ne consent à nous montrer que le bout de sa queue. De loin...

Je suis déçu.

J'ignore encore que, sur la *Calypso,* en dépit des moyens techniques et de l'entraînement des hommes, l'image que nous aurons le plus souvent des grandes créatures de la mer (requins, dauphins, baleines) sera précisément celle de leur queue.

8

La fascination des épaves

Les îles Lavezzi • L'appareil Cousteau-Gagnan
Le cimetière de la Sémillante • *Des amphores !*
Confisquées !...

Le *Hou Hop* à la coque noir d'encre fait une entrée remarquée dans le port d'Ajaccio : les Corses n'apprécient guère cette teinte qu'ils jugent de malheur ou de deuil, et qui leur rappelle un peu trop le pavillon des pirates barbaresques... Beaucoup de commentateurs locaux, accoudés devant leur verre à l'heure de l'apéritif, nous prennent, sinon pour des corsaires, du moins pour des contrebandiers.

Nous ne nous attardons pas à Ajaccio : une fois effectués notre ravitaillement en vivres et nos pleins de gazole et d'eau, nous mettons le cap vers le sud. Vers les îles Lavezzi. Nous doublons le capo di Muro. Nous traversons le golfe de Valinco. Un salut à Bonifacio et au capo Pertusato : voici, à l'horizon, les rochers des Lavezzi, disséminés dans les bouches de Bonifacio, entre Corse et Sardaigne.

J'ai tenu à venir ici pour une raison particulière : la fascination des épaves... Lors de ce voyage, ce n'est encore que de la curiosité. Cela tournera vite à la passion. Quand j'embarquerai avec Cousteau, ce sera aussi (peut-être surtout) pour explorer des restes de navires. Le choix que je ferai de devenir un pilier de la *Calypso* me sera dicté, au moins à cinquante pour cent, par mon désir d'aller fouiller dans le monde entier des vestiges de naufrages.

Cette passion pour les épaves flambe encore après près de quarante années de voyages sur la *Calypso,* alors que j'en ai exploré des centaines. Elle commence fortuitement, en 1948. Je suis alors, dans les journaux, les efforts de Henri Broussard, qui vient d'« inventer » (c'est le mot) l'épave antique d'Agay, dans le Var. En 1949, alors que je me livre à une compétition de chasse sous-marine (que je gagne haut la main : honte à moi !) avec le Club de la Mer de Juan-les-Pins, l'un des responsables de ce club, Louis Lehoux, me donne un illustré dans lequel on voit un plongeur récupérer sur un lit de coquillages, par quarante mètres de fond, une amphore âgée de deux mille ans. Je rêve chaque nuit, pendant des semaines, d'imiter cet heureux mortel. Un peu plus tard, en 1950, durant notre expédition sur le *Surcouf,* je découvre dans la presse que le bateau italien *Artiglio II,* sous les ordres du commandant Quaglia, exploite un gisement d'amphores au large d'Albenya : je me dis que ce genre d'activités est pour moi.

Localiser des vestiges en plongée. Tenter de cerner une épave que les organismes fouisseurs et les mangeurs de bois (vers tubicoles et pholades) ont réduite à sa plus simple expression. Dégager précautionneusement les trésors que le sédiment recèle. Tomber, parfois, sur une pièce unique, une œuvre d'art ou un objet chargé d'Histoire : ces travaux sous-marins m'excitent. Je ne m'en lasse pas. J'y passerais des journées — et les nuits qui vont avec —, s'il m'était donné de pouvoir rester sous la surface à ma guise.

Je suis conscient que cette passion pour les navires engloutis a quelque chose de pervers : elle consiste à se délecter du malheur d'autrui. Qu'importe : il y a tellement d'émotion dans cette quête des vestiges de naufrages ! On ne peut s'empêcher de reconstituer, par la pensée, les circonstances, les causes et les étapes de la catastrophe. On imagine les marins affolés par la tempête, hurlant dans l'ouragan, peut-être résignés à l'instant de sombrer...

Et il y a la curiosité scientifique. Le besoin de savoir. J'aime découvrir, à travers les indices que la mer et le sable ont gardés, comment vivaient nos ancêtres, ce qu'ils mettaient dans leurs cales (nourriture, vêtements, outils, meubles, objets d'art, etc.). J'ai du plaisir à ordonner un chantier de fouilles et à retrouver par le raisonnement la structure du bateau perdu. J'imagine le commandant, les marins, les passagers. J'essaie de me les représenter vivants, heureux de naviguer (quand ce n'étaient pas des galériens !), avant l'instant du malheur... Il me semble alors que je partage une partie de leur existence, et que je participe à la grande aventure de l'humanité.

Le *Hou Hop* se faufile avec élégance parmi les écueils des îles Lavezzi. Ces cailloux ont envoyé par le fond bien des navires, depuis les galères phéniciennes jusqu'aux cargos actuels. Je tremble quand je vois, dans les bouches de Bonifacio, des pétroliers de cent mille tonnes frôler les rochers. Si l'un d'eux, dans la tempête ou à la suite d'une fausse manœuvre, ou parce que son capitaine est ivre — cela s'est vu —, s'éventrait sur un récif, la marée noire qui suivrait polluerait pour des décennies ces rivages fragiles et enchanteurs...

Nous aurions aimé, mes amis et moi, nous payer pour ces fouilles le déjà fameux scaphandre autonome Cousteau-Gagnan. Nous en avons entendu parler. Nous savons qu'en 1943-1944 le commandant Jacques-Yves Cousteau et son ami l'ingénieur Emile Gagnan ont résolu le problème qui préoccupait les concepteurs de scaphandres depuis plus d'un siècle. En adaptant sur des bouteilles d'air comprimé un détendeur « à la demande » relié à une membrane manométrique, Cousteau et Gagnan ont démontré qu'il est possible de faire arriver dans la bouche du scaphandrier de l'air sous une pression exactement identique à celle de l'eau environnante, à quelque profondeur que l'homme se trouve. Finis les problèmes de sous-pression (impossible d'inspirer : la cage thoracique est écrasée) ou de surpression (les alvéoles pulmonaires éclatent)... Grâce à cet appareil, le plongeur gagne sa liberté sous la mer. Il devient poisson — aussi longtemps qu'il a des réserves dans ses bouteilles.

Nous avons entendu parler du scaphandre autonome. Je l'ai même essayé, voici quelque temps, dans la calanque de Cancéou. Un plongeur en a acheté un ; il hésite à s'en servir. Je lui propose de prendre sa place. Je plonge. Immédiatement, c'est la révélation... Rien à voir avec le détendeur approximatif que Georges Beuchat nous avait apporté, un jour de 1944, et avec lequel nous avions failli nous noyer les uns après les autres ! Je suis émerveillé... Suspendu en pleine eau, avec de l'air qui m'arrive toujours dans de bonnes conditions, je monte et je descends comme un poisson... Le fond est tapissé de langoustes : je les salue de la main en signe de joie.

J'ai essayé le scaphandre autonome, oui. Mais il est trop cher. Nous n'avons pas le premier sou pour nous l'offrir... Nous visiterons les fonds des îles Lavezzi en plongée libre, comme d'habitude. Avec masque, tuba et palmes. En restant deux minutes sous l'eau et en descendant quand même à vingt ou trente mètres.

Hormis notre plomb de sonde (d'une utilisation fastidieuse), nous n'avons aucun moyen de connaître le profil du fond. Il faut y aller voir en enchaînant des successions d'apnées exténuantes. Il me vient l'idée de me mettre à l'eau avec mon masque et mon tuba, et d'enfourcher l'étrave du *Hou Hop*. Boboss prend la barre, l'Oncle et Poup se placent à l'avant pour transmettre au pilote les signes de sémaphore que je leur fais. Nous slalomons autour des récifs.

L'eau est tiède et limpide. C'est un enchantement de survoler ces vallées marines : labyrinthes rocheux piquetés d'éponges, de gorgones et d'ascidies ; canyons vertigineux où le bleu de l'eau devient noir ; prairies onduleuses de posidonies vert sombre, ponctuées de taches de sable blanc où rampent les étoiles de mer et où bâillent les nacres... Des raies pastenagues décollent du sédiment dans des nuages de poussière argentée. Des centaines de sars fusent des rochers comme des feux d'artifice. Des groupes de corbs solennels se déplacent de caverne en caverne. Des murènes balancent hors de leur refuge leur tête de serpent.

Propulsé dans l'eau à l'avant du bateau, je me fais l'effet d'être un dauphin. Les filets liquides me caressent et me balancent doucement à droite et à gauche. Bercé par la mer, je rêve éveillé. Je suis bien.

Nous avons choisi pour mouillage une crique abritée des vents d'ouest, au-dessous du cimetière de la *Sémillante*. La *Sémillante* — toute une histoire... Elle fit naufrage en 1855 : plus de sept cent cinquante soldats de Napoléon III, en route pour le siège de Sébastopol et la guerre de Crimée, périrent lors de cette catastrophe.

Autour de notre mouillage, nous découvrons des tessons d'amphores qui témoignent du fait que les bateaux antiques furent nombreux à passer par ici. Leurs ancres de pierre ou de plomb raclèrent ces fonds fertiles.

Chaque jour, j'enfourche mon coursier des mers pour explorer les parages. Je finis par les connaître par cœur. J'en relève les anomalies — les bosses de sable, les creux bizarres, les traces difficilement imputables aux animaux.

Un matin, par dix mètres de fond, à l'ouest d'un récif qui affleure, j'aperçois des amphores. Non plus des cols brisés ou des éclats épars : des amphores intactes, complètes, superbes.

Je lève les bras. L'Oncle et Poup traduisent mon signal à l'intention du barreur. Stop !... Boboss débraye. L'Oncle jette l'ancre. Je ventile mes poumons et je plonge. Je n'en crois pas mes yeux : je viens d'inventer un trésor de poteries antiques. Les amphores gisent en désordre, les unes posées sur le sable blanc, les autres mêlées aux posidonies. Certaines semblent à demi enfouies dans le sédiment. J'en compte deux, cinq, dix... J'en caresse une au passage ; j'épouse de la main son ventre rond et son col gracile ; je dessine du bout du doigt le contour de ses anses parfaites.

Lorsque je jaillis en surface, je laisse éclater ma joie. Je frappe l'eau des deux paumes. Je me hisse d'un coup de palme enthousiaste jusque sur la plage arrière du *Hou Hop*. J'explique à mes amis ce que j'ai vu. Mes propos sont si confus qu'ils me les font répéter avant de commencer à comprendre.

Il fait un soleil superbe. Nous mouillons notre bateau au-dessus du gisement. Nous établissons un plan de fouilles. Pour commencer, nous nous relayons en plongée et nous photographions le site sous tous les angles. Puis, avec mille précautions, nous dégageons les deux amphores les plus faciles à prendre. Elles sont admirables. Je les élingue, et mes amis les remontent. Elles sont rehaussées d'algues vertes halimèdes, de petites éponges roses ou rouges, de tortillons calcaires sécrétés par des vers...

L'Oncle s'étonne que, dans si peu d'eau, des pièces datant de l'Antiquité aient résisté aux coups de mer : l'explication de cette (heureuse) anomalie réside dans le fait que, tout autour du gisement, les écueils forment une forteresse naturelle qui brise la puissance des vagues.

Le premier jour de fouilles, nous nous contentons de récupérer deux amphores. Le lendemain, nous en récoltons quatre. En apnée, par dix mètres de fond, ce n'est pas une sinécure... Chaque fois que nous avons déblayé quelques grammes de sédiment, nous devons revenir en surface prendre notre souffle. A ce jeu, nous sommes vite épuisés, liquéfiés, hors service. Ah ! si nous étions dauphins...

Chaque amphore, ou presque, est habitée par un poulpe. L'animal refuse farouchement de quitter son logis. Plus nous tentons de le chasser, plus il se tasse dans le récipient — comme s'il voulait fondre sa substance à celle de l'argile. C'est seulement lorsque le vase arrive sur le pont du *Hou Hop* que nous réussissons à exproprier le mollusque. Pauvre petite pieuvre ! Les appartements de cette qualité, construits (s'il vous plaît) depuis plus de deux mille ans, ne se trouvent pas sous le sabot d'un hippocampe !

J'aimerais mener ce chantier longtemps ; fouiller chaque centimètre de sable autour du gisement ; mettre au jour non seulement les amphores, mais les multiples objets qui ne peuvent manquer d'avoir été perdus ici au moment du naufrage. Las ! Le marin propose, mais les éléments disposent : un vent d'ouest aussi violent que têtu se met à souffler. Il menace de drosser le *Hou Hop* sur les écueils. Il fait mine de se calmer pendant la nuit, mais reprend de plus belle à l'aube, avant de lancer des bourrasques qui soulèvent la mer en tempête.

Nous mettons le cap sur le port de Bonifacio, où nous trouvons refuge.

Et les gardes-côtes... Ils s'intéressent à notre cargaison. Ils montent à bord et mettent la main sur nos amphores. Un officier nous explique qu'il existe une législation sur les épaves. En 1951, deux textes règlent la question : l'Ordonnance de 1681 et la Déclaration royale de 1735. La première s'applique aux bateaux échoués et aux épaves constituées par des objets isolés, la seconde aux naufrages absolus, c'est-à-dire aux navires qui coulent sans laisser d'indice en surface. Notre épave relève de la seconde catégorie. Pour la fouiller, nous aurions dû demander une concession préalable — auquel cas, nous aurions pu obtenir jusqu'aux neuf dixièmes de la cargaison en nature.

Nous n'avons pas de concession ; par conséquent, les gardes-côtes confisquent. Ils nous délivrent un reçu qui certifie que les amphores nous seront rendues ultérieurement, quand le responsable des fouilles archéologiques les aura décrites, identifiées et classées. Nous ne les avons jamais revues.

Depuis cette époque, la législation a changé. Les richesses archéologiques sont mieux protégées. En principe... On n'a plus le droit de jouer les Falco en *Hou Hop,* de plonger et de remonter n'importe quel objet antique. La découverte d'une épave doit être déclarée. Si les autorités compétentes estiment la trouvaille intéressante, elles seules ordonnent la campagne de fouilles. Le butin est partagé entre l'Etat et l'inventeur, dans une proportion qui laisse le cheval au premier et l'alouette au second.

C'est mieux ainsi. Ce serait encore mieux si chacun se soumettait à la règle. Lors des campagnes archéologiques de la *Calypso* dans les eaux grecques, j'ai vu comment agissent les pillards professionnels. Ils ont pour bases des vedettes rapides. Ils paient des équipes de plongeurs en scaphandre autonome. Ils écoulent les produits de leurs rapines auprès de richissimes amateurs, que de toute façon personne n'ira jamais ni dénoncer, ni inquiéter.

9

Le nez de Cousteau

L'achat de la Calypso • *Un télégramme de Paul*
La Bergère • *Le volume constant*
Un nez comme ça...

OUI : QUARANTE années, bientôt, auront passé depuis que j'ai mon sac sur le plus fameux bateau du monde : la *Calypso*. Quarante années qui ont filé comme une poignée d'eau de mer dans les gants du plongeur...

Durant toutes ces saisons, j'ai eu le temps et la chance de me remplir la cervelle d'aventures ; j'ai senti sur mes joues les embruns de toutes les mers du monde. Les plus beaux moments sont ceux que j'ai vécus au début. Dans les années cinquante. Juste après avoir fait la connaissance du commandant Cousteau...

Nos destins se croisent pour la première fois en 1949, sans que je le sache. J'aperçois à plusieurs reprises, dans le port de Marseille, le navire de recherches de la Marine nationale, l'*Ingénieur Eli-Monnier* : l'ancien aviso allemand *Albatross*, rebaptisé, a été affecté au Groupe d'études et de recherches sous-marines (G.E.R.S.). J'ignore que le commandant Cousteau y embarque et y teste une partie des équipements et des scaphandres autonomes qu'il a inventés pendant la guerre avec son ami l'ingénieur Emile Gagnan.

Je pourrais aussi rencontrer Cousteau en juillet 1950, à Monaco. Tandis que je visite le Musée océanographique, fasciné par les exploits du prince Albert Ier (le prince-océanographe, qui courut le monde sur ses navires *Princesse-Alice I* et *II* et *Hirondelle I* et *II*), le commandant est occupé, à moins de vingt kilomètres de là, à signer le contrat d'acquisition de la *Calypso*...

Mon ami Alexis Sivirine (aujourd'hui disparu) raconte l'épisode dans son livre *Calypso*[1] : « Lorsque le capitaine de corvette Jacques-Yves Cousteau obtient, en 1950, de la Marine nationale sa mise en mission hors cadre pour se consacrer en toute liberté à l'exploration des mers, il cherche à se procurer le navire idéal. Il a la chance de rencontrer M. André Auniac, directeur du chantier naval d'Antibes, qui le met en rapport avec M. Loël Guinness. Celui-ci, passionné par la mer, offre à Cousteau de financer l'achat et l'armement d'un navire. En compagnie de M. H. Rambaud, architecte naval, Cousteau se rend à Malte où il trouve un ex-dragueur de mines nommé *Calypso,* dont la coque est en excellent état et dont les caractéristiques correspondent à ses espérances. Le contrat de vente de la *Calypso* est signé le 19 juillet 1950, à Nice, avec M. Joseph Gazan, venu exprès de Malte. »

Le 19 juillet 1950, je me trouve, avec le *Surcouf,* tout près de l'homme qui acquiert la *Calypso* grâce à la générosité d'un mécène britannique...

Un peu plus tard, au cours de l'hiver 1950-1951, tandis que mes compagnons et moi travaillons à Sormiou, dans une sorte de fièvre, a aménager la coque du *Hou Hop,* d'autres fous de la mer œuvrent au chantier naval d'Antibes. Ils modifient ce bateau qui deviendra fameux, et qui s'appelle déjà la *Calypso.* Ils lui donnent son faux nez (et ses hublots d'étrave, par lesquels on voit le dessous de la mer à l'avant du navire). Ils la

1. Aux éditions Robert Laffont, 1978.

dotent de son portique, de sa passerelle, de ses deux bossoirs, de sa cheminée et de son panneau orné de la sirène et du dauphin blancs dans un rectangle vert (le graphisme original est du peintre Luc-Marie Bayle). En un mot, ils lui fournissent sa silhouette, reconnaissable entre toutes. Ils la repeignent : en blanc pour les hautes œuvres ; en noir du pont jusqu'à la flottaison...

Pendant l'été de 1951, tandis que je navigue avec mes amis sur le *Hou Hop* dans les eaux de la Corse (et aux îles Lavezzi, en quête d'épaves antiques), la *Calypso* accomplit ses premiers essais de navire océanographique... en Corse, notamment aux îles Lavezzi, à quelques milles de ma barque... J'avoue que je ne me rappelle pas l'avoir vue ; mais, dans mon imagination, elle nous a souvent salués.

Après la Corse, la *Calypso* met le cap à l'est et traverse la Méditerranée ; en novembre, elle franchit le canal de Suez ; en mer Rouge, elle cingle vers l'archipel des Far-San (Farsan, ou Farasan). Les plongeurs, basés sur l'îlot d'Abulat, s'immergent dans des splendeurs de coraux que personne encore, à cette époque, n'a contemplées. Ils découvrent de nouvelles espèces de plantes et d'animaux (dont certaines sont scientifiquement qualifiées de « *calypseus* » ou de « *cousteaui* »). Ils observent, pour la première fois au monde, des sources hydrothermales chaudes au fond de la mer. Haroun Tazieff fait partie de la mission et se passionne pour ces manifestations de volcanisme sous-marin... Le petit film en noir et blanc que l'équipe rapporte de cette épopée, tourné par le cinéaste Jacques Ertaud, le commandant Cousteau et Frédéric Dumas, grâce à l'utilisation systématique du scaphandre Cousteau-Gagnan, émerveille les spectateurs. Lorsque je le vois, dans un petit cinéma de Marseille, je n'ai qu'une envie : rejoindre cette équipe-là. Descendre, moi aussi, saluer les poissons-anges et les poissons-perroquets, les rascasses volantes et les poissons-napoléons, les alcyonaires roses, les gorgones écarlates et les énormes bénitiers aux lèvres bleu roi...

Le 12 août 1952, je suis en Corse, de nouveau, pour

quelques jours de détente, lorsque je reçois de mon ami Paul Brémond un télégramme expédié de Marseille. Le message dit ceci (j'en ai gardé le texte en mémoire : il a donné son sens à ma vie) :

« COMMANDANT COUSTEAU CHERCHE PLONGEURS BÉNÉVOLES. STOP. REVIENS IMMÉDIATEMENT. STOP. CHANCE EMBARQUER SUR *CALYPSO*. STOP. PAUL. »

J'exécute un saut de dauphin sur mon lit. Je jette mes affaires dans un sac. Le soir même, je vogue vers Marseille à bord du paquebot *Cyrnos*.

A peine à La Joliette, je mobilise tout mon monde — mes fidèles amis Paul Brémond, Bob Prigent, Georges Beuchat, mais aussi le président de la Fédération française de sports sous-marins, M. Borelli, que je connais un peu, et un plongeur dont on me dit qu'il a des contacts avec Cousteau : Yves Girault. Pour avoir une chance d'embarquer sur la *Calypso,* il me faut un dossier en béton. Or, je ne possède pas le moindre diplôme. Je me fabrique un curriculum vitae.

Ils m'aident tous : qu'ils en soient remerciés (outre-tombe, hélas ! pour certains...). Nous rassemblons et nous classons dans un grand cahier à spirale toutes les coupures de presse, marseillaises ou nationales, où j'ai l'honneur et l'avantage de figurer à un titre quelconque : médailles de sauvetage ou du mérite sportif, championnats de pêche sous-marine, etc. Georges Beuchat peaufine le dossier. Il téléphone à bord de la *Calypso* pour m'obtenir un rendez-vous. Il le décroche, pour le 16 août. Le 15, nous grimpons jusqu'à Sormiou par le chemin des ânes. Le 16 au matin, nous sautons dans le *Hou Hop*. J'ai mon cahier sous le bras et une boule d'émotion dans la gorge, qui m'empêche d'avaler.

J'aurai bientôt vingt-cinq ans. Une fois de plus, c'est en partant de Sormiou que je vogue vers mon destin...

La *Calypso* est ancrée à quelques milles de « ma » calanque, la poupe presque posée sur le rocher du Grand Conclu (ou Grand Congloué), où mon père m'emmenait à la pêche, et dont je connais chaque aspérité. Le Grand Conclu... Je signale au passage que je préfère cette orthographe à celle des cartographes officiels : « Congloué » n'a aucun sens, alors que le terme de « Conclu » (ou « Coclu ») désigne en provençal l'échevin qui ferme la marche des cortèges; et, en effet, les deux Conclus (le Petit et le Grand) sont les dernières îles en partant de Marseille — de même que l'île d'If était l'ultime (en grec, Hypéa) en allant de Grèce vers Phocée...

Au Grand Conclu, l'équipe de la *Calypso* se livre à une activité qui me fascine : l'archéologie sous-marine. Le commandant Cousteau et Frédéric Dumas ont plusieurs fois plongé ensemble sur des épaves antiques, notamment sur celle de Mahdia, en Tunisie. Ils veulent en explorer une autre de façon complète, persuadés que l'étude systématique de ces vestiges apportera une foule d'informations historiques.

L'épave du Grand Conclu a été signalée à Frédéric Dumas par un scaphandrier nommé Gaston Christianini. Pêcheur de langoustes en scaphandre, celui-ci ignorait les tables de plongée; victime d'un grave accident de décompression, dans l'impossibilité de retourner sous la mer, il a confié ses secrets à Dumas. « Des langoustes, lui a-t-il dit, il y en a beaucoup au Grand Conclu, près de la pile de vieux pots. » Les crustacés n'intéressaient guère le complice de Cousteau; par contre, les « vieux pots »... Frédéric Dumas et Cousteau, descendus en reconnaissance, ont localisé le gisement d'amphores — par quarante-cinq mètres de fond, à quelques brasses au nord de la pointe orientale du rocher. Et voici pourquoi la *Calypso* est venue...

Le *Hou Hop* double le cap Sormiou et fonce vers le sud — vers ce caillou de cent soixante mètres de longueur, de cent dix de largeur et de trente-cinq d'altitude, autour duquel mon père m'a si souvent mené à la pêche. La *Calypso* !... Je la vois bien, maintenant. Quarante-trois mètres de longueur, trois cent vingt-neuf tonneaux; la coque blanc et noir, avec ce portique, cette cheminée, cette nymphe et son dauphin... Nous approchons d'elle. Nous l'accostons par bâbord. Je touche pour la première fois son bordé de planches; je le caresse. De ma vie, je n'ai été aussi ému; et jamais je ne le serai à ce point.

Des mains se tendent par-dessus le plat-bord pour m'aider à grimper sur le pont. Le premier qui me salue se nomme Ferdinand Lallemand; il est archéologue et professeur; il deviendra mon ami. Il me présente une partie de l'équipage : les mécaniciens, Octave Léandri et René Robino; le bosco Albert Raud; quelques plongeurs, tous bénévoles : Jean Delmas, Pierre Labat, André Galerne, Jean Besson; le médecin, Jean-Loup Nivelleau de La Brunnière; et Mme Simone Cousteau, blonde, belle, rayonnante...

Je rencontrerai un peu plus tard le chef mécanicien, René Montupet; l'ingénieur Jean de Wouters d'Oplinter (qui inventera les fameux appareils de photographie sous-marine Calypsophot et Nikonos); et le capitaine du navire — le premier capitaine de la *Calypso* transformée en bateau de science et d'aventure : François Saout.

Je regarde autour de moi. Mais où est-IL donc? Où est passé Cousteau?... Simone — celle que, très vite, tout le monde à bord appellera la Bergère — sourit de mon inquiétude :

« Ne vous impatientez pas, dit-elle. Jacques sera là dans quelques minutes... Il est descendu sur l'épave avec Frédéric Dumas. Ils finissent de délimiter le secteur... »

Simone Cousteau m'entraîne vers la plage arrière. L'endroit est encombré d'un incroyable méli-mélo de cordages, d'outils, de bidons, de paniers métalliques et d'amphores incrustées de vers marins, d'éponges orange et d'algues mauves... C'est la première vision que j'ai de la plage arrière de la *Calypso*; et c'est la bonne : hormis quelques brefs moments entre deux missions, durant lesquels un fouillis laisse la place à un autre, je ne la contemplerai jamais dégagée... Ici, au milieu des poteries qu'il est occupé à trier, trône l'archéologue Fernand Benoît, conservateur du Musée Borély à Marseille, et responsable des fouilles du Grand Conclu. Le savant me montre quelques-unes des céramiques qu'il étudie — toutes plus belles

les unes que les autres. Certaines sont décorées d'un vernis campanien noir d'une fraîcheur incroyable. Elles semblent sortir du four du potier. Partout, alentour, sont étalés des vases à parfum, des rhytons en forme de têtes d'animaux, des assiettes, des coupes, des lampes à huile... L'épave, me dit le professeur Benoît, date du IIe siècle avant Jésus-Christ. Elle recèle des milliers de ces objets. Je frissonne à l'idée que, si mon entrevue avec Cousteau tourne bien, j'irai fouiller le site en quête de semblables merveilles.

Deux coups de fusil retentissent... Le bosco, qui les a tirés, m'explique qu'on prévient de la sorte les plongeurs que leur temps de travail au fond est écoulé, et qu'ils doivent remonter. L'équipage se rassemble autour de l'échelle. Je me faufile au premier rang. Des bulles pétillent en surface. La période de décompression nécessitée par cette incursion subaquatique est courte (trois minutes) ; elle me semble interminable... Je distingue, à trois mètres de profondeur, deux formes qui me font songer à des poulpes.

L'une d'elles apparaît : « Voilà Didi ! » s'exclame Mme Cousteau. Frédéric Dumas porte une cagoule beige marquée d'un gros chiffre sept : j'apprends que, pour éviter toute erreur (notamment dans les temps de décompression), chaque plongeur est affublé d'un numéro. Dumas est vêtu d'un habit d'été beige avec une rayure brun pâle, en néoprène, sans manches ni jambes de pantalon ; un énorme coutelas de bronze pend à sa ceinture de plomb (il s'agit, bien entendu, d'un fétiche davantage que d'une arme). Le compagnon de Cousteau, l'homme qui, à cette époque, détient le record du monde absolu de plongée (avec plus de quatre-vingts mètres), escalade lentement les barreaux. Sur le pont, il décapelle sa tribouteille d'acier et la pose doucement sur le panneau de cale. Il a l'air fatigué et transi. Il grelotte en ôtant ses palmes.

« Au fond, l'eau est glacée, murmure-t-il. Jacques a eu raison de mettre son volume constant. »

« Volume constant ? » J'ignore absolument de quoi il s'agit. Et si, justement, Cousteau allait m'interroger là-dessus ?... Je suppose que c'est une combinaison de plongée étanche, dans laquelle on injecte de l'air qui sert d'isolant, et dont le volume ne bouge pas — d'où le nom. Mais je tremble à l'idée de proférer une ânerie...

La deuxième forme touche la surface dans un bouillonnement d'air chassé par une soupape. Deux longues mains, aux doigts d'une finesse qui surprend, s'agrippent aux montants de l'échelle. Quand le vêtement s'est vidé, la tête du plongeur dépasse de la vague, puis son corps. Cousteau se hisse sur le plat-bord, et s'y assoit une minute. LUI !...

Oter un « volume constant » n'est pas une mince affaire. Les nobles de Versailles assistaient au « petit coucher » du roi : j'ai, pour la première fois, la chance de contempler le déshabillage du Pacha au retour de plongée... Le commandant dégrafe son masque : je découvre « en vrai » ce grand nez busqué, ces cheveux peignés en arrière (et déjà presque blancs), cette bouche qui fait la moue vers le bas et qui paraît toujours un peu ironique...

Le visage marqué par l'effort, le regard perdu, Cousteau se lisse plusieurs fois les cheveux à deux mains, d'avant en arrière, dans un geste que je lui verrai faire mille fois au cours de nos années d'aventures. Chez lui, ce mouvement n'est pas un acte de coquetterie ; il lui permet, symboliquement, de remettre en ordre ses idées dans sa tête avant de parler...

Et Cousteau parle... Pas avec moi : bien que ses yeux se soient posés un instant sur ma négligeable personne, il ne m'a pas vu. Il achève sa plongée en l'analysant. Il décrit à son auditoire la forte pente, au-delà de l'épave, sur laquelle des poteries ont roulé — jusqu'à soixante mètres de profondeur.

Quand le regard du Pacha revient sur moi, je tremble d'émotion. Je voudrais parler : je crachouille. Aucun mot ne sort de ma bouche... Mme Cousteau vole à mon secours ; elle me présente ; je serre la main de Cousteau comme un gamin la serrerait à son maître d'école. Je me trouve en face de l'homme que je considère comme le grand patron, l'inventeur de la plongée moderne. Je ne réussis qu'à bafouiller un lamentable : « B'jour, tr's h'reux d'vous r'nc'trer s'r l'*C'lyps...* »

Le gong me sauve. Je veux dire : la cloche qui, à bord, annonce le repas de midi. Le commandant m'invite — ainsi que Georges Beuchat — à déjeuner. A la grande table du carré, où une bonne partie de l'équipage s'est déjà installée... Il me fait asseoir à sa droite : je saurai plus tard que c'est la place d'honneur. Georges Beuchat, à la gauche de Mme Cousteau, reste calme. Il ne perd pas les pédales, lui : il exhibe astucieusement mon dossier de candidature et le tend au commandant Mais celui-ci le pose sur la banquette sans même y jeter un coup d'œil.

Je suis au désespoir.

Cousteau parle de tout, sauf de ma candidature et de la mission qu'il pourrait me confier... Tandis qu'on apporte les entrées, il se lance dans une dissertation générale sur les épaves — passionnante, certes, mais qui me semble hors sujet, et dont je ne retiens pas un mot ; j'ai hâte qu'il aborde MON cas... Au rôti, il m'explique les vestiges du Grand Conclu. Il me prend à témoin de leur importance. (Dirais-je le contraire ?) Il me demande si je l'approuve de vouloir renflouer la totalité du chargement. (Et comment !) Il m'interpelle comme si, de longue date, je connaissais le site. Au dessert, il souligne que cette mission d'archéologie est une première mondiale ; que la galère engloutie devant ce rocher depuis vingt-deux siècles contient le plus fabuleux chargement de vaisselle antique jamais inventé au fond des mers... J'approuve : j'approuverais tout ! Je suis sur un nuage — envoûté par le discours du Pacha. La *Calypso* berce ce déjeuner, sous l'effet d'une douce houle d'ouest.

Mon premier repas à bord... Je finis par me dire que ce bateau n'attend plus qu'un Falco pour voguer plus loin encore...

« Bien, dit Cousteau : on y va... »

Je tombe de mon nuage... Qui y va ? Moi ? Mais où ?... Nous en sommes au café ; le Pacha n'a pas jeté le moindre regard sur mon dossier ; il a parlé de cent choses à propos des épaves. Et il me demande d'y aller...

La panique !

Je sais maintenant, pour l'avoir pratiqué pendant presque quarante années, que le commandant Cousteau agit toujours de la sorte. Il se moque des diplômes et des plans de carrière. Quand il doit embaucher quelqu'un, il parle d'autre chose. Il surprend son interlocuteur et le regarde réagir. Il cherche à « sentir » le candidat, davantage qu'il ne le cuisine sur ses connaissances ou qu'il ne détaille ses états de service. Cela lui permet de se faire une opinion précise de ses capacités d'adaptation et de sa maîtrise. Si la première impression est favorable, il teste le bonhomme sur pièces. En vraie grandeur...

Sur le coup, je me sens complètement perdu. J'ai de la peine à comprendre la mission que je dois accomplir. Je me fais tout réexpliquer en détail par Frédéric Dumas, qui m'impressionne moins que le Pacha et semble vouloir déployer à mon égard une patience d'instituteur. Je saisis, finalement, que je dois descendre à quarante-cinq mètres pour démonter la buse de la suceuse.

Je n'ai jamais vu de suceuse, même si j'en ai entendu parler. Cet aspirateur géant, dont le tuyau annelé mesure cent vingt millimètres de diamètre, sert à déblayer le sédiment du fond, afin de découvrir les pièces archéologiques enfouies dans le sable. L'engin est en panne. Il faut réparer. Et c'est à moi qu'il incombe d'aller chercher la buse !

Tandis qu'on m'aide à passer une combinaison de néoprène, je songe qu'il risque d'y avoir une autre buse dans l'histoire : le jeune Falco !... A ce jour, je n'ai plongé qu'une trentaine de fois en scaphandre autonome : c'est assez court, comme expérience... J'enfile l'habit. Je chausse les palmes. J'endosse avec un rien d'angoisse les lourdes bouteilles. Frédéric Dumas me rappelle le fonctionnement de l'appareil. Je règle le détendeur . l'air vient régulièrement. Tout fonctionne, mais... En abaissant mon masque sur ma figure, j'ai franchement la trouille. Quarante-cinq mètres, ça commence à faire profond...

Le sort en est jeté. Je descends l'échelle de plongée. Je suis à l'eau. Pour me calmer, je respire le plus lentement possible. Je m'enfonce en me guidant sur le tuyau annelé de la suceuse, qui disparaît à la verticale dans le bleu. Pendant la descente, je croise des dizaines de poissons, notamment de bogues, qui dînent sur le tube de métal piqueté d'algues moussues. J'admire les éclairs d'argent de leurs ventres : des clignotements de miroir aux alouettes.

Comme tous les novices, et même comme les plongeurs les plus expérimentés, je m'attends à trouver sur le plancher de la mer une coque entière avec son chargement et (pourquoi pas ?) sa mâture et ses voiles... L'image de l'épave parfaite (telle qu'on ne la rencontre jamais, sauf dans les bandes dessinées) possède une force incroyable.

Tout ce que je découvre, à trente mètres, c'est un tumulus de sable gris, de vingt mètres de longueur sur huit de large, d'où dépassent les cols de dizaines d'amphores. Au-dessous de cet amoncellement de poteries commence une cascade de sédiments et de débris de céramique, qui finit sur un replat à quarante-cinq mètres. Le choc a dû être effroyable, lorsque le navire a heurté le rocher du Grand Conclu, avant d'abandonner une partie de son chargement à trente mètres, puis de glisser lourdement jusqu'à l'étage inférieur...

10
Le Grand Conclu

Mission accomplie • Une visite de la Calypso
Compagnons de plongée • Jean-Pierre Servanti
La tragédie.

JE PALME calmement. J'ai retrouvé mon domaine. La lumière bleue du fond... J'aimerais explorer l'épave en détail, mais j'ai une mission à remplir — et mieux vaudrait pour moi ne pas rater.

Je trouve l'extrémité de la suceuse. Je soulève la buse par une des poignées dont elle est munie. Je la prends dans mes bras. Je la dégage du sédiment où elle est plantée. La poussée d'Archimède a beau m'aider : je la trouve diablement lourde ! J'attrape la clé à molette que Frédéric Dumas a accrochée à ma ceinture et je commence à débloquer les trois boulons qui la fixent au tuyau d'arrivée d'air. J'ai, au total, quinze minutes pour finir le boulot ; je m'aperçois, en jetant un coup d'œil sur ma montre, que j'en ai déjà « mangé » le tiers... Je constate par la même occasion que, sous la surface, le travail s'accomplit toujours dans la hantise du temps qui fuit. Les secondes s'égrènent si vite...

Je me dépêche. Un boulon est parti. Un autre. Le troisième,

bien entendu, se bloque... Je force. J'en ai raison. L'embout de la suceuse se détache du conduit. Je le traîne jusqu'à une ligne de sonde qui a été descendue exprès du navire. Je l'y élingue solidement, et je donne deux coups secs au cordage, comme me l'a demandé Frédéric Dumas. La buse quitte le fond, hissée main sur main par l'équipage.

Il me reste deux minutes. Je prends le temps de regarder autour de moi. Le fond est pentu, beaucoup plus inégal que je ne l'avais d'abord jugé. J'aperçois des amphores qui dépassent du sédiment. J'en caresse une. Sa surface est rugueuse, presque entièrement colonisée par diverses espèces d'algues, d'éponges, de bryozoaires, de vers tubicoles et de petits mollusques. A l'intérieur, comme je m'y attendais, un poulpe me regarde de son gros œil malin... Dans une autre amphore, un congre gris dissimule la moitié postérieure de son corps serpentin; il balance au-dehors sa tête fine, gueule ouverte, dents aiguës. Sur un amas de poteries cassées, un chapon monte la garde, immobile comme un grognard, les épines dressées... Je survole lentement ces merveilles, les unes faites de main d'homme, les autres de la patte tellement plus inventive de la nature...

Deux coups de feu retentissent : le signal de la remontée. Je palme vers le haut. Le champ d'amphores disparaît sous un rideau bleu : j'ai l'impression que le théâtre de la mer clôt pour moi sa représentation. Un banc de sardines argentées s'enfuient à toutes nageoires, poursuivies par deux grosses liches voraces. Au palier de décompression, je me dis que je n'ai pas mal réussi mon épreuve, et que j'ai une chance de devenir un acteur assidu de l'entreprise Cousteau.

Lorsque je me retrouve sur le pont de la *Calypso,* Frédéric Dumas m'adresse un clin d'œil complice; mais je ne vois pas Cousteau. Ah! si... Il est là, penché sur la buse que j'ai décrochée, un croquis à la main. Il explique au mécanicien Octave Léandri les modifications qu'il faut apporter à l'engin pour augmenter le débit de l'air. Deux minutes plus tard, il ordonne au bosco Albert Raud de virer un peu de chaîne à l'avant, parce que le mistral se lève et que l'arrière de la *Calypso* s'approche dangereusement de la falaise.

Enfin, le Pacha se dirige vers moi. Il me sourit. Mais pas la moindre félicitation. C'est une chose que j'ai apprise sur toutes les mers du monde : Cousteau n'est pas d'un naturel à féliciter.

« Venez, Falco, dit-il simplement : je vous fais visiter la *Calypso*... »

Le Pacha me fait l'honneur du navire... Nous longeons la coursive de bâbord. Nous entrons au carré et dans la cuisine. Nous montons à la passerelle. Là, adossé à la grande roue de barre cuivrée, il m'explique pourquoi il a choisi d'aménager le navire océanographique de ses rêves à partir d'un dragueur de mines. Premièrement, dit-il, ces bateaux ont une coque de bois, et la vie quotidienne y est plus agréable pour l'équipage que sur les coques de fer, où on gèle en hiver, et où on grille en été. Deuxièmement, ces bâtiments ont été construits solidement : pour qu'ils résistent aux éventuelles explosions, on leur a donné des membrures du meilleur chêne, massives et rapprochées, sur lesquelles on a fixé un bordé d'une épaisseur exceptionnelle (douze centimètres). Troisièmement, leur autonomie est grande : sur ses deux moteurs, à la vitesse de dix nœuds, la *Calypso* navigue vingt jours sans ravitaillement (elle peut traverser l'Atlantique). Quatrièmement, le modeste tirant d'eau de ce type de bateaux leur permet de se risquer parmi des hauts-fonds qui seraient fatals à bien d'autres : la *Calypso* n'a que dix pieds (trois mètres) au-dessous de la flottaison ; grâce à quoi elle se faufile jusqu'au cœur des récifs ; et les plongeurs s'immergent directement sur leur lieu de travail...

Cousteau aime la technique. Il équipe systématiquement son navire des dernières inventions. Il n'est pas peu fier de me désigner les cadrans et les écrans des appareils perfectionnés qu'il a fait installer : le compas magnétique fixé au plafond au-dessus de l'homme de barre ; le gyro-compas Brown, asservi au pilote automatique ; le sondeur de précision E.D.O. ; le système de communications radio ; etc. Je suis impressionné :

jamais je n'en ai vu autant. Je n'en ai pas le centième sur mon *Hou Hop* (lequel ne possède, à vrai dire, qu'une manette de gaz, un embrayage et une barre à main !).

La *Calypso* est un navire de travail, non pas de loisir. Je m'en convaincs en visitant ce qu'on appelle l'« usine » du bord — avec ses deux compresseurs Junker (cent vingt mètres cubes par heure), sa perceuse électrique, son tour de précision, ses casiers frigorifiques, son impressionnant tableau de commande électrique... Nous passons dans la salle des machines : deux monstrueux moteurs de huit cylindres en ligne y déploient leur puissance ; ils développent chacun cinq cents chevaux à mille trois cent cinquante tours par minute...

Sur les basques du Pacha, je visite la cale arrière et la cale avant, la cambuse (où l'on entasse les vivres), les douches et les cabines de l'équipage. Mon impression est que ces dernières sont plus que spartiates ! La plupart d'entre elles sont dotées de deux bannettes (couchettes) superposées.

Sur la plage arrière, le travail bat son plein. Un plongeur a redescendu et reboulonné l'embout de la suceuse, qui a repris du service. L'extrémité supérieure du gros tuyau flexible crache, avec force soubresauts, une eau mêlée d'air et de sable. Le liquide écumeux, brunâtre, tombe sur le tamis d'un grand panier métallique accroché au plat-bord : ce filtre retient les petites pièces. Les spécialistes — Fernand Benoît et Ferdinand Lallemand — séparent les cailloux des pièces archéologiques. A chaque découverte, Ferdinand Lallemand jette des cris : « Oh ! des anneaux de cargues en plomb !... Oh ! un fond de pot superbe, avec une décoration en marguerite !... » Et ainsi de suite. Bien entendu, de temps en temps, un canular émaille la recherche : « Oh ! une monnaie de... Ah ! les idiots ! Ils m'ont envoyé une pièce de cent sous !... »

L'après-midi se passe pour moi dans un enchantement. Le soir, quand je remonte dans le *Hou Hop,* le commandant Cousteau me demande si ça m'intéresserait de revenir le lendemain et les jours suivants — comme bénévole. Il aurait aussi bien pu me poser la question de savoir si je désirais gagner à la loterie nationale.

Je reviens donc. Je fais la connaissance d'une pléiade de plongeurs, dont certains passeront des années dans l'équipe de la *Calypso* et deviendront des amis. Voici Emile Robert ; Henri (dit Riquet) Goiran ; Raymond (alias « Canoë ») Kientzy ; Armand Davso (qui mettra au point la plupart de nos caméras sous-marines) ; André Laban (lequel, à ses moments de loisirs, plonge avec une toile et des pinceaux ; c'est le premier peintre sous-marin de l'Histoire)... Voici encore Jacques Medan et Jean-Pierre Servanti ; Claude Strada ; enfin Raymond Coll, qui, comme moi, passera plus de trente-cinq années à bord... Yves Girault et mon vieux complice Georges Beuchat viennent, de temps à autre, prêter main-forte.

Nous plongeons. Nous travaillons d'arrache-pied sur le site. Parfois, nous ne sommes pas moins de sept sous la surface : jamais aucun chantier sous-marin n'a réuni autant de travailleurs.

Les plongées se succèdent. Nous dégageons délicatement les poteries de leur gangue de sédiment. Nous les collectons et nous les plaçons dans un panier accroché à un filin : le vieux treuil Lombardini ne chôme pas. Il remonte les amphores en surface, où les archéologues les réceptionnent.

Les plongeurs se relaient en principe au fond toutes les trente minutes. Chacun d'entre eux effectue deux missions par jour, une le matin, une l'après-midi, séparées par au moins trois heures (il faut laisser à l'organisme le temps d'éliminer la totalité des gaz que les hautes pressions font dissoudre dans le sang). Entre les membres de l'équipe règne une atmosphère de compétition amicale — et un grand esprit de solidarité. Personne n'oublie que le travail à quarante mètres sous la surface est dangereux.

Pour ma part, j'apprends mon métier. Je glane des conseils auprès de Frédéric Dumas et des autres. Je me perfectionne. Je potasse mes tables de décompression (dont je viens de découvrir l'existence !) et je dévore les rares articles parus à cette époque sur la physiologie de la plongée. Je me rends compte des dangers que j'ai courus — sans le savoir — en essayant tout seul des scaphandres bricolés. Je me remémore également ma première descente à Sormiou avec le détendeur Cousteau-Gagnan : que d'erreurs ! A vingt mètres, enchanté d'observer des pullulations de langoustes (une sous chaque caillou), je faisais n'importe quoi. Je respirais trop vite. Je jouais les ludions. Je m'amusais à remonter tout près de la surface, les poumons pleins d'air comprimé (au risque d'un dangereux « coup » de surpression alvéolaire). Pour couronner le tout, à la fin de la plongée, pas le moindre palier de décompression ! Je me rends compte que c'est un pur hasard si je n'ai pas eu d'accident. Une bêtise en a annulé une autre : en respirant trop vite, j'ai vidé mes bouteilles en un clin d'œil, grâce à quoi je n'ai pas dépassé sous l'eau le temps fatidique au-delà duquel le palier devient indispensable...

Ici, au Grand Conclu, je me transforme en vrai plongeur. Et je transpire sous mon masque !... Nous dégageons en moyenne une quinzaine ou une vingtaine de poteries par jour (le record est de soixante-cinq). Comme mes compagnons, je manie la suceuse. C'est un engin pénible à tenir, capricieux. Lorsque son bec se bouche (à cause d'une trop grosse concrétion qu'elle ne peut aspirer), elle se remplit d'air et se transmue en un monstrueux serpent qui se tortille et remonte en surface en fouettant l'eau... Les mécaniciens du bord se précipitent sur la vanne d'air pour la fermer : alors seulement l'énorme reptile pique vers le bas. Mais gare aux plongeurs, dessous !

Les incidents sont nombreux. Un jour, la suceuse se bouche, puis se débouche brutalement : en surface, Ferdinand Lallemand, occupé à trier les objets dans le panier métallique, reçoit sur la tête une douche de cailloux et de morceaux de céramique qui l'assomme...

Seul le mauvais temps interrompt les fouilles. De jour en jour, nous prenons de l'assurance. Le Pacha et Frédéric Dumas descendent travailler comme tout le monde. Ils nous font ouvrir une tranchée au milieu du tumulus de poteries. Au fur et à mesure que nous ôtons les pièces pour approfondir l'excavation, nous en trouvons d'autres. Le chargement qui s'est déversé ici est énorme : nous creusons bientôt entre deux murs d'amphores de quatre mètres cinquante de hauteur !

Le butin va enrichir les musées de Marseille, où on peut toujours le contempler... Il comprend non seulement de grandes amphores grecques et romaines, mais des centaines de récipients plus beaux les uns que les autres — des bols marqués de rosettes, des plats à poisson munis de compartiments pour la sauce, des coupes de toutes tailles (avec ou sans anses), des vases à parfum (balsamiers), des calices, des rhytons... Cette riche vaisselle était destinée à la bonne société phocéenne et au commerce avec la Gaule.

Grâce à notre labeur, les poteries arrivent à destination — avec un petit retard de deux mille deux cents ans... Quand la plage arrière de la *Calypso* est remplie, et que les archéologues du bord ont achevé leur travail de description, de photographie, de dessin et de classement, le navire lève l'ancre pour un court voyage jusqu'au Vieux Port de Marseille. Face à la Canebière, nous débarquons la cargaison à dos d'homme. Les pêcheurs locaux commentent l'événement : « Té ! disent-ils : la *Calypso* arrive... Regarde le commandant Cousteau : il est fada, celui-là !... Il attrape des gargoulettes à l'île de Riou, au lieu des loups et des langoustes !... »

Il n'y a pas loin de la joie à la peine. Un drame endeuille notre mission. Le 5 novembre 1952, après une tempête mémorable, le capitaine Saout s'aperçoit qu'un des coffres de mouillage de la *Calypso* s'est déplacé. Nous nous demandons pourquoi. Il faut aller voir ce qui se passe au fond. Jean-Pierre Servanti est volontaire. Ce plongeur de la Marine nationale est un des plus expérimentés du groupe. Il se prépare. Il disparaît sous la surface. Lorsqu'il remonte, il nous annonce que l'ancre s'est démanillée ; elle a disparu ; ses maillons dérivent sur le sable.

Nous voulons la retrouver. Au matin du 6 novembre, Jean-

Pierre Servanti plonge de nouveau. A l'endroit où nous supposons que l'ancre se trouve, le sondeur marque soixante-dix mètres. Très profond... Le commandant Cousteau est inquiet. Il me charge de surveiller la mission en surface. Je regarde mon compagnon s'enfoncer dans l'eau sombre ; je suis ses bulles à bord du petit youyou. D'abord grosses, puis de plus en plus petites..

Le mistral se lève et rend l'observation difficile. Peu à peu, une angoisse me saisit : il se passe quelque chose d'anormal. Les bulles sont beaucoup trop petites : on dirait un pétillement d'eau gazeuse. Et voici qu'elles cessent de monter...

Alerte !... J'appelle la *Calypso*. Le commandant Cousteau mobilise tout le monde. Il me faut à peine une minute pour endosser mon équipement : mais je sais qu'en cas d'accident grave, chaque seconde est de trop...

Je saute à l'eau. Il y a vingt minutes que Jean-Pierre Servanti a commencé sa mission : il devrait, en principe, se trouver au palier de décompression. Il n'y est pas... Je cherche plus bas. Je m'enfonce. A quarante mètres, je repère une des petites bouées jaunes dont il s'est muni, et dont le fil disparaît dans le bleu-noir. Je suis ce câble, qui me conduit vers un gouffre. Cinquante mètres... Soixante... J'ai l'impression de m'immerger dans de la vase liquide. Je n'ai jamais plongé aussi profondément. Mon cerveau se brouille. Je me contrôle mal. Je me sens bizarre. Ma volonté se dissout dans le fluide environnant. Je compte mes doigts, comme on m'a dit de le faire : ça va, j'en trouve encore cinq !... Frédéric Dumas m'a expliqué la narcose à l'azote, qu'on appelle aussi ivresse des profondeurs. J'en subis les premiers effets.

Enfin, le fond. De la vase épaisse... Je distingue la chaîne d'ancre cassée, et je trouve l'ancre au bout. Le fil de la bouée est amarré à une gueuse de béton.

Jean-Pierre Servanti a fait son boulot. Hélas ! il gît, inerte, à dix mètres de là..

Je palme aussi vite que je peux dans sa direction. Mon cœur bat la chamade : et s'il n'était pas trop tard ? Et si Jean-Pierre n'était qu'évanoui ? Je n'ai, moi-même, plus d'air dans mes bouteilles. Mon régulateur se durcit. Nous pourrions mourir ici tous les deux... J'ouvre ma réserve. Il y a vingt minutes que je suis parti. Mon temps limite est dépassé...

Je prends Jean-Pierre dans mes bras. Il n'a pas son embout dans la bouche : j'essaie vainement de le lui remettre. Je lui donne le mien... Mais mon compagnon ne respire plus. Je déboucle sa ceinture de plomb. Je tente de remonter en le tirant derrière moi : mais je n'y parviens pas. L'effort, à cette profondeur, est trop grand, d'autant que ma dernière réserve d'air diminue rapidement... Je remonte d'une traite, en défiant toutes les lois de la décompression. Je fais surface en hurlant mon désespoir...

Un cri horrible, me diront plus tard mes amis de la *Calypso*... Jacques Ertaud et Yves Girault se sont équipés. Je leur montre l'endroit et ils descendent. Ils repèrent le corps de Jean-Pierre Servanti, qu'ils réussissent à ramener à l'air libre. Nous transférons le plongeur inanimé dans un petit caisson de recompression. Respiration artificielle, massages cardiaques, sur le trajet puis à l'hôpital : en vain. Il est trop tard. Notre ami est mort noyé. Il a nagé trop vite, et trop forcé à grande profondeur pour réussir sa mission. Il s'est évanoui au fond...

Pendant trois jours, sur la *Calypso,* les habits de plongée restent accrochés à leur patère. Et les compresseurs Junker ne remplissent aucune bouteille. Le commandant Cousteau, prostré, se demande sincèrement s'il a le droit de risquer des vies humaines pour des amphores. Il est à deux doigts de tout arrêter.

L'équipe se réunit. Nous pleurons Jean-Pierre Servanti ; mais nous décidons de continuer. Nous voulons finir ce chantier de fouilles en l'honneur du disparu. Nous nous rendons chez le Pacha. En quelques mots simples, nous l'adjurons de ne pas laisser tomber.

Il ne répondit rien. Mais, un moment plus tard, nous le voyons se diriger vers le local de plongée. Il endosse en silence son habit et ses palmes. Il remplit ses bouteilles. Il me demande d'un signe de surveiller sa descente. Et il disparaît dans le fluide aquatique.

Il veut aller seul sur les lieux du drame, à soixante-dix mètres de profondeur, et achever la mission pour laquelle un compagnon a donné sa vie. Il trouve et élingue l'ancre, que la *Calypso* récupérera. Lorsqu'il remonte et s'assoit au fond du chaland que je pilote, il a les joues mouillées sous le masque ; mais ce n'est pas de l'eau de mer.

11

Les trésors de l'épave

Une chèvre de bois • Port-Calypso
Le plus vieux vin du monde • Matricule IP 27818
Corvée de pont.

ET LE chantier continue...

La noria des amphores se réamorce. Les relais des plongeurs au fond, également. Un boulot à la fois répétitif et passionnant... Cependant, avec l'arrivée de la mauvaise saison, la *Calypso* ne saurait tenir tous les jours son ancrage acrobatique devant le Grand Conclu. Il lui faut s'abriter dans le port de Marseille.

Le commandant Cousteau décide d'installer un camp de travail complet sur l'île. C'est la seule solution pour poursuivre les fouilles en dépit de la violence des tempêtes d'hiver. Nous commençons par construire une grande « chèvre » (une bigue, comme on dit en Provence) en bois, de vingt-cinq mètres de longueur, qui servira de support au tuyau de la suceuse. Nous ancrons ce portique sur la roche, nous l'assurons grâce à des haubans et nous le faisons dépasser de la falaise, de façon que son extrémité domine les vagues. Le Pacha a obtenu des autorités militaires qu'un groupe de soldats du génie vienne, en même temps, édifier une plate-forme au bord de l'eau, sur laquelle nous disposons un groupe électrogène et un compresseur à basse pression. Sur un balcon de roche, à vingt mètres au-dessus du chantier, nous aménageons un espace à peu près plat, sur lequel nous assemblons une baraque de tôle. Une petite équipe pourra y loger, et rester sur l'îlot malgré les assauts des vagues que poussent à qui mieux mieux le mistral et les vents d'est ou d'ouest.

La *Calypso* subit quelques réparations mécaniques. Elle est indisponible le jour où il s'agit de convoyer le bâti de la bigue jusqu'au Grand Conclu : c'est à mon *Hou Hop* qu'on en confie la mission. Je n'aurais jamais cru que ma modeste barque aurait l'honneur de contribuer à ce qui constitue à l'époque (et reste aujourd'hui) la plus grande mission d'archéologie sous-marine de l'Histoire... Pour l'occasion, je retrouve avec plaisir mes trois mousquetaires : Boboss, Poup et l'Oncle. Nous transportons les madriers dans une sorte de gaieté insouciante. Mes amis se sont fait leur place à Marseille, tandis que je suis, plus que jamais, candidat au voyage. Je sens que nos destins divergent ; ils le comprennent également. Mais nous entretenons une fois encore l'esprit de camaraderie aventureuse et bricoleuse qui nous a menés ensemble jusqu'en Corse, en mer Tyrrhénienne et dans le golfe de Ligurie.

Pendant une semaine, deux plongeurs et moi-même employons notre temps à aménager le camp du Grand Conclu. Je dois peindre la bigue : pour me faciliter la tâche, je fabrique une échelle avec deux montants de deux mètres de longueur et six crampons de fer ; je scelle l'ustensile dans la roche. Plus de trente-cinq années plus tard, lorsque je suis à Sormiou et que je pousse en canot jusqu'au Grand Conclu, je revois avec émotion mon échelle. Elle a rouillé, mais elle est là — comme si j'avais accroché un fragment de ma jeunesse dans le calcaire des îles de Marseille.

Avec un zeste d'emphase, nous nommons « Port-Calypso » notre installation de travail et notre cabane de tôle. Cinq plongeurs passent l'hiver au Grand Conclu, à renflouer la cargaison de l'épave antique — et à grelotter en remontant en surface. Labeur âpre, exigeant, épuisant, exaltant certains jours, désespérant de monotonie certains autres... Le teuf-teuf du compresseur de la suceuse. Les bulles des scaphandres. La poussière du sédiment qui vole en nuages. La rondeur des poteries. Notre joie quand nous récupérons une pièce parfaite. La surprise indignée des poulpes et des langoustes qu'on déloge. Notre fatigue, le soir, dans la baraque de tôle où le vent malin s'insinue...

Il y a là, avec moi, Jean Delmas, le chef de cette mission; Henri « Riquet » Goiran; Raymond « Canoë » Kientzy; et Robert Picassou, à la fois plongeur et chef cuistot (deux rôles dans lesquels il excelle). Le plus souvent, c'est non pas la *Calypso* qui nous assiste et nous ravitaille, mais un petit chalutier reconverti dans le travail océanographique, long de dix-huit mètres, qui s'appelle l'*Espadon* et que commande le capitaine Toscano, dit « Zé ».

Nous nous débattons avec la suceuse, qui joue trop souvent son rôle de serpent de mer brutal et fantasque. Le tuyau se bouche une fois par jour : et l'animal entre en transe... Il s'arrache des bras qui le tiennent, se tortille et remonte en surface en balayant furieusement tout ce qui a la malchance de se trouver dans son rayon d'action. Nous n'avons d'autre solution, pour le « curer », que d'envoyer du haut de la bigue un poids de vingt-cinq kilogrammes, qui ramone l'intérieur du conduit. Epuisant...

Nous plongeons le matin et l'après-midi. Parfois, la force des vagues est telle qu'elle nous interdit de descendre dans la mer par l'échelle prévue à cet effet. Nous nous faisons immerger au bout d'un filin par un palan, depuis la plate-forme... Nous calculons nos temps de travail sous l'eau de façon à n'avoir pas plus de dix minutes de palier de décompression : à trois mètres, la violence des déferlantes est phénoménale. Nous ne tiendrions pas davantage.

Les fouilles progressent. L'énorme tas de poteries diminue. L'essentiel de la cargaison compose un tumulus allongé dont la forme me rappelle un calisson d'Aix. Nous nous apercevons que l'amas comporte une couche supérieure d'amphores romaines, une couche moyenne de poteries diverses et une couche inférieure d'amphores grecques. Le professeur Benoît suppose que le bateau a commencé d'être chargé en Grèce, puis que sa cale a fini d'être emplie en Italie — avant l'embarquement pour Marseille, où il n'est jamais arrivé...

Au total, la récupération des trésors du Grand Conclu ne nécessite pas moins de trois mille cinq cents plongées... Un marathon subaquatique! Et le chantier n'est même pas achevé, tant il est riche... Nous remontons les plus remarquables des trois mille amphores et des dix mille pièces de vaisselle que contient l'épave. Nous trions, dans le panier de la suceuse, des myriades de fragments en tout genre, de pièces de monnaie et de petits objets... Mon record? Trente-six amphores renflouées pour une seule plongée de vingt minutes...

Tout autour du tumulus, que nous vidons de ses poteries les plus belles (elles décorent les vitrines de plusieurs musées de Marseille), demeurent des centaines d'objets éparpillés par le naufrage. On pourrait les récupérer, à condition d'y mettre le temps et le prix. Il y faudrait consacrer des années de plongées quotidiennes depuis un bateau ou une base à terre; ou bien des semaines de travail intensif pour une équipe d'océanautes à saturation, occupés sur le chantier huit ou dix heures par jour, et logeant la nuit dans une maison sous la mer.

Lorsque le temps le permet, la *Calypso* nous rend visite à Port-Calypso. Un jour qu'elle est présente, nous dégageons du sédiment une amphore romaine fermée. Sous un premier bouchon de fine pouzzolane, le bouchon de liège est intact. Nous portons le récipient sur le pont avec mille précautions. L'équipe fait cercle. Il reste du liquide à l'intérieur... Et si c'était du vin? Deux mille deux cents ans d'âge : le plus vieux cru du monde!

Je tends mon couteau de plongée au capitaine François Saout, qui gratte la pouzzolane, puis le liège qui adhère au col de l'amphore. La voilà ouverte... Le capitaine fait venir deux verres de la cambuse. Il incline cérémonieusement le vase Amphitryon n'aurait pas plus d'allure. Allons, sommelier verse-nous ce breuvage antique!... Un sirop brun sombre, épais, grumeleux, emplit les coupes. La première est pour le commandant Cousteau, la seconde pour le professeur Lallemand. L'archéologue y trempe les lèvres... et crache immédiatement la lampée par-dessus bord, avec une horrible grimace. Stoïque, le Pacha avale une mini-gorgée de ce vin vénérable, et loue la cuvée comme si c'était une ambroisie. J'y goûte : un ignoble concentré de moisissure!

Mais, comme dit l'autre, ce vin reste le plus beau jour de ma vie.

Nous sommes le 22 septembre 1952.

Frédéric Dumas me parle le premier, dans la coursive tribord, près de sa cabine.

« Bébert, me dit-il, aimeriez-vous rester définitivement avec nous ? »

Je n'attendais que cette phrase!... J'ai l'impression de décoller du sol. Je souris, je m'étrangle, je crachouille un « oui » qui n'est qu'un soupir. Frédéric Dumas m'entraîne chez le Pacha.

« Alors, Bébert, me demande Cousteau, aimeriez-vous rester définitivement avec nous ? »

A question identique, bafouillage comparable!... Ils interprètent mon crachotis comme une acceptation ferme et enthousiaste. Ils ont raison.

Me voici membre à part entière de l'équipe Cousteau...

Le lendemain, le Pacha revêt son plus bel uniforme d'officier (capitaine de corvette) et m'accompagne rue des Phocéens, à Marseille, dans les bureaux des Affaires maritimes. Il faut m'inscrire au rôle de l'équipage. Je plane.

Dans l'antre de l'Administration, les choses se gâtent. Je subis la visite médicale obligatoire, au terme de laquelle le médecin fonctionnaire de service déclare que je suis en forme, mais qu'à son grand regret il se voit dans l'obligation de me classer « inapte ». Parce que j'ai perdu deux phalanges des quatre doigts de la main gauche, précise-t-il, je ne saurais accomplir les travaux de matelotage. La loi est la loi : pas de handicapés parmi les inscrits maritimes !

Le ciel me tombe sur la tête.

Le commandant Cousteau ne se démonte pas. Il me glisse à l'oreille qu'il ne se laissera pas impressionner par un régiment de ronds-de-cuir retranchés derrière le code de la Marine. Il discute. Il propose des solutions. Il investit les bureaux. Il exige de voir le chef. Il invoque mille arguments — qui, sous sa langue, semblent de la meilleure foi. Il finit par user son auditoire. Il emporte le morceau... Il ne convainc pas les fonctionnaires que je pourrais être un matelot dans les normes (ne rêvons pas : les textes sont formels), mais il les persuade que je puis tout de même devenir marin à bord d'un bateau qui ne ressemble à aucun autre : la *Calypso,* armée par les Campagnes océanographiques françaises pour la science et le cinéma, afin d'explorer et de faire connaître les mers du monde.

Ce compromis satisfait diversement les parties. Il me comble ! Je n'ai pas le droit d'embarquer sur un autre bateau, mais je n'en désire pas d'autre... J'y perds le titre (usurpé, je l'avoue) de capitaine, que m'avaient accordé — avec une générosité dont je les remercie — mes amis mousquetaires du *Surcouf* et du *Hou Hop.* Mais je possède désormais un authentique livret d'inscrit maritime. Avec le grade ronflant de matelot de quatrième catégorie. Matricule IP 27818.

Sur la *Calypso,* le capitaine François Saout m'initie aux travaux du bord. Je connais quelques ficelles du métier. Je suis capable de faire des nœuds solides au bon moment. Mais j'ai tant à apprendre ! Je suis, par exemple, complètement perdu quand on me lance des phrases du genre : « Choque l'aussière ! », ou « Apporte la glène ! », ou « Mets une bosse sur l'aussière ! ». Le bon cap'tain Saout, avec son accent breton, me traduit ce jargon des manœuvres à la mer. Personne n'est mieux qualifié que lui, qui fut mousse sur l'un des derniers cap-horniers et qui, dans ses moments de nostalgie, évoque si bien les tempêtes du détroit de Drake et les cargaisons de nitrate du Pérou ou de cuivre du Chili... François Saout aime les bateaux comme un marin à l'ancienne. Il trouve en moi un esprit vagabond qui partage ses rêves de houle et d'escales lointaines. Il me transmet sa passion des voyages — mais aussi celle du travail bien fait. Il a une manie (que partagent un certain nombre de capitaines de ma connaissance!) : la propreté du pont et l'éclat des peintures. Il nous les fait entretenir à grand renfort de lavages à la potasse. Quand nous avons briqué la *Calypso,* nos doigts sont ramollis et la paume de nos mains pèle à cause du produit décapant.

Chaque jour, je m'imprègne davantage de ce qui constitue l'« esprit Cousteau », et qui consiste en un harmonieux mélange de rigueur scientifique et d'aventure. A travers les poteries du Grand Conclu, et grâce aux connaissances des professeurs Benoît et Lallemand, j'en apprends mille fois plus sur l'histoire de Marseille que je n'en ai jamais soupçonné sur les bancs de mon école.

A d'autres moments, je vis les frissons de l'aventure. En novembre, le mauvais temps s'abat sur la contrée. Au Grand Conclu, le chantier se poursuit grâce aux installations fixes, à la suceuse, à son compresseur et à sa bigue. Mais la *Calypso* ne quitte plus guère le Vieux Port. Quand elle s'y risque, c'est pour naviguer dans des conditions épouvantables. Un jour que nous faisons route, le Pacha m'appelle à la passerelle. J'y monte. On n'y voit pas à une encablure. Les lames courent, la crête écumante, et vont frapper les falaises des calanques avec une force incroyable. Chaque choc s'achève dans des gerbes d'écume.

Le Pacha rayonne.

« Falco, me dit-il, prenez la barre. Nous allons nous amuser. Longez la roche, et vérifions que la *Calypso* passe vraiment partout! »

Je barre en suivant du mieux que je peux ses indications. Le bateau avance parallèlement à la houle. Il roule bord sur bord.

Nous nous approchons dangereusement du mur de calcaire que les vagues percutent avec furie.

« C'est beau ! murmure Cousteau.

— C'est beau ! répété-je avec un léger tremblement dans la voix.

— Et maintenant, dit le Pacha, croyez-vous qu'il y a assez d'eau pour naviguer entre l'îlot de Tiboulen et l'île de Maïre ?

— Il me semble, commandant : le haut-fond est à huit mètres. Mais dans un creux de vague, ça risque d'être juste...

— Alors, allons-y.. En avant lente ! La barre à droite, quinze degrés !

— Quinze degrés, la barre à droite ! »

Tiboulen et Maïre, que je connais comme ma poche, ne m'ont jamais semblé si proches l'une de l'autre. Le haut-fond, que je vois se matérialiser sur le papier du sondeur, a l'air tellement menaçant... Et si je m'étais trompé ? S'il existait, au milieu du détroit, une roche traîtresse que je n'ai pas repérée dans mes plongées ? Le commandant Cousteau me fait confiance : vais-je lui couler son navire à la première tentative ?

Je transpire comme le héros d'un film à suspense...

« Et voilà le travail ! dit Cousteau. Nous sommes de l'autre côté... Je vous l'avais dit . la *Calypso* passe partout. Mettez le cap sur le château d'If. »

Je pousse l'un des plus gros soupirs de mon existence. A la suite de quoi, ma poitrine se regonfle d'orgueil : j'ai démontré au commandant que j'ai le sens de la mer. La houle d'ouest est si grosse, elle nous secoue si fort et nous donne tant de gîte, que la cloche du bord tinte toute seule. Je ne peux m'empêcher de croire que cette sonnerie salue mes succès à venir...

Je pilote la *Calypso* vers le Vieux Port dans un état d'esprit proche de celui du capitaine Cook au terme de son premier tour du monde. Je suis tombé amoureux de ce navire bon rouleur et excellent marcheur, sur lequel on peut compter dans la tempête — à condition de s'accrocher comme une arapède aux rambardes et de courir assez vite dans les coursives entre deux paquets de mer.

12
Un voyage à Anticythère

Les horizons lointains • Marcus Sestius
Papa Flash • L'épave d'Anticythère
Un clou de bronze.

JE VOULAIS voyager : eh bien, voilà, j'embarque...

J'ai ma couchette sur la *Calypso,* et la *Calypso* lève l'ancre. A moi, les horizons lointains, les poissons volants, les otaries et les baleines... Sous la houlette du plus tonique des pachas, j'ai la possibilité de courir les cinq océans et les dix mers (ne comptez pas : c'est ma formule). Je veux réussir ma carrière de plongeur et de marin en compagnie de ce bonhomme unique, enthousiaste, infatigable, original, bouillonnant d'idées, en un mot génial, qu'est le commandant Cousteau. Je veux, avec lui, sauter d'une mission à l'autre et tenter d'apaiser mon appétit de savoir en arrachant un par un les secrets des fonds inviolés.

La *Calypso*... Je l'ai. J'y suis installé. Je vais jusqu'à l'avant ; je me penche sur la rambarde ; je regarde l'étrave qui fend la lame et soulève deux vagues divergentes. Je scrute le bleu de la mer comme si je pouvais lire de nouveaux mondes sous la surface.

Nous faisons route vers la Grèce

L'une des conclusions de l'étude menée par nos archéologues, à partir des amphores de l'épave du Grand Conclu, est que la cargaison appartenait à un dénommé Marcus Sestius (ou Markos Sestios). Une partie des poteries portent sur le col une marque faite des trois lettres « SES », précédées ou suivies d'une sorte d'ancre ou de trident.

Pendant des semaines, les professeurs Benoît et Lallemand se sont transformés en rats de bibliothèque pour tenter de percer le secret de l'identité du signataire. En relisant les *Annales* de Tite-Live, Fernand Benoît a fini par relever l'existence d'un certain Marcus Sestius, ou Markos Sestios. Ce Romain d'origine s'était établi comme armateur dans l'île grecque de Délos, au IIe siècle avant Jésus-Christ.

C'est donc vers Délos que nous voguons. Retrouverons-nous, deux mille deux cents ans plus tard, la trace du propriétaire ?

Il fait superbe. La mer est friselée de vaguelettes que soulève une légère brise. A l'avant de la *Calypso*, je contemple le manège d'une bande de dauphins. Les vieux amis des marins grecs... Ils s'approchent du navire. J'en compte une dizaine. Ils marsouinent en surface. Ils sautent. Ils vrillent et cabriolent dans l'atmosphère. Puis ils s'installent devant le bulbe de la *Calypso*. Ce sont des surfeurs : ils profitent de la puissance de la vague d'étrave, et se laissent pousser dans une interminable glissade. J'admire leur dos d'un bleu velouté et leurs flancs décorés de motifs jaunâtres. Ils ont le sourire aux lèvres. (L'éternel sourire des dauphins !) Ils se divertissent pendant un quart d'heure, puis s'évanouissent dans le royaume de Poséidon.

Nous doublons le Péloponnèse et le cap Matapan, près duquel on a localisé la plus profonde fosse de la Méditerranée (pas moins de cinq mille cent quinze mètres)... Nous filons dix nœuds entre Cythère et Anticythère. Nous nous enfonçons au cœur de l'archipel des Cyclades. Nous laissons Milos et Sifnos à bâbord, Paros à tribord. Voici la minuscule Délos, l'île d'Apollon, fils de Zeus, frère d'Artémis et dieu du Soleil..

Outre un lieu de culte, elle est devenue dès l'Antiquité un centre commercial : vers 250 avant Jésus-Christ, les Romains y ont créé un port franc, qui a prospéré jusqu'en 88 avant notre ère — date à laquelle Archélaos et Ménophonis, amiraux du roi Mithridate en guerre contre Rome, le mirent à sac...

Nous jetons l'ancre près du port antique, et nous débarquons. Je suis époustouflé par la splendeur et la grandeur des ruines. Le temps d'Apollon, les sanctuaires du mont Cynthe, l'antre de la Pythie, le théâtre... Nous visitons le site dans les pas des professeurs Benoît et Lallemand. Nous revenons vers le port en empruntant une ancienne ruelle flanquée de boutiques et de maisons effondrées. Nous entrons dans ce qui subsiste d'une riche villa dotée d'une cour à impluvium, et entourée d'un péristyle. Le sol est couvert de mosaïques.

L'une d'elles, de grande taille, montre un trident et les trois lettres « SES »... Le même sceau que celui qui orne le col des amphores du Grand Conclu !

L'énigme est résolue. Voici la preuve que les poteries d'un bateau, perdu voici deux mille deux cents ans près d'une petite île marseillaise, avaient (au moins en partie) été chargées dans un îlot de la mer Egée... Nos archéologues rayonnent. Comme eux, nous éprouvons la satisfaction du travail accompli.

Durant ce voyage en Grèce, le commandant Cousteau a invité à bord de la *Calypso* le professeur Harold E. Edgerton. C'est un Américain — et un savant comme on les imagine : dans le genre Nimbus, mais avec davantage d'humour que de distraction. De fines lunettes, un chapeau sans forme vissé sur le crâne, l'air naïf — mais le regard pétillant de malice... Lorsque je fais sa connaissance, il a inventé le flash électronique; rien que ça ! Mais il parle de sa découverte avec une touchante modestie. A bord, son surnom est vite trouvé : Papa Flash...

Nous sympathisons. J'aurai l'occasion de l'observer dans la mise au point de quelques-unes de ses nouveautés. Je le verrai tester des appareils de prises de vues aux grandes profondeurs, qui nous seront précieux dans nos programmes d'étude des fosses abyssales.

J'assisterai Papa Flash dans ses essais de sondeur (ou sonar) à balayage latéral (en anglais : *Side Scan Sonar*). Une fois de plus, une révolution... L'appareil comporte une torpille émettrice nommée « poisson » à cause de sa forme allongée, qui est traînée en pleine eau par le bateau. Il permet d'obtenir, sur un écran ou sur le papier, un profil extraordinairement fidèle du fond de la mer, non seulement sous la coque du navire, comme c'est le cas pour les sondeurs classiques, mais sur une largeur de deux cent cinquante mètres de part et d'autre de la quille. Les images fournies restituent le plancher de la mer dans ses moindres détails. On découvre des obstacles — ou des épaves — qui n'apparaissaient pas sur les tracés ordinaires.

J'ai le plaisir et l'honneur de faire faire au professeur Edgerton sa première plongée en scaphandre autonome. Son fils Robert (Bob) se joint à nous. Cela se passe dans le petit port de Potamos, capitale de l'île d'Anticythère, où la *Calypso* s'est arrêtée pour une courte escale au retour de Délos.

La promenade sous-marine se passe bien : Papa Flash est presque aussi doué pour la plongée que pour l'électronique. En remontant, nous saluons deux pêcheurs du village. Nous engageons la conversation. Ils nous révèlent l'existence, à Anticythère, d'une mystérieuse « épave du roi Minos » : comme partout dans la mer Egée, où l'influence crétoise fut forte à l'âge du bronze, les insulaires attribuent au « roi Minos » tous les vestiges archéologiques qu'ils rencontrent.

Il existe effectivement une épave à Anticythère... Elle excite l'imagination du Pacha. Elle n'est pas minoenne, mais grecque — du Iᵉʳ siècle avant Jésus-Christ. Elle a été découverte par des pêcheurs d'éponges, en 1900, et partiellement renflouée en 1901 par des scaphandriers lourds de la Marine nationale grecque. Ces hommes y ont trouvé des statues de bronze superbes, qui font la fierté du musée des Antiquités d'Athènes : les plus belles pièces sont un Hermès (ou un

Persée) sculpté au IVe siècle, et une tête de philosophe (?) un peu plus tardive.

Nous parlons de ces merveilles au carré de la *Calypso*. Le Pacha n'est pas le moins excité.

« Outre ces bronzes, dit-il, trente-sept grandes amphores et des dizaines de poteries en céramique ou de vases en verre ont été récupérés. Mais, en 1901, les techniques de renflouage étaient sommaires. Il doit rester des objets à ramasser dans le sédiment du fond... L'épave gît par cinquante-quatre mètres. De toute évidence, les scaphandriers lourds qui ont travaillé sur le site n'ont pu s'emparer que des pièces les plus grosses et les plus spectaculaires. On raconte qu'ils se sont contentés de bêcher le sable comme des jardiniers leur jardin. Ils ne pouvaient même pas se pencher, de peur de tomber, de ne pas parvenir à se relever et d'avoir de gros problèmes de pression dans le scaphandre... De telles conditions de travail n'ont pas favorisé la minutie. Si nous localisons le site, nous effectuerons des découvertes. »

Frédéric Dumas, peut-être plus encore fasciné par les épaves que je ne le suis (c'est dire !), m'entraîne en quête de ces restes. Nous questionnons un vieillard qui a assisté aux opérations de renflouement lorsqu'il était enfant, en 1901. L'homme fournit une indication précieuse. Les scaphandriers, dit-il, plongeaient à partir d'un bateau ancré au pied d'une falaise, juste au-dessous d'un muret de pierres où un gardien veillait jour et nuit, armé d'un fusil, afin d'éloigner les pillards.

Frédéric Dumas et moi partons en chaland le long des côtes de l'île. Nous apercevons un mur de pierres qui correspond à la description du vieillard. L'ouvrage est bâti sur la crête de la dangereuse falaise de Pinkakia, que sapent les vagues soulevées par de furieux vents d'est. C'est ici qu'il faut plonger...

Nous ne disposons que d'une journée pour voir : la *Calypso* doit repartir pour Marseille.

Nous nous immergeons, Frédéric Dumas et moi. Dix mètres... Quinze mètres... Nous descendons le long d'une falaise abrupte, noirâtre, dont l'origine volcanique ne fait aucun doute. Par places, le basalte est hérissé de gorgones rouges ou jaunes, dans les ramifications desquelles se cachent des girelles aux flancs d'arc-en-ciel et des rougets rose chair... Nous survolons des vers spirographes aux magnifiques panaches de tentacules bleu pâle. Nous observons quelques murex — ces beaux escargots de mer à la coquille hérissée d'épines, dont les Anciens tiraient la pourpre impériale.

Quarante mètres... Un gros chapon brun nous regarde ; un congre extrait de son trou son interminable corps de serpent gris perle, et ondule vers le bas. Cinquante mètres... Nous palmons au-dessus d'un balcon de roche couvert de sédiments. J'écarquille les yeux pour repérer un éventuel indice. C'est à cette profondeur, à peu près, que gît l'épave...

Nous allons de long en large. Notre provision d'air diminue. Nous sommes sur le point d'abandonner, lorsque nous apercevons une forme oblongue dans le sable durci, qui me rappelle vaguement le tumulus du Grand Conclu. S'agit-il des restes du bateau perdu d'Anticythère ? Pour tenter de le savoir, Frédéric Dumas creuse avec ses mains un trou dans le sédiment. Il sent quelque chose. Il gratte de plus belle. Quand il dégage l'objet, notre cœur fait un bond. Il s'agit d'une longue pointe de bronze, d'une sorte de clou qui devait assembler de grosses pièces de mobilier ou plus probablement des bordés de coque de navire.

Des clous identiques ont été trouvés en 1901. L'épave est bien ici, sur ce balcon de lave englouti...

Nous exultons en revenant sur la *Calypso*. Le Pacha est bien embêté. Il est partagé entre deux sentiments : d'un côté, il est ravi de notre découverte ; de l'autre, il sait que le programme de la *Calypso,* fixé de longue date, ne peut pas être modifié. Le navire doit entrer en cale sèche à Toulon pour une révision générale. Impossible de poursuivre nos recherches sur le site...

« Bon, dit Cousteau en se prenant le front dans un geste qui correspond chez lui à l'embarras, pour cette fois, il faut vous faire une raison. Nous ne fouillerons pas l'épave d'Anticythère.

Mais je vous donne ma parole que nous reviendrons. Je ne sais pas quand : mais vous avez ma promesse ! »

Le Pacha tient ses promesses. Nous reviendrons en effet à Anticythère. En 1976. Dans vingt-trois ans !... Nous explorerons ce qui reste de l'épave...

Le retour en France est teinté d'amertume. Mais nous savons que la *Calypso* rentre au port pour le meilleur des motifs : elle doit se refaire une beauté. Il lui faut se préparer pour une croisière océanographique difficile et exaltante, qui la mènera jusqu'en mer Rouge à la poursuite des requins, et dans le golfe Arabo-Persique à la recherche du pétrole.

13

La magie de la mer Rouge

Le canal de Suez • L'univers des madrépores
La splendeur des gorgones • Le rendez-vous des requins
Un monstrueux longimane.

L'ARSENAL DE Toulon est en fête, ce 7 janvier 1954, en fin d'après-midi, lorsque la *Calypso* lève l'ancre...

Amarres larguées : je suis du voyage et je suis heureux. Je m'accoude à la rambarde, à l'avant du bateau, et je regarde défiler les quais. Derrière nous, le mont Faron se détache sur le bleu net du ciel de Provence. C'est l'hiver. Nous voguons vers des déserts brûlants.

En sortant de la rade, le mistral se lève. Je grimpe à la passerelle, où le commandant Cousteau occupe sa place favorite, assis sur son tabouret haut, à gauche et en avant de la roue de barre. Je consulte l'écran du radar. Je rêve que les petits points verts que j'y vois représentent les sambouks ou les ganjas arabes, qui sillonnent la mer Rouge et le Golfe...

Le bateau roule. La nuit tombe. Le vent fraîchit. La houle devient énorme, puis les vagues déferlent. La tempête n'est pas loin. Impossible de dormir : nous tenons à peine sur nos bannettes. Au matin, nous entrevoyons les côtes de la Corse.

L'après-midi, la mer fait semblant de se calmer. Nous nous engageons dans les bouches de Bonifacio. Nous saluons les îles Lavezzi, où les courants écument. C'est ici que, voici trois ans, j'ai trouvé ma première épave avec le *Hou Hop*. J'étais amateur; je me sens professionnel : c'est toute la différence.

Nous piquons vers le sud-est à travers la mer Tyrrhénienne, en direction du détroit de Messine. La tempête lâche ses chevaux. Les déferlantes nous heurtent durement par le travers et nous secouent sans respect, comme si la *Calypso* n'était qu'un bouchon en surface. Ni Charybde, ni Scylla, cependant, ne nous dévorent...

Passée la pointe de Calabre, ça va mieux. Nous mettons le cap sur l'île de Crète, que nous doublons par le sud (brève escale). Nous traversons le bassin oriental de la Méditerranée. Nous cinglons vers l'Egypte. Le pilote automatique tombe en panne : il faut barrer à bras et, de nouveau, la mer se démonte. Les tempêtes d'hiver, dans la Mare Nostrum, atteignent des puissances dont on ne se doute guère : j'en aurai plusieurs fois la démonstration dans mes années Cousteau.

La pluie et la grêle, poussées en oblique par un vent devenu fou, s'abattent sur des flots d'une étrange couleur gris et vert. Durant mon quart, sur cette *Calypso* de quarante-trois mètres de longueur et de quelque quatre cents tonnes de jauge, je me sens petit, très petit. En un mot, quantité négligeable... De la passerelle, je ne distingue même plus l'avant du bateau. Les lames passent par-dessus le plat-bord et balaient le pont et les coursives. Gare au marin imprudent!

Nous entrons dans le havre de Port-Saïd, et c'est unc délivrance... Nous faisons nos pleins de gazole, d'eau et de vivres. Nous embouquons le canal de Suez. Je tiens la barre dans cette voie d'eau internationale qui m'a toujours fasciné et dont mon père me parlait quelquefois quand nous allions à la pêche. Ferdinand de Lesseps, le canal : tout cela me paraissait si loin de la calanque de Sormiou... Nous croisons de gros pétroliers, dont les remous nous aspirent...

Nous laissons derrière nous Suez, le canal et les tempêtes de la Méditerranée. Un grand soleil salue la *Calypso* sur les eaux bleues de la mer Rouge. La mer Rouge... Qui n'en a rêvé? Nous passons le phare du récif des Frères. Le commandant Cousteau fait jeter l'ancre près d'une montagne sous-marine qui émerge à peine, et dont le sommet forme au ras de l'eau un platier de récif ovale. Nous plongeons.

C'est la première fois que je m'immerge dans une mer des tropiques. Une féerie! Le liquide qui nous accueille est tiède et doux, comme un ventre maternel. Nous descendons dans un aquarium... Henri « Riquet » Goiran et Raymond « Canoë » Kientzy passent devant, Frédéric Dumas et moi suivons à quelques mètres.

Nous pénétrons dans l'univers du corail. Nous en subissons la magie. Nous avons l'impression d'être des enfants dans un conte. Un palais des Merveilles s'ouvre devant nos yeux incrédules. Les pentes du récif sont tapissées de coraux de toutes les formes : acropores cornes de cerf branchus, platygyres semblables à des feuilles, fungias pareils à des champignons, etc. Des gorgones écarlates ou jaune d'or forment des forêts immergées, qui alternent avec des bosquets d'alcyonaires rose vif ou mauves, et des plantations d'eunicelles fil-de-fer blanches. Des éponges étalées comme des crèmes au chocolat ou dressées comme des pots de fleurs colonisent les madrépores. Des bryozoaires mettent çà et là des napperons de dentelle fine. Des vers spirobranches bleu vif ou rouge brique, parfois délicatement barbouillés d'ocre ou de brun, déploient leurs panaches spiralés de tentacules.

Partout rampent des coquillages : troques et lambis ouvragés, porcelaines brunes ou ocre, olives blanches, murex biscornus et gros tritons à la lèvre rose pâle... Des nudibranches rouges, bleus, verts ou jaunes palpitent : rien n'est plus coloré, ni plus bizarre, que ces limaces de mer qui broutent tranquillement les tentacules venimeux des polypes coralliens, et qui mettent en réserve les cellules urticantes de leurs proies dans leurs propres tissus, pour leur défense...

Les crustacés sont représentés tantôt par de gros crabesboîtes qui referment devant leur bouche le couvercle de leurs pinces ; tantôt par des langoustes brillantes comme des colliers de pierreries ; tantôt par de minuscules crevettes péniclymènes translucides... Les échinodermes déploient leurs légions de lis de mer (notamment de comatules plumeuses, écarlates ou jaune citron), d'oursins-crayons et d'oursins-diadèmes, d'holothuries ventrues, d'étoiles de mer bleues, orange ou rouges, souvent hérissées d'épines...

Les poissons sont plus beaux que partout ailleurs : comparées à ces joyaux, mes éclatantes girelles de Sormiou paraîtraient pâles ! Des raies à aiguillon passent, leur queue fine comme un fouet tendue vers l'arrière : ne pas toucher — épine venimeuse sur le dos... Des poissons-soldats et des poissons-écureuils nous regardent nager en écarquillant leurs grands yeux ronds ; ils ont revêtu leur tenue de parade rouge vif. Des poissons-radios, ou zancles, brandissent leurs « antennes » (en réalité, les prolongements filiformes de leur nageoire dorsale et de leurs deux pectorales). Des poissons-perroquets verts broutent le corail avec voracité : on entend le « scrounch ! scrounch ! » de leurs grosses dents soudées qui attaquent le calcaire. Dans une grotte bleue ondulent des bandes de barbiers rose-orangé clair, que suivent des poissons-demoiselles bleus. Un peu partout, dans le fouillis des madrépores, des poissons-chirurgiens rivalisent de splendeur avec des poissons-papillons et des poissons-anges. Les ors et les argents se mêlent aux turquoises et aux saphirs. Le plus bel animal de ces lieux, le poisson-ange empereur, arbore sur les flancs des rayures longitudinales bleues, blanches et jaunes d'une incroyable harmonie...

Chaque anfractuosité du récif est occupée. Ici, une murène quaesita expose son museau orné de deux protubérances bizarres. Là, un mérou-diamant sort de son trou et fait admirer le rouge vermillon de ses écailles piquetées de points bleu pâle. Plus loin, nous dérangeons une famille de girelles tropicales incroyablement bariolées.

Je ne me lasse pas de voir. J'ai l'impression de dévorer ces splendeurs. Mon esprit s'en nourrit. Chaque seconde m'apporte une nouvelle preuve de l'imagination créatrice de la mer : un poisson-trompette fouille de son long nez des ramifications d'acropores, en quête d'une crevette. Un banc de gaterins défile comme une assemblée de larbins en gilet à rayures jaunes et noires. Un poisson-napoléon promène avec une majesté d'empereur au soir de la bataille sa caboche surmontée d'une grosse bosse.

Tiens!... Un requin de récif à pointes blanches... Il a l'air doux et inoffensif. Il mesure à peine un mètre cinquante de longueur. Je lui adresse un salut de la main. Il me regarde et se détourne. Il ondule harmonieusement dans l'eau bleue. Une réussite de l'évolution.

Il n'est pas seul. L'un de ses congénères surgit d'un tunnel de corail. Puis un autre, et un autre encore... Une demi-douzaine de squales se présentent. Et en voici une douzaine, une vingtaine, une trentaine!... Hé!... Doucement!... Qu'est-ce que ça signifie? Je regarde Frédéric Dumas : il a sous le masque une expression d'intense surprise. Il me fait signe de le suivre derrière un ressaut de corail qui nous offre un abri relatif. Nous n'avons pas d'autre arme qu'un débordoir. C'est un objet que le commandant Cousteau et Frédéric Dumas ont inventé en 1948, après être tombés nez à nez avec un énorme requin longimane, lors d'une plongée dans l'Atlantique : l'aventure avait failli mal tourner. Le Pacha n'avait réussi à éloigner l'animal qu'en lui tapant sur le nez à grands coups de caméra... Cela lui avait donné l'idée de fabriquer ce bâton d'environ soixante centimètres de longueur, muni d'un bout ferré mais non blessant (il ne faut jamais répandre de sang en présence des requins : l'odeur les excite et les rend mille fois plus agressifs).

Et nous voici acculés à ce récif de la mer Rouge, le débordoir brandi, prêts à repousser les squales qui deviendraient trop entreprenants... Pour être aussi nombreux, ils ont probablement détecté une grosse proie mourante ou morte : mais nous ne voyons rien. Nous n'avons ni leur odorat ultra-perfectionné, ni leur ligne latérale qui leur permet de percevoir les plus infimes vibrations de l'eau, ni les étonnants capteurs nerveux de leur organe de Jacobson, qui « écoutent » les ondes électriques. Nous sommes des intrus — et des handicapés — dans ce monde sous-marin pour lequel ils sont si admirablement conçus, et qu'ils hantent depuis trois cent millions d'années — pratiquement inchangés depuis l'ère primaire.

Les requins nous localisent, bien entendu. Ils viennent nous observer les uns après les autres. Mais ils conservent leurs distances. Ils nous impressionnent, mais la réciproque est vraie. Nous leur paraissons énormes. Avec nos palmes, les bras tendus en avant, nous ne mesurons pas loin de trois mètres : peu d'animaux marins nous dépassent. Or, les requins sont comme tous les carnassiers du monde : ils vont au plus facile. Ils chassent la proie la plus faible — le bébé, l'orphelin, l'individu malade ou blessé... Un plongeur en état de marche constitue pour eux un gibier difficile. Ils peuvent, certes, l'agresser — mais en dernier recours, poussés par la faim... Ils tournent alors longuement, prudemment, autour de l'objet de leur convoitise, afin de le jauger. Ils se rapprochent. Ils hésitent.

Le danger devient grand si l'un des poissons ose donner un coup de dents, et que le sang coule : alors, les squales sont saisis d'une frénésie meurtrière. L'odeur du sang les affole et abolit chez eux toute prudence. Ce peut être la curée...

Frédéric Dumas sait cela. Nous en avons discuté depuis que nous travaillons ensemble. Nous allons vérifier, sous l'eau, la pertinence de ses observations : en restant vigilants, et en nous protégeant mutuellement contre une attaque-surprise, nous devrions pouvoir continuer notre exploration sans prendre de risques excessifs. J'avoue que je ne suis pas aussi tranquille que dans ma calanque de Sormiou : les squales sont maintenant une bonne centaine à tournoyer sur le récif.

Nous palmons doucement le long de la pente de corail. Nous devons éviter de donner aux prédateurs l'impression que nous cédons à la panique : le nageur qui bat trop vite des pieds et

À la barre de la *Calypso*, dans l'archipel des Marquises... Je me demande comment, moi, modeste fils de comptable de Marseille, j'ai pu devenir le capitaine de ce bateau unique au monde, dont l'âme est le commandant Cousteau... *(Ph. Fondation Cousteau.)*

J'ai toujours connu et aimé la mer — MA mer, la Méditerranée... Mon père m'y emmène pêcher dans les calanques : Sormiou, Morgiou, En-Vau... *En haut :* mon père dans sa bette, à Sormiou. *En bas :* avec moi ; je suis âgé de six ans. *(Ph. A. Falco.)*

J'apprends la mer seul. Je suis fasciné par ce qui y vit. J'ai quatorze ans, mon premier fusil-harpon, mes lunettes Fernez autour du cou. Sous le soleil de la calanque... *(Ph. A. Falco.)*

Je vis, au moins en partie, des richesses de la Méditerranée. Je pêche pour la famille. *En haut :* à vingt ans, avec ma première liche. *En bas :* je travaille comme plongeur à la Fontaine-de-Vaucluse, et je me paie une *Amilcar Sport !* *(Ph. A. Falco.)*

Mes premiers exploits de marin, je les acccomplis sur le *Surcouf,* en compagnie de mes amis Henri Plé (l'Oncle), Robert Pringent (Bob) et Paul Brémond (Boboss.) Comme les Trois Mousquetaires, nous sommes quatre. Enthousiastes... *(Ph. A. Falco.)*

Cap sur le bec de Sormiou, puis sur les îles d'Hyères, puis sur la Corse. C'est au cours de cette croisière que j'apprends les courants, les tempêtes, les dauphins et les baleines — la puissance et la grandeur de la mer. *(Ph. A. Falco.)*

Voici le *Titanic II :* tel est le premier nom du « navire » (un « gangui » de dix mètres cinquante) que les Mousquetaires de Sormiou remettent en état, et rebaptisent *Hou Hop,* avant de grimper à bord pour un périple en mer Ligure. *(Ph. A. Falco.)*

De l'île de Riou *(en haut)* aux îles Sanguinaires (mon premier gros requin), puis aux îles Lavezzi *(en bas :* mes premières amphores) et aux côtes italiennes, le ***Hou Hop*** démontre qu'il est un bon bateau. Bien assis, solide à la mer... Je suis le plus heureux des Marseillais au large ! *(Ph. A. Falco.)*

En haut : L'homme qui m'initie à la plongée s'appelle Georges Beuchat. Nous nous livrons à d'interminables parties de pêche. A cette époque, la Méditerranée, peu abîmée par les pollutions et les saccages, est encore généreuse. *(Ph. A. Falco.)*

Ci-dessus : En compagnie de Henri Plé, je teste dans les calanques un scaphandre Cousteau — que Georges Beuchat m'a prêté. Je ne peux pas dire que l'essai est concluant. Mauvais réglages... Mais bientôt, c'est la révélation... *(Ph. A. Falco.)*

Jacques-Yves Cousteau ! Frédéric Dumas !... Pour moi, les deux hommes sont inséparables. Avec Emile Gagnan, ils ont inventé la plongée moderne. Ils m'ont donné ma chance sur l'épave du Grand Conclu. *(Ph. Fondation Cousteau.)*

Ancrée près de « Port-Calypso », sur le rocher du Grand Conclu, la *Calypso* est devenue mon royaume. Engagé comme plongeur bénévole, j'ai la joie de me voir proposer par le Pacha un vrai boulot à bord. *(Ph. Fondation Cousteau.)*

Très vite, après la fouille de l'épave antique de Marseille, les missions s'enchaînent. Grèce, mer Rouge, golfe Arabo-Persique, atolls de l'océan Indien... ***En haut :*** en habit de plongée à Anticythère, en Grèce. *(Ph. Fondation Cousteau.)* ***En bas :*** à la barre de la ***Calypso,*** déja... *(Ph. A. Falco.)*

Les dauphins (ici, des sténelles tachetées) sont beaux, rapides, intelligents, joueurs. Très vite, je rêve de m'en faire des amis. Je les côtoie dans toutes les mers. Je suis fasciné par leurs cliquetis, leurs sifflements, leurs gazouillis. Je sais qu'ils se parlent. Me parlent-ils ?
(Ph. B. Talbot/Fondation Cousteau.)

Incroyable diversité de la vie marine ! ***Ci-dessous :*** **l'anémone de mer-vieillard, ou métridium sénile.** *(Ph. R. Murphy/Fondation Cousteau.)*

Un banc de barbiers roses monte la garde à l'entrée d'une grotte de Méditerranée tapissée d'éponges et de gorgones. *(Ph. A. Falco.)*

Dotés d'un bec puissant, les poissons-perroquets broutent le corail avec appétit.
(Ph. D. Noirot/Fondation Cousteau.)

Les calmars changent de couleur plus vite que les caméléons, notamment lorsqu'ils se reproduisent. *(Ph. R. Rinaldi/Fondation Cousteau.)*

Chaque fois que je le peux, je descends sous la surface en soucoupe plongeante. Ce mini-submersible d'exploration, à deux places, est capable d'aller jusqu'à trois cent cinquante mètres. *(Ph. Fondation Cousteau.)*

Les plongées en scaphandre que j'effectue avec Cousteau sont les plus belles. Je n'oublierai jamais celles que nous avons faites à plus de cent mètres, en Grèce, sur l'épave du ***Britannic...*** *(Ph. Fondation Cousteau.)*

La *Calypso* est équipée d'appareils de navigation ultra-modernes : antennes-satellites, etc. Mais j'aime, de temps à autre, faire le point au sextant. Dans la tradition des Grandes Découvertes. *(Ph. A. Falco.)*

Combien d'espèces de poissons ai-je l'occasion de saluer comme plongeur, puis chef-plongeur, puis capitaine de la *Calypso* ? *En haut :* le poisson-ange royal des Caraïbes. *(Ph. S. Frier/Fondation Cousteau.)* ***En bas :*** **le mao-mao de Nouvelle-Zélande.** *(Ph. R. Murphy/Fondation Cousteau.)*

des mains crée dans l'élément liquide des vibrations semblables à celles que produisent les animaux blessés. C'est ce qui — avec l'odeur du sang — attire et énerve le plus les squales. Pour eux, un animal affaibli est une aubaine : ils ne sont pas longs à mordre.

Je dois à la vérité de dire que, dans cette mer où les squales pullulent (dans les mauvais livres d'aventures, on écrit qu'elle en est « infestée »), je serre un peu les fesses... Mais on s'habitue à tout. Nous rejoignons « Riquet » Goiran et « Canoë » Kientzy, que nous avions perdus de vue. A quatre, nous pouvons voir venir...

Les requins de récif à pointes blanches dépassent rarement deux mètres cinquante de longueur. Lorsque l'un d'eux devient trop curieux, nous lui donnons un coup de débordoir sur le museau. Il s'ébroue et s'enfuit tout piteux, comme un roquet qu'on repousse.

Nous traversons une vallée immergée où nous sommes davantage exposés. Sur l'autre rive, le fond est une pure merveille : les madrépores (acropores, montipores, coraux-champignons...), les gorgones, les alcyonaires, les bryozoaires et les spirobranches composent avec les coquillages, les crustacés, les oursins et les étoiles de mer un paysage qui ressemble à la caverne d'Ali Baba. Mais c'est aussi un refuge, une pouponnière et un garde-manger pour des centaines d'espèces de poissons de toutes tailles, de toutes formes et de toutes teintes. De gros mérous montent la garde dans leur antre : certains mesurent un mètre cinquante de longueur et pèsent deux cents kilogrammes ; ils ne redoutent pas les requins. Ils ont une façon originale de chasser : ils se tiennent à l'affût dans leur gîte. Lorsqu'une proie passe à portée (poisson, crevette, etc.), ils ouvrent brusquement leur gueule lippue. On entend un bruit d'explosion. La dépression créée par le mouvement des mâchoires suffit à projeter la victime au fond du gosier du prédateur, qui avale avec un « gloup » de satisfaction...

Le long d'une falaise hérissée de gorgones monte un banc de

sérioles : moins puissants que les squales, ces poissons aux flancs d'argent bleuâtre chassent en bandes; les petites créatures marines les redoutent. On les trouve fréquemment en compagnie d'autres prédateurs efficaces : les carangues, dont la queue est fourchue. Les barracudas, ou brochets de mer, vivent en bancs compacts quand ils sont jeunes; à l'âge adulte, quand ils ont de grandes dents, ils deviennent solitaires.

Dans une sorte de cirque corallien, dont la piste est tapissée de sable blanc pur, croît une population de corail noir. Je suis fasciné par cette espèce buissonnante, qui appartient au groupe des antipathaires et non à celui des madréporaires, et qui, bien qu'on l'appelle « corail », est aussi éloignée des madrépores constructeurs de récifs que le goéland l'est de la grenouille. Le corail noir dresse des ramifications argentées d'une extrême finesse. Il dépasse un mètre cinquante de hauteur. Il ne justifie son qualificatif de « noir » que lorsqu'on a ôté la couche de tissus vivants blanchâtres qui couvre son squelette calcaire. Recherché en joaillerie (au même titre que le corail rouge de Méditerranée), il est lui aussi menacé de disparition.

Nous nous arrêtons près d'un « arbuste » de corail noir plus branchu et plus beau que les autres. Nous l'observons. Nous le photographions.

C'est à ce moment que nous comprenons qu'un événement se prépare. Un banc de jeunes barracudas jaillit des profondeurs et se disperse dans le bleu. Un nuage de poissons-demoiselles monte à son tour, et disparaît dans le dédale du corail. L'instant suivant, la plupart des poissons du récif se réfugient dans leur trou.

Nous regardons autour de nous.

Dans l'eau limpide, les petits requins sont aussi nombreux qu'avant. Mais ils ne sont plus seuls. Un client les accompagne. Un sérieux client.

Un requin longimane...

C'est l'une des cinq ou six espèces de squales (sur un total de plus de deux cent cinquante) qui peuvent devenir dangereuses pour l'homme — avec le requin blanc, le requin bleu, le requin-tigre, le requin-taureau, le requin-marteau et le requin leucas. On le reconnaît à son museau pointu, à sa queue caractéristique et surtout à ses immenses nageoires pectorales qui ressemblent à des bras, et qui lui ont valu son nom.

De toute évidence, le longimane est en patrouille. Il furète, on dirait presque qu'il renifle. Par sa façon de se déplacer — lourde et souple à la fois —, il me fait songer à un ours. Il agite sa grosse tête latéralement, afin de mieux déterminer la provenance des bonnes odeurs qui l'ont attiré jusqu'ici. Sa bouche entrouverte laisse voir des rangées de dents pointues et tranchantes.

Plus question de traîner... Frédéric Dumas nous indique la surface d'un geste éloquent. Si le longimane est excité par le parfum du sang qui a fait converger les requins de récif dans ces parages, il peut se déchaîner. Brutalement. Sans avertir... C'est sur un animal de quatre mètres cinquante de longueur, taillé pour la nage et doté d'armes redoutables, qu'il nous faudrait alors tester l'efficacité de nos débordoirs. Nous préférons différer l'expérience...

Nous adoptons la formation de défense que le commandant Cousteau et Frédéric Dumas ont — une fois encore — inventée, et que nous avons baptisée le « dos-à-dos ». Nous remontons deux par deux — chaque plongeur collé à un partenaire par l'épine dorsale, et surveillant une moitié de mer... C'est la seule façon de faire face en permanence au danger que présentent les grands squales. Lorsqu'ils ont envie d'attaquer, ces animaux tournent autour du plongeur, d'abord lentement, puis de plus en plus vite. Un homme seul n'arrive pas à suivre le manège. A un moment ou à un autre, le requin est derrière lui, ouvre la gueule et mord... La position « dos à dos » conserve au couple humain ses chances. En outre, elle fait paraître deux fois plus grosse la proie potentielle du squale, et cela contribue à le faire hésiter.

Le longimane nous a vus. Il s'approche à vingt mètres et

s'éloigne. A peine avons-nous le temps d'espérer qu'il est parti, que nous le voyons revenir par-dessous. Et il commence de tourner : aïe ! aïe ! aïe !... Désagréable impression... Nous sommes coincés — d'autant que nous devons respecter un palier de décompression à trois mètres sous la surface. Jamais les minutes ne m'ont paru si longues... Serrés les uns contre les autres, tous quatre, nous attentons. Le squale rapproche ses cercles... Rien n'est désagréable comme d'intéresser une créature de ce genre : on se sent mouton devant l'abattoir !

En commençant notre plongée, nous avions envisagé d'effectuer notre palier tout près de la *Calypso*. Le longimane en a décidé autrement. A présent, nous n'avons plus le choix. Le courant nous entraîne en direction du récif. Nous sommes emportés vers la zone où le platier émerge, et où déferlent de grands rouleaux d'écume blanche. Les vagues et les tourbillons nous dissimulent le requin, et leur force fait éclater notre groupe. C'est le pis qui pouvait nous arriver. Nous perdons de vue le squale et nous ne faisons plus masse pour le dissuader de mordre... A chaque seconde, nous redoutons de sentir les poignards de la bête se refermer sur une de nos jambes. L'horreur...

Par pur instinct de terriens, nous nageons de toutes nos forces vers le haut-fond, en accompagnant les lames. L'épisode s'achève dans la confusion. Je n'y vois plus rien. Je me sens ballotté comme un fétu dans les remous. Je décolle, j'atterris, j'enchaîne les galipettes sans rien contrôler. Les rouleaux me meulent le corps sur le corail râpeux. En quelques secondes, je suis couvert d'écorchures et d'hématomes. La mer me jette comme un paquet de linge sale sur le platier — mais hors de portée du longimane.

Je m'ébroue. Je compte mes abattis. Je me lève pour voir si mes camarades sont là — et entiers. Je les aperçois, comme moi, qui se redressent — meurtris, sanguinolents, choqués... Nous sommes quatre à rire nerveusement de notre aventure. Nous nous appelons mutuellement dix fois, comme s'il fallait vérifier et revérifier qu'aucun ne manque, et qu'aucun n'a perdu une main ou une jambe dans la folie des dernières secondes de cette plongée mémorable.

Raymond Coll, qui suivait notre mission dans le youyou, tente de nous récupérer sur le récif. A son tour, il se fait culbulter par les rouleaux. Nous redoutons que le requin ne rôde et ne se satisfasse de l'aubaine. Mais nous les récupérons tous deux (l'embarcation d'un côté, Coll de l'autre) dans un état presque acceptable.

Le retour sur la *Calypso* ressemble à la retraite de Russie. Imaginez un bataillon d'éclopés geignards et perclus, que le médecin du bord — le docteur Nivelleau de La Brunnière — met des heures à rafistoler, à recoudre, à barbouiller de mercurochrome, à panser... Le soir, au carré, un malin fait remarquer qu'après tout le longimane ne nous a pas touchés, et que nous sommes seuls responsables de nos estafilades et de nos bleus. Un autre de ces traîtres observe que rien ne prouve la véracité de cette histoire de requin : nous avons tout inventé, suggère-t-il, pour justifier la maladresse insigne qui nous a fait nager vers les déferlantes...

Le Pacha sourit de ces vannes, qui permettent de décompresser. Mais la seule vraie morale qu'il tire de cette aventure est que, si nous avions emporté une caméra, nous aurions dans la boîte une séquence étonnante.

« Et cela, conclut-il, nous aurait évité d'avoir, dans les jours qui viennent, à chercher un second longimane ! »

Je songe par-devers moi que rien ne presse. La grandeur de ce genre de rencontres gît dans leur rareté.

14

L'odeur du pétrole

Avec Louis Malle • La raie géante
La baie d'Elphinstone • Le pétrole des émirs
Les serpents de mer.

LA *CALYPSO* s'avance en mer Rouge. Les rives du golfe de Suez sont admirables : autant le dessous de la surface est riche de millions d'existences végétales et animales, autant la côte est stérile. Non sans grandeur, et même d'une splendeur irréelle. Mais c'est le désert... A tribord, le Sahara ; à bâbord, le Sinaï. Plus minéral que ça, vous ne trouverez pas ; ça n'existe pas dans le grand magasin de la Nature !

Je contemple le mariage du bleu de l'eau et des teintes chaudes de la terre (des bruns, des roux, des jaunes) en compagnie de Louis Malle. Il est cinéaste. Il a l'œil. Il m'apprend à regarder. Depuis plusieurs jours, je lui demande de m'expliquer le maniement de la caméra. Il le fait avec une gentillesse qui me touche. Personne ne sait évidemment, à bord, que dans ce personnage d'apparence timide et douce se cache un authentique aventurier de l'image. Louis Malle accomplira des performances de plongeur pour tourner *Le Monde du silence* (qui lui vaudra en 1956, avec le commandant

Cousteau, la Palme d'or au Festival de Cannes; et, l'année suivante, un Oscar à Hollywood). Il mènera ensuite une aventure intellectuelle tout aussi remarquable, ponctuée de films de la qualité d'*Ascenseur pour l'échafaud,* du *Souffle au cœur,* de *Lacombe Lucien* ou d'*Au revoir les enfants...*

Ce soir, le commandant Cousteau m'a désigné comme chef de quart; Louis Malle m'assiste. J'avoue que je ne suis pas trop fier : mon expérience du pilotage des bateaux reste limitée. Je ne voudrais pas, dans une mer semée de récifs, commettre l'erreur irréparable... Louis Malle m'encourage et me dit que tout se passera sans problème. En réalité, il n'est pas plus rassuré que moi.

Nous passons le détroit de Goubal (Gûbâl) et la pointe extrême de la péninsule du Sinaï, qui domine la mer à la façon d'un pain de campagne trop cuit, brun, roux et noir. Nous laissons derrière nous le cap de Ras Mohammed (Râs Muhammad) et nous piquons vers le sud. Nous nous engageons dans le dédale corallien des îles Qeisûm, où nichent des aigles pêcheurs. Sur certains blocs de roche sombre, des millions de taches blanches s'agitent : ce sont des fous, qui décollent par vagues et viennent plonger autour de la *Calypso.* Ils volent à une vingtaine de mètres au-dessus des vagues; quand ils ont repéré une proie, ils se laissent tomber la tête la première, les ailes à demi repliées, le bec en avant. En remontant, ils ont presque toujours un poisson, qu'ils gobent en jetant la tête en arrière.

Mon quart de nuit, en compagnie de Louis Malle, se passe à merveille : nous n'échouons pas la *Calypso,* et même nous la conduisons où il était prévu qu'elle aille...

La croisière se poursuit en direction des petites îles Zebaïr. Ces terres volcaniques, frangées de plages de sable gris-noir, commencent d'être colonisées par les coraux. Le commandant Cousteau range impeccablement son bateau entre deux cônes de basalte que sépare une eau d'un bleu de cobalt. Nous préparons une embarcation et nous allons à terre. Nous explorons l'îlot. Il mesure quelques milles de longueur. Pratiquement aucune plante, aucun insecte, aucune créature terrestre... En revanche, des pullulations d'oiseaux de mer : fous, frégates, phaétons, cormorans, pélicans, mouettes, sternes... Au centre s'étend un lac salé peu profond, dans lequel pataugent, bruissent et crient des milliers de flamants roses.

Nous revenons à la plage et nous nous équipons pour plonger. Nous nous laissons couler dans une eau cristalline. Les madrépores constructeurs sont au travail : déjà, le fond est exhaussé de cornes-d'élans et de coraux-champignons, de platygyres et de montipores. Les éponges, les anémones de mer, les gorgones, les bryozoaires, les vers, les mollusques, les crustacés, les oursins, les étoiles de mer composent un système complexe et superbe. Poissons-anges et poissons-demoiselles, poissons-chirurgiens et poissons-perroquets rivalisent de couleurs avec des poissons-papillons, des gaterins, des mérous tropicaux, des raies à taches bleues...

Nous descendons jusqu'à une marche rocheuse, à trente-cinq mètres sous la surface. Frédéric Dumas me précède ; il continue de piquer vers le bas. Je m'arrête, confusément inquiet. Un requin à pointes blanches vient vers moi, d'un air décontracté : il s'approche à un mètre. Je lui donne un coup de débordoir sur le crâne : il s'enfuit, si j'ose dire, la queue entre les jambes. Au-dessous de moi, Frédéric est aux prises avec deux de ces squales, puis trois, puis quatre : allons, bon ! Voilà que ça recommence !

Au moment où je me dis qu'il va falloir faire attention, les requins s'évanouissent comme par magie dans l'épaisseur liquide ; et je vois surgir des profondeurs un fantôme au ventre blanc et au dos bleu foncé. Une raie mante. Un monstre !... Elle mesure plus de cinq mètres d'envergure et pèse sûrement trois tonnes. C'est une des plus puissantes créatures de la mer. Peut-être la plus belle... Elle vole dans l'azur liquide en battant doucement de ses ailes immenses. Elle a devant la bouche les deux expansions torsadées qui lui ont valu son nom scientifique (*Manta birostris*). Sa gueule, large de deux mètres, pourrait m'engloutir. Mais la mante ne gobe pas les plongeurs : elle se contente de plancton et de petits poissons de la taille des sardines ou des anchois. Elle me frôle et relève au dernier instant sa nageoire, comme si elle prenait garde à ne pas me faire mal.

J'aurai d'autres occasions de côtoyer des mantes : en mer Caraïbe, en mer de Cortez, dans le Pacifique Sud... Mais la première qui me salue ici, en mer Rouge, restera ma préférée — celle dont ma mémoire fixera le mieux l'image, celle dont je n'oublierai pas une ondulation...

Nous cinglons à présent vers le sud-est à plus de dix nœuds de moyenne. La mer Rouge m'enchante; j'aimerais y passer des journées, des semaines; j'aimerais y explorer de fond en comble certains récifs. Le commandant Cousteau m'assure que ça viendra. Mais, pour cette fois, la mission de la *Calypso* est ailleurs. Dans le golfe Arabo-Persique.

Navigation. Jeu des oiseaux de mer. Poissons volants qui décollent au crépuscule... Nous franchissons le détroit de Bab el-Mandeb, et nous débouchons dans le golfe d'Aden. Peu avant Djibouti, où nous avons prévu une escale, nous essuyons une tempête d'une violence inouïe. Les vagues déferlent sur notre pauvre bateau avec une telle furie que j'ai des doutes sur les capacités de résistance de sa coque... Les oscillations du tangage sont si fortes que la *Calypso* pique du nez dans l'eau ou le relève vers le ciel, dans une ambiance de manège à la foire du Trône. Mais notre dragueur de mines reconverti en a vu d'autres. Il a les membrures et le bordé solides. Il tient la route.

Nous avons embarqué à Toulon un gravimètre, un carottier et quelques autres équipements scientifiques destinés à l'étude des sédiments sous-marins. La Darcy Exploration Company, filiale de la British Petroleum, nous a confié une mission géologique : certains de ses ingénieurs soupçonnent qu'il y a de l'« huile » ou du gaz naturel dans le sous-sol du golfe Arabo-Persique. Il nous faut apporter la preuve que ces hydrocarbures ne sont pas un rêve... En 1954, aussi incroyable que cela paraisse à ceux qui ont vécu les crises pétrolières des années 1970, le Golfe n'est encore qu'une mer sans grande importance géostratégique, que fréquentent surtout des pêcheurs de perles, et sur les rivages de laquelle aboutissent des pistes de bédouins...

Nous passons Aden, puis al-Mukalla, au Yémen. Nous faisons route le long des côtes méridionales de l'émirat d'Oman. A bâbord, les falaises ocre et brun plongent dans la mer d'un bleu magique. Soudain, tout autour de la *Calypso*, une troupe de dauphins fait crépiter la surface. Les cétacés sautent, marsouinent, ondulent et cabriolent. Ils avancent à une vitesse folle. Sont-ils en chasse ? Je l'ignore. Je n'en ai jamais vu autant : deux mille ? Trois mille ? Quatre mille ? Impossible de compter... Ils jaillissent à droite, à gauche, devant, derrière. Ils brassent le toit de l'océan sur une superficie de plusieurs milles carrés. Je savais que ces cétacés aiment à se rassembler en bandes populeuses — pour des raisons obscures. Je ne me doutais pas que ce pouvait être en foules si denses.

Le 5 février au matin, la *Calypso* finit de remonter le golfe d'Oman vers le nord. Elle s'engage dans le détroit d'Hormuz (ou Ormuz). A bâbord, la péninsule de Musandam dresse ses falaises jaunes, dénudées, grandioses. Monument minéral. Décor écrasant et implacable.

Nous jetons l'ancre pour la journée de l'autre côté du cap, dans la baie d'Elphinstone. C'est, dit-on, l'un des endroits les plus chauds du monde. Au fond de ce goulet sinueux, où des murailles de roche gris et brun surmontent une eau d'un bleu métallique, et que le soleil assomme littéralement de ses rayons, nous distinguons quelques huttes de pêcheurs sur la plage. Nous nous en approchons en youyou. Nous ne débarquons pas. Les indigènes voient peu d'étrangers, par ici, et nous nous sommes laissé dire qu'ils ne les aiment guère. . Nous saluons les villageois de loin.

Le lendemain, les indigènes eux-mêmes convergent vers la *Calypso* sur leurs barques de bois. Invité par le commandant Cousteau, le chef de la communauté monte à bord. Mme Cousteau a troqué son maillot de bain contre une robe longue et un fichu qui cache ses cheveux blonds : pas question de choquer ces musulmans, dont les croyances et le mode de vie sont proches de ceux de l'époque du Prophète... Par ailleurs, ils sont pauvres. Inutile de les regarder longtemps pour comprendre qu'ils peinent à tirer de la mer le minimum vital.

Ils nous font savoir qu'ils n'ont plus d'eau douce, et que le voyage est long pour aller en chercher jusqu'au puits le plus proche. Nous leur en offrons. Tandis que nous remplissons leurs outres, ils se détendent. Ils avaient peur de nous, comme nous les redoutions nous-mêmes : éternel malentendu des groupes humains qui se rencontrent... Nos relations changent. Elles deviennent presque chaleureuses.

A leur tour, ils nous invitent dans leur camp et nous offrent le thé. Ils se nourrissent presque exclusivement de poissons, dont ils salent le surplus en prévision des mauvais jours. Ils recherchent aussi divers coquillages (troques, lambis, huîtres). A certaines saisons, ils pêchent le requin. Lorsqu'ils ont de la chance — beaucoup de chance —, ils localisent un dugong, et ils réussissent à harponner ce gros mammifère sirénien qu'on appelle vulgairement vache de mer, et qui peut dépasser quatre cents kilogrammes. Alors, c'est jour de fête...

Mais en ce moment la pêche n'est pas bonne. La disette menace... Tous restent dignes, mais ils sont d'une maigreur alarmante. J'offre discrètement une plaque de chocolat aux enfants. Ils défont le papier d'argent, qui leur plaît beaucoup, et qu'ils gardent comme un objet précieux. Ils croquent un carreau... et le recrachent avec une grimace d'écœurement. Ils n'ont jamais rien goûté de tel. Ils jettent la tablette à la mer...

Nous sommes, je le rappelle, en 1954. Les grands pétroliers ne franchissent pas encore le détroit d'Hormuz. Personne ne sait que le sous-sol marin de Doubaï, d'Abou Dhabi, de

Bahreïn, est une éponge à hydrocarbures. Tout le monde l'ignore, pour la bonne raison que cette richesse, c'est nous qui allons la découvrir !

Le 12 février, après que le commandant Cousteau a rendu une visite solennelle à l'émir d'Abou Dhabi, la *Calypso* est à pied d'œuvre pour sa première série de sondages. Le site choisi est l'île de Das (Dâsa), à l'ouest d'Abou Dhabi. Nous devons effectuer au total, dans cette partie du Golfe, plus de quatre cents stations scientifiques. Nous immergeons notre gravimètre : posé sur le fond, l'instrument décèle les anomalies de la pesanteur, dont certaines accompagnent la présence de poches de pétrole ou de gaz.

Nous faisons aussi fonctionner notre carottier — comme tout prospecteur qui se respecte. Ce tube, normalement accroché à un pylône métallique (derrick), est en l'occurrence monté sur la grue de la *Calypso*. Il s'enfonce dans le sol pour y prélever des échantillons minéraux. A la première descente, notre instrument se plie en accordéon ! Les mécaniciens du bord passent l'après-midi à le réparer. Le lendemain, même mésaventure... Le plancher de la mer est solide, dans le coin !

Les opérations de récolte d'échantillons se déroulent mieux les jours suivants — sauf qu'un vent de sable rageur se lève et ballotte notre navire. Non seulement le khamsin nous brasse et nous emplit le nez de poussière du désert, mais il nous interdit tout carottage. Le commandant Cousteau envoie des équipes de plongeurs ramasser directement des fragments de sol au marteau-piqueur. Labeur pénible... Les requins, attirés par l'agitation de l'eau, et d'autant plus dangereux qu'ils sont presque invisibles dans une mer troublée par les sédiments, rapprochent leurs cercles. Nous nous sommes munis d'une cage anti-requins : nous la mouillons ; et nous nous y réfugions sans faire inutilement les fiers lorsque les squales ont l'air plus excités que d'habitude.

Encore plus angoissants que les requins sont les serpents de mer... Ces reptiles ondulent nombreux dans les eaux locales. Ils sont beaux, avec leur large queue aplatie dans le sens vertical et leur corps annelé d'argent et de charbon. Ce sont des laticaudes, comme l'indique notre documentation du bord. Le fait de les nommer ne nous rassure pas. Ces créatures aquatiques sont venimeuses. Grâce à des crochets situés en avant de leur bouche, ces colubridés injectent un poison plus actif que celui de leurs proches cousins les cobras de l'Inde... Heureusement, ils ne sont pas agressifs, et leur petite gueule n'est adaptée qu'à mordre les poissons... Mais sait-on jamais ? Un accident est vite arrivé. Ils se faufilent partout, y compris entre les barreaux de la cage anti-requins. Il suffirait qu'un plongeur en coince un par mégarde, et que le serpent se défende...

15

Les tortues d'Aldabra

Fallait-il chercher ? • Les huîtres perlières
Les Seychelles avant le tourisme • Le lagon vert
Le cœlacanthe.

NOS TRAVAUX pétroliers avancent tantôt vite, tantôt cahin-caha, selon l'humeur du khamsin, des squales et des laticaudes. Le commandant Cousteau est de plus en plus convaincu que ce sous-sol dégouline d'hydrocarbures. Mais il se pose des questions : il a accepté cette mission géologique parce que la *Calypso* est un navire océanographique et que, comme dirait La Palice, la fonction du chercheur consiste à chercher. Mais qu'adviendra-t-il de l'environnement du Golfe, jusqu'ici intact, lorsque les grandes compagnies l'auront hérissé de derricks et de plates-formes de forage, et que des dizaines de bateaux-réservoirs géants le sillonneront chaque jour ? Eternel dilemme de la science. La vérité doit être dite, car elle appartient à tous les hommes. Le problème est que certains ont l'art de l'accaparer à leur profit, ou qu'ils en usent dans des buts de destruction — de la nature ou des hommes... Périodiquement, sur la *Calypso*, j'entendrai le Pacha revenir sur cet épisode de nos aventures. Avons-nous bien fait de révéler au monde l'existence de ce trésor d'énergie fossile ?

« De toute façon, conclut Frédéric Dumas, le plus fataliste de nous tous, si nous n'avions pas trouvé le pétrole du Golfe, d'autres l'auraient fait à notre place.

— C'est vrai, reconnaît Cousteau. Mais songez que, si j'avais seulement demandé un cent par baril extrait, je n'aurais plus jamais de ma vie connu le moindre problème pour financer les campagnes de la *Calypso* ! »

Le 16 mars est une mauvaise journée pour moi. Tandis que je donne des leçons de plongée à mon nouvel ami, Maurice Léandri, qui nous a rejoints pour cette expédition, j'aperçois un banc de superbes liches — ou sérioles. Ces poissons de plus de un mètre de longueur, qui ressemblent à des thons (bien qu'ils n'appartiennent pas à la famille des thunnidés, mais à celle des carangidés), sont délicieux. Le cuistot ne serait pas contre le fait que j'en pêche un pour notre repas du soir. Je réussis à en harponner un en plongée. L'animal se débat. Je veux abréger ses souffrances : je lui donne un coup de poignard dans la tête. Hélas ! La lame glisse et m'entaille jusqu'à l'os le petit doigt de la main gauche. Le seul doigt que j'avais encore intact à ma pauvre main gauche, après mon accident de déminage...

Le sang pisse. Les requins, qui traînaient dans les parages, pointent leur nez : je bondis dans le youyou. A bord de la *Calypso,* le docteur me recoud comme il peut. A vif... Je manque tomber dans les pommes, mais ce qui me désole le plus, c'est que mon tendon a été sectionné. Pas de chance !

Pendant plusieurs jours, avec mon énorme pansement, je ne puis plus plonger. J'erre dans les coursives comme une âme en peine. Sitôt que la cicatrice est à peu près fermée, devenu totalement sourd aux recommandations du toubib, je retourne au fond avec mes amis...

L'une des richesses du Golfe, qui a fait la fortune des émirs d'Abou Dhabi, de Qatar ou de Bahreïn bien avant le pétrole, c'est l'huître perlière. Sur certains fonds où nous prélevons nos échantillons géologiques, les méléagrines (c'est le nom de ces mollusques bivalves) tapissent par milliers le plancher de la mer. Lors d'une entrevue, le cheikh d'Abou Dhabi a fait solennellement promettre au commandant Cousteau que nous n'y toucherions pas. Le Pacha a juré. Mais comment résister ?

Nous ramassons chaque jour un ou deux de ces coquillages, que nous cachons sous notre maillot. Quand Cousteau a le dos tourné, nous les ouvrons. Pour voir...

L'émir d'Abou Dhabi ne perd rien : aucun d'entre nous ne trouve de perle — à part quelques minuscules agrégats de nacre difformes et sans valeur. Sauf le bosco Albert Raud... Lui tombera sur une perle admirable — une seule —, très grosse, d'un orient magnifique, et en forme de poire... Il la fera monter en bague pour sa fiancée. Mais chut ! L'émir a des oreilles...

C'est ici, dans le golfe Arabo-Persique, au pays des cheikhs, du pétrole et des perles, que j'achève mon apprentissage de marin. Désormais, je sais tout accomplir à bord. Je fais le point, je trace notre route sur la carte, j'utilise le radar, j'assure mes quarts à la passerelle, je pilote la *Calypso* parmi les hauts-fonds... Lorsqu'il le faut, je suis de corvée de pluches. J'aide les mécaniciens dans la salle des machines : j'empoigne les burettes et je graisse... L'enfant que j'étais, qui ramait dans son pointu jusqu'à l'île de Riou, s'est changé en jeune loup de mer engagé dans une navigation lointaine. Le petit pêcheur de girelles de Sormiou s'est mué en plongeur professionnel, capable de se mettre au service de biologistes, de géologues, de spécialistes du plancton, d'archéologues... La *Calypso* est devenue mon univers. Comme tous les marins, j'ai tendance à considérer ce bateau comme un être vivant, comme une sorte de grand organisme rassurant et protecteur, qui me nourrit et me réchauffe, qui va où je lui dis d'aller et m'obéit à la moindre sollicitation — au moindre tour de barre, à la moindre pression de la main sur le levier des chadburns.

Grisant.

Notre campagne géologique terminée, nos échantillons

dûment envoyés aux laboratoires d'analyses de la British Petroleum, nous repassons le détroit d'Hormuz. Nous filons à belle allure sur l'océan Indien. Nous avons oublié l'odeur du pétrole. Les oiseaux de mer — les sternes, les pétrels, les puffins, les goélands et quelques phaétons, ou paille-en-queue — virevoltent autour de la *Calypso* et piaillent au-dessus de nos têtes. Nous cinglons vers les Seychelles.

Nous rencontrons une petite famille de baleines : ce sont des rorquals communs. L'entrevue se passe à merveille. Nous approchons des énormes bêtes sans les effrayer. Elles nagent à la paresseuse, et l'une d'elles nous fait l'amitié de nous regarder pendant plusieurs minutes; après quoi, elle nous adresse un salut de l'aileron... Le soir, nous apercevons un autre de ces cétacés, immobile en surface. Nous mettons un canot à l'eau. Nous avançons vers lui en silence — à la rame. De son corps gigantesque ne dépasse que l'aileron dorsal en forme de faux. Nous voyons ses évents qui s'ouvrent pour chasser l'air vicié et prendre une nouvelle inspiration; puis les narines se ferment et le crâne du géant descend au-dessous de la surface. Une minute ou une minute et demie plus tard, l'orifice respiratoire est de nouveau en surface. Chut! La baleine est endormie... Nous la quittons sur la pointe des rames...

Nous entrons dans le port de Mahé, où nous faisons escale. Les Seychelles avant le tourisme : une splendeur!... Si la notion de paradis terrestre a jamais signifié quelque chose, c'est ici... Personne ne peut décrire la beauté de ces îles de corail qui émergent tout juste de l'eau de turquoise et d'azur, et qui semblent coiffées d'une brosse de cocotiers verts. Personne n'a peint la transparence de cette mer, les nuances d'outremer et d'argent de ces baies bordées de sable blond...

Nous plongeons dans un aquarium. Les branches et les blocs de corail, les gorgones, les alcyonaires, les éponges de toutes teintes et de toutes formes composent un décor pour des armadas de vers spirobranches, de bivalves, d'escargots de mer, de nudibranches, d'étoiles de mer, d'oursins. Et de poissons... J'admire, entre mille spectacles, le ballet des barbiers roses et des poissons-demoiselles ; l'incursion d'un groupe de poissons-trompettes dans un labyrinthe de corail hanté de crevettes transparentes ; l'œil rouge du poisson-soldat ; le balancement de la murène ; les épines somptueuses de la rascasse volante ; les dents soudées du poisson-perroquet, croqueur de corail ; le jaune pâle des poissons-papillons à long nez ; les bandes bleues et jaunes des poissons-anges empereurs et le bleu roi des poissons-chirurgiens... Mais comment engranger dans la mémoire d'un seul homme autant de manifestations de la vie ? Les poissons-coffres et les poissons-porcs-épics. Les poissons-ballons et les poissons-chauves-souris. Les poissons-limes et les poissons-pommes de pin...

A Mahé, nous embarquons deux hommes qui nous ont rejoints par avion : le Français Gustave Charbonnier, professeur au Muséum d'histoire naturelle de Paris ; et l'écrivain américain James Dugan, qui tiendra le registre de nos aventures en agrémentant son œuvre de superbes esquisses à la plume ou à l'aquarelle.

Cap sur Madagascar. Nous faisons escale dans le port de Diégo-Suarez, afin de renouveler nos vivres et nos réserves de gazole. En route pour Aldabra...

Les trois îles perdues d'Assomption, de Cosmoledo et d'Aldabra font administrativement partie des Seychelles ; mais elles sont situées à plus de six cents milles nautiques au sud-est de Mahé, non loin de l'archipel des Comores.

Aldabra enserre un lagon vert, riche en algues et peu profond. C'est un atoll sans relief, dont on imagine qu'il pourrait disparaître sous une seule vague de cyclone... Il est hérissé d'une épaisse végétation de palétuviers et de filaos — avec quelques cocotiers. Son socle de corail est craquelé comme une vieille croûte de pain. Des chèvres broutent, introduites par d'anciens navigateurs arabes.

L'animal le plus stupéfiant de l'île est la tortue géante. Une tortue terrestre, cousine de celle des Galapagos — en dépit de l'éloignement des deux sites. Un reptile écailleux, bizarre, préhistorique...

Nous en observons quelques exemplaires. Ils dépassent deux cents kilogrammes et doivent être âgés d'un siècle ou un siècle et demi. Leur carapace brun sombre, longue de plus d'un mètre, est composée de grandes plaques polygonales luisantes. Leurs pattes griffues font songer à des troncs d'arbre avec racines. Leur tête, juchée au bout d'un cou démesuré à la peau parcheminée, s'achève en bec puissant. Les tortues géantes d'Aldabra sont herbivores. Elles n'ont pas été trop chassées par les marins, car leur viande a mauvais goût. Mais elles sont menacées par les chèvres, qui les privent d'une partie de leur nourriture, et par les rats (autres commensaux des hommes), qui dévorent leurs œufs. Ces rescapées des siècles, dont l'espèce a survécu aux dinosaures de l'ère secondaire, sont à la fois bien armées (avec une telle carapace, on ne redoute aucun ennemi naturel) et fragiles.

Deux espèces au moins de tortues de mer fréquentent, elles aussi, l'île d'Aldabra la tortue verte et la tortue à écaille. Contrairement à la tortue terrestre, elles font l'objet d'une chasse impitoyable. La viande de la première est appréciée, l'écaille de la seconde se vend cher. Les marins en ont fait des carnages. Les indigènes les traquent encore en bateau. Ils les prennent au filet ou au harpon. Ils déterrent les œufs qu'elles pondent dans le sable des plages. Certains habitants d'Aldabra les capturent vivantes et les conservent dans un vivier marin. Une fois par mois, un bateau vient de Mahé embarquer les reptiles : les tortues vertes, découpées et mises en boîte, sont expédiées en Europe ou en Amérique pour devenir des ingrédients de la fameuse soupe. Les tortues à écaille, dont la chair n'est pas bonne, subissent un sort aussi triste ; seule leur carapace est récupérée pour être taillée en peignes, en barrettes et en bibelots pour touristes...

Autant les tortues terrestres sont lourdes, maladroites, empruntées quand elles se déplacent, autant leurs cousines aquatiques sont rapides et élégantes dans leur élément. Nous plongeons avec elles. Nous les suivons au fond : elles passent parfois plus d'une heure sans remonter prendre leur respiration. Nous les approchons. Nous touchons leur carapace ou leurs grosses pattes écailleuses. Elles ne sont pas agressives — et pourtant, elles pourraient nous couper le bras d'un seul coup de leur énorme bec.

A d'autres moments, nous faisons à pied le tour du sanctuaire d'Aldabra. Nous marchons sur le sable ou entre les palétuviers, dans des concerts assourdissants d'oiseaux. Les frégates nous abreuvent d'injures quand nous nous approchons de leurs nids. Les mâles gonflent leur sac de gorge rouge vif pour séduire les femelles. Ces oiseaux sont les plus rapides des volatiles marins. Ils effectuent des piqués à trois cents kilomètres à l'heure... La frégate ne se donne pas la peine de pêcher ; elle attend qu'une autre espèce revienne du boulot, et elle lui vole ses provisions en plein vol — en la contraignant à régurgiter...

Partout autour de la colonie de frégates planent des pélicans, des fous, des cormorans, des phaétons — sans oublier la cohorte nombreuse des sternes et des goélands. Chacun de ces êtres vit son destin, tantôt dans l'air, tantôt sur l'île, tantôt dans l'eau. J'aimerais être un oiseau de mer.

Nous quittons Aldabra comme on laisse un éden. Nous rallions Anjouan, aux Comores, où nous attend le professeur Millot. C'est un spécialiste du cœlacanthe, ce fossile vivant qui habite les eaux locales de l'océan Indien, entre deux cents et huit cents mètres de profondeur. Nous interrogeons des pêcheurs : l'un d'eux aurait-il, un jour, ramené dans ses filets l'un de ces animaux fabuleux ? Non...

Le cœlacanthe est un poisson crossoptérygien : ses nageoires pectorales et ventrales, mobiles, ressemblent à des bras et à des jambes ; sa queue est bulbeuse ; et il dispose d'un poumon rudimentaire. Voici plus de quatre cents millions d'années, au silurien, des animaux qui lui ressemblaient ont engendré les tétrapodes, lesquels ont conquis la terre ferme. Les cousins du cœlacanthe sont les pères des amphibiens, qui ont donné les reptiles, dont dérivent les oiseaux et les mammifères. Nous autres, hommes, descendons, sinon du cœlacanthe, du moins de parents de cette bizarre créature...

Naguère, on n'imaginait même pas que des êtres de ce genre pussent encore exister : on ne les connaissait que fossiles. Mais en 1938, dans les eaux des Comores, des pêcheurs en prirent un, qu'un scientifique eut la chance d'examiner. Ce fut une révolution dans la paléontologie...

En 1954, à l'époque où nous naviguons avec la *Calypso* dans ces parages, quatorze exemplaires seulement de cœlacanthes ont été attrapés par les pêcheurs des Comores, et récupérés par les savants. Nous aimerions mettre la main sur le quinzième... Guidés par le professeur Millot, nous écumons l'archipel — Anjouan, Moroni, la Grande Comore, Mayotte... Nous immergeons, aux profondeurs que fréquente l'animal, des appareils de photographie spécialement conçus par le professeur Edgerton : peine perdue ! Les fossiles vivants ne se montrent pas.

Il faut revenir en France. J'avais presque oublié qu'il existait un pays de ce nom...

Nous remontons vers le nord à travers le golfe d'Aden, le détroit de Bab el-Mandeb, la mer Rouge (escale à l'île Marmar), le canal de Suez. Nous cinglons vers Marseille... Je songe à ces six mois de croisière — ma première vraie mission lointaine. L'enchantement des récifs ; la baie d'Elphinstone ; le pétrole d'Abou Dhabi ; les perles du Golfe ; les poissons-anges des Seychelles ; les tortues géantes d'Aldabra ; notre infructueuse quête du cœlacanthe... Un voyage des merveilles ! Sindbad le Marin, sorti du golfe Arabo-Persique sur son boutre des Mille et Une Nuits, n'a pas vu plus de prodiges.

Chacun, à bord de la *Calypso,* en est tellement convaincu que nous applaudissons lorsque le Pacha nous propose de revenir dans ces mers. Le plus tôt possible.

16

La croisière du Monde du silence

Le seuil de Sicile • L'idée de la soucoupe
Les poissons volants • La tragédie du bébé cachalot
Une rage aveugle.

JE RENTRE à Marseille avec le sentiment d'avoir beaucoup appris et d'avoir encore tout à apprendre...

Le commandant Cousteau consacre le deuxième semestre de 1954 à la Méditerranée — MA Méditerranée. Je prépare ces missions par quelques belles plongées en scaphandre dans la calanque de Sormiou. Chaque fois que je m'enfonce sous la surface, j'ai l'impression de palmer vers un rendez-vous. Mes copains les mérous m'attendent. Contrairement au globe-trotter de la *Calypso* que je suis devenu, ce sont d'incorrigibles sédentaires. Non seulement ils ne quittent pas leur crique, mais ils passent pratiquement leur existence dans le même trou...

Fin août, nous embarquons pour une croisière d'océanographie scientifique, sous la direction du professeur Jean-Marie Pérès, de la station biologique d'Endoume. De Marseille, nous gagnons Bizerte. En un quinzaine de jours, nous explorons — avec nos sondeurs, nos dragues, nos appareils de photographie

— ce qu'on appelle le seuil Siculo-Tunisien, ou seuil de Sicile. Il s'agit de cette zone de hauts-fonds, entre Sicile et Tunisie, qui divise la Méditerranée en deux bassins : occidental et oriental. Navigation, sondages, prélèvements d'échantillons, plongées autour de Malte et de Pantelleria.

La mission suivante (cartographie sous-marine) nous conduit dans les eaux de Port-Vendres, au large des Pyrénées-Orientales. La troisième sortie du semestre est un voyage d'océanographie géologique, entre Nice et Ajaccio : le professeur Jacques Boucart, titulaire de la chaire de géologie physique à la Sorbonne, en est l'instigateur. Jeune marin, avec pour tout diplôme un certificat d'études, j'ose à peine adresser la parole aux sommités intellectuelles qui se succèdent à bord. Mais je me rends compte que ceux qui possèdent le vrai savoir n'ont aucun mépris pour le modeste plongeur; et qu'ils sont même remarquablement doués pour expliquer en termes simples les buts et les acquis de leur discipline. Inutile de souligner qu'au contact de personnages aussi savants j'apprends plus en quelques mois de campagnes océanographiques qu'en quelques années d'école. Et je devine, non sans une secrète satisfaction, que ces grands esprits nous envient : nous découvrons en plongée — de nos propres yeux — des phénomènes qu'ils ne connaissent qu'abstraitement, ou des espèces qu'ils n'ont vues que mortes...

Au retour de ce voyage en Corse (un de plus !), j'ai la joie d'apprendre que mon ami Henri Plé — l'Oncle, l'un des quatre mousquetaires du *Surcouf* et du *Hou Hop* — nous rejoint sur la *Calypso*. Avec plusieurs fonctions : il s'occupera des problèmes administratifs (droits d'entrée dans les ports, formalités de police, etc.) ; il assurera, comme tout le monde, ses quarts à bord; et il nous donnera un coup de main en plongée quand ce sera nécessaire.

C'est à la fin de l'année 1954 que, pour la première fois, j'entends parler de ce bizarre engin d'exploration subaquatique auquel on donnera le nom de soucoupe plongeante, et qui tiendra une telle place dans ma vie d'aventures... L'idée en vient au Pacha un jour que nous sommes à table, au carré de la *Calypso*. Il peste contre le fait que les plongeurs, en dépit de leurs efforts et de leur courage, trouvent rapidement leurs limites. En dessous de soixante-dix mètres, ils deviennent inefficaces. Ils ne peuvent travailler que quelques minutes (les temps de décompression s'allongent). Et ils risquent d'être frappés (plus ou moins gravement) par le syndrome de l'ivresse des profondeurs (narcose à l'azote). Or, les fonds de cent, deux cents, trois cents mètres, hors de portée du scaphandrier autonome, recèlent à coup sûr des secrets passionnants. Pour les explorer, il faudrait inventer un petit sous-marin maniable...

A ce moment, Cousteau saisit deux assiettes sur la table. Il les colle l'une contre l'autre, bord à bord. Et il déclare, avec un brin de solennité amusée :

« Le voilà, notre submersible ! »

Les ingénieurs de l'Office français de recherches sous-marines (O.F.R.S.) se mettent au travail. En 1955, Jean de Wouters, Claude Strada et André Laban présentent à Cousteau une maquette au dixième du futur engin d'exploration. Les tests de résistance à la pression, menés au Centre d'essais des matériaux de l'arsenal de Toulon, démontrent que la forme est d'emblée parfaite. Nous appelons notre soucoupe la *Tortue,* comme le premier submersible que construisit en 1775 l'Américain David Bushnell. A partir de cet instant, il ne faudra pas moins de quatre années pour que l'appareil soit fabriqué en vraie grandeur, testé en usine et dans la mer, et livré à l'équipe de la *Calypso*.

Le 8 mars 1955, j'ai la migraine ; mais c'est un des plus beaux jours de ma vie. Nous larguons les amarres : nous allons tourner ce film qui deviendra mythique après sa Palme d'or à Cannes et son Oscar à Hollywood : *Le Monde du silence...*

Au moment d'embarquer, bien entendu, personne ne se doute de rien. Nous avons le sentiment de commencer une nouvelle aventure — mais pas d'écrire une page d'Histoire !

Nous savons que les fonds de la mer Rouge, où nous passerons l'essentiel de notre temps, sont admirables, grouillants de vie, insolites, superbes. Nous sommes convaincus que nous y tournerons les plus belles images qu'on ait jamais faites de l'univers subaquatique. De là à imaginer un succès mondial...

Louis Malle, le metteur en scène, surveille l'embarquement des caméras, des pellicules, des projecteurs, des batteries, avec un œil de mère poule. Frédéric Dumas, André Laban, Edmond Séchan, Pierre Goupil et les autres s'activent sur le pont : il y a tant à porter, à ranger dans les cales ou dans le local de plongée, à vérifier et à revérifier... Le docteur Denis Martin Laval compte ses boîtes de médicaments. Le capitaine François Saout trie ses cartes. Le Pacha parle à la presse.

En traversant la Méditerranée, nous essuyons la violente tempête à laquelle nous semblons abonnés. Le 14 mars, nous sommes à Port-Saïd. Le 16, nous entrons en mer Rouge. Nous y sommes accueillis par une escadre de poissons volants. Ces animaux, ou exocets, constituent la manne des mers chaudes — un important maillon de la chaîne alimentaire, entre le plancton et les grands prédateurs (thons, coryphènes, requins). Quand ils nagent en pleine eau, ils ont l'air de vulgaires maquereaux. Mais, lorsqu'ils se sentent inquiétés, ils montent en surface, godillent de plus en plus rapidement avec leur queue, déploient leurs immenses nageoires pectorales et décollent... Ils planent ainsi, à un mètre au-dessus de la mer, pendant quelques dizaines de mètres. Cette tactique leur permet d'échapper à certains carnassiers ; mais il arrive que le thon ou le requin les suivent dans leur trajectoire aérienne, et les attendent au bout, la gueule béante...

En général, les poissons volants ne volent pas haut ; mais, lorsqu'ils partent sur la crête d'une vague, ils peuvent être propulsés sur le pont d'un navire. Notre ami Luis Marden, qui n'y croyait pas, en reçoit un en pleine figure ! Une nuit, un autre exocet, passant à travers un hublot ouvert, atterrit sur la couchette de Raymond Coll... Gluant réveil !

En mer Rouge, notre première mission consiste à localiser

avec précision une épave dont le commandant Cousteau a découvert l'existence dans un document naval, et dont la position est vaguement connue — non loin de la pointe sud de la péninsule du Sinaï, à Ras Mohammed. Nous tournons pendant des heures dans les parages, sondeur en marche. Sans succès... Nous élargissons notre aire de recherches. Frédéric Dumas, dans la chambre d'observation du faux nez de la *Calypso,* aperçoit le premier la silhouette des mâts et de la coque. Il s'agit d'un grand bâtiment, d'une centaine de mètres de longueur. Nous notons soigneusement sa position : nous l'explorerons en détail lorsque nous serons sur le chemin du retour. Pour le moment, nous nous contentons d'une brève plongée préparatoire, que j'effectue en compagnie de Frédéric Dumas.

Nous descendons dans l'eau limpide. L'épave est récente : le bateau a été coulé pendant la Seconde Guerre mondiale. Panorama féerique... La coque, la passerelle, les agrès, le mât : tout est tapissé d'algues, d'éponges, de coraux, d'alcyonaires, de gorgones, d'anémones de mer, d'huîtres... Des langoustes agitent leurs antennes sous des cabestans. Des mérous veillent dans les coursives. Des barracudas sont cachés dans les cabines... Sur le pont et dans les cales, nous trouvons du matériel de guerre : des canons, des mitrailleuses, des armes et des munitions en tout genre, ainsi que des motocyclettes, des camions, etc.

Au détour d'une coursive, nous tombons nez à nez avec un monstre. Deux mètres de longueur, plus de cent cinquante kilogrammes. Une ample nageoire dorsale. Une tête monumentale, avec une grosse bosse sur le front — un vrai melon. L'animal me fait penser à un camion, et c'est d'ailleurs ainsi que nous l'appellerons sur la *Calypso* : « poisson-camion ». Il a les écailles verdâtres et de fines rayures longitudinales. Il s'approche sans crainte. Il me regarde à travers mon masque. Lèvres épaisses, petits yeux... Un instant plus tard, une dizaine de ses congénères le rejoignent : ils dansent une sorte de valse lente autour de l'épave. Telles sont les surprises de la mer... En remontant de cette plongée, je trouverai le nom scientifique de l'espèce dans un livre de la bibliothèque : *Cheilinus undulatus*. Le géant de la famille des labridés. Le cousin gargantuesque et tropical des petits labres de dix centimètres que j'ai si souvent observés à Sormiou, et chez lesquels les mâles font un nid d'algues devant lequel ils paradent dans l'espoir d'attirer une compagne.

La *Calypso* s'avance dans la mer Rouge. La nuit, je contemple la Croix du Sud... Nous nous arrêtons pour les besoins du cinéma sur le récif d'Abulat (ou Abu Latt), au sud de Djedda, dans les eaux d'Arabie Saoudite. La *Calypso* y était venue lors de son premier voyage en mer Rouge : je ne faisais pas encore partie de l'équipage. Mes compagnons — Frédéric Dumas, surtout — m'en avaient parlé comme d'un paradis sous-marin. Lorsque nous y plongeons, je constate que l'expression n'est nullement exagérée. Dans le labyrinthe du corail vivent des nuées de poissons tropicaux plus colorés qu'un feu d'artifice du 14 Juillet...

Nous laissons Louis Malle mettre en boîte tout ce qu'il désire en matière de madrépores et de gorgones, d'alcyonaires et de porcelaines, de crevettes et d'étoiles multicolores. Je m'essaie à passer derrière la caméra. Je filme des explosions de poissons-demoiselles et de poissons-œil de verre. Je cadre des poissons-papillons de sept ou huit espèces, et autant de variétés de poissons-anges. En remontant, j'assiste fasciné à l'envol d'une escadrille bleu sombre, composée d'une douzaine de raies mantes dont la plus petite mesure quatre mètres d'envergure !... Je n'ai jamais osé demander, ni à Louis Malle ni au commandant Cousteau, ce qu'ils avaient fait de ces images sublimes. Je ne les ai pas retrouvées dans *Le Monde du silence*. La seule hypothèse, hélas ! est qu'ils ont eu la charité de ne pas me les montrer...

Après le phare de Djebel Teïr, où les Ottomans avaient fait construire le plus puissant phare de la mer Rouge (la tour est en ruine), nous naviguons vers les Douze Apôtres, noirs îlots volcaniques qui se dressent non loin des côtes du Yémen. Nous sortons de la mer Rouge et, le 24, nous faisons de l'eau, des vivres et du gazole à Aden. Nous cinglons vers le sud, dans l'océan Indien.

Le 28 mars est à marquer d'une pierre noire. C'est à cette date que se déroule l'un des épisodes les plus pénibles de toute ma carrière d'équipier de la *Calypso*. Une erreur humaine aboutit à une frénésie de sang — et à une folie humaine...

Vers 8 heures du matin, la vigie signale un troupeau de baleines :

« Elle souffle ! Par tribord avant !... »

Nous nous précipitons sur le pont. Des cachalots ! Les plus massifs des cétacés à dents ; l'espèce de Moby Dick... Une demi-douzaine de ces monstres de muscles et de graisse brun-noir, au corps ridé et à la caboche monumentale, passent à un demi-mille. Ils lancent vers le ciel leur panache de vapeur caractéristique — incliné à quarante-cinq degrés vers l'avant et unique (non pas double, comme chez les baleines à fanons) : seul l'évent gauche est fonctionnel.

Nous engageons la poursuite. Personne, sur la *Calypso*, ne raterait un rendez-vous avec ces léviathans. Les « tourbillons grosses têtes » (*Physeter macrocephalus* : c'est la traduction de leur nom scientifique) nagent vite. Ils maintiennent sans forcer leurs distances.

Soudain, un choc sous la coque... L'hélice vibre et hurle, le moteur ralentit comme s'il allait caler... Nous regardons à l'arrière. Une forme sombre se tord dans l'eau. Catastrophe !.. Nous avons heurté un bébé cachalot !

Comment le jeune animal se trouvait-il là, si loin des bras protecteurs de sa mère ? Je l'ignore. Les femelles de cétacés — baleines, orques ou dauphins — n'ont pas l'habitude de laisser leurs enfants traîner derrière elles. Surtout lorsqu'un danger menace...

Le jeune animal tremble de douleur en surface. Il a le dos et les flancs mochement entaillés. Il saigne abondamment. Autour de lui, la mer devient rouge. Il bascule sur le côté. Il ouvre les mâchoires et il lève un bras comme quelqu'un qui appelle au secours. Un instant, j'ai l'impression qu'il me regarde de son œil en bouton de bottine, et je crois lire un reproche dans cette prunelle intelligente. Oh ! comme je me sens coupable ! Comme je m'en veux d'avoir causé cet accident !... J'ai le cœur serré. Je ne trouve aucun réconfort dans le fait de savoir que les bateaux des hommes blessent ou tuent, de la sorte, des centaines de cétacés chaque année.

Le bébé cachalot perd sa vie avec son sang. Il ne bouge plus que par saccades — qui s'espacent. Et ce qui devait arriver arrive : un requin, deux requins, dix requins, attirés par l'odeur, commencent de tourner autour de lui. Les ailerons se multiplient comme par magie. Ce sont des requins bleus — les rôdeurs de la mer, ceux qui suivent le naufragé sur son radeau. J'aperçois également les nageoires pectorales d'un longimane énorme...

Les squales s'énervent. Ils ont flairé une proie facile. Ils s'excitent d'autant plus que le bébé cachalot, saisi par les spasmes de l'agonie, se débat une dernière fois convulsivement en surface.

L'un des requins attaque. Il fonce. Il heurte le flanc du moribond, ouvre la gueule et mord. Il arrache un quartier de chair. Les autres l'imitent : c'est la ruée. En une minute, une incroyable boucherie... Les prédateurs, ivres de sang et de viande, se collent au ventre ou à la queue de leur victime. Ils donnent des coups de tête. Ils scient la peau, la graisse et les muscles avec leurs dents tranchantes comme des poignards. Ils tirent, ils détachent, ils emportent des pièces de trois ou quatre kilogrammes.

Cette frénésie nous bouleverse et nous met en rage. Nous savons pertinemment que c'est la loi de la nature ; que les requins, avec leur cerveau minuscule, n'ont ni pitié, ni sens moral, ni désir de vengeance ; qu'ils profitent simplement de l'aubaine ; qu'ils jouent innocemment leur rôle de carnivores... Nous sommes conscients que les seuls coupables de la mort du cachalot, c'est nous... Mais la raison n'a pas raison dans ces circonstances. Nous nous sentons envahis par une haine absurde, irrépressible, à l'encontre des squales. Certains d'entre nous empoignent des rames et frappent sur les poissons pour les éloigner. Mais comme ceux-ci reviennent à la charge, nous attrapons tout ce qui nous tombe sous la main — gaffes, harpons, fusils même — et nous tuons. Nous massacrons... L'ivresse meurtrière nous gagne, comme elle s'est emparée des squales. La mer est rouge du sang mêlé du cachalot et des requins. Des entrailles, des lambeaux de peau, des fragments de chair forment en surface un magma écœurant. Et nous tapons, et nous plantons nos armes dans le dos ou le ventre des squales... Nous sommes fous... Nous rions de voir les requins blessés devenir à leur tour la proie de leurs congénères.

Le carnage et la confusion durent une demi-heure. Lorsque les derniers requins s'éloignent, il ne reste plus du cachalot qu'un squelette. Nous nous regardons mutuellement, hébétés. Nous sentons monter en nous un énorme sentiment de honte. Qu'est-ce qui nous a pris ? Pourquoi ce délire ? Quel était le sens de ce massacre ? Nous avons voulu faire payer aux squales une faute que nous seuls avions commise. Rien n'est plus imbécile, ni plus immoral, ni plus indigne d'hommes qui ne jurent que par la science et la protection des espèces...

J'ai tenu à évoquer cet épisode dont, je le répète, je ne suis pas fier, parce que c'est la seule occasion, en près de quarante années de croisières sur la *Calypso,* où j'ai vu les équipiers frapper des animaux marins. Cette crise nous servira de leçon. Chaque fois que l'un de nous sera tenté d'oublier la voix du bon sens, un autre sera là pour dire : « Souviens-toi du petit cachalot ! »

17

Jojo le mérou

Les Seychelles, bis • Farquhar, Aldabra et Assomption
La danse de Jojo • Jojo est malade
L'épave du Thistlegorm.

NOUS VOULONS oublier le sinistre épisode — les requins, le sang, le délire des hommes. Nous mettons le cap sur les îles Seychelles. Nous espérons que ce paradis de corail et d'azur nous remettra un peu de paix dans le cœur.

Escale à Mahé. Ravitaillement, puis route au sud-sud-ouest, vers les îles Farquhar, Gambetta, Assomption et Aldabra. Autant de perles dans la grande huître de l'océan Indien...

Nous plongeons aux Farquhar, où nous croisons en pleine eau un escadron de barracudas aux dents aiguisées et des dizaines de tortues de mer. Sans compter des pléiades de requins de récif à pointes blanches.

Nous plongeons à Assomption. Une merveille... A deux mètres sous la surface ondulent des bancs populeux de lutjans rouges, de gaterins, de balistes-clowns, de girelles tropicales, de barbiers, de poissons-demoiselles, de poissons-chirurgiens, de poissons-anges, de cent autres espèces — les unes bizarres, les autres gracieusement faites ; les unes mimétiques, les autres bariolées comme des arlequins... Ces créatures peuplent chaque portion de mer, chaque trou de roche, chaque anfractuosité de corail. Nous nageons jusqu'à une étendue de sable gris clair où nous distinguons de curieux poissons semblables à des serpents plantés par la queue dans le sédiment, et dont le corps se courbe en point d'interrogation : ce sont des hétérocongres, qu'on nomme aussi « anguilles jardinières ». Ces animaux, craintifs, ne nous laissent pas approcher à moins de cinq ou six mètres. Sitôt qu'ils décèlent (grâce à leur sens de la ligne latérale) la moindre vibration de l'eau, ils se rétractent en un clin d'œil dans leur cachette.

Le lendemain, nous naviguons jusqu'à l'île d'Aldabra. Nous débarquons dans la mangrove et nous allons saluer « nos » tortues géantes — celles que nous avons observées l'an passé, à peu près à la même époque, et que le Pacha nous avait promis de revoir. J'en reconnais une de façon formelle : sa carapace, abîmée du côté gauche, porte une encoche en forme de U. Voici une créature qui a déjà vécu un siècle. Si aucun homme ne la tue, elle se hâtera encore avec lenteur quand j'aurai pris ma retraite...

Nous passons des heures à filmer les tortues géantes, mais aussi les oiseaux : frégates, fous, phaétons, cormorans et sternes... Nous observons le manège des crabes violonistes dans la vase de la mangrove : les mâles se postent au bord de leur trou. Ils agitent leur pince droite, hypertrophiée, dix fois plus grosse que la gauche, comme un instrumentiste bouge son archet. Le geste a pour but de séduire les femelles de passage : lorsque celles-ci (dotées de deux petites pinces égales) se laissent convaincre, elles viennent pondre dans le logis de l'heureux élu, qui féconde les ovules.

Mais Aldabra, nous connaissons ; et tout le monde, à bord, a été ébloui par la splendeur des fonds d'Assomption... Nous n'avions pas prévu de nous y arrêter de nouveau ; mais, lorsque le Pacha nous propose d'y mener une vraie mission, nous acceptons d'enthousiasme. J'ai, quant à moi, l'impression non seulement que personne n'a jamais plongé dans ces eaux mais qu'aucun homme n'y a jamais pêché. Les animaux n'y craignent pas notre espèce : exceptionnel!... Ils s'approchent de nous, curieux, sans méfiance, innocents...

Voilà pourquoi nous nous jetons de nouveau dans l'enchantement d'Assomption, dans une eau d'un bleu de rêve peuplée de myriades de créatures marines.

A peine avons-nous mouillé nos palmes qu'un énorme mérou vient renifler les semelles de notre compagnon le plongeur et photographe Luis Marden. Le poisson mesure un mètre vingt de longueur et doit dépasser trente kilogrammes. Il est gris clair, avec de grosses taches noires sur le dos et les flancs; c'est un de ces mérous géants que les Australiens appellent « mérou-patate » (*potato cod*), et les savants *Epinephelus tukula.* Il est superbe, avec sa queue sans encoche et ses énormes lippes qui lui donnent l'air de bouder... Après avoir bien mâchouillé les palmes de Luis Marden, il nage vers Frédéric Dumas, qui esquisse une figure de danse sous-marine. Surprise : le poisson répond. Dumas virevolte : le mérou suit. Espoir de glaner quelque chose à manger?

C'est, en tout cas, le commencement d'une incroyable histoire. Celui que nous baptisons Jojo va devenir la vedette du *Monde du silence;* après la Palme d'or à Cannes, un journaliste écrira qu'il est aussi célèbre que Brigitte Bardot, même si ses charmes sont différents!

Pendant trois semaines, dans les eaux paradisiaques de l'île d'Assomption, nous faisons vie commune avec Jojo. Frédéric Dumas est, d'entre nous, celui qui a le plus d'atomes crochus avec le poisson. La réciproque est vraie. Il faut préciser que « Didi » n'oublie jamais de se munir d'un petit sac de toile rempli de morceaux de viande, et que ces offrandes scellent leur amitié. Non seulement le mérou accepte les cadeaux du plongeur, mais il vient lui manger dans la main.

La vérité oblige à écrire que Jojo ne se montre pas toujours aussi coopératif. Il est lunatique. Il accepte qu'on le caresse (ce qui est exceptionnel, pour un animal sauvage); il semble même y prendre goût, surtout lorsque les câlins sont accompagnés d'un petit en-cas ! Mais, certains jours, il nous évite. Si nous insistons, il manifeste son énervement en donnant des coups de queue dans l'eau. Lorsqu'une grosse colère le saisit, il produit des bruits de détonation en ouvrant spasmodiquement la bouche. S'il estime que nous passons les bornes, il se fait respecter physiquement : il fonce la tête la première dans nos objectifs de photographie ou de cinéma. Un mérou de cette taille n'a peur de rien, pas même d'un requin...

Les crises ne durent guère. Un moment plus tard, Jojo redevient le sympathique animal aquatique que nous aimons — accommodant, curieux, cabotin devant les caméras. Frédéric Dumas affirme que ce mérou-là est plus affectueux qu'un chien.

Un jour, Jojo arrache de la main de Frédéric Dumas le sac de toile qui contient la viande — et le gobe ! Mal lui en prend. Le lendemain, il ne sort pas de sa tanière de corail. Nous lui rendons visite : il se tient immobile, le ventre sur le sable ; ses ouïes palpitent de façon irrégulière. Il est malade. Vingt-quatre heures plus tard, il va plus mal encore. Le surlendemain, nous pensons qu'il va mourir. Le toubib, qui plonge avec nous, diagnostique une probable occlusion intestinale, et envisage l'opération...

Le quatrième jour, Jojo n'est plus dans sa maison. Nous le cherchons fébrilement. Je suis persuadé qu'il est allé mourir quelque part sur le récif quand, tout à coup, je me sens tiré en arrière par une palme... Je me retourne... C'est Jojo, plus frétillant que jamais, apparemment en pleine forme, qui réclame sa viande quotidienne !

Rétabli, le mérou ne tire aucune leçon de ce qui vient de lui arriver. Il se donne une deuxième indigestion. Il avale un barracuda entier. Comme ça : gloup !... Mais il a l'estomac trop court pour contenir la totalité de sa proie, dont la queue dépasse de sa bouche pendant deux jours. Bloqué dans son logis, incapable de bouger une nageoire, Jojo cuve... Nous lançons les paris entre nous : combien de temps mettront les sucs digestifs à réduire l'encombrant repas ? Le troisième jour, le barracuda disparaît ; mais Jojo, repu, jeûne pendant une semaine.

J'observe les environs. Je découvre qu'une douzaine de rémoras, ou poissons-ventouses, ont choisi la *Calypso* comme véhicule. Je leur rends visite quotidiennement. Ils se collent à la coque par leur large nageoire dorsale ovale, aplatie, striée et transformée en efficace adhésif. Je les compte. Et je m'aperçois que, chaque matin, il y en a un de moins : à ce rythme, ils disparaîtront vite... Je m'embusque. J'identifie le coupable : un gros barracuda. Le brochet de mer, qui habite un trou de corail à quelques brasses, a trouvé sous la *Calypso* un garde-manger providentiel et bien garni. A l'aube, il sort de sa maison et vient prendre le petit déjeuner. Hop ! Un rémora de moins... Repu, il regagne sa chambre... Nous filmons cela — comme les facéties, les danses, les colères et les indigestions de Jojo.

Nous laissons notre ami poisson pendant quelques jours, afin de tourner des plans de raccord à Aldabra, puis de faire de l'eau, des vivres et du gazole dans le port malgache de Diégo-Suarez.

Lorsque nous revenons à Assomption, Jojo attend... De toute évidence, il nous reconnaît : il n'hésite pas. Il vient mendier un bout de viande. Il a l'air content... Il danse, comme au premier jour, avec Frédéric Dumas. Lorsqu'il se retire dans ses appartements, il prend un air très digne. Nous assistons au petit coucher du roi : Jojo s'enfonce dans son logis. C'est une caverne à deux chambres, qui communiquent par un étranglement dans lequel le poisson se glisse en marche arrière, en faisant crisser ses écailles sur la roche.

Nous reprenons nos visites quotidiennes. Jojo nous suit partout. Il se mêle de tout, à tel point qu'il en devient encombrant : impossible de filmer un concombre de mer ou un nudibranche sans qu'il prétende être à l'image !... Ces jours-là, nous nous contentons de nager un peu plus loin le long du récif. Jojo nous accompagne. Mais, quand nous arrivons à une quarantaine de mètres de son trou, il fait demi-tour. C'est la frontière de son royaume. Il ne désire pas explorer le vaste monde.

Il s'y résout pourtant en une occasion — pour des raisons sentimentales. Il a trouvé une femelle de passage. Elle a l'air consentante. Il lui emboîte la nage et nous assistons à leur parade. Les deux poissons changent de couleur sous l'effet de l'excitation : Jojo devient presque blanc ; sa compagne, au contraire, s'assombrit. Finalement, elle lâche des chapelets d'ovules au-dessus d'un herbier du récif, et l'heureux père féconde la ponte avec sa laitance. Comme d'autres poissons, les mérous sont hermaphrodites. Ils sont dotés de glandes sexuelles mâles et femelles. Chez eux, les gonades mâles dominent au début de la vie, puis les ovaires prennent le dessus. Les animaux changent de sexe en vieillissant. Jojo, qui est encore mâle, donc assez jeune (en dépit de sa taille considérable), deviendra prochainement madame mérou.

Lorsque nous quittons définitivement la beauté d'Assomption pour faire route vers le nord, tout le monde a le cœur gros. Jamais, auparavant, un poisson n'était devenu à ce point notre familier, notre compagnon de jeux, notre ami. Jamais cela ne se reproduira... Jojo le Mérou est unique. Il mérite sa gloire cinématographique. Des années durant, sur la *Calypso,* les plongeurs se demanderont ce qu'il est devenu. Vivant ? Mort de mort naturelle ? Ferré par un pêcheur à la ligne ? Le ventre crevé par la flèche d'un chasseur sous-marin ?

Après une courte escale à Aden, nous entrons dans la mer Rouge et nous mettons le cap sur la pointe sud de la péninsule du Sinaï — le Ras Mohammed. Le Pacha n'a pas oublié l'épave qui gît là, par trente mètres de fond. Ni les poissons-camions qui s'embusquent dans ses cales béantes...

Nous plongeons sur le site. Les ferrailles du bateau perdu sont couvertes d'animaux. Sous la mer, les injures du temps sont masquées par des guirlandes d'éponges, des bouquets de gorgones, des incrustations de coraux, des rideaux mouvants de poissons multicolores. Je descends le long de la coque, dont l'acier est déchiqueté, tordu par les explosions — mais orné d'hydraires jaune d'or, de bryozoaires de dentelle, d'algues incrustantes rose pâle ou mauves. Je nage, en compagnie de Frédéric Dumas, vers la proue du navire : nous découvrons la chaîne d'ancre et l'ancre elle-même, à moitié enfouie dans le sable. Nous remontons vers la passerelle. Frédéric Dumas me montre la cloche de bronze du bateau : il la frappe avec son poignard, et en tire un son clair, insolite dans ce décor funèbre.

Nous explorons les cales, où gît un fatras de métal rouillé, colonisé par les organismes aquatiques : des locomotives à vapeur, des ailes d'avion, des motocyclettes, des camions... Tous ces vestiges sont couverts d'une poussière rougeâtre, mélange de rouille et de sédiments. Des poissons-écureuils, eux-mêmes rougeâtres, se cachent dans des caisses de munitions...

Nous rencontrons les poissons-camions au détour d'une coursive. Toujours aussi énormes... Toujours aussi bizarres, avec cette bosse sur le front... Nous les suivons. Ils nous emmènent vers l'arrière du navire, jusqu'aux hélices. Puis ils font demi-tour et nous conduisent à la cabine du capitaine, où nous mettons la main sur le coffre : il contient un fabuleux trésor de deux dollars canadiens et d'une livre sterling.

Frédéric Dumas, avec le « nez » qui le caractérise, localise sur le roof la plaque de bronze, tapissée de concrétions, où le constructeur a inscrit sa raison sociale. Il la gratte du bout de son poignard. Nous réussissons à lire : « Joseph L. Thompson & Son Ltd. », ainsi que les mots « North Sonds n° 599 » et « 1940 — Sunderland ».

De retour à Marseille, nous effectuerons des recherches aux archives de la Marine. Nous identifierons l'épave. C'est celle du cargo de guerre britannique *S.S. Thistlegorm,* jaugeant dix mille tonneaux, chargé de camions, de locomotives, de pièces d'avions, de motocyclettes, de bombes, de mines, de torpilles et de munitions légères, qui fut coulé lors d'une attaque aérienne allemande le 6 octobre 1941.

Ainsi finissent les désastres de la guerre : dans les ondulations des anémones de mer et l'indifférence des poissons-trompettes.

18

Un ancrage vertigineux

Le passage de la ligne • Les pêcheurs d'éponges
Le festival de Cannes • La fosse de la Romanche
Les eaux de la discorde.

JE ME souviens des passages de la ligne...

Je ne sais plus combien j'en ai vécu. Tous aussi drôles. Les déguisements : un Neptune affublé d'une fausse barbe et d'une couronne de carton ; une Amphitrite (un radiotélégraphiste ou un cuistot, outrageusement maquillés, font l'affaire) ; quelques Tritons ; des pirates et des cannibales (dont on se demande ce qu'ils font dans une histoire mythologique)... Surtout, beaucoup de savon, d'huile et de crème fouettée, pour badigeonner les novices. Et ces gâteaux traditionnels qu'on enfourne dans la bouche des initiés : d'authentiques gâteaux fourrés — mais au poivre, à la moutarde ou à l'étoupe...

Le passage de la ligne, bizutage sympathique, consacre le marin. Je l'ai subi, quant à moi, lors du premier voyage de la *Calypso* aux Seychelles. Je garde de cet épisode un arrière-goût... épicé !

Nous ressortons du canal de Suez et nous cinglons en mer Méditerranée. Nous mettons le cap sur les côtes de la Crète.

Nous amarrons dans le petit port local de Saint-Nicolo. Le Pacha veut filmer les pêcheurs d'éponges. Ceux-ci s'immergent en scaphandre lourd. Ils ont des barques de type « pointu » (l'une d'elles ressemble à la bette de mon père). Quand ils arrivent sur leurs lieux de pêche, ils se jettent à l'eau engoncés dans leurs habits de cuir, emberlificotés dans leurs tuyaux respiratoires, avec sur la tête un casque rigide à hublot datant du début du siècle... En dépit de ce harnachement — et de leurs semelles de plomb — ils progressent assez vite sur le fond, penchés en avant ; mais les risques de surpression ou de sous-pression sont grands. Chaque fois qu'ils repèrent une éponge, ils l'arrachent avec un crochet de fer et l'enfournent dans un sac.

Le scaphandrier que nous filmons le plus souvent est un géant de deux mètres — une force de la nature. Pas plus que ses collègues, il ne connaît les lois physiologiques de la plongée. Il ignore les tables de décompression. Il s'immerge au hasard. Il parcourt des centaines de mètres au fond, et il remonte sans observer de paliers. Il sait simplement qu'il ne doit pas rester trop longtemps sous l'eau, ni chercher à aller trop profond...

Le soir, au village, les rudes scaphandriers de Saint-Nicolo nous offrent le *retzina* — le résiné —, un vin épais qui brûle le palais et réchauffe la tête. Ils savent que leurs incursions sous-marines sont dangereuses. Plusieurs de leurs amis sont morts en plongée, ou sont remontés paralysés. La coutume locale veut que, pour « soigner » la victime d'un malaise, on l'enterre jusqu'au cou dans le sable d'une plage... Tard dans la nuit, les pêcheurs d'éponges nous racontent leurs aventures sous-marines. Certaines sont vécues. D'autres mettent en scène des monstres à chevelure de méduse, des sirènes, des hydres : elles me paraissent couler de la même source millénaire que *L'Odyssée* d'Homère...

Le 27 juin 1955, à trois heures de l'après-midi, nous bouclons à Marseille notre croisière du *Monde du silence*. Quinze mille milles marins en six mois... Cette fois, je peux dire que j'ai attrapé le rythme !

La *Calypso* ne se repose guère. Le 11 juillet 1955, nous larguons les amarres pour une campagne d'études hydrologiques et biologiques en Méditerranée orientale. Bizerte, la Sicile, la Crète, les Cyclades, Le Pirée, les Sporades, Istanbul, le Bosphore — et retour à Marseille par le chemin des écoliers... Sous la direction de Henri Lacombe, professeur d'océanographie au Muséum d'histoire naturelle de Paris, et de Francis Bernard, professeur de zoologie à la faculté des sciences d'Alger, nous effectuons des centaines de stations scientifiques. Nous mettons au point une méthode que nous emploierons souvent, désormais, et qui consiste à combiner les prélèvements (d'eau, de sédiments, de plancton...) et les mesures classiques (de température, de salinité...), avec des observations directes en plongée. Au large du Péloponnèse, nous faisons descendre au bout d'un câble d'acier un appareil de photographie conçu par le professeur Harold E. Edgerton, qui nous permet de réussir les premiers clichés du plancher de la fosse de Matapan — le point le plus profond de la Méditerranée (cinq mille cent quinze mètres).

Cette mission terminée, nous effectuons dans le Vieux Port de Marseille une série de démonstrations de télévision sous-marine. Nous employons à cet effet de nouvelles caméras qui comportent une lentille d'eau claire devant l'objectif et permettent d'obtenir des images nettes dans les eaux les plus troubles. Je constate, à cette occasion, que le Vieux Port offre un excellent terrain de tests en eau trouble ! C'est la raison pour laquelle, chaque fois que je ne suis pas de garde sur le bateau, je file plonger dans le bleu pur de la calanque de Sormiou...

La *Calypso* se remet en campagne au printemps de 1956. Le 28 avril, elle entre triomphalement dans le port de Cannes, où le jury du festival vient d'attribuer la Palme d'or au *Monde du silence*. Avec le recul du temps, rien ne me paraît plus mérité que cette récompense : grâce à ce film, le Pacha a démontré aux hommes des cinq continents qu'il en existe un sixième — un continent liquide, bleu, d'une beauté parfois austère, parfois flamboyante, avec des multitudes vivantes et des créatures prodigieuses, bizarres, inoubliables. A l'époque, nous tombons des nues : jamais nous n'aurions pensé que...

Quand nous quittons les paillettes et les starlettes (je ne dis pas que c'est sans regret !), nous mettons le cap à l'ouest, vers le détroit de Gibraltar et l'océan Atlantique. Nous avons à bord un nouvel électricien. L'ancien, Jean Mollard, s'occupe de la construction de la soucoupe plongeante à l'O.F.R.S. Son remplaçant, Jacques Roux, plus connu sous le surnom (d'origine mystérieuse) de « Gaston », est un génie du bricolage et de l'invention. Lui aussi prendra en charge la soucoupe plongeante, dont il deviendra le second père.

Nous emmenons avec nous une brochette de scientifiques, notamment de biologistes marins. Dans l'Atlantique, nous faisons route vers le sud, le long des côtes africaines. Nous étudions la productivité du milieu, la flore et la faune des eaux de la Mauritanie, du Sénégal, de la Guinée, de la Côte-d'Ivoire, du Cameroun, mais aussi des îles du golfe de Guinée, qu'on appelle parfois les « îles du Chocolat » : Sao Tomé et Principe, Fernando Poo, Annobon... Nous effectuons des centaines de chalutages, de prélèvements, d'analyses. Nous découvrons de nouvelles espèces. Lorsque nous débarquons, nous sommes les témoins de la fin d'un âge : celui de la colonisation. Une partie des Blancs se crispent sur leurs privilèges, qu'ils voudraient éternels. L'état de dépendance et d'arriération dans lequel sont tenues les populations indigènes me choque. A Annobon (aujourd'hui : Pagalu) sévit la maladie du sommeil. Les militaires portugais essaient d'enrayer l'épidémie en usant de moyens radicaux. Ils abattent au revolver et au fusil tous les mammifères qu'ils rencontrent : vaches, cochons, chiens, chats... Un écœurant massacre, du reste inutile.

Abidjan, et cap à l'ouest-sud-ouest. Nous mettons en panne

à huit cent milles de la côte d'Afrique, au-dessus d'une des tranchées abyssales les plus vertigineuses de l'Atlantique : la fosse de la Romanche. Sept mille six cent trente et un mètres... Nous allons tenter ici une expérience étonnante : un ancrage. L'ancrage le plus profond qui ait jamais été réalisé depuis que l'homme a inventé le bateau... Notre ancre, spécialement conçue par André Laban, comporte un lest d'un quart de tonne, puis une chaîne de trente mètres et un câble d'acier de cinquante; le tout est monté sur un filin de nylon de six millimètres de diamètre et de dix mille mètres de longueur, qui s'enroule sur une grande roue à deux gorges, elle-même entraînée par le treuil de la *Calypso*. Lentement, très lentement, le filin dévire : il ne faut pas moins de deux heures et demie pour que l'ancre croche le fond de la fosse de la Romanche!

Le professeur Harold E. Edgerton profite du câble de nylon pour installer une navette et envoyer dans les abysses l'un de ses appareils de photographie à flash électronique. C'est ainsi que nous obtenons les premières images d'une tranchée océanique et des animaux qui y vivent — quelques cérianthes, des lis de mer, des pycnogonides, de rares poissons...

Les clichés de « Papa Flash » sont formidables. Mais, comme souvent, les bonnes et les mauvaises nouvelles se télescopent. Au moment précis où le professeur Edgerton exulte en étudiant ses photographies uniques au monde, un message radio nous informe que son fils aîné vient de trouver la mort en plongée, en essayant aux Etats-Unis un nouveau scaphandre à oxygène à circuit fermé...

Ce drame met un terme à la mission. Nous coupons le nylon de notre ancrage record. Nous filons vers Dakar, où nous déposons « Papa Flash » et le Pacha, qui l'accompagne en avion vers l'Amérique. Nous rentrons à Marseille en passant par Funchal (à Madère).

Un mois plus tard, nous reprenons le travail de recherches. Nous entamons une nouvelle mission d'hydrologie et d'océanographie biologique en Méditerranée orientale, qui nous conduit en Grèce et au Liban. Nous débarquons à Beyrouth.

Accueil extraordinaire, chaleureux, amical... Je suis subjugué par la douceur de ce pays de paix, où les communautés chrétiennes et musulmanes vivent, sinon dans le pur amour réciproque, du moins en bonne intelligence. Je passe d'inoubliables soirées chez l'habitant. Comment me douterais-je (qui pourrait se douter à l'époque?) que la « Suisse du Proche-Orient » deviendra un jour un nid de mitrailleuses et de haine, un champ de souffrances et d'obus?

A Beyrouth, nous accueillons à bord de la *Calypso* le professeur Jean-Marie Pérès, qui doit diriger notre prochaine mission scientifique dans les eaux égyptiennes. Nous nous présentons devant Alexandrie le 29 octobre 1956, le jour même où la France et la Grande-Bretagne envoient leurs parachutistes sur le canal, que le colonel Gamal Abdel Nasser vient de nationaliser! Quel sens politique!... En faisant demi-tour, moteurs en avant toute, nous échappons de justesse au piège...

Ce ne sera pas la dernière fois que la *Calypso* mettra, sans le vouloir, son faux nez dans un coin brûlant de la planète. Nous sommes très bons, à bord, pour deviner les réactions des requins ou des barracudas; mais nuls quand il s'agit de prévoir les brutalités des hommes. Cela ne m'étonne pas : les animaux obéissent à un petit nombre de stimulations (la faim, le sexe, le territoire...). On peut analyser — donc prédire — leurs réponses. Rien de tel avec l'espèce humaine : elle agit sans logique, sous l'empire des passions. Elle fait preuve d'une sauvagerie incroyable, qu'elle attribue injustement aux requins et aux barracudas.

En remontant vers le nord, pour une mission de remplacement en mer Egée, nous n'en avons pas fini avec la guerre. La tension entre la Turquie et la Grèce a brusquement monté. Les deux pays sont au bord de la crise armée. Nous pointons notre étrave innocente parmi des escadres de bateaux de guerre. Nous sommes comme le naïf du Far West, qui traverse la rue au moment du duel. Nous risquons à chaque instant d'être pris pour l'ennemi. De plus, comme nous avons embarqué un scientifique grec (le professeur Anastase Christomanos), nous risquons d'être accusés d'espionnage par les Turcs s'il leur prend l'idée de nous arraisonner.

« Ça suffit comme ça, dit le Pacha : on rentre en France !... » Nous slalomons entre les croiseurs et les vedettes militaires. Nous serrons les fesses chaque fois qu'un de ces bâtiments nous approche. Nous poussons un soupir de soulagement quand nous quittons ces eaux de la discorde.

19

La magie d'Alborán

L'Année géophysique internationale • La mort du dauphin
Les Colonnes d'Hercule • Soucoupe perdue
Les algues d'Alborán.

Le début de l'année 1957 se passe, pour moi comme pour les autres équipiers de la *Calypso,* dans des travaux de chantier naval. Ce n'est pas le côté le plus glorieux de la vie du bord. Mais c'est un moment qui trempe les caractères, soude les amitiés et unifie l'équipe. Nous nous faisons tour à tour chaudronniers, ferronniers, charpentiers, menuisiers, que sais-je ? Mécaniciens, peintres, laveurs de pont... Le commandant Cousteau a décidé de modifier plusieurs parties du bateau. Les travaux ont lieu à Antibes — là où la *Calypso* avait subi sa transformation initiale, de ferry-boat maltais en navire de recherches scientifiques. Le spardeck est allongé et le local de plongée refait. Le roof voit sa surface tripler. Les instruments de navigation sont révisés. Les équipements spéciaux sont regroupés dans une chambre des cartes.

Nous sommes prêts. Prêts à participer aux recherches scientifiques lancées dans le cadre de l'Année géophysique internationale, qui courra sur 1957 et 1958 et verra collaborer pacifiquement des dizaines d'équipes de tous les pays du monde.

Notre première mission consiste à assister le bathyscaphe *F.N.R.S. III* et son navire d'accompagnement, l'*Ingénieur Elie-Monnier*. Nous aidons à la mise à l'eau de l'engin d'exploration profonde, au large de Toulon. Le Pacha descend plusieurs fois dans les abysses en compagnie du commandant Houot. J'aimerais plonger, moi aussi, dans cette bulle d'acier, et découvrir quelques mystères du royaume des ténèbres. Je n'ai pas cette chance... Le *F.N.R.S. III* est le submersible le plus performant du monde. Conçu pour atteindre le plancher des fosses océaniques les plus vertigineuses, il est pleinement opérationnel.

En remontant d'une plongée, Cousteau nous raconte une anecdote à la fois comique et lamentable, qui lui est arrivée quatre ans auparavant.

« C'était à l'occasion d'une des premières missions du bathyscaphe, dit-il. Ici même, dans la fosse de Toulon, en 1953... Nous voulions tester le *F.N.R.S. III* à plus de mille mètres. Je descends avec le commandant Houot — le meilleur de tous les " bathyscaphiers ". Nous atteignons sans problème le fond de la tranchée. Mille cinq cents mètres sous la surface : le record du monde, à l'époque !... Nous apercevons le plancher de la mer dans le faisceau de nos projecteurs. Je distingue, posée sur le sédiment noir, une forme fantomatique, blanche et plate. Je m'écrie : " Une raie géante ! " Excité, je secoue le bras de mon compagnon. Je lui montre la chose. Houot reste sceptique. Il a raison. Quand nous touchons le " monstre ", je constate qu'il s'agit... d'un exemplaire déplié du journal *Le Figaro,* dont nous pouvons parfaitement lire la manchette !... En comprenant ma méprise, je suis partagé entre la crise de fou rire (quel hasard extraordinaire !) et la consternation. Je me dis que, la première fois que l'homme descend à mille cinq cents mètres de profondeur, il y rencontre un vieux journal jeté à l'eau — une preuve de sa négligence et de sa saleté... »

En voyageant autour de la Terre, nous aurons hélas ! bien des occasions de déplorer que l'espèce humaine se serve de la mer comme d'une poubelle commode et gratuite... Pour l'heure, entre deux séries de plongées du bathyscaphe, l'équipe de la *Calypso* mène une énième mission scientifique en Corse. A la suite de quoi, à ma plus vive satisfaction, nous revenons à Marseille et nous mettons le cap sur l'île du Grand Conclu. Nous plongeons en scaphandre sur l'épave antique grâce à laquelle j'ai eu la chance de devenir un équipier Cousteau...

Nous sommes ici pour les besoins des médias (un mot qu'on n'emploie pas encore, à l'époque). La Radiotélévision française (R.T.F.) doit diffuser sa première émission en Eurovision. Elle veut marquer l'événement : pourquoi pas un direct depuis le fond de la mer ? Cousteau s'est enthousiasmé pour cette idée...

Nous nous préparons dans une sorte de fièvre. Il faut tout inventer, réinventer ou adapter : les caméras étanches, les éclairages, les hydrophones, etc. L'émission se déroule le 15 juin 1957. Réalisée par Roger Chignard, elle est animée par des commentateurs dont le nom deviendra familier aux Français : Igor Barrère, Pierre Tchernia, Georges de Caunes, Roger Couderc, Alexandre Tarta... C'est la première fois au monde que des images de télévision sont tournées sous la surface et aussitôt envoyées aux téléspectateurs. Succès phénoménal !... Huit jours plus tard, nous faisons une autre émission dans le même genre, mais de nuit, et sur l'épave moderne du cargo *Dalton* qui gît non loin du phare marseillais du Planier.

En juillet, le Pacha me confie une mission qui me ravit et m'effraie à la fois. Il veut que je capture deux dauphins, qui doivent être montrés au public dans un bassin aménagé du Musée océanographique de Monaco.

J'entends d'ici les commentaires : capturer un dauphin est un sacrilège indigne d'un ami des animaux. Ces cétacés sociaux, sensibles, intelligents, souffrent le martyre quand on les enferme. Ils ne supportent pas le cachot que constitue pour eux le marineland. Ils se laissent mourir de désespoir, ou même se jettent la tête contre les murs de leur enclos pour se suicider.

Je sais cela... aujourd'hui! A cette époque, en 1957, la communauté scientifique et les équipiers de la *Calypso* ignorent tout des dauphins. Albert Ier de Monaco — le prince océanographe — n'avait pas d'autre méthode, pour les étudier, que de les harponner et de leur ouvrir le ventre... En 1957, on en est là. Les baleiniers saignent trente mille baleines chaque année sans que personne ne proteste. Le mammifère marin ne jouit pas, auprès des humains, de la cote de popularité qu'il a acquise dans les années 1980-1990.

Pour capturer les deux dauphins que le Pacha m'a demandés, j'utilise l'*Espadon.* J'installe, à la proue du navire, une poutre qui avance de plusieurs mètres au-dessus de l'eau. Je m'y allonge et, avec une corde à nœud coulant, je tente d'attraper l'un des cétacés qui viennent surfer sur la lame d'étrave... Un Zodiac m'accompagne pour hisser à son bord l'animal pris au lasso, et l'emmener d'urgence au Musée.

Après plusieurs essais infructueux, je capture un mâle. Il se débat, mais beaucoup moins que je ne l'aurais cru. Puis il se laisse aller. Il a l'air choqué. Il respire difficilement. J'ai peur que le stress ne lui soit fatal. Nous mettons les gaz pour revenir à Monaco. Lorsque nous le déposons dans l'eau de son bassin, il est tellement mal en point qu'il coule à pic. Je plonge pour le ramener en surface. Je le soutiens longtemps, l'évent hors de l'eau. Quand il reprend ses esprits, il fonce sur la paroi de sa prison, où il s'assomme à demi... Je le récupère et je le tiens fermement par l'aileron, afin qu'il ne recommence pas. Je le caresse doucement. Il ouvre un œil et frémit. Je voudrais le rassurer. J'avance dans l'eau : il me suit. Sans lui lâcher l'aileron, j'entreprends d'effectuer le tour de son bassin. Je lui fais toucher le mur avec son bec. Je dois le persuader qu'il n'y a pas de mer ouverte au-delà du ciment, et que ses tentatives de fuite sont vaines. Je suis partagé entre le plaisir de côtoyer un animal aussi doux à toucher, aussi puissant et aussi beau, et le chagrin de le voir tel qu'il est en réalité — misérable bagnard à qui son geôlier fait tâter les murs du cachot...

Quelques jours plus tard, je prends une femelle (une dauphine ou une delphine, comme on voudra). Elle appartient à la même espèce que le mâle : *Delphinus delphis,* le dauphin commun. J'espère qu'en couple mes captifs seront moins malheureux. Hélas ! Le mâle meurt en moins d'une semaine — de maladie et de désespoir. La femelle endure comme elle peut les contraintes de la détention. Elle s'habitue à ma personne. Elle devient même amicale. Le matin, quand j'arrive et qu'elle entend grincer les portes qui donnent accès à son bassin, elle émet des gazouillis, des roucoulements, des couinements cliquetés que j'interprète (peut-être trop facilement...) comme des cris de joie. Lorsque je plonge avec elle, elle me fait fête. Elle tourne, elle virevolte, elle saute, elle se frotte contre mon corps, elle me donne d'affectueuses nasardes.

Nous la garderons six mois dans son bassin. Un jour, elle demeurera obstinément silencieuse à mon arrivée. Malgré mes caresses et les beaux poissons que je lui offrirai, elle refusera de jouer, et même de bouger. Le lendemain, nous la trouverons morte...

Pour le Pacha, l'expérience sera concluante. Dans le mauvais sens... « Moi directeur, dira-t-il, il n'y aura pas de bassin des dauphins au Musée de Monaco. Jamais je ne donnerai ma caution à un marineland... »

Tout n'est pas négatif, dans cette histoire. Au contact des dauphins, j'ai appris la patience. La douceur. La lenteur des gestes. Le respect de l'autre, fût-il un animal... Je sais, notamment grâce aux longues heures passées dans l'eau avec la dauphine prisonnière, que chaque cétacé possède son caractère et sa personnalité ; qu'il est unique ; et qu'en ce sens il mérite autant de considération qu'un être humain.

Des dauphins plein la tête, nous embarquons sur la *Calypso* pour une mission hydrologique à Gibraltar. Nous voulons étudier de quelle façon les eaux de l'Atlantique et de la

Méditerranée se mêlent. Nous avons à bord les professeurs Henri Lacombe, Paul Tchernia et Jacqueline Lenoble. Grâce à eux, nous perçons le secret de ce détroit que les Anciens nommaient les Colonnes d'Hercule. Il existe, en réalité, deux courants à Gibraltar : superposés, et de directions contraires... Le superficiel coule de l'Antlantique vers la Méditerranée ; le profond (à cent cinquante mètres sous la surface) va d'est en ouest. Le premier véhicule davantage d'eau que le second. L'évaporation ôte en effet chaque année plus de liquide à la Méditerranée que les fleuves (l'Ebre, le Rhône, le Pô, le Nil, etc.) ne lui en apportent : l'Atlantique fournit le complément.

Afin de matérialiser l'existence du courant profond que nous avons mis en évidence, nous effectuerons, vingt ans plus tard, en 1977, une expérience singulière. Nous nous présenterons devant Gibraltar, côté Méditerranée. Nous couperons les moteurs de la *Calypso*. Nous immergerons, à cent cinquante mètres de profondeur, un vaste parachute lesté et attaché à un filin. Le flux aquatique gonflera cette voile sous-marine. Nous nous ferons ainsi remorquer vers le large par la seule force du « fleuve » caché... On dit (je ne suis pas sûr que ce soit vrai) que les navigateurs phéniciens connaissaient le truc, et qu'ils l'utilisaient pour déhaler leurs galères dans l'Atlantique, lorsqu'ils voulaient courir l'océan au-delà des Colonnes d'Hercule.

Nous consacrons la fin de l'été de 1957 à des recherches en océanographie physique et biologique, qui nous conduisent dans le golfe de Gascogne, en rade de Brest, au large de l'Espagne, aux Açores, à Madère...

Le grand événement se déroule à l'automne. Je veux parler de l'achèvement et des essais préliminaires de la soucoupe plongeante.

J'éprouve une passion pour ce submersible de poche que j'ai piloté plus de mille fois depuis qu'il a été mis en service, et grâce auquel j'ai observé des merveilles — des paysages sous-marins incroyables, des spectacles bizarres, des créatures fantastiques, des dizaines d'épaves... La première fois que je l'aperçois — non plus seulement sous forme de maquette, mais en « vrai » —, nous sommes ancrés dans le Vieux Port de Marseille. Je me souviens avec une étonnante précision de cette image. Un camion arrive, dont André Laban fait ôter la bâche : la voici sur ses cales ! Une bulle impeccable, une sphère aplatie peinte en jaune vif... Je ne sais pourquoi je me sens — à la seconde où je la découvre — en harmonie avec elle. Elle m'inspire confiance (ce qui, je l'avoue, n'est pas le cas de tous les matériels de plongée, même conçus par l'équipe Cousteau !). J'ai l'impression de l'avoir toujours connue. Je me dis qu'avec elle il ne saurait rien m'arriver de désagréable.

Nous commençons par des essais à vide. La *Calypso* met en panne à quelques encablures de l'île de Riou, à la verticale d'un canyon des calanques. La soucoupe est prévue pour descendre à trois cent cinquante mètres (c'est pourquoi elle est baptisée *S.P. 350*). Mais nous voulons une marge de sécurité confortable : nous testons la résistance de la coque à quatre cents mètres. Nous laissons filer l'engin au bout d'un câble. Quand nous le remontons, nous ne trouvons pas la moindre trace d'humidité à l'intérieur. Encourageant !

Pendant l'hiver, nous installons sur la plage arrière de la *Calypso* une puissante grue du type « Yumbo », qui nous permettra de mettre à l'eau et de remonter sans problème les trois mille cinq cents kilogrammes du submersible.

Au large de la calanque de Morgiou (voisine de celle de Sormiou), nous procédons à deux nouveaux essais à vide. Le premier se déroule sans incident. Le deuxième tourne à la catastrophe. Heureusement que personne n'avait pris place dans la soucoupe ! Lors de la remontée du submersible, un rappel brutal de la *Calypso* imprime au câble porteur une tension insupportable : le filin se rompt. Le sous-marin jaune s'enfonce irrémédiablement dans l'eau bleue. Le câble fouette la plage arrière du bateau comme un serpent en folie : par miracle, seul Raymond Coll est touché — sans gravité : une simple balafre à la joue... Quant à la soucoupe, elle est perdue dans les abysses. Grâce à notre sondeur de précision, nous la localisons près du fond, à mille mètres sous la surface. Irrécupérable. Définitivement...

Je renonce à décrire notre déception. Le Pacha ne nous laisse pas mariner dans nos regrets : il a horreur du mot « échec ». Il ne l'emploie jamais. Il n'admet que des « contretemps » — et encore : rarement ! Il nous réunit au carré de la *Calypso* pour nous annoncer qu'il ordonne à l'instant la construction d'une autre coque. Cette attitude positive nous dope. Nous jurons que le second submersible sera encore plus beau et plus sûr que le premier. Nous le voulons, simplement, le meilleur du monde...

Satisfait de notre réaction, Cousteau en profite pour nous annoncer le programme du reste de l'année 1958. Nous enchaînons, sans souffler, mais avec l'enthousiasme de ceux qui ont un monde à découvrir, une mission optique et une mission sismique au large de Nice ; une mission géologique en Corse ; une mission biologique dans les parages de Marseille...

Nous levons l'ancre pour une série de recherches hydrologiques et biologiques de part et d'autre du détroit de Gibraltar. C'est à la fin de cette expédition, qui nous mène à Funchal (à Madère), à Lisbonne puis à Porto (au Portugal), que j'effectue l'une de mes plus belles découvertes. L'une de celles dont je reste le plus fier.

Le 3 septembre, en rentrant vers Marseille, nous jetons l'ancre près de la petite île d'Alborán. C'est un caillou situé à mi-distance de l'Espagne et du Maroc, qui ne paie guère de mine. Du moins en surface...

Nous draguons au hasard à proximité de la côte — comme à notre habitude. Nous crochons d'énormes algues brunes — des laminaires digitées parfois longues de plus de cinq mètres. Je suis sûr que ces eaux recèlent un trésor vivant. Je veux absolument plonger. Raymond Coll vient avec moi. Incapables de lutter contre la puissance du courant de surface, nous nous laissons couler vers le fond, dans une mer chargée de particules et de plancton. Nous atterrissons dans une véritable forêt sous-marine — une forêt d'algues géantes, aux « troncs » (stipes) épais de dix à quinze centimètres et aux « feuilles » (frondes) larges de plus de cinquante... Une forêt aussi touffue, aussi riche, aussi productive qu'une plantation de chênes. Une forêt qui baigne dans une lumière glauque, étrange, propice au rêve et à la légende...

Entre les fûts solidement cramponnés aux rochers du fond, la vie prolifère. Des millions d'organismes de toutes dimensions mettent à profit la fertilité du milieu. Nul besoin d'être expert en écologie pour comprendre que cette forêt immergée n'existe que grâce au courant rentrant de l'Atlantique, qui apporte son eau fraîche et ses éléments nutritifs à une Méditerranée qui en manque partout ailleurs... Voici des éponges orange et d'autres écarlates ; voici des bryozoaires et des anémones de mer ; des vers annélides, tentacules déployés ; des murex et des spondyles ; des nudibranches aux couleurs électriques ; des crevettes, des langoustes et des crabes ; des holothuries, des étoiles de mer, des oursins...

Les poissons, bien entendu, pullulent : labres gris, serrans-écritures, castagnoles roses, bogues argentées, pageaux à l'œil jaune, sparaillons gris-mauve... Trois sérioles de un mètre de longueur chassent entre les troncs, comme des loups dans une taïga. L'une de leurs cousines, une énorme liche aux flancs argentés, me fait davantage songer à un tigre : solitaire, presque féline dans ses attitudes, incroyablement rapide quand elle attaque... Un mérou, immobile, attend la proie qu'il gobera d'un irrésistible clapement de lèvres. Des murènes se balancent au pied des algues. Un corb, ou corbeau, promène ses écailles sombres entre les « tiges » verdâtres. Plusieurs chapons — grosses rascasses brun-rose — se cachent parmi des cailloux tapissés d'algues encroûtantes.

Et voici qu'apparaît un être rarissime, bizarre, difforme : un requin aberrant dont le corps, de section triangulaire, porte de vastes nageoires. On appelle cette créature cochon de mer, ou humantin. Animal peu commun : c'est la première fois que j'en vois un ailleurs que dans un livre... ou un bocal de formol du Musée de Monaco ! Il incarne à mes yeux la singularité d'Alborán — ce miracle de vie où nous reviendrons plusieurs fois avec la *Calypso* et avec l'*Espadon,* et dont nous demanderons à l'Espagne qu'elle fasse une réserve naturelle.

20

Le feu à la soucoupe

Le bathyscaphe du pauvre • Le gazoduc d'Algérie
La dérive des continents • New York, New York!
Essais explosifs.

L'UN DES charmes de Jacques-Yves Cousteau — le Pacha pour les marins, JYC pour les copains — est qu'il a la cervelle en constante ébullition. A peine a-t-il lancé une idée qu'il s'étonne qu'elle ne soit pas réalisée, et qu'il en émet une autre... Pendant que nous attendons la coque de la soucoupe plongeante qui remplacera celle que nous avons perdue, il trace les plans d'un traîneau photographique pour les grandes profondeurs.

L'intérêt de cet engin automatique, tiré au bout d'un câble par le bateau, est de fournir des images des abysses sans nécessiter les plongées d'un submersible aussi sophistiqué et aussi cher qu'un bathyscaphe.

« En quelque sorte, dit Cousteau, c'est le bathyscaphe du pauvre. Il correspond parfaitement à l'état de nos finances! »

Le traîneau des abysses peut prendre des clichés jusqu'à plus de huit mille mètres de profondeur. Baptisé troïka par référence au traîneau russe, il se compose d'un bâti en fer à cheval et de deux longerons. Il est équipé d'appareils de prises de vues (caméras étanches, flashes électroniques) signés Harold E. Edgerton. Il est conçu de telle sorte que, s'il se renverse en cours d'opération, la traction du câble suffit à le remettre en position normale — sur ses patins.

Nous essayons la troïka en Méditerranée : clichés impeccables... Nous revisitons la forêt sous-marine d'Alborán, puis nous menons une campagne d'études du plancton dans le golfe de Gênes.

La société du Gaz de France nous propose d'étudier la « faisabilité » (jargon garanti d'origine) d'un gazoduc destiné à convoyer vers l'Europe le gaz naturel algérien. Nous mettons à contribution notre meilleur matériel, notamment un sondeur de haute précision qui nous fournit la profondeur de l'eau à trente centimètres près et nous indique la consistance du sol sur une épaisseur de deux mètres. Nous utilisons notre troïka. Nous disposons d'une chaîne de positionnement électromagnétique. Nous montons une antenne de quatorze mètres sur la plage arrière de la *Calypso*...

De fréquentes conférences réunissent M. Delaruelle, inspecteur général du Gaz de France, le commandant Cousteau et son bras droit, le commandant Jean Alinat. Le capitaine Saout dirige la manœuvre ; je l'assiste en compagnie de mes amis Henri Plé, Octave Léandri, Bernard Marcelin, Raymond Coll, Raymond « Canoë » Kientzy — et les autres.

Refaisant les cartes marines, nous étudions le tracé le plus court, à travers le détroit de Gibraltar. Impraticable : trop accidenté... Nous choisissons un itinéraire long de cent quatre-vingts kilomètres, entre Mostaganem, en Algérie et Carthagène, en Espagne. Ici, les fonds atteignent deux mille quatre cents mètres : mais les pentes sont régulières et le substrat sûr. C'est la bonne piste... Nous sablons le champagne. La décision de construire le gazoduc est imminente. Le seul petit problème — oh, vraiment minuscule ! — auquel Gaz de France n'a pas songé, c'est qu'en Algérie il y a la guerre, et que l'indépendance est proche... Je ne suis pas doué pour la politique, mais j'essaie d'en toucher un mot à l'éminent représentant de la société d'Etat. Il me rit au nez. Le gazoduc ne sera jamais fait. Je retourne à mes poissons...

Au mois de juillet 1959, la soucoupe plongeante est prête. Nous la baptisons (au champagne, comme il se doit) dans le Vieux Port de Marseille. Pour faire bonne mesure, nous recommençons aux îles du Frioul. Notre sous-marin d'exploration biplace est une merveille. Opérationnel jusqu'à trois cent cinquante mètres de profondeur, il possède un rayon d'action de six kilomètres et une autonomie de quatre à cinq heures (l'autonomie respiratoire, en cas de pépin, est de vingt-quatre heures). Propulsé et orienté grâce aux jets d'eau de deux tuyères, il fonctionne par réaction (comme les calmars), et il puise son énergie dans des batteries électriques. Son poids total est de trois tonnes et demie.

Les deux passagers sont à la pression atmosphérique pendant la durée de la plongée. Le pilote et son compagnon se couchent à plat ventre, chacun devant un hublot grand angle de cent trente millimètres de diamètre. Le submersible est équipé d'une pince à prélèvements, de systèmes de liaison en phonie avec la surface, et d'équipements de photographie et de cinéma.

Telle est la merveille...

Nous lui faisons subir ses derniers tests « à blanc » — sans passagers. L'étanchéité est parfaite, les commandes donnent satisfaction.

Ce qui me donne encore plus satisfaction, c'est cette question du Pacha :

« Dites-moi, Falco : ça vous dirait d'être le premier pilote de la soucoupe ? »

Si ça me dit ? J'en rêve... La soucoupe, je connais ; j'ai l'impression qu'elle a été faite pour moi. Je suis entré dedans bien souvent, à Marseille, pendant sa construction. Je n'ai plus qu'une envie : la piloter dans la mer, où elle donnera la mesure de son efficacité.

L'événement aura lieu au mois d'octobre, à Porto-Rico...

Pour l'heure, nous amarrons le submersible dans la cale de la *Calypso* et nous levons l'ancre. Destination : New York, où le commandant Cousteau est attendu le 1er septembre pour le premier Congrès mondial d'océanographie.

Nous prenons le chemin des écoliers. Nous nous attardons au-dessus de la dorsale médio-Atlantique — cette immense chaîne de montagnes de vingt mille kilomètres de longueur, qui partage l'océan Atlantique en son milieu. Nous nous intéressons aux guyots, ces curieuses montagnes sous-marines en forme de cônes tronqués, qui s'élèvent parfois de plus de quatre mille mètres au-dessus de la plaine abyssale.

Nous utilisons notre traîneau photographique troïka. Nous obtenons, grâce à lui, des milliers de clichés des abysses. Ces images, que nous devons aux inventions de « Papa Flash », nous réservent une surprise de taille : elles mettent en évidence la présence, au cœur de la dorsale médio-Atlantique, de dômes de lave dite en coussins. C'est la preuve qu'il existe des volcans actifs aux grandes profondeurs. Ces photographies prouvent que l'immense chaîne de montagnes sous-marine qui court du nord au sud de l'Atlantique constitue un endroit privilégié de remontée du magma.

Au Congrès de New York, notre découverte enthousiasmera les géophysiciens. Elle démontre la pertinence de l'hypothèse de la dérive des continents, qui fut formulée au début de ce siècle par l'Allemand Alfred Wegener. Elle contribue à la naissance de la théorie dite de la tectonique des plaques, selon laquelle la croûte terrestre est composée d'une douzaine de grands « radeaux » rocheux qui flottent sur le manteau en fusion du globe, qui s'écartent ici et se heurtent là — ces mouvements donnant naissance aux volcans, aux tremblements de terre, aux chaînes de montagnes et aux grandes fosses abyssales.

Notre arrivée à New York me reste en mémoire : jamais je n'aurais imaginé un tel triomphe ! Mieux que le *Normandie* !... Les bateaux-pompes lancent leurs jets d'eau de toutes parts ; des centaines de petites embarcations nous entourent ; les cargos et les paquebots cornent... L'accueil des Américains est extraordinaire de chaleur et de passion. Dans les jours qui suivent, nous remontons le fleuve Hudson jusqu'au fameux Institut océanographique Woods-Hole; puis nous naviguons sur le fleuve Potomac jusqu'à Washington.

En quittant les Etats-Unis, nous mettons le cap au sud. Nous remorquons la troïka et ses appareils photographiques au fond de la plus profonde fosse de l'Atlantique, celle de Porto Rico — près de huit mille quatre cents mètres. Pour cette opération, nous ne devons pas dérouler moins de douze kilomètres de câble d'acier!

Mais, pour moi, le grand moment arrive. Non loin de la côte ouest de Porto Rico, le 9 octobre 1959, à 15 h 15, je prends place dans la soucoupe plongeante en compagnie de mon ami Jean Mollard, l'un des principaux concepteurs du submersible. Nous refermons le panneau. La grue nous soulève du pont de la *Calypso* et nous pose sur l'eau. En avant pour l'aventure!... Pour cette première mission, l'engin de plongée reste attaché au câble. Nous franchissons la surface. Nous nous enfonçons dans le bleu, où luisent des myriades de petits animaux planctoniques. Les plongeurs de la *Calypso* descendent avec nous pour surveiller si tout se passe bien; ils nous font des signes à travers les hublots. Nous sommes régulièrement « tirés » vers le bas par notre lest. Mon cœur bat la chamade; mais je suis confiant. Je fais fonctionner les jets orientables : la soucoupe obéit à mes sollicitations. Je l'incline dans tous les sens; je la fais pivoter. Je déplace les plombs de lest pour manœuvrer. J'ai l'impression de danser dans l'épaisseur liquide. Je me délecte de l'incroyable sensation d'apesanteur que donne cet engin, dont la densité est pratiquement égale à celle de l'eau de mer.

Pour ce premier essai habité, nous n'allons pas très profond : seize mètres seulement! Mais c'est une formidable promesse... En remontant, après quarante minutes, j'ai l'impression d'avoir rêvé... et un gros mal de tête, dû à une surpression dans l'habitacle.

Le lendemain matin, nous descendons à vingt mètres pendant une heure, au bout d'un nylon de sécurité de cent mètres. Je joue à saute-coraux en basculant le lest de mercure de la soucoupe vers l'arrière et en faisant fonctionner les deux moteurs. Je m'amuse à suivre des poissons : simple comme bonjour, quand on a pris le coup... Le gouvernail ne sert pas à grand-chose : il est plus simple d'orienter les tuyères pour tourner... Quand nous reprenons pied sur la *Calypso,* nous savons que nous avons expérimenté un engin prodigieux; et qu'une nouvelle étape de la conquête sous-marine commence... La soucoupe permettra de forcer la barrière des soixante-dix mètres, au-delà de laquelle les plongeurs en scaphandre autonome deviennent inefficaces.

Pour ceux qui voudraient apprendre, voici quelques notions de pilotage...

La soucoupe se conduit à plat ventre et à deux mains... A gauche, deux commandes hydrauliques orientent les tuyères, qui pivotent sur deux cent soixante-dix degrés. Un levier règle le débit de chaque réacteur : lorsque les propulseurs poussent de façon égale, l'engin va droit; si l'un débite davantage que l'autre, le submersible tourne. A gauche, on trouve encore la commande d'un bras télescopique doté d'une lampe de trois kilowatts.

A droite, sous la couchette du pilote, le tableau de bord comprend le bouton de mise en route du moteur; la commande qui fait basculer le mercure vers l'arrière ou l'avant (pour incliner le submersible) ; le levier de manœuvre de la pince à prélèvements; la commande de la pompe à eau (pour vider les ballasts) ; le dispositif de largage des gueuses (l'une à l'arrivée au fond, l'autre pour la remontée) ; enfin l'éclairage général. Une autre commande, à l'arrière, permet de larguer une gueuse de sécurité de deux cents kilogrammes.

Les autres appareils du bord (échosondeurs, téléphones, déclencheurs d'appareils photographiques et de caméras, etc.) sont manipulés soit par le pilote, soit par le passager.

Dans le fluide aquatique, où elle n'a aucun poids, la

soucoupe réagit comme une boule de billard. La moindre différence de débit dans les tuyères, le moindre contact avec une arête de falaise ou une gorgone, suffit à la faire changer de direction. La conduite est intermédiaire entre celle du char d'assaut et celle du vaisseau spatial... Le plus difficile à apprivoiser, ce sont les trois dimensions. Le pilote doit rester concentré du début à la fin de la mission : c'est fatigant pour les nerfs. Il ne doit jamais oublier que chaque mouvement amorcé mettra du temps à être corrigé. Les réactions de l'engin aux ordres qu'on donne sont décalées dans le temps : maîtriser ce submersible exige, en fait, un sens aigu de l'anticipation. Et une délicatesse de dentellière !... L'apprentissage est long — mais pas plus difficile que celui de la conduite automobile.

A présent, la *Calypso* cingle vers les Petites Antilles. Nous gagnons la Guadeloupe, où nous faisons escale. Nous enchaînons six plongées en soucoupe devant l'islet aux Pigeons. C'est ici que nous coupons le cordon ombilical... La grue nous dépose en surface ; un plongeur décroche le filin : nous sommes libres — et vulnérables... En cas de pépin, nous n'avons plus la ressource de demander qu'on nous remonte d'urgence.

La dernière de ces six missions me reste en mémoire. C'est ce que j'appellerais, au sens propre, une plongée chaude...

Dès le début, tout va mal. Pour une raison mystérieuse (erreur de lestage ?), nous piquons trop vite vers le fond. J'ose à peine regarder par le hublot. Jean Mollard, décontracté, ne perd pas une miette du spectacle et s'exclame que c'est superbe. Le faisceau de nos projecteurs lui révèle un autre monde. Nous longeons un escalier de corail hérissé d'une forêt de gorgones. Nous semons la panique dans une nuée de poissons-demoiselles. Nous survolons une pente constellée d'ophiures qui se tortillent et de concombres de mer qui se traînent. Nous croisons un gros squale — probablement un griset, ou requin-taureau.

Cette glissade incontrôlée nous amène à soixante-dix mètres. Nous atterrissons lourdement dans un pâté de coraux que la soucoupe écrase. Des branches s'accrochent aux tuyères : le submersible est bloqué ! Ingouvernable... Je m'escrime à essayer de le décoincer : sans résultat...

Pas de panique... Le meilleur moyen consiste probablement à forcer d'un seul côté... J'exécute une brutale marche arrière. Le piège de corail écarte ses mâchoires. Je largue le lest de remontée : la soucoupe décolle, aussi légère dans le fluide aquatique qu'un ballon à air chaud dans l'atmosphère.

C'est à ce moment que nous éprouvons une nouvelle inquiétude : des gouttes d'eau roulent sur la paroi, à l'intérieur de la coque. D'où viennent-elles ? Nous les suivons vers leur source. Elles naissent à la jointure du couvercle. L'angoisse... Bien sûr, nous pouvons encore déclencher le processus de remontée d'urgence, en lâchant notre gueuse de sécurité, voire (en tout dernier recours) notre lest de mercure. Mais nous désirons tellement que cette plongée se termine en succès franc et massif...

Nous approchons de la surface. Le commandant Cousteau vient à notre rencontre en scaphandre autonome. Il nous montre, par le hublot, une ardoise sur laquelle il a écrit : « Voulons filmer largage gueuse sécurité ! »

Ça ne pouvait pas mieux tomber !... Je me prépare à exécuter l'instruction, lorsque retentit dans la soucoupe une énorme explosion. Jean Mollard et moi restons abasourdis... Quelque chose a sauté du côté des batteries... Cousteau nous regarde par le hublot, inquiet... Les plongeurs de la *Calypso* s'activent. Ils nous crochent au câble de la grue « Yumbo », qui nous enlève dans l'atmosphère et nous dépose sur la plage arrière du bateau. Je dévisse le couvercle du submersible, quand j'entends derrière moi la voix de Jean Mollard qui dit d'un ton très calme :

« Bébert, à ta place, je me dépêcherais d'ouvrir. Il y a le feu dans la soucoupe ! »

Nous nous extirpons de l'engin en crachant nos poumons dans une fumée noire ; la grue remet le submersible à la mer pour noyer l'incendie. Nous constatons les dégâts. Nous trouvons l'origine du court-circuit : il est dû aux bacs en cuivre qui contiennent les batteries.

Je me douche, je mange, je dors. Le lendemain, l'équipe réunie au carré de la *Calypso* tire le bilan des essais. Globalement positif, comme on dit, malgré un début d'incendie... Il reste des points critiques à régler : mauvais lestage à la descente; manque d'étanchéité du couvercle; défaut de sécurité électrique... Du boulot pour nos techniciens...

Les émotions n'empêchent pas l'enthousiasme. Quand le Pacha me demande ce que je pense sincèrement de la soucoupe, je bafouille une réponse émerveillée qui ne contient pas le quart du bien que je pense de cet engin.

La *Calypso* traverse l'océan Atlantique jusqu'à Dakar, où elle embarque une équipe scientifique dirigée par le professeur Jacques Forest. Campagne océanographique aux îles du Cap-Vert... Pendant ce temps, l'ingénieur Jean Mollard retourne en France commander des batteries neuves — et, pour les contenir, des bacs de plastique au lieu de cuivre.

Nous nous retrouvons aux îles du Cap-Vert. Soucoupe réparée. Nouveaux essais, d'abord sur filin, puis sans fil.

L'aventure recommence. Le commandant Cousteau prend place avec moi dans le submersible. Nous fermons le couvercle. A trente mètres sous la surface, je salue par le hublot Jean Alinat qui filme notre descente. Nous dépassons les cent mètres. Nous ne sommes jamais allés si bas. Nous exultons... jusqu'au moment où, de nouveau, un fracas d'explosion retentit!

Tout vibre dans la soucoupe, qui ballotte de longues minutes avant de se stabiliser. Le manomètre de profondeur ne fonctionne plus. Je regarde par la vitre : le plancton en suspension monte à toute vitesse. Bon sang! Mais c'est grave, ça... Ça signifie qu'en réalité nous coulons!

Je largue une gueuse de lest : l' « ascension » du plancton s'arrête une seconde, puis recommence. Je me sépare du deuxième poids : même résultat éphémère... Le Pacha me tapote l'épaule. Nous nous comprenons sans un mot : il faut libérer la grosse gueuse de sécurité. D'urgence...

Délestée de ce poids de deux cents kilogrammes, la soucoupe fait un bond vers la surface. Nous nous cramponnons à nos couchettes. J'ai l'impression d'être dans un ascenseur ultra-rapide de gratte-ciel. Nous arrivons en surface à la vitesse d'une torpille. Par bonheur, Jean Alinat s'est aperçu que quelque chose clochait. Il a déclenché les secours.

A l'intérieur, nous n'en menons pas large. De petites volutes de fumée commencent de s'insinuer dans l'habitacle. Par téléphone, Cousteau et Alinat échangent des propos surréalistes.

« Nous arrivons, dit Alinat : ne bougez pas !

— Où voulez-vous que nous allions ? demande Cousteau, qui rit et qui tousse.

— La soucoupe crépite, dit Alinat. Pour un beau court-circuit, c'est un beau court-circuit...

— Ravi de faire le spectacle, dit le Pacha... Mais puisque nous devons attendre, autant casser la croûte ! »

Aussi incroyable que cela paraisse, Cousteau déballe les sandwiches et débouche la bouteille de vin dont nous nous étions munis en prévision d'une plongée de plusieurs heures. Et se met à manger, en dépit de la fumée qui s'épaissit dans le submersible...

Dehors, les plongeurs élinguent la soucoupe et nous remorquent en chaland jusqu'à la *Calypso*. La grue nous soulève et nous pose sur le navire. J'ouvre le couvercle. Je m'extrais du sous-marin sans vraiment m'attarder. Pendant ce temps, Cousteau finit son casse-croûte et vide son verre. Quand il quitte l'habitacle, environné de fumée, on jurerait un diable sortant de l'enfer.

21

Missions en soucoupe

Le capitaine Saout • La princesse Grace de Monaco
Un brin de corail • Le carnaval de Rio
Ma plus belle plongée.

LA DEUXIÈME explosion de la soucoupe aurait pu tourner au drame. J'y penserai durant des années ; j'en aurai des frissons rétrospectifs... Sur le moment, j'y vois un épisode un peu plus palpitant que les autres d'une vie d'aventures qu'après tout j'ai voulue de toutes mes forces.

Mais le Pacha est inquiet. Il demande à Jean Mollard de revoir le système de batteries. L'ingénieur s'y colle. Il change de modèle. Les accumulateurs qu'il choisit ne nous poseront plus le moindre problème, en trente années de plongées intensives.

En 1960, François Saout prend sa retraite. Il restera le premier capitaine de la *Calypso* transformée en navire de recherches océanographiques. C'est un ancien de la Marine nationale, du reste un spécialiste des courses-croisières à la voile. Un vrai de vrai !... Au moment où il nous quitte, après neuf années de croisières, et où il est remplacé par le capitaine Maritano, je n'imagine même pas qu'un jour, après avoir été plongeur puis chef plongeur de la *Calypso*, j'hériterai de son titre...

Remise en état à Marseille, la soucoupe plongeante revient sur son navire. Nous mouillons au large de la Corse. Je me glisse dans le submersible en compagnie du Pacha. Nouvelle mission. Très profonde...

Nous planons au-dessus d'un balcon de roche situé à trente mètres sous la surface. Les plongeurs de la *Calypso* nous suivent et nous filment. Nous vérifions que tout est normal. Puis nous basculons vers les abîmes... A quarante-cinq mètres, les hommes en scaphandre abandonnent. Nous perdons de l'altitude le long d'une pente peuplée de gorgones et de cérianthes, où vivent des langoustes, des castagnoles, des raies pastenagues et des torpilles.

A cent mètres, je regarde le Pacha avec une petite angoisse dans la prunelle... Pas d'explosion ? On continue !... Cent dix mètres : le substrat de roche est creusé de centaines de trous occupés par des poulpes. Cent cinquante mètres : un semis d'oursins et d'éponges... Cent quatre-vingts mètres : j'allume notre gros phare de route. Deux cents mètres : nous procédons à une nouvelle vérification générale. Tout fonctionne... Je remets les « gaz » en basculant le mercure vers la proue : la soucoupe s'incline et avance. Nous survolons une pente douce où nous croisons un banc de capros roses, qui ont l'air de papillons. Nous notons la présence de gorgones écarlates et d'eunicelles blanches, qui ressemblent à de longs vers ramifiés, livides. Une roussette nage souplement au-dessus d'une étendue de vase.

La pente devient plus prononcée : nous avons atteint ce que les océanographes appellent le talus continental. Deux cent cinquante mètres. Deux cent quatre-vingts. Trois cents...

J'arrête le moteur à trois cent deux mètres.

Jamais aucun submersible d'exploration — autre que le peu maniable bathyscaphe — n'était descendu si bas. Je me pose en douceur sur un lit de sable. Le silence de la mer est absolu — à tel point que j'entends taper mon cœur. Nous demeurons cinq minutes sans rien dire — à la fois oppressés par la majesté hostile de ces ténèbres liquides, et radieux d'avoir réussi à gagner ces parages de l'extrême.

Soudain, une secousse; une succession de claquements...

« Ah ! non, m'exclamé-je : ça ne va pas recommencer !

— Ce n'est rien, dit Cousteau : quelques bulles d'hydrogène qui s'échappent... »

Il a raison. Nous n'aurons pas d'autre alerte. Je remets en marche et je manœuvre pour que le Pacha puisse filmer le fond et ses créatures : des pennatules plantées dans le sable comme des plumes d'oie dans l'encrier d'un écrivain; un requin émissole qui rôde; un curieux être articulé qui chemine sur ses longues pattes et ressemble à une araignée (les scientifiques le nomment pycnogonide); des cérianthes, des anémones, des concombres de mer... J'effectue des prélèvements d'échantillons à l'aide de la pince articulée de la soucoupe.

En consultant notre chronomètre, nous nous apercevons que nous avons quitté la surface depuis déjà deux heures et demie ! Il faut remonter. Nous reparcourons un à un — vers le haut — les étages de la mer. J'essaie de ne pas toucher le fond avec la coque du submersible : par endroits, la pente est forte et le sédiment instable. Je ne tiens pas à déclencher une avalanche sur nos têtes.

A cinquante mètres, nous faisons une halte pour... casser la croûte. C'est vite devenu une habitude : ce sera bientôt la règle. Je ne conçois plus la plongée en soucoupe sans un bon saucisson-vin rouge...

Nous faisons surface. J'actionne les tuyères du submersible, dont les jets sont visibles de loin. Le chaland nous repère et nous remorque jusqu'à la *Calypso*. Je souffre d'un sérieux mal de crâne et je suis heureux. Ce n'est pas que je sois masochiste : je suis content parce que nous avons percé le « mur » des trois cents mètres; et j'ai la migraine parce que, dans l'habitacle, après quatre heures de plongée, la teneur en gaz carbonique franchit la barre de deux pour cent.

L'année 1960 est consacrée à de nombreuses missions de courte durée, mais passionnantes. Nous étudions les courants marins entre le continent et la Corse. Je fais les honneurs de la soucoupe au professeur Harold E. Edgerton, puis au professeur Jean-Marie Pérès. La *Calypso* traîne sa troïka au large de Villefranche-sur-Mer, de Bastia, de l'île d'Elbe. Nous effectuons des carottages avec le professeur Bourcart ; des prélèvements de plancton avec le professeur Trégouboff; des dragages profonds et des photographies de la fosse de Matapan avec le professeur Edgerton ; des recherches d'hydrologie en mer Egée avec le professeur Pérès, et d'autres en Algérie avec le professeur Ivanoff; une mission d'océanographie physique au Maroc avec le professeur Lacombe...

J'avoue que ces professeurs qui se succèdent sur la *Calypso,* et que j'emmène en soucoupe, m'impressionnent. Ils sont si érudits ; ils en ont tellement dans la tête... Mais, à force de les côtoyer, je constate que la plupart d'entre eux sont des hommes simples. Cordiaux, amicaux, toujours prêts à expliquer... Peut-être n'ont-ils pas la même décontraction ni la même bonhomie quand ils dispensent leurs cours à l'université, du haut de leur chaire. Peut-être considèrent-ils leurs croisières sur la *Calypso,* en dépit du travail intense qu'ils y accomplissent, comme des vacances : je ne sais... Toujours est-il que, si j'avais eu la chance de faire des études, j'aurais écouté ces hommes.

Il est une autre sphère de l'« élite » dans laquelle, en revanche, je ne me sens pas à l'aise : je veux parler du monde des princes et des princesses, au sujet duquel j'abandonne volontiers ma part de fantasmes aux midinettes et aux lecteurs d'hebdomadaires à gros tirages.

Le 10 décembre 1960, à Monaco, nous présentons à la presse un énorme canot pneumatique de vingt mètres de longueur — le plus gros du monde —, que le commandant Cousteau a conçu et que la firme Zodiac a réalisé. L'engin s'appelle l'*Amphitrite.* La princesse Grace en est la marraine. Elle brise la bouteille dans un concert de déclics d'appareils photographiques. Elle est reçue à bord de la *Calypso* avec le prince Rainier.

Cousteau me présente à Leurs Altesses comme l'un de ses meilleurs plongeurs et son principal pilote de soucoupe. Je rougis jusqu'aux cheveux. Il me semble que j'ai une louche de colle sur la langue. Je bafouille. Grace de Monaco est superbe. La blondeur et la finesse incarnées, avec cette touche de sophistication à laquelle le titre de noblesse ajoute... Je me sens ridicule, dans mon costume d'emprunt, avec mon nœud papillon de travers et mes chaussettes qui (j'en suis sûr) tire-bouchonnent. Quand la princesse me dit que j'ai de la chance de mener une vie aussi passionnante, je voudrais, ne serait-ce qu'un instant, avoir suffisamment de talent pour décrire les émotions qu'on ressent en plongée. Mais tout ce que je tire de ma cervelle et de ma bouche paralysées, c'est un ridicule :

« Vous aussi, Majesté, vous avez de la chance ! »

Au lieu de « Majesté », je manque même de dire « madame »... Heureusement qu'aucun journaliste n'enregistre ce désastre !

Je me rends à l'évidence : je suis plus à l'aise avec les poissons qu'avec les princesses. C'est la raison pour laquelle, deux jours plus tard, je me faufile de nouveau dans ma soucoupe.

Je pilote le professeur Laborel dans le dédale du canyon de Cassidaigne, au large des calanques de Marseille. J'ai navigué au-dessus de cette fosse avec le *Surcouf* et le *Hou Hop*. Comment aurais-je pu, alors, imaginer qu'un jour je la contemplerais par-dessous ?

Il s'agit d'une fissure aux parois vertigineuses, tapissées d'éponges, de gorgones jaunes ou rouges, d'eunicelles blanches, de corail rouge et de grands coraux antipathaires. Ces derniers passionnent mon passager. Ce sont des animaux coloniaux qui me font penser à des tamaris sous-marins : on dirait des buissons à « fleurs » (polypes) roses. Le professeur me demande d'en cueillir des branches en utilisant le bras manipulateur du submersible. Ce n'est pas facile, en pleine pente, dans un fort courant. J'ai l'impression de me livrer à l'un de ces jeux de foire dans lesquels il faut pêcher une bouteille avec un anneau, et qu'on rate neuf fois sur dix.

En 1961, la soucoupe est de nouveau au service des scientifiques, cette fois au large de Port-Vendres et des Pyrénées-Orientales. Nous explorons un canyon que les cartes marines appellent le Rech Lacaze Duthiers. Je sers de chauffeur sous-marin à une pléiade de professeurs : Reyss, Monniot, Laubier, Dangeard, Drach, etc., tous éminents spécialistes dans leur domaine. Si l'intelligence était contagieuse, j'en ferais des réserves... J'ai, en particulier, l'honneur et l'avantage de conduire à trois cents mètres de profondeur Mlle Devos, biologiste réputée de la station marine de Port-Vendres ; elle est ma passagère pour la cinquantième mission de la soucoupe ; et c'est la première femme qui prend place dans l'habitacle. Je ne résiste pas au plaisir puéril de lui cueillir un brin de corail avec le bras manipulateur. On a vu plus romantique ; mais Roméo n'a jamais plongé...

Au cours d'une de mes missions en compagnie du professeur Reyss, aux environs de cent vingt mètres, j'ai la surprise de voir sortir de sa fissure un énorme mérou ; plus de cinquante kilogrammes ; le plus gros que j'aie rencontré en mer Méditerranée. Le « monstre » attaque... Effrayé par nos lampes, il fonce !... Le choc est violent : notre sous-marin oscille comme un pendule. L'animal en colère revient à la charge... Je pousse les turbines pour échapper à ce forcené. Je me demande comment Jojo le Mérou aurait réagi devant la soucoupe : peut-être pas plus amicalement que son cousin de Port-Vendres...

Après les Pyrénées-Orientales et le cap Creus, nous partons en mission d'hydrologie et de photométrie en Corse, en Sardaigne, en Sicile et en Tunisie ; puis nous nous occupons de géologie sous-marine dans les calanques, où nous perdons notre troïka.

Non loin de Nice, j'initie André Laban au pilotage de la soucoupe. Soudain, par deux cent soixante-dix mètres de fond, je reçois un jet d'eau dans les reins, tandis qu'une flamme rouge illumine la soucoupe... Alerte !... En une seconde, je largue notre gueuse de sécurité. Nous bondissons vers la surface. Il me semble que la fuite vient du couvercle : je me dis que nous sommes perdus. Le submersible va se remplir et couler ; nous allons mourir noyés... Je regarde mieux : c'est grave, mais, heureusement, ce n'est pas le couvercle. Un joint de la pompe a lâché ; l'eau entre avec tellement de violence qu'elle rebondit d'abord sur la porte avant de gicler sur moi.

Nous arrivons à temps en surface : la preuve, c'est que je suis là pour le raconter.

Et la *Calypso* va sa route bleue... Gibraltar et ses courants. Mesures de la radioactivité de l'eau de mer entre Nice et la Corse. Etc.

Nous appareillons pour l'Amérique du Sud. La mission commence sans gloire, par une fuite dans un tuyau des toilettes : nous pompons jusqu'à Dakar. Serpillière et balai-brosse : les servitudes cachées du métier d'explorateur !... Nous passons l'équateur (cérémonie neptunienne, au cours de laquelle le dieu des mers s'appelle Maurice Léandri). Nous arrivons à Recife, au Brésil. Nous menons nos études de biologie marine autour des îles Rocas et Noronha ; puis c'est Bahia, Porto Seguro et Rio de Janeiro. Nous faisons route vers Montevideo, en Uruguay, où nous passons Noël ; puis vers Mar del Plata, en Argentine, où nous fêtons le nouvel an de 1962. Puis nous remontons vers le nord. Par un hasard étonnant, nous sommes à Rio pour le carnaval. Je ne peux tout de même pas soupçonner le Pacha d'avoir calculé ce coup-là...

Qu'on se rassure : je ne vais pas décrire le carnaval de Rio. Tout le monde a ses musiques dans l'oreille et ses paillettes dans les yeux... Je me surprends à penser que les costumes des danseuses de samba ne sont pas plus colorés que ceux des poissons-demoiselles ou des girelles tropicales ; et que, à y réfléchir, la fonction de ces teintes éclatantes est la même chez l'espèce humaine et chez les animaux : se faire voir ; exciter le sexe opposé...

Durant notre voyage de retour vers l'Europe, nous payons le carnaval par une invraisemblable succession de pépins. Le moteur principal tribord de la *Calypso* tombe en panne ; puis c'est le tour de l'embrayage du moteur bâbord. Le tableau électrique, inondé, saute. Un de nos groupes électrogènes grille. Une durite de l'autre groupe crève et inonde la machine ; et ainsi de suite... Jamais, depuis que j'ai réparé le *Hou Hop* avec mes amis mousquetaires, je n'ai autant scié, limé, soudé — les mains dans le cambouis et les pieds dans l'huile de vidange.

A peine revenus à Marseille, nous repartons pour des croisières scientifiques en Méditerranée. Géologie. Hydrologie. Juin 1962, la *Calypso* effectue entre Nice et la Corse ce qui restera probablement sa mission la plus périlleuse : pour les besoins d'une étude de sismique-réflexion, elle embarque cinquante-deux grenades de trente à cent trente kilogrammes chacune. De quoi pulvériser l'ancien dragueur de mines...

Au cours de l'été, j'ai la chance de faire partie de l'équipe de football du bord qui rencontre, en match amical, l'équipe du Musée de Monaco. Nous sommes renforcés par une partie des effectifs adverses, ce qui nous permet de faire semblant de savoir marquer des buts et de ne pas trop en encaisser... Le soir de la rencontre, nous recevons les joueurs adverses et leur famille à bord de la *Calypso*. Les enfants s'amusent dans les coursives ; par hasard, je sors du carré au moment où l'un d'eux, un tout-petit, tombe à l'eau entre le quai et la coque ; il est en train de se noyer dans un liquide chargé de mazout. Je saute tout habillé. Je le ramène en surface.

C'est la plus belle plongée de ma vie.

22

La maison sous la mer

A saturation • Le premier océanaute
Le tonneau de Diogène • Un cauchemar sous pression
Du caviar vert.

UNE MAISON sous la mer...

Vivre au sein de l'élément liquide ; y dormir ; y travailler ; s'y distraire : mieux que dans Jules Verne !... Ce rêve de plongeur fut peut-être déjà celui d'Alexandre le Grand : le conquérant, curieux de savoir ce qui se cachait sous la surface, se fit immerger en Méditerranée dans un tonneau vitré appelé *Colympha*.

J'aurais de la peine à dire de quelle époque exactement date l'idée d'une maison sous la mer. J'ai l'impression de l'avoir toujours connue, du moins depuis que je travaille avec Cousteau. Il faut avouer que, quand on est plongeur en scaphandre, on enrage. On voudrait passer des heures au fond. Mais on est limité par les lois de la physiologie. On respire de l'air comprimé ou des mélanges gazeux qui ont tous des inconvénients. Avec l'air, dès soixante-dix mètres, on risque l'ivresse des profondeurs (ou narcose à l'azote). Avec des mélanges complexes dans lesquels l'azote est remplacé (en partie ou en totalité) par de l'hélium ou de l'hydrogène, d'autres désagréments surviennent, notamment d'intenses déperditions calorifiques.

Par-dessus tout, il y a cette maudite décompression... Lorsqu'on descend dans le fluide aquatique, huit cents fois plus dense que l'air, on est soumis à une pression considérable : une atmosphère supplémentaire tous les dix mètres. Les gaz qu'on a dans les poumons passent massivement dans le sang, où ils se dissolvent. Si l'on remonte trop vite, ces gaz s'échappent sous forme de bulles — comme dans une bouteille de champagne dont on fait sauter le bouchon. Ils provoquent des dégâts dans les vaisseaux sanguins, les articulations, le cerveau. Paralysies, syncopes, embolies parfois mortelles... Pour éviter ces périls, on doit laisser les gaz dissous revenir très lentement dans les poumons. C'est la raison pour laquelle on observe des arrêts — des paliers — pendant la remontée. La durée de ces étapes, codifiée dans des tables de décompression, dépend à la fois du temps passé sous l'eau et de la profondeur atteinte. Elle peut être considérable. Pour une mission d'une heure à cent mètres, il faut par exemple compter quatre heures de patience.

Ces paliers constituent le bagne du plongeur : ça n'en finit pas. On s'ennuie, on a froid, on est mal.

L'une des découvertes majeures des physiologistes de la plongée (parmi lesquels je citerai le médecin de la Marine américaine George Bond et notre ami du Centre d'études marines avancées, le professeur Jacques Chouteau) est que, au bout d'un certain temps (entre douze et vingt-quatre heures, selon la profondeur où l'on accède), le corps se sature en gaz dissous. Le sang et les liquides cellulaires ne peuvent en absorber davantage, aussi longtemps que l'immersion se prolonge.

Dès lors, le temps nécessaire à la décompression n'augmente plus et le rendement de la plongée s'améliore. Qui reste douze heures à cent mètres a besoin de trois jours de décompression. Qui passe trois semaines à la même profondeur a également besoin de trois jours pour revenir à la pression atmosphérique : mais sa période de travail utile est bien plus longue...

Toute l'idée de la maison sous la mer est là : il s'agit de mettre les plongeurs à saturation ; de leur permettre de travailler dans d'excellentes conditions — sans remonter après chaque plongée ; de leur donner le confort nécessaire pour qu'ils se reposent et se distraient (au sec, dans un caisson pressurisé) ; et, à la fin du séjour subaquatique, de leur faire subir une seule (et proportionnellement courte) séance de décompression.

Si l'homme veut occuper durablement le fond des mers, il n'y a pas d'autre méthode — sauf celle qui consisterait à lui greffer (ou à lui inventer) des branchies de poisson ; mais ceci est du domaine de la science-fiction.

« Nous n'irons jamais vivre dans les plaines abyssales, par trois ou six mille mètres de profondeur, précise le Pacha, qui nous expose les données du problème au carré de la *Calypso*. Mais nous pouvons envisager qu'un jour l'humanité colonisera le plateau continental, ce prolongement des continents sous la surface de la mer, entre zéro et deux cent cinquante mètres de profondeur. Le plateau continental constitue, en fait, la portion la plus riche et la plus intéressante de l'océan. C'est la raison pour laquelle j'ai décidé de baptiser notre expérience Précontinent. Précontinent I, car il y en aura d'autres... »

Les études préliminaires à la mise au point de la maison sous la mer sont menées à Marseille, à l'O.F.R.S. (Office français de recherches sous-marines), qui deviendra le C.E.M.A. (Centre d'études marines avancées) en 1968.

Le résultat pratique, pour moi, est que le commandant Cousteau me désigne pour être, avec mon ami Claude Wesly, le premier locataire de la première maison sous la mer du monde. Le premier océanaute !... A une époque qui est aussi celle du premier cosmonaute — Youri Gagarine, le 12 avril 1961 —, le Pacha ne peut pas me faire plus grand honneur...

L'O.F.R.S. achève la maison, que nous embarquons sur la

Calypso. N'imaginez pas un palace, ni même un pavillon de banlieue... C'est un tonneau d'acier peint en jaune, de cinq mètres de longueur et de deux mètres cinquante de diamètre, qui possède un puits d'entrée inférieur. Comme il s'agit d'un tonneau, nous le baptisons *Diogène,* par allusion au logement que le philosophe de l'Antiquité s'était choisi.

Le site retenu pour l'expérience? Une fois de plus, « mes » îles marseillaises; plus précisément, Pomègue — à quelques encablures du château d'If. Tandis que mes amis s'activent à mettre en place l'habitacle, par dix mètres de fond, sur un balcon de roche, je me concentre. Nous resterons sept jours sous la mer. En principe, cette mission ne comporte pas de risque. Les spécialistes du C.E.M.A. ont testé les effets de la plongée à saturation sur des animaux — moutons, boucs, cochons... Nous devrions résister aussi bien que le bétail! Cependant, je sens monter en moi l'angoisse. Je regarde mon compagnon d'expérience, Claude Wesly : lui aussi a le sourire crispé. Nous allons accomplir ce qu'aucun homme n'a jamais tenté.

Nous savons qu'une fois à saturation il nous sera interdit de remonter — sous peine de mort — sans avoir subi une longue décompression. Nous ne perdrons pas de vue la lumière du soleil (dix mètres, ce n'est pas énorme) ; mais nous n'aurons à aucun moment le droit de donner les quelques coups de palmes qui nous suffiraient pour réintégrer le monde « normal ». Ce sera le plus difficile. Plonger, travailler au fond : nous savons le faire; nous sommes payés pour cela... Autre chose est de se constituer prisonnier des pressions — et de savoir qu'on aura besoin d'une certaine période pour redevenir un homme ordinaire... Et si nous tombions malades? Et si Claude ou moi devions être opérés d'urgence?

Tout est prêt le 14 septembre 1962. La maison sous la mer est immergée. *Diogène* nous attend. Les journalistes sont nombreux, sur des barques de location, autour de la *Calypso* et du navire du C.E.M.A., l'*Espadon,* qui nous assiste dans cette expérience. Les caméras tournent, les appareils de photo cliquettent. Claude Wesly et moi sommes en tenue de plongée. Le commandant Cousteau nous adresse un clin d'œil. A 12 heures, nous saluons nos amis et nous embrassons nos proches. A 12 h 20, nous sautons à l'eau.

En trois coups de palmes, nous atteignons notre logis. La maison est ancrée à une brasse au-dessus de la roche, ceinturée de chaînes et lestée par trente tonnes de gueuses. Nous nageons sous le cylindre jaune, et nous nous engageons l'un derrière l'autre dans le puits vertical qui mène à l'« appartement ». Quand je débouche dans la chambre sèche, j'ai un pincement au cœur. Je la connais par cœur, pour y être souvent entré pendant sa construction. Mais c'était à terre. Ici la lumière est autre — glauque, incertaine... Une fois franchie la surface du puits d'accès, nous retirons nos scaphandres. Nous respirons de l'air comprimé à la pression de deux kilogrammes par centimètre carré. Nous sommes chez nous...

Toutes les installations du module Précontinent I ont été doublées pour garantir un fonctionnement sans faille : deux compresseurs insufflent de l'air dans l'habitacle ; deux caméras de télévision permettent aux hommes restés en surface de nous surveiller ; les câblages électriques sont dupliqués ; etc. En dépit de son exiguïté, *Diogène* est confortable : nous y avons la radio et la télévision, une mini-bibliothèque, et même une œuvre d'art accrochée au mur : un tableau que notre artiste sous-marin, André Laban, s'est amusé à peindre à l'huile en plongée... Un tuyau d'eau chaude pour la douche nous arrive directement de l'*Espadon*. Nos repas, préparés en surface, nous sont descendus par des plongeurs dans une cocotte-minute. Nous disposons de réserves annexes de nourriture. Notre appartement est chauffé par des radiateurs électriques : la température dépasse vingt-deux degrés centigrades ; si nous mourons, ce ne sera pas de froid !

Douze plongeurs, dirigés par Raymond « Canoë » Kientzy, sont à notre service. Le professeur Jacques Chouteau et le docteur Xavier Fructus descendront nous examiner chaque jour (prise de sang, analyse d'urine, tension, électrocardiogramme, électro-encéphalogramme : tout le fourbi).

Le commandant Cousteau nous rejoint vers 19 heures et nous aide à nous installer. Nous dînons tous trois sur la petite table du logis sous-marin. Quand le Pacha nous quitte pour regagner la surface, et que nous nous préparons à passer notre première nuit d'océanautes, nous savons que quelque chose d'irrémédiable commence : demain, nous serons à saturation. Les dix mètres qui nous séparent de l'atmosphère libre seront devenus plus infranchissables que le mur de Berlin pendant la guerre froide.

Nous finissons de nous organiser : tout homme a ses manies, qu'il transporte au sommet des montagnes, dans l'espace ou au fond des mers. Claude Wesly et moi n'échappons pas à la règle. Nous regardons un moment la télévision (des variétés...). Nous nous étendons sur nos couchettes. L'humidité (cent pour cent !) est gênante : nous sommes moites. A part ça, je me sens bien. Je ferme les yeux. Je m'endors.

Les deux premières journées se passent à merveille. Nous effectuons cinq heures quotidiennes de travail (deux le matin, deux l'après-midi, une la nuit). Nous sortons en scaphandre. Nous nageons loin de *Diogène.* Nous descendons à vingt-cinq mètres. Nous levons des gueuses, nous attachons des chaînes, nous vissons des vis, nous martelons de la tôle... Nous nous livrons à des tests psychomoteurs que nous concoctent nos médecins : il s'agit d'entasser des cubes, de tracer des lignes droites, de rassembler des puzzles, etc.

Le matin du troisième jour marque un changement d'humeur. Claude Wesly et moi nous réveillons de la mauvaise palme... Inquiets. Irrités. Mal dans notre peau... Nous nous sentons vulnérables. Nous n'avons pas envie, comme d'habitude, de plaisanter. Nous attaquons le boulot sans enthousiasme. J'ai peur de ne pas être à la hauteur, de ne pas tenir durant toute l'expérience. C'est comme si je trouvais devant moi un perpétuel obstacle, impossible à franchir. Nous avons pour consigne de signaler à la surface la moindre angoisse, la moindre modification de notre « mental ». Bien entendu, nous n'en faisons rien. Le soir, il nous faut du temps pour trouver le sommeil. Je passe une nuit épouvantable. Voici ce que, le lendemain, je note dans mon Journal :

« Moi qui n'avais pas rêvé depuis belle lurette, je me rattrape... Un cauchemar affreux : oppression, étouffement, angoisse, panique... Une main m'étrangle, il faut que je sorte de ce tonneau de fer — que je remonte... Je me réveille, je vais au trou, je regarde l'eau. Je vérifie les indicateurs. Tout est normal. Claude dort. Je me recouche, mais j'ai les yeux ouverts. Je me sens seul, abandonné, pris au piège. Je suis condamné à rester sous l'eau une semaine entière. Je ne suis pas libre de remonter. J'aimerais voir les étoiles : j'ai besoin de la Voie lactée. Mais, pour gagner la surface, il me faut éliminer mon azote, et cela, je ne puis le faire que lentement, avec le concours de ceux qui, là-haut, veillent sur moi. J'ai peur, une peur irraisonnée. Pour me calmer, je me dis que toutes les précautions sont prises. En ce moment, quelqu'un m'observe à la télévision, là-haut. Mais je ne parviens pas à me rassurer. Une idée m'obsède, absurde : et si le hublot se fissurait ? Si l'eau montait ? Sans doute resterait-il assez d'air dans le haut du caisson pour que nous ayons le temps d'enfiler nos scaphandres et de sortir. Mais après ? Nous ne pourrions pas remonter aussi longtemps que notre problème de décompression ne serait pas résolu... Je ne parviens pas à me rendormir. Le bruit que fait l'air en s'échappant, au niveau de l'eau, est infernal. De nuit, il devient obsédant. Les bulles explosent comme dans une bouilloire géante. Cela ressemble au bruit que font les galets que la tempête roule sur la grève... »

Le quatrième jour, je ne suis pas à prendre avec des pincettes. J'accueille le plongeur qui nous apporte le petit déjeuner par un brutal :

« Elles sont toutes cassées, tes biscottes ! »

Il me considère, étonné. Je n'ai pas habitué mes compagnons à ce genre de sorties... Quelques minutes plus tard, un autre plongeur arrive dans la maison sous la mer : c'est le cuistot Guilbert. Il me tend un paquet de biscottes... entières !

Evidemment, là-haut, ils m'ont entendu... Big Brother nous regarde... Guilbert se confond en excuses. La tête qu'il fait me remet de bonne humeur : je lui demande d'oublier mon esclandre.

Nous passons une partie de la matinée en tests psychomoteurs, avec le professeur Chouteau. Notre tâche consiste à reconstituer le plus vite possible des motifs de mosaïque en utilisant des cubes noirs et blancs. Je retombe en enfance ; il y a longtemps que je ne m'étais pas aussi bien amusé. Surtout qu'ensuite Chouteau nous demande d'empiler des chaises et des tables !...

A midi, le Pacha nous rejoint. Il nous dit que nos tests sont bons : les longs séjours sous l'eau ne désorganisent pas le cerveau de l'océanaute !... Je lui raconte mes angoisses de la nuit. A la télévision, on n'a rien décelé — sinon que j'étais un peu nerveux. Nous déjeunons ; nous prenons le café. Le soir, au téléphone, nous nous parlons de nouveau longuement. Cousteau me fait observer que Claude et moi n'avons pas allumé la télévision. Nous n'y avons même pas songé... Il me demande ce qui nous distrairait vraiment. Je réponds, et Claude m'approuve d'un hochement de tête : « Un tourne-disque, avec de la musique classique ! » Le Pacha ajoute que nos goûts culinaires se modifient, eux aussi : nous ne réclamons plus de plats en sauce ; rien que des grillades et des légumes. Y aurait-il un rapport entre la musique classique et les grillades ?

Nous laissons entendre à Cousteau que les visites — amicales, mais inutiles — de nos amis plongeurs commencent à nous peser. Nous habitons une maison électronique où il suffit d'appuyer sur un bouton pour être servi. Nous avons quarante bras et quarante jambes, mais plus aucune initiative individuelle, plus aucune intimité — presque plus de personnalité. Je suppose que les cosmonautes éprouvent un sentiment comparable, dans leur capsule. J'écris dans mon Journal :

« Cette première expérience est trop mécanisée. La prochaine fois, j'aimerais qu'on m'installe dans ma bulle et qu'on se borne à me dire : Débrouille-toi avec les poissons ! »

Le cinquième jour, nous avons un petit pépin. Nous travaillons à construire un grillage, par vingt mètres de fond et à cent mètres de *Diogène,* lorsque Claude Wesly me fait signe qu'il manque d'air. Je lui passe mon embout : il s'emplit les poumons. Nous nous dirigeons vers la maison. Je le fais respirer de place en place. A vingt mètres de l'entrée, il file vers l'habitacle. Explication de l'incident : sa quadribouteille a été mal remplie par nos amis de la surface... Pour éviter que cette situation ne se représente, le Pacha nous fait installer, un peu partout sur le fond, des tonneaux de secours d'air comprimé — où nous pouvons trouver de quoi respirer cinq ou six minutes en attendant des bouteilles pleines.

Le sixième jour est merveilleux. Je jouis de mon état d'océanaute. Pour la première fois, j'ai le temps de regarder sous la mer. Finie, l'obsession du chronomètre !... Je détaille chaque mètre de l'herbier de posidonies. Certaines de ces plantes ont fleuri : de jolies corolles discrètes, jaune-vert, que je n'avais jamais observées auparavant. La nuit, à la lumière des projecteurs, la prairie sous-marine grouille de vie. Les anémones de mer et les cérianthes déploient leurs panaches de tentacules : malheur à la crevette qui touche l'un de ces fouets venimeux ! Des crabes arpentent le fond. Des pinnes (nacres) bâillent. Des étoiles de mer rouges et d'autres ocre rampent sur le fond : lorsqu'elles touchent un bivalve (huître, spondyle, moule), elles déploient la puissance de leurs bras ; elles l'ouvrent ; puis elles font passer leur estomac dans la coquille de leur proie, qu'elles digèrent sur place.

Des hippocampes s'accrochent par la queue aux herbes du fond. J'en vois qui s'accouplent : la femelle pond des œufs dans une poche ventrale du mâle. Ce dernier se charge de l'incubation. Lorsque les alevins écloront, il endurera les douleurs de l'enfantement : ce soir, Monsieur accouche...

J'observe, en compagnie de Claude, une holothurie qui

crache son estomac filamenteux pour impressionner un congre. Une troupe de bogues plane au-dessus de l'herbier, et croise une escadrille de saupes. Ici ou là, des murènes, des dentis, des mérous...

Claude et moi commençons d'oublier ce qui se passe là-haut. Nous nous moquons de l'heure. Nous n'allumons plus ni la radio, ni la télé. Il nous semble que, maintenant, nous pourrions vivre indéfiniment sous la mer. J'ai l'impression que le temps subit des distorsions : parfois, il se contracte, parfois il se détend. Je me surprends à croire que nous sommes arrivés hier dans *Diogène,* et que nous allons y demeurer de longs mois.

Le soir du sixième jour, le Pacha dîne de nouveau avec nous. Il apporte une bouteille de bordeaux et il ouvre une boîte de caviar : les œufs sont verts ! Nous savons que c'est un effet de la pression sur notre sens de la vue ; mais impossible d'avaler du caviar couleur d'épinard... Lorsque le commandant Cousteau ouvre la bouteille, le bouchon s'enfonce au lieu de monter : un autre coup de la pression !... Puis le Pacha veut siffler : impossible. Claude et moi réussissons : mais nous nous sommes entraînés...

Au dessert, Cousteau devient quelque peu grandiloquent :

« Vous avez prouvé que c'était possible, dit-il : vous resterez dans l'Histoire ! Grâce à vous, l'humanité partira bientôt à la conquête du plateau continental... Nous établirons des bases, comme à l'Himalaya : Camp I, Camp II, Camp III, etc. ; mais à l'envers : de plus en plus profond. En respirant des mélanges spéciaux dans lesquels nous remplacerons l'azote par de l'hélium ou de l'hydrogène, nous dépasserons cent mètres. Rappelez-vous le Grand Conclu : nous y avons travaillé à quarante mètres, pendant des années ; mais au bout d'un quart d'heure de plongée, trois coups de fusil nous rappelaient qu'il fallait revenir en surface. Si nous avions eu *Diogène*...

« Dans combien de temps, cette conquête du Far Deep ? Je ne sais. Ce dont je suis sûr, c'est qu'un jour il y aura des villages sous la mer. Avec des hommes, des femmes, des enfants, des écoles, des magasins — et des bistrots, bien entendu ! Comment échapperions-nous aux bistrots ? »

Est-ce l'effet de la pression ou celui du bordeaux ? J'ai rarement vu le Pacha aussi exalté... Il va jusqu'à imaginer Claude Wesly en uniforme de shérif des abysses !...

Le 21 septembre, nous nous préparons à remonter. Le professeur Chouteau nous fait respirer pendant plusieurs heures un mélange formé de quatre-vingts pour cent d'oxygène et de vingt pour cent d'azote — la proportion inverse de l'air atmosphérique. Un truc à lui... Cette séance, quoique contraignante, accélère de façon étonnante l'élimination des gaz que notre sang et nos liquides cellulaires ont accumulés pendant une semaine. Le caisson de décompression est prêt. Nous sortons de *Diogène* et nous nous y engouffrons. Nous aurons d'autres longues heures à passer dans ce tube d'acier, avant de pouvoir réintégrer le monde des humains d'en haut.

Quand nous sortons de l'eau, un grand soleil illumine la rade de Marseille. Je bénis la lumière.

23

Le village de la mer Rouge

Port-Soudan • Shab Roumi
Les deux maisons • Le garage et le hangar
Un perroquet à plumes, un autre à écailles.

QUAND ON a vécu l'exaltation d'une première mondiale, on recolle mal au réel. J'avoue que, après Précontinent I, les missions classiques d'océanographie de la *Calypso* me semblent mornes, fades, répétitives... Mais, comme dit le Pacha, la science de la mer avance à petits coups de palmes. Les grandes expériences et les inspirations de génie sont rares. Je m'efforce de m'y remettre.

Fin de 1962 : sismique-réflexion, études de radioactivité et courantologie en Méditerranée...

J'accepte la routine. Mais, dans ma tête, comme mes compagnons, je prépare déjà Précontinent II. Non pas une semaine, mais un mois sous la mer. Non pas une maison, mais un village... La décision de lancer l'expérience est prise en octobre 1962 : nous n'aurons que quelques mois pour tout mettre au point. La *Calypso* part au carénage ; on lui refait une beauté.

En février 1963, la maison sous la mer de Précontinent II, sa station profonde, son garage à soucoupe et son hangar à outils — les quatre éléments du « village » — sont construits. Un cargo nommé *Rosaldo* les embarque. La *Calypso* lève l'ancre. Les deux bateaux se retrouveront sur le site.

Pour servir de cadre à ce projet, le Pacha a choisi la mer Rouge — la mer des Merveilles, comme l'appelle Frédéric Dumas. Le commandant Cousteau veut approfondir (c'est le mot) les leçons de Précontinent I, mais aussi tourner un film de long métrage — la suite du *Monde du silence,* dont le titre sera *Le Monde sans soleil.*

Méditerranée orientale, canal de Suez : la *Calypso* connaît le chemin; moi aussi... Nous retrouvons l'épave du *Thistlegorm* : je voudrais y plonger de nouveau pour saluer mes copains les poissons-camions. L'état de la mer nous empêche de nous arrêter. Le lendemain, un coup de vent de force dix s'abat sur le navire, qui est criblé de sable du Sahara. La *Calypso* était blanche : elle devient ocre. Je la trouve moins bien; mais une averse de pluie lui restitue sa couleur ordinaire...

Comme on égrène les perles d'un collier, nous visitons des récifs, en quête d'un emplacement pour le village sous-marin : Shab Ali; Daedalus; Elba; Khebir; Baracut; Dzeberdjed; Shab Aubier... Les noms chantent, mais, pour nous, c'est du boulot. Je plonge trois ou quatre fois par jour en soucoupe. Raymond Coll et Dominique Sumian (un nouveau dans l'équipe; il deviendra, dans quelques années, chef de mission) m'assistent. Nous ne trouvons pas ce que nous cherchons. Nous sommes difficiles. Nous avons besoin d'un massif de corail coloré et grouillant de vie, baignant dans des eaux limpides (pour les besoins du cinéma), et qui possède deux balcons naturels, l'un à dix mètres de profondeur, l'autre à vingt-cinq. C'est sur ces marches que nous installerons nos maisons.

Le 16 mars, un grain violent salue notre arrivée à Port-Soudan (Port Sudan) — le seul havre soudanais digne de ce nom. Un pilote anglais ganté de blanc nous conduit à notre coffre d'amarrage. A terre, nous faisons la connaissance de

Mohammed Ali, qui est chargé des relations de notre équipe avec les autorités locales. Il nous recommande le récif de Shab Roumi, au-delà du phare de Sanganeb, à trente milles vers le nord.

« Un endroit merveilleux, dit-il. En langue arabe, Shab Roumi (Shab Rumi) signifie l'île des Roumis, ou des Romains, c'est-à-dire des Chrétiens... »

Vu de la surface, le récif de Shab Roumi ne paie pas de mine : une étendue de mer où affleurent des têtes de corail grises, dangereuses pour la navigation. Regardé par-dessous, c'est un paradis : une explosion multicolore de madrépores, de coraux de feu, d'alcyonaires, de gorgones, d'éponges, avec des semis de coquillages, d'étoiles de mer et d'oursins, et des nébuleuses de poissons plus beaux les uns que les autres.

Je m'immerge en soucoupe, en quête du lieu favorable. Trois reconnaissances successives me déçoivent. L'un des endroits que je visite possède un balcon naturel à dix mètres ; mais la pente, au-dessous, est vertigineuse : un à-pic de plus de quatre cents mètres. Supposons que la maison rompe ses amarres et dévale dans l'abîme : les océanautes seraient perdus...

Je finis par entrevoir l'idéal. Deux marches de corail aux bonnes profondeurs... Tout près, un lagon dans lequel le *Rosaldo* et la *Calypso* pourront mouiller... Je dirige la soucoupe vers la surface. Une heure plus tard, en scaphandre autonome, accompagné du commandant Cousteau, du commandant Alinat et de Frédéric Dumas, je descends de nouveau. Nous palmons le long d'un tombant de calcaire hérissé de gorgones, d'alcyonaires et de buissons de corail noir (lequel, quand il est vivant, est d'un superbe blanc argenté : seul son squelette est sombre). Frédéric Dumas mesure les profondeurs. Le premier balcon est à onze mètres, le second à vingt-huit.

Ici, ce sera bien.

Nous attendons l'arrivée de notre cargo d'accompagnement : le *Rosaldo,* bourré jusqu'aux écoutilles de matériel lourd, ne va pas vite. Nous nous mettons au boulot : un travail de Romains ; à Shab Roumi, rien de plus normal... Plaisanterie à part, en près de quarante années de missions sur la *Calypso,* je ne me souviens pas d'avoir autant transpiré.

Nous cadastrons le site avec des bouées jaunes. Nous aménageons les fondations de la maison sous-marine en égalisant le corail. Nous comblons les trous de manière à obtenir une plate-forme horizontale. Ceux qui travaillent en surface cuisent au soleil saharien. Ceux qui plongent se coltinent des blocs énormes : ils marchent sur le corail comme des scaphandriers lourds, et ahanent dans leur embout respiratoire en essayant de vaincre la résistance de l'élément liquide... Pour préparer l'immersion de la maison, nous rangeons sur la plate-forme des gueuses de plomb que Maurice Léandri nous envoie sur le filin de la grue. Quatre tonnes de gueuses de cinquante kilogrammes chacune...

Nous remorquons l'habitation à la verticale de ses fondations sous-marines. Incident. La pression baisse dans l'habitacle, qui risque de couler... Je veux réinsuffler de l'air comprimé dans sa vanne d'entrée. Au moment où, les jambes dans l'eau, je fixe le tuyau, je sens une atroce brûlure : j'ai l'impression qu'on me passe les mollets à l'acide sulfurique. Je saute dans le chaland : j'ai la peau rouge et gonflée depuis les genoux jusqu'aux orteils. J'ai mis les pieds dans un banc de méduses dont les tentacules hérissés de cellules urticantes inoculent un venin redoutable à tout ce qui les frôle...

Les méduses partent avec le courant, tandis que le *Rosaldo* s'apprête à pénétrer dans le lagon. Je plonge avec Raymond Coll et Christian Bonnici pour reconnaître la passe : je fournis des indications de manœuvre précises au capitaine. Mais celui-ci, peu habitué à slalomer parmi les écueils, cède à la panique. Il se présente de travers, donne un coup de barre malheureux et heurte une tête de corail. Il aurait pu éventrer son navire, qui s'en tire par miracle avec des éraflures sur la coque.

Nous amarrons le *Rosaldo*. Nous construisons une passerelle de tubes de métal, qui nous permet d'aller à pied depuis le cargo jusqu'à la verticale de la maison marine. Il s'agit maintenant d'immerger cette dernière. Nous lestons l'habitacle de gueuses de plomb. Nous travaillons dans l'angoisse. Si la houle se levait, la maison pourrait basculer de l'autre côté du tombant de corail : tout serait perdu... Nous manipulons au total quatre mille sept cent quatre-vingt-dix gueuses de cinquante kilogrammes !

La maison, fermée et pressurisée, descend sur ses fondations de corail. Nous l'amarrons sur le balcon calcaire, à onze mètres sous la surface argentée. Une bonne chose de faite...

Il nous reste à recommencer l'opération avec le garage de la soucoupe, puis avec le hangar à matériel, puis avec la station profonde !

Je renonce à décrire ces chantiers. Nous frôlons plusieurs fois la catastrophe. En installant le garage à soucoupe, nous calculons mal notre coup. Le dôme descend trop vite, heurte le corail avec fracas et se couche sur le côté. Nous devons retirer toutes les gueuses qui lui servaient de lest, le remplir d'air pour le renflouer, réparer ses « jambes » tordues — et recommencer. Le tout dans la hantise d'une tempête qui pourrait se lever...

Pour la station profonde, cela se passe encore plus mal. Nous la faisons descendre. Deux électriciens-plongeurs, Jacques Roux et Pierre Servelot, sont à bord. Ils posent des équipements, quand l'habitacle se met à osciller, puis à glisser le long du corail, dans un énorme nuage de bulles... Pierre Servelot donne l'alerte en surface avant que les câbles ne soient arrachés. Jacques Roux réussit à s'extraire du piège, mais son compagnon dévale vers l'abîme. Raymond Coll, qui les aidait, se retrouve lui aussi entraîné vers le bas, une palme coincée... La station bascule jusque sur une autre plate-forme située à cinquante mètres — où elle s'arrête par miracle. Nous plongeons au secours de nos amis. Raymond Coll, qui a des nerfs d'acier, se dégage seul. Nous récupérons un Servelot passablement choqué. Quant à la maison, il faut la « gonfler » à l'air comprimé pour la faire remonter en surface. Et tout recommencer. Epuisant...

Ce labeur nous occupe pendant un mois. Des plongeurs sont malades. Christian Bonnici, Bernard et Marcelin ont un malaise. Nous nous mettons à l'eau à 6 heures du matin et nous n'en sortons qu'à 8 heures du soir. Personne ne peut imaginer, en regardant le film *Le Monde sans soleil,* quelle quantité de sueur représente la mise en place du village sous la mer de Shab Roumi. Il a l'air si harmonieux, dans son paysage de coraux et de poissons... On dirait qu'il a toujours été là. Mais nous, nous comptons nos ampoules, nos bleus, nos tours de reins, nos doigts pincés !

Avec les requins, rien à craindre : je redoutais qu'ils ne nous posent problème, car j'en avais vu beaucoup la première fois que j'avais plongé sur le site. Ils ont déserté dès le début du chantier, effrayés par le remue-ménage. Terrorisés par ces grands poissons à peau de caoutchouc qui soulèvent des nuages de poussière, mouillent des monstres jaunes là où il n'y avait que du corail, et font un tintamarre de tous les diables dans la mer... Les squales sont prudents. Je rectifie : ils sont trouillards !

D'autres poissons n'ont pas leur timidité : les poissons-perroquets bosses, par exemple (deux ou trois d'entre eux ont élu domicile dans les parages) ; les lutjans rouges ; ou les balistes... Ces derniers deviennent familiers. Ils dorment dans la passe qui mène au lagon. Ils nous adoptent. Pendant la journée, ils nous suivent en plongée. Ils profitent des proies que nos travaux débusquent. Malins, les bougres...

Le 15 juin 1963, les océanautes emménagent dans la grande maison jaune, que nous baptisons l'Etoile de Mer à cause de sa forme : elle comporte un bloc central (le salon-salle à manger-salle de contrôle) et quatre rayons (deux chambres à deux lits, une douche-vestiaire et une cuisine-laboratoire). Les quatre héros sont Claude Wesly (mon compagnon de Précontinent I) ; Pierre Guilbert, le cuistot ; André Folco (mon presque homonyme), technicien sous-marin ; et le professeur Raymond Vaissière, directeur du laboratoire de biologie marine du Musée océanographique de Monaco. Ils revêtent une tenue de plongée argentée spéciale, qui les distingue des autres plongeurs (habillés de noir) et signifie, en quelque sorte : « Interdiction de remonter à la surface sans avoir, au préalable, subi une longue séance de décompression... »

Les quatre hommes passent leur première nuit dans la maison où ils vivront pendant un mois. Le Pacha a dîné avec eux. Je leur rends visite à mon tour : ils sont un peu angoissés, mais heureux.

Les premiers jours de l'expérience se déroulent sans histoire. Les océanautes travaillent. Claude Wesly reçoit, par le moyen de la cocotte-minute messagère, un colis bizarre : un perroquet ! Un vrai perroquet vivant, avec des plumes et un bec courbe, qui reçoit non pas le nom de Coco, mais celui de son nouveau maître, Claude... L'oiseau n'est pas là pour rien : c'est un détecteur de gaz toxiques. Si le dispositif d'épuration de l'atmosphère de la maison sous-marine tombe en panne, il en sera le premier affecté ; les océanautes pourront donner l'alerte avant d'avoir eux-mêmes ressenti les premiers symptômes d'intoxication. Sans aucun complexe, le perroquet Claude s'adapte à son environnement bizarre : c'est le premier de sa race à vivre sous plus de dix mètres d'eau... L'épisode le plus comique survient lorsque, regardant les poissons à travers le hublot, le perroquet Claude tombe nez à nez avec un... poisson-perroquet aussi vert que lui, et doté d'un bec aussi dur !

Dans cette expérience Précontinent II, l'une de mes tâches consiste à piloter la soucoupe plongeante : je fais, en quelque sorte, le taxi sous-marin... Comme nous avons baptisé Etoile de Mer la maison principale, le garage de la soucoupe reçoit un nom qui décrit sa forme : l'Oursin. Y pénétrer n'est pas si simple que de ranger sa voiture dans le garage d'un pavillon de banlieue ! Un ou deux plongeurs doivent me guider. Je vise — dans les trois dimensions : attention au plafond ! — afin de faire passer le submersible entre deux des trois pieds de l'Oursin. Je le stabilise quand il arrive à la verticale de l'entrée inférieure. J'attends que mes aides extérieurs élinguent l'engin : un treuil me soulève jusqu'au niveau de l'eau. Je puis sortir de l'habitacle au sec et... replonger en apnée ou en scaphandre pour gagner la surface et la *Calypso*.

Je descends une ou deux fois par jour pour assister les océanautes dans leurs activités. Je les aide à transporter leurs outils ou à mettre en marche leurs véhicules (les scooters sous-marins) hors du hangar à matériel. Je surveille les agissements de Jules.

Jules est apparu le jour de l'emménagement. C'est un barracuda, un énorme sujet du genre ! Plus de deux mètres de longueur. Des écailles d'argent bleu. A la bouche, des rangées de dents aiguës — et quatre poignards impressionnants... A cette époque, nous n'avons pas l'habitude des barracudas. Nous les redoutons au même titre que les requins : ils sont si bien armés, si rapides... Nous craignons qu'ils ne goûtent — juste pour se faire une idée — un mollet ou un bras d'équipier Cousteau... Après des années de plongée dans les mers où ces carnassiers abondent, je puis dire, aujourd'hui, qu'ils ne sont jamais dangereux pour l'homme. J'en ai rencontré des centaines, parfois en bancs serrés comme des armées de chevaliers du Moyen Age. Jamais ils n'ont attaqué. La seule fois où j'ai vu un barracuda mordre, c'était un individu blessé qu'un pêcheur venait de sortir de l'eau. Légitime défense !

Jules dort contre un pilier du garage de la soucoupe. Dès l'aube, il guette la sortie des océanautes. Il les inspecte quand ils nettoient les parois extérieures de leur habitation, vite couvertes d'algues, de vers et de coquillages incrustants : de temps à autre, il attrape un brimborion qu'il avale. Il apprécie les travaux de terrassement, qui chassent du sédiment de bonnes proies bien grasses. Il semble même s'intéresser aux tests psychomoteurs, aux expériences de biologie marine et aux collectes d'échantillons de corail et d'invertébrés !

Dans la grande maison, la vie coule sans tension excessive — comme si, désormais, l'existence subaquatique faisait partie de la routine. Les océanautes mangent, dorment, travaillent, se distraient comme chez eux. Ils prennent des bains de soleil : dans ce monde sans soleil, il ne s'agit que de s'exposer pendant quelques minutes aux rayonnements ultraviolets d'une lampe à bronzer. Les équipiers Cousteau ne soignent pas leur apparence : les ultraviolets, qui aident la peau à fabriquer la vitamine D, sont nécessaires à leur santé.

Les jours passent. Les hommes s'habituent. Leur organisme s'adapte aux contraintes de la vie sous pression. Ils s'amusent de quelques curieux phénomènes. L'atmosphère de la maison sous la mer, deux fois plus dense qu'en surface, freine les ventilateurs et les fait griller les uns après les autres. Le tabac des cigarettes brûle deux fois plus vite, car l'air comprimé de l'Etoile de Mer contient deux fois plus d'oxygène que l'atmosphère. Les égratignures provoquées par les coraux guérissent comme par enchantement. A l'inverse, la barbe pousse deux fois moins vite... Par ailleurs, les locataires du récif souffrent de l'uniformité bleue des teintes. Ils voudraient de la couleur... Ils refusent d'avoir du poisson au menu : ils auraient l'impression de manger les merveilleux poissons-anges et les poissons-papillons qui les enchantent dès qu'ils sortent. Peut-être se sentent-ils un peu devenir poissons eux-mêmes ?

Deux nouveaux océanautes se préparent : André Portelatine et Raymond « Canoë » Kientzy. Leur logis à eux n'est pas l'Etoile de Mer, mais la station profonde, ancrée à vingt-cinq mètres sous la surface. Vêtus d'une combinaison argentée — et d'un masque noir qui les distingue —, ils s'immergent. Ils prennent possession de leur « sweet home ». Le Pacha et moi, nous les accompagnons jusque sur le seuil de leur « chez eux ». Le mélange qu'ils respireront pendant une semaine n'est pas de l'air comprimé, comme dans la grande maison : il s'agit d'un complexe d'oxygène, d'azote et d'hélium, sous la pression de trois atmosphères et demie. Ils effectueront chaque jour une ou deux missions jusqu'aux environs de cent mètres de profondeur. C'est ainsi que l'humanité, un jour, colonisera le plateau continental.

Je participe à toutes les missions que le Pacha me confie — et à quelques autres que je crois utiles. Je confectionne, avec mes amis citoyens de la mer, une grande « volière à poissons », faite d'un bâti et d'un grillage métalliques, où nous emprisonnons pour quelques heures les animaux que nous capturons sur le récif, et dont le professeur Vaissière veut étudier le comportement. Le village sous la mer a désormais son poulailler. La volaille possède des écailles au lieu de plumes ; elle ne caquette pas : elle bâille !

Nous explorons le récif en tous sens. Nous ne nous lassons pas de la splendeur des madrépores, des alcyonaires, des gorgones et des bryozoaires. Je m'extasie devant un énorme corail porite de deux mètres de hauteur, que constellent des dizaines de vers spirobranches géants : ces derniers déploient dans le courant leurs panaches de tentacules. Je les appelle « parapluies de Cherbourg ». Bien qu'ils appartiennent tous à la même espèce, certains sont jaunes, d'autres bruns, d'autres vermillon, d'autres grenat, d'autres bleus, etc. Preuve — s'il en fallait — que la couleur n'est qu'un détail de l'ensemble des caractères qui font un organisme ; et que les théoriciens du racisme ignorent les lois élémentaires de la biologie.

Les requins évanouis, et Jules le barracuda plus calme que nous ne le redoutions, les plus imposants locataires du récif sont les poissons-camions — ou napoléons, ou perroquets-bosses. A la nuit tombée, ils dorment chacun dans leur trou. A l'aube, ils font leur « toilette » en se frottant vigoureusement sur le sable du fond. Puis ils se réunissent en bande, et commencent de casser du corail. Ils foncent comme des forcenés, la bosse en avant, sur les madrépores. La puissance de leurs cinquante ou soixante kilogrammes lancés fait éclater les branches des polypiers, qu'ils se mettent ensuite à mâchonner avec leurs puissantes dents soudées en bec. On entend le travail de leurs mâchoires : ils broient le calcaire comme nous écrasons des biscottes. Crunch ! crunch ! Ils recrachent une poussière de roche émiettée, et avalent les petits polypes mous qui composent leur ordinaire.

Le professeur Vaissière est le premier spécialiste de biologie marine auquel il est donné d'étudier ses échantillons dans leur milieu naturel, par dix mètres de fond. Il observe le plancton au microscope. Il noircit des pages de cahiers de notes. Il remplit des boîtes et des bocaux de prélèvements, qu'il destine à ses collègues du monde entier. Lorsqu'il met ses observations au propre, il n'a qu'à lever la tête pour voir passer par la fenêtre des escadrilles de poissons-demoiselles ou de poissons-anges.

Le comportement des animaux marins offre d'incessantes surprises. Les bernard-l'hermite se promènent dans leur coquille d'emprunt. La crevette sténope agite ses longues antennes dans le corail : les poissons connaissent ce signal ; ils approchent et s'immobilisent ; elle tend ses pinces et les débarrasse consciencieusement de leurs parasites : elle tient une station-service de nettoyage. La crevette-bulldozer capture des proies qu'elle partage avec un associé, un petit poisson jaune à rayures noires : le poisson monte la garde à l'entrée du terrier commun ; quand il donne l'alerte, le couple disparaît prestement dans le refuge...

Accompagné par le commandant Cousteau, je plonge en soucoupe le long du tombant du récif. Jusqu'à quatre-vingt-dix mètres, la vie palpite, exubérante, colorée, superbe. Brusquement (mais pourquoi ?), elle disparaît. Entre quatre-vingt-dix et deux cent quarante mètres, la pente calcaire est un désert de corail mort. A deux cent cinquante mètres commence un nouvel étage de vie. Un saint-pierre à « antennes » (ce sont des filaments de sa nageoire dorsale) promène ses flancs gris marqués d'un énorme faux œil. Un poulpe strié d'ocre et de brun sombre se faufile dans son antre... A trois cents mètres, je gouverne la soucoupe en direction d'une cavité béante, où l'engin pénètre sans peine. La grotte s'élargit et forme une cathédrale immense, dont nos projecteurs illuminent à peine le plafond. De colossales stalactites forment les colonnes de ce temple englouti, que le Pacha baptise la grotte « Champagne ».

L'expérience Précontinent II s'achève le lendemain de cette découverte. « Canoë » Kientzy et André Portelatine subissent leur décompression (mouvementée, pour « Canoë », qui a voulu aller trop vite, et a subi une petite « bulle »). Ils reviennent en surface : fumeur de pipe invétéré, Kientzy a été privé de sa drogue pendant une semaine. A peine a-t-il achevé sa mission qu'il en allume une bonne... et s'étrangle comme un collégien qui tire sur sa première cigarette. Les quatre océanautes de l'Etoile de Mer prétendent qu'ils y seraient volontiers restés davantage. Ils rapatrient avec précaution sur la *Calypso* la cocotte-minute... où ils ont enfermé le cinquième luron de l'équipe, le perroquet Claude ; ce dernier, après avoir été l'oiseau le plus profond du monde, devient le volatile le plus heureux de revoir le soleil !

Le Pacha sourit : cette nouvelle expérience a démontré que l'homme peut supporter sans problème un mois d'existence à saturation. Nous fêtons ce succès au champagne (des bulles, toujours des bulles !). Nous buvons par la même occasion à l'anniversaire de mariage du commandant Cousteau et de la Bergère.

24

Donald le canard

*L'*Ile mystérieuse • *Précontinent III*
Respirer de l'hélium • *Les coin-coin du canard*
Travailler par moins cent mètres.

EN 1963, il y a déjà plus de dix années que je bourlingue avec Cousteau ; et je suis loin d'avoir fait le tour du personnage... Entre autres qualités, le Pacha possède la faculté de voir loin. Il sait que notre espèce ne se résoudra peut-être pas à vivre sous la mer avant le XXIe ou le XXIIe siècle. Mais il démontre d'ores et déjà que c'est possible... Devant Cousteau, je me sens un peu comme un mousse qui vient d'embarquer ; à la différence que le marin ne choisit pas son capitaine, qu'il ne l'estime pas forcément et qu'il finit rarement par le considérer comme un second père. Cousteau est né en 1910 ; j'ai dix-sept ans de moins que lui. D'une certaine manière, il m'a fait, comme on fait un enfant...

La fin de l'année 1963 nous voit accomplir de nouvelles plongées en soucoupe dans les canyons méditerranéens de Cassidaigne et de Cassis ; revisiter l'île espagnole d'Alborán et sa forêt d'algues géantes, en face de Gibraltar ; mener diverses missions d'océanographie biologique ou d'étude de la radioactivité de l'eau entre la Côte d'Azur et la Corse.

Nous entamons 1964 en jouant l'*Ile mystérieuse*; non pas le roman de Jules Verne : l'île qui nous occupe est une bouée-laboratoire révolutionnaire, conçue par le commandant Alinat et réalisée sous la direction de l'ingénieur J. Picard. Elle se compose d'un « pied » et d'une « tête ». Le pied (un cylindre de soixante-neuf mètres de longueur et d'un diamètre de deux mètres) s'enfonce de cinquante-deux mètres dans l'eau. Il porte quatre laboratoires superposés, couronnés par une piste d'atterrissage pour hélicoptère située à dix-sept mètres au-dessus des vagues. Six personnes vivent à bord de ce qui constitue la plus moderne et la plus hardie des stations de recherches marines au large. Un ascenseur de trente-cinq mètres unit les compartiments supérieurs aux points de travail submergés.

Nous remorquons l'*Ile mystérieuse* sur le site d'essais que le Pacha a choisi : l'extrémité sud de la rade de Villefranche-sur-Mer, entre Nice et Monaco. Servie par le navire *Espadon,* la bouée subit les tests prévus. Tout fonctionne : les échantillons d'eau, de sédiment et de plancton, immédiatement analysés, fournissent une moisson de données nouvelles.

Nous tirons l'*Ile mystérieuse* jusqu'en un point situé à mi-distance de Nice et de la Corse. Ancrage profond. Plusieurs équipes se relaieront à bord pour le plus grand profit de l'océanographie physique, chimique et biologique[1].

Et nous repartons vers de nouvelles aventures... Nous récoltons des bocaux d'eau chargée de boues rouges au large de Cassis, à l'endroit où sont déversés les résidus stériles des minerais de bauxite du Var. Au fil des missions auxquelles je suis associé, je deviens le témoin de la rapidité à laquelle l'environnement marin se dégrade. Je compare la richesse de

1. Le 19 février 1965, la bouée sera partiellement détruite par un incendie : un court-circuit dans l'ascenseur. Nous sauverons de justesse l'équipage. Réhabilitée, l'*Ile mystérieuse* permettra une incroyable récolte scientifique jusqu'en 1971.

la Méditerranée à ce qu'elle fut du temps que j'apprenais à nager, dans ma calanque de Sormiou. Quel effondrement...

Nous voguons jusqu'à La Spezia, en Italie, où nous prenons livraison d'une commande spéciale du commandant Cousteau : une tourelle de plongée Galeazzi. Grâce à ce caisson cylindrique, à l'intérieur duquel on peut faire varier la pression, nous descendons sans crainte en scaphandre autonome à des profondeurs que nous ne pouvions pas gagner sans risque jusque-là ; et nous y restons longtemps. A la remontée, vers cinquante ou soixante mètres de profondeur, la tourelle nous attend au bout d'un filin. Nous nous y engouffrons par un sas. Nous refermons le panneau. La grue nous hisse sur le pont de la *Calypso*. Et nous pouvons passer — au sec, au chaud et en sécurité — les longues heures de décompression que nous n'aurions jamais supportées en pleine eau... Grâce à cet engin (une cabane sous la mer, en quelque sorte !), nous pouvons en outre plonger plus souvent avec des mélanges respiratoires binaires (oxygène/hélium) ou ternaires (oxygène/hélium/azote).

Recherches en optique aquatique au voisinage du Stromboli : le volcan crache des étincelles ; c'est un des plus beaux feux d'artifice qu'il m'ait été donné de voir. Plongées en soucoupe à Port-Vendres. Etude de la pollution par les boues rouges dans le golfe de Corinthe, en Grèce... Je constate de plus en plus qu'à une scène de nature superbe succède un spectacle de saccage ou de désolation imputable à la méprisante saleté des hommes. J'ai mal à ma mer, quand je la vois ainsi offerte aux égouts, aux effluents d'usines, au cancer de l'urbanisation, au tourisme ravageur ou à la surpêche industrielle.

En 1965, dans une série de croisières océanographiques, les professeurs s'abattent de nouveau sur la *Calypso* comme une volée de gabians sympathiques : Lacombe, Tchernia, Muraour, Picard, Ivanoff, Vaissière ; des décimètres cubes de matière grise!... Quant à moi, de Nice à Tunis et de Toulon à Casablanca, j'ai l'occasion de voir du pays.

En août, le commandant Cousteau me charge d'une mission de confiance : trouver l'emplacement favorable pour notre troisième expérience Précontinent. Les océanautes ont vécu une semaine à dix mètres (Précontinent I), puis un mois à onze mètres et une semaine à vingt-cinq (Précontinent II). Cette fois, ce sera un mois à cent mètres. Rien de moins.

Je recommence à fouiller le fond en soucoupe, non plus en mer Rouge, mais en Méditerranée, près du cap Ferrat (qui ferme, à l'est, la rade de Villefranche-sur-Mer). J'explore la ligne des cent mètres de profondeur. J'admire des cascades de gorgones rouge sombre ou orange, des semis d'éponges et des peuplements de cérianthes aux longs tentacules blanc et brun. A trois cent cinquante mètres au sud du phare, je localise une plate-forme de roche qui convient. L'endroit est en partie couvert de sable. Dans une encoignure loge un gros poulpe. C'est ici que nous emménagerons; la pieuvre sera l'emblème de l'opération.

« Le plateau continental (entre zéro et deux cents mètres de profondeur), explique le Pacha, constitue la partie réellement " utile " de la mer. Là vivent la plupart des mollusques, des crustacés et des poissons. Le reste de l'épaisseur liquide est plus désert que le Sahara. Ces huit pour cent de la superficie des mers équivalent à vingt-quatre pour cent de celle des terres émergées. C'est là, aussi, que sont le pétrole et beaucoup de minerais. »

Cousteau raconte le plateau continental à une salle comble de journalistes, auxquels il vient de présenter l'habitacle de Précontinent III, qui flotte dans le port de Monaco.

La nouvelle maison sous la mer est une sphère de cinq mètres soixante-dix de diamètre, faite d'un acier de vingt millimètres d'épaisseur, et montée sur un châssis en rectangle de quatorze mètres sur huit. Cette coque est capable de résister à des pressions de trente atmosphères. L'ensemble (avec ses lests) pèse cent trente tonnes.

Terrassement à cent mètres. Remorquage sur le site. Immersion. Problèmes. Réglages : un nouveau travail de Romains... L'équipe des océanautes est composée d'André Laban, ingénieur et chef de mission ; de Jacques Rollet, physicien ; de Philippe Cousteau, le fils du Pacha, âgé de vingt-cinq ans ; de Christian Bonnici, chef plongeur ; de Raymond Coll et d'Yves Omer, plongeurs. Ils respireront, à la pression ambiante de onze atmosphères, un gaz composé de quatre-vingt-dix-sept pour cent d'hélium, de deux pour cent d'oxygène et de traces d'azote et de gaz carbonique. L'air vicié exhalé par les hommes sera épuré grâce à des filtres à chaux sodée.

L'emménagement a lieu le 22 septembre 1965. J'accompagne les océanautes dans leur descente. Impressionnant. A cent mètres, ce n'est pas encore l'obscurité des abysses : mais il fait sombre, très sombre. Plus rien à voir avec la transparence azurée de la mer Rouge...

Les hommes prennent possession de leurs pénates. Chacun sa couchette. Les habitudes s'attrapent vite : où qu'elle soit, l'espèce humaine délimite son territoire. André Laban et ses compagnons absorbent leur premier repas, dorment leur première nuit, entendent sonner leur premier réveil d'O.S. de la mer... Ils recommencent le lendemain, le surlendemain, etc. Au bout d'une semaine, on jurerait qu'ils ont toujours vécu de la sorte. Ils quittent au minimum trois heures par jour leur maison pour aller « bosser » (comme ils disent) sur le chantier qu'ils ont ouvert. L'essentiel de leur tâche consiste à descendre à cent vingt mètres, où ils démontent et remontent une tête de puits pétrolier (un « arbre de Noël ») factice. Lors de ces sorties, ils respirent grâce à des tuyaux souples (narguilés) qui viennent de la maison. Ils subissent quotidiennement des tests psychomoteurs. Ils sont ravitaillés depuis la surface par les traditionnelles cocottes-minute. Des câbles leur fournissent, en provenance du monde d'en haut, ce qu'ils peuvent désirer du confort moderne : électricité, télévision, téléphone, etc. Trois navires sont à leur service : la *Calypso,* l'*Espadon* et le *Winna-*

retta-Singer, qui appartient au Musée océanographique de Monaco ; sans compter la soucoupe plongeante, que je pilote.

La vie n'est pas douce, pour ces pionniers dont j'admire deux fois par jour les efforts, quand je leur rends visite en soucoupe plongeante ou en scaphandre. Le générateur de froid (le cryogénérateur) devient la vedette imprévue de l'expérience. Il a des ratés. Il lâche du froid où il faudrait du chaud, et du chaud où la température est déjà équatoriale. Le taux d'humidité avoisine cent pour cent. Et la communication entre les hommes n'est pas aisée, ce qui est source d'énervements : l'hélium, qui remplace l'azote dans cette atmosphère artificielle, provoque une distorsion des sons. Les voix humaines sont déformées : haut perchées, nasillardes, elles feraient passer la maisonnée de Précontinent III pour une succursale de Donaldville...

« Rien n'est plus irritant que de parler comme un canard, raconte André Laban au téléphone (avec une superbe voix de coin-coin !)... J'ai l'impression de me trouver dans une basse-cour de ferme. Une autre modification de nos sens concerne l'odorat. Nous n'en avons plus... Ou plutôt, nous avons l'impression de ne conserver qu'un fantôme d'odorat. Désagréable...

— Le taux d'humidité, renchérit Yves Omer, est probablement à l'origine du fait que nos bobos ne cicatrisent pas...

— La pression, indique Christian Bonnici, nous oblige à rééquilibrer sans cesse nos sinus et nos oreilles. Nous avalons comme des carpes !

— Nous nous fatiguons beaucoup plus vite qu'en surface, ajoute Philippe Cousteau ; et nous n'avons pas beaucoup d'appétit...

— En réalité, conclut Jacques Rollet, nous dormons tout aussi mal. Après *Le Monde sans soleil,* voici *Le Monde sans sommeil...* »

A part ça, le moral est bon.

En surface, où nous surveillons grâce à des circuits de télévision le comportement des océanautes, nous sommes inquiets. La mer, qui commençait à bouger le 24 septembre, devient détestable. La Météorologie nationale annonce une tempête. Si les câbles venaient à se rompre, les événements pourraient tourner à la tragédie. Nous prévenons les océanautes : ils se tiennent prêts à investir la tourelle Galeazzi et les caissons de décompression que nous avons prévus en cas d'urgence.

Pour éviter d'en arriver là, je comprends qu'il est indispensable de renforcer, sur la potence qui les maintient depuis la côte, les amarrages des câbles d'alimentation de la maison sous la mer. Les vagues claquent sur le rivage. Le vent souffle comme un fou. Je prends le risque. Je rampe comme un singe (oh ! comme je voudrais en être un !) sur la traverse qui constitue le haut de la potence. J'avance centimètre par centimètre. La tempête redouble : j'ai peur de ne pas avoir la force de me cramponner. Je parviens jusqu'à l'angle : je domine de plus de quinze mètres les rochers sur lesquels les déferlantes se jettent avec une puissance monstrueuse. Qu'est-ce qui m'a pris d'oser venir jusque-là ? Si je tombais, je serais mort...

J'essaie de ne penser à rien — à rien d'autre qu'à réparer. Je double les filins, je consolide ce que je peux, j'ajoute des vis aux ancrages des poulies.

Et je prends le jus !

Les câbles électriques, dont l'isolation est rendue déficiente par les embruns salés, m'envoient des décharges de plus en plus fortes. Je ne vais tout de même pas finir électrocuté !

Les marins du *Winnaretta-Singer,* venus m'aider, me lancent des câbles de nylon qu'ils tendent, et qui maintiendront l'amarrage de la potence. Je songe qu'en bas, à cent mètres sous la surface de cette mer écumante, des amis dépendent de la solidité du travail que j'accomplis... A présent, j'ai renforcé tout ce que je pouvais renforcer. Ou ça tient, et l'expérience continue ; ou ça lâche, et alors... Je bats en retraite (centimètre par centimètre). Je reprends pied sur la terre ferme.

Il semble que ça tienne.

La tempête se calme. L'alerte est passée. Précontinent III continue. Je descends de nouveau deux ou trois fois par jour en soucoupe aider les océanautes. Tous me disent, au téléphone, combien mes visites les réconfortent : je suis le messager de la surface. Un peu le messager d'un autre monde... Je les éclaire avec les phares de mon submersible quand ils travaillent. Un jour, je m'aperçois qu'Yves Omer essaie de remonter une pente raide en portant un paquet de câbles. Il trébuche à chaque pas. L'idée me vient d'avancer vers lui avec la soucoupe et de le pousser délicatement par-derrière, tout en éclairant sa route en direction de la maison sous-marine... Je réussis la manœuvre. Avant d'entrer dans le sas de l'habitation, Yves se retourne vers moi : il grelotte, mais il sourit. Il m'adresse, à travers mon hublot, un sourire de remerciement.

Chaque fois que je les rejoins, je suis fasciné par les silhouettes de ces hommes : ils ont l'air vulnérables, et ils le sont réellement. Mais, d'un autre côté, ce sont les nouveaux maîtres des profondeurs. Ils évoluent, indifférents à la pesanteur. Ils dansent une sorte de ballet qui ressemble à celui des astronautes dans leur capsule. Comme les cosmonautes qui sortent dans l'espace, ils restent attachés à leur maison par un cordon ombilical : ils mourraient si ce tuyau était coupé. Mais tandis que, dans l'espace, rien ne vit autour des pionniers, ici nos projecteurs éclairent des constellations palpitantes de crustacés planctoniques ou de fines méduses qui volent comme des comètes.

Le 1er octobre, grâce aux liaisons par satellite, deux maisons sous la mer entrent en communication : celle de Précontinent III, à Villefranche-sur-Mer, et Sealab II, la station américaine ancrée par soixante et un mètres de fond près de La Jolla, en Californie. Philippe Cousteau salue l'océanaute et ex-astronaute Scott Carpenter à travers deux tranches d'eau — à dix mille kilomètres de distance.

Les océanautes achèvent leur programme de démontage remontage de la tête pétrolière factice. Le reste du séjour se passe en nouveaux tests psychomoteurs et en expériences annexes (notamment en prélèvements d'échantillons de plancton et de sédiments, et en récolte de bocaux de vase pour des déterminations ultérieures de la radioactivité déposée par les expériences atomiques américaines et soviétiques). Les océanautes se prennent de camaraderie pour un poisson saint-pierre qui leur rend chaque soir une visite intéressée (il reçoit de petits bouts de viande). Ils observent le manège du poisson-pêcheur : non loin de la maison, cette grosse baudroie, qui se confond avec le sédiment, agite le filament qu'elle possède au-dessus de la bouche ; lorsqu'un petit poisson, attiré par ce qu'il croit être un ver, s'approche pour le gober, la baudroie ouvre subitement sa vaste bouche... Un jour, les océanautes admirent les évolutions d'un énorme poisson-lune — ou mole — de plus d'une demi-tonne, qui vient inspecter la sphère de métal...

André Laban et ses amis continuent, par ailleurs, d'accumuler les observations en tous genres sur les effets des hautes pressions. Parfois saugrenus... Ainsi, s'il existe un jour des colonies humaines à moins cent mètres, on peut parier qu'elles ne comporteront guère de restaurants gastronomiques : l'ambiance hyperbare supprime non seulement les odeurs, mais aussi le goût.

« Essayez les œufs au plat, plaisante Philippe Cousteau : vous m'en direz des nouvelles. Ils se stratifient : le blanc forme une couche de la consistance du caoutchouc, tandis que le jaune devient friable comme de la farine. Et ni l'un ni l'autre n'ont plus aucun goût ! »

Le 12 octobre 1965, le début des opérations de remontée commence. Les océanautes referment sur eux la porte de leur maison, dans laquelle ils sont condamnés à rester jusqu'à la fin de leur décompression, qui n'intervient que le 17 octobre, à 22 h 50.

Nous sommes nombreux à les féliciter quand ils émergent, maigres et les yeux un peu clignotants — mais satisfaits —, de leur habitacle.

Je prends à part André Laban, et je lui demande ce qu'il pense sincèrement de son aventure.

« Oh ! bien sûr, dit-il, j'en suis globalement content. Mais que de regrets, aussi ! J'ai passé mon mois d'océanaute à travailler comme un malade, à parer au plus pressé, à avoir froid, à me sentir fatigué... Mais cette mission aurait aussi pu devenir un prodigieux voyage. J'aurais pu flâner ; goûter chaque instant d'une aventure unique... Au lieu de quoi j'en ai bavé comme si j'avais dû aller chaque matin à l'usine. Pour le prochain numéro de Précontinent, je proposerai au Pacha d'inclure dans le temps de séjour des océanautes deux ou trois ponts du Premier-Mai... »

25

La grande croisière

Chef plongeur • La plus longue mission
La guerre des Six Jours • L'atoll Europa
Le cap de Bonne-Espérance.

Pour la *Calypso*, 1966 est une année de refonte — de grand carénage, comme nous disons dans notre jargon. Avant de passer sur le billard (j'entends : sur son bassin de radoub), elle mène une mission « dômes de sel » en Méditerranée. Un dôme de sel n'a l'air de rien : mais dessous il peut y avoir du pétrole...

Le bateau entreprend ensuite une expédition commune avec son jeune collègue — tout neuf —, le navire océanographique *Jean-Charcot*. Carottages, sismique-réflexion : régime ordinaire... En été, nous réussissons à repérer et à renflouer une partie de l'épave de l'avion *De Havilland* qui vient de s'abîmer près de l'aéroport de Nice : je plonge en soucoupe par cent quatre-vingts mètres. A l'aide d'un crochet relié à la *Calypso*, nous remontons des morceaux de l'appareil, pour expertise. Quelques jours plus tard, une monstrueuse avalanche de vase engloutit les restes de l'avion...

Puis la *Calypso* subit son déshabillage-rhabillage : la cheminée est changée, le roof modifié, les cabines transformées, les moteurs refaits, le faux nez remplacé par un autre (avec une chambre d'observation plus vaste), etc. Le navire embarque une tourelle de plongée profonde Galeazzi. La soucoupe plongeante possède à présent deux petits frères, deux nouveaux sous-marins miniatures que nous appelons *S.P. 500* ou, familièrement, « puces de mer ».

Au début de 1967, c'est prêt. Nous allons lever l'ancre pour une longue croisière : un tour du monde de trois années. Nous réaliserons, à cette occasion, les douze premiers films de télévision d'une série qui deviendra fameuse : « L'Odyssée sous-marine de l'équipe Cousteau ».

Pour moi, la satisfaction d'embarquer se double de la fierté d'être nommé chef plongeur de la *Calypso*... La promotion a été prononcée, comme d'ordinaire avec le Pacha, sans pompe ni solennité. Simplement, Cousteau est sorti de sa cabine, précédé de son grand nez ; il s'est lissé les cheveux de ses deux mains ouvertes, comme il le fait quand il se donne une contenance. Il m'a arrêté dans la coursive et m'a glissé, comme si c'était entendu de longue date :

« Bon, Bébert : eh bien ! pour cette fois, je compte sur vous comme chef plongeur... »

J'ai balbutié un « Merci » confus, et je n'ai jamais chargé autant de caisses de vivres en une journée !

Un envol de ballons multicolores dans le port de Monaco annonce un grand départ. Le prince Rainier III et la princesse Grace saluent la *Calypso* qui largue les amarres. Le Pacha sourit, mais je sais qu'il souffre — et même qu'il endure le martyre. Il a eu, voici quelques semaines, un accident de voiture. Deux vertèbres cassées... Il n'a pas voulu rester à l'hôpital. Il croit tellement dans la force de l'exemple qu'il est là, et qu'il s'interdit la moindre grimace. Une leçon de plus que je retiens : rester stoïque !

Nous cinglons vers le sud-est — vers le canal de Suez et la mer Rouge. En passant à Suez, il me semble déceler quelque effervescence. La tension monte entre Israël et les pays arabes. On parle de guerre...

Nous franchissons le point chaud sans problème. Nous naviguons vers le sud. Soleil, mer bleue... Je plonge avec mes amis sur les récifs de Shaker et de Zeberdjeïd : les féeries de la mer Rouge... La splendeur des rascasses volantes et celles des poissons-clowns dans leurs anémones de mer me paraissent un antidote à la violence des hommes... Puis c'est Djibouti, sa faille de l'Afar, son désert de sel — et le qat verdâtre que les dockers mâchonnent sur le port. Plongée près de l'île d'Abdel Kuri. Relâche à Socotra où, dit-on, accosta Sindbad le Marin...

Nous mettons le cap sur les Maldives. Nous croisons la route d'un troupeau (d'une « école », selon le mot des baleiniers) de cachalots. J'admire les souffles obliques de ces monstres de quarante tonnes au dos gris-brun, ridé, luisant, superbe. Je songe que les grands mâles de l'espèce plongent parfois pendant une heure et demie, et descendent à deux ou trois mille mètres sous la surface, en quête des calmars géants dont ils se nourrissent, et auxquels ils livrent des batailles titanesques. Quatre-vingt-dix minutes sans reprendre souffle : le temps d'un match de football ! Et à trois mille mètres ! Nos performances d'humains, même avec nos scaphandres et nos maisons sous la mer, sont ridicules.

Comme de bien entendu, nous essuyons une tempête. La *Calypso* en a vu d'autres : mais celle-ci laisse des traces. Un craquement sourd, un moteur qui s'emballe : l'arbre d'hélice de tribord a cassé net. Nous sommes condamnés à avancer sur un seul moteur, à mille huit cents milles du port le plus proche, avec quatre mille mètres d'eau sous la coque. Je plonge avec Raymond Coll et Christian Bonnici pour arrimer la pièce brisée. Il ne manquerait plus qu'en ballottant elle aille endommager l'autre hélice !

Malé, la capitale des Maldives... Les maisons sont en murs de corail, avec des charpentes en bois de cocotier et des toits de palmes. Cette petite cité cosmopolite fête l'anniversaire de l'indépendance de l'archipel. Nous rendons visite au sultan Didi.

Nous plongeons ensuite pour filmer les poissons des récifs. Ils sont rares. Nous comprenons pourquoi : un peu partout, des indigènes en apnée, lestés d'une pierre, débitent le corail dont ils se servent comme d'un matériau de construction. Au rythme où ils travaillent, les dégâts deviendront vite irréversibles. Non seulement les poissons disparaissent, mais tout l'archipel peut souffrir de ces saccages. Les Maldives, éparpillées sur près de mille kilomètres entre le canal de l'Equateur et le canal du Huitième-Degré, au sud-est de la péninsule Indienne, ne dépassent que de quelques pieds la surface de la mer. Chaque île dont on abîme la ceinture corallienne risque d'être anéantie en une seule nuit par un typhon...

La *Calypso* fait route vers le nord, en direction des atolls de Gaha Faro et de Kardiva. Heureusement, la plupart des récifs sont intacts. Nous plongeons sur d'incroyables champs de coraux — de toutes les formes et de toutes les dimensions. Certains polypiers ressemblent à des cornes-de-cerf, d'autres à des artichauts, ou à des laitues, ou à des cerveaux, ou à des truffes, ou à des cèpes, etc. Dans une sorte de pin pignon de pierre, des dizaines de poissons-chirurgiens me rappellent une volée de guêpiers à Sormiou. Je tombe (heureusement pour moi, au figuré) sur des massifs de millépores : on appelle ces animaux coloniaux « coraux de feu »; ils méritent leur nom : qui les touche a l'impression d'être en contact avec de l'acide sulfurique. La peau se couvre de cloques; on peut subir un choc allergique...

Les plus connues des Maldives subissent la pression des hommes, notamment du tourisme. Mais la plupart des atolls de l'archipel appartiennent encore à ce que j'appelle la « Grande Nature ». Ce sont des espaces vierges où les minéraux, les végétaux et les animaux peuvent, comme aux premiers âges, déployer la majesté de leurs associations. Aux îles Powell, par exemple, j'ai l'impression d'avoir sous les yeux un catalogue d'éponges, de coraux, de gorgones, de mollusques, de crustacés, d'échinodermes et de poissons. Je me fais l'effet, tant elles sont variées, de feuilleter un guide d'identification des espèces de corail.

Dans les eaux de l'île Oulélé, nous repérons sur un fond de sable une « plantation » d'anguilles jardinières. Ces poissons (des hétérocongres), que nous avons déjà aperçus à Assomption, se donnent des allures de serpents dressés — ou de points d'interrogation. Ils se balancent dans le courant; à la moindre alerte, ils se rétractent dans leur trou. Cette tactique est utile, et j'en ai la démonstration : voici un hétérocongre qui n'a pas l'air en forme. Je ne suis pas le seul à le voir : dans les deux minutes qui suivent, trois balistes l'ont localisé. Ils lui foncent dessus, le taillent en pièces et n'en laissent pas une arête!

Nous quittons les Maldives et nous mettons le cap sur les Seychelles. Un paradis contre un autre... La *Calypso* se traîne à sept nœuds, toujours sur un seul moteur. Nous redoutons d'avoir à affronter une tempête, mais baste!... Le soir, l'équipe chante. Nous avons deux guitaristes et un violoncelliste : ce dernier s'appelle André Laban. Il connaît un seul morceau : le menuet du *Barbier de Séville*!

Le 18 avril, nous sommes à Port-Victoria, la capitale des Seychelles, dans l'île de Mahé, nous repartons vers Aldabra, Assomption et Cosmoledo. Terres de connaissance... Sur Aldabra, je retrouve mes amies les tortues géantes — vous savez, celles qui étaient déjà nées sous Jules Ferry, et qui nous enterreront, vous et moi. Je me passionne pour les poissons-marcheurs, ou périophthalmes, qui grimpent aux arbres de la mangrove et attrapent les insectes comme des gobe-mouches. Ces animaux ont des nageoires pectorales qui miment des pattes, sur lesquelles ils se propulsent comme avec des béquilles. Leurs gros yeux globuleux leur permettent de repérer leurs proies. Ils respirent en mettant en réserve de l'eau dans des sacs spongieux situés contre leurs branchies.

Quand nous plongeons sur le récif d'Assomption, nous nous mettons fébrilement en quête de Jojo le Mérou Nous retrouvons ses appartements. Hélas ! Jojo n'est plus là... Raisonnablement, je n'espérais pas le revoir : les destins de la mer sont peu sûrs. Mais, comme tous mes amis de la *Calypso,* je me prenais à rêver. Or, je m'aperçois qu'il y a déjà douze années que nous avons dansé avec lui...

Jojo a vécu, mais nous nous amusons un moment avec la plus formidable murène que j'aie jamais vue. Une tête plus grosse que la mienne ; deux mètres et demi de longueur... André Laban et Yves Omer l'apprivoisent en lui proposant des morceaux de viande. Le poisson apprend en quelques séances à cueillir du bout du bec la nourriture qu'on lui présente — sans avaler en même temps les doigts. Il n'est ni méchant ni venimeux. Il ne se montre agressif que lorsqu'on lui fait peur — par exemple, si on essaie de le déloger de la fissure où il cache l'arrière de son corps. Une espèce comme une autre — aussi innocente que les autres, en dépit de sa réputation —, dans le concert des vivants.

A ce moment de la mission, l'intention du Pacha est de revenir en mer Rouge, puis en Méditerranée ; de relâcher à Monaco et de cingler vers l'Amérique par Gibraltar. Nous remontons vers le nord. Nous croisons le chemin liquide de l'un des hôtes les plus fameux et les plus énigmatiques de la mer : le requin-baleine. Quinze mètres de longueur, quinze tonnes. Une gueule béante de deux mètres... Il pourrait engloutir le plongeur — mais il est inoffensif. Ce titan ne mange que du plancton et de petits poissons de la taille des sardines, qu'il gobe avec des mètres cubes d'eau et trie sur le filtre de ses branchies. Il ne se laisse que rarement voir en surface : c'est un prince de l'océan.

En mer Rouge, nous revenons à Shab Roumi — le récif proche de Port-Soudan où nous avons construit et habité notre village sous la mer Précontinent II. Emouvant pèlerinage : voici quatre ans que nous avons abandonné l'Etoile de Mer et l'Oursin. Déjà, les algues, les éponges, les coraux et les gorgones ont reconquis nos habitations éphémères. Je reconnais à peine le garage de la soucoupe et le hangar à outils, qui disparaissent sous des guirlandes de créatures marines. Je découvre, sur un montant métallique, un éventail de corail acropore de plus de trente centimètres de diamètre.

Le 14 juillet 1967, nous passons Ras Mohammed (qui garde la péninsule du Sinaï) ; nous traversons le golfe de Suez et nous entrons dans le port du même nom. Or, ce ne sont pas les feux d'artifice de la fête nationale française qui zèbrent le ciel nocturne : ce sont des obus et des tirs de mitrailleuses ! Pendant notre périple dans l'océan Indien, la tension entre Israël et les pays arabes est montée jusqu'à l'intolérable. Le 5 juin, la guerre a éclaté. Guerre des Six Jours... Dans notre naïveté, nous espérions que les hommes, qui se disent sages (plus sages que les requins et les murènes), n'en viendraient pas à cette extrémité. Eh si : ils se massacrent. Un déluge de fer et de feu nous est proposé en guise de « Salam » et de « Shalom »...

Nous avions le mince espoir de passer : nous sommes pris au piège. Nous débarquons une partie de notre matériel sur un quai. Un matin, l'aviation israélienne nous mitraille. Au secours ! La *Calypso* a depuis longtemps achevé sa carrière de dragueur de mines !... Heureusement, le pilote de chasse s'aperçoit de son erreur et nous laisse.

Quand les hostilités s'achèvent, nous n'avons ni morts, ni blessés, ni même de gros dégâts matériels. Mais des dizaines d'épaves jonchent le fond du canal, qui est fermé pour des mois. Nous sommes forcés de rebrousser chemin, et de passer par le cap de Bonne-Espérance. Cousteau opère, par avion, une rotation d'équipes. Le capitaine André Bougaran remplace le capitaine Roger Maritano. Pour ma part, je laisse pour quelques semaines ma place de chef plongeur à mon ami Raymond « Canoë » Kientzy.

Tandis que je prends un peu de repos en France, tout abasourdi d'avoir vécu cette guerre malgré moi, et d'avoir entendu le sifflement des balles sans rien y comprendre, le bateau repart vers le sud. Au récif d'Abington, les plongeurs éprouvent un vrai vertige : ce sommet de volcan sous-marin domine de noirs abîmes et constitue le lieu de rendez-vous de nombreux squales. Fabuleux carrousel... A l'île Kébir, dans l'archipel de Dahlaki, l'équipe découvre une épave aux cheveux blancs : un bateau perdu, fantomatique, nimbé de longues virgulaires blanches...

Je rejoins le bord à Djibouti. Nous plongeons dans le fameux lac Assab : l'eau y est tellement salée que, même avec trente kilogrammes de lest, nous n'arrivons pas à nous enfoncer. Un désert minéral, dont le fond est tapissé de branches de cristaux aux teintes magnifiques — roses, mauves, violettes... Nous y tournons de belles images, et nous y attrapons de tenaces irritations de peau.

Philippe Cousteau adore piloter. Il a embarqué un ballon à air chaud — une montgolfière. Il la gonfle dans l'océan Indien. L'engin lui permettra de surveiller de très haut les vagues — de voir de loin les dauphins ou les baleines.

La *Calypso* met le cap sur Madagascar. Avant d'y parvenir, nous nous arrêtons à l'îlot de Coëtivy, au sud des Seychelles. Coraux rares ; mérous nombreux ; misère humaine. Le médecin du bord, le docteur Millet, voit défiler en consultation la quasi-totalité de la population locale, privée de soins depuis plus de quatre ans. La vie sur les atolls enchanteurs des mers du Sud n'est pas aussi paradisiaque qu'on le dit.

Nous nous amarrons dans le port malgache de Diégo-Suarez. Une légende du peuple local Antankarana prétend que, dans un lac voisin, nagent d'énormes crocodiles qui furent jadis des hommes égoïstes, et qui xpient leur faute en intercédant auprès du dieu Zanahary. Nous rendons visite aux villageois : ils nous disent que, pour voir les reptiles, il faut leur offrir en sacrifice le sang d'un zébu. Nous payons le zébu. Ils font couler le sang dans le lac. Ils nous laissent sur la rive avec nos caméras et nos scaphandres. Quand nous en avons assez d'attendre, nous revenons au village : la population est attablée dans un joyeux banquet, autour de la chair cuite de notre zébu !

Nous rions de la farce. De ce jour, je comprends que les prétendus « Primitifs » sont malins. Ils exploitent la naïveté de ces « savants » venus de loin recueillir religieusement des récits ancestraux auxquels personne n'a jamais prêté foi dans le village — pas plus qu'un Marseillais ne croit à la sardine qui bouche le Vieux Port !

Nous cinglons vers les Glorieuses — minuscule archipel situé entre les Comores et Madagascar. Nous fêtons la Saint-Sylvestre et le début de l'année 1968 au fond de l'eau — en plongée, sur le banc du Leven. A minuit, nous nous embrassons derrière nos masques en nous souhaitant la bonne année le pouce levé. Il manque le gui : mais des milliards de petites boules de plancton phosphorescent en tiennent lieu.

Nous faisons route dans le canal de Mozambique, vers les atolls de Bassas da India et d'Europa. Bassas da India, anneau de corail parfait, n'a pas un brin d'herbe : c'est un récif qui meurt de mort naturelle. Un cyclone l'engloutira, et personne n'en entendra plus parler. C'est une possession française, au même titre qu'Europa, qu'habitent trois servants d'une station météorologique.

Europa possède un bouquet de cocotiers — un seul. Ses plages sont un lieu de rendez-vous pour les tortues de mer. Nous assistons au débarquement de ces chars d'assaut vivants. Seules les femelles montent sur le sable (les accouplements ont lieu dans l'eau). Elles aplanissent une aire circulaire de la taille de leur corps, dans laquelle elles creusent un second puits, plus étroit et profond d'une quarantaine de centimètres. Elles forent ce nid avec leurs pattes postérieures, qui agissent alternativement, à la façon de pelles mécaniques. Puis elles pondent : de grosses larmes coulent de leurs yeux. Les œufs sphériques, blancs, gros comme des balles de golf, sortent de l'oviducte et tombent au fond du trou. Leur coquille, d'abord molle, durcit à l'air. Chaque femelle en dépose une centaine. Lorsque c'est fini, la tortue couvre sa ponte de sable, et redescend péniblement vers les vagues. Six semaines plus tard, au terme de l'incubation, les bébés sortiront du sable et courront vers l'océan, en tentant d'échapper aux nombreux prédateurs qui les guettent : crabes des cocotiers, frégates, goélands... Dans l'eau, il leur faudra éviter la gueule des grands poissons, qui attendent impatiemment cette promesse de festin : carangues, sérioles, mérous, requins...

Je me passionne pour le sort des tortues de mer — qui sont menacées partout dans le monde. Avec mes amis, j'en sauve une qui s'était coincé les pattes dans des racines en retournant à l'eau, et qui serait morte de déshydratation.

J'aide Michel Deloire, notre cinéaste, dans ses tournages. Il me filme au milieu des tortues qui s'aiment (dans l'eau) ou qui pondent (dans le sable). Il s'intéresse au manège des crabes violonistes (ou appelants), qui pullulent sur la plage. Il fixe sur la pellicule le vol rapide des frégates : ces pirates du ciel ne vont jamais pêcher elles-mêmes; elles attaquent les autres oiseaux de mer (sternes, fous...) et leur volent le produit de leur labeur.

Avec le Pacha, j'explore en soucoupe l'extérieur du tombant de corail. Nous suivons en descendant un mur de calcaire chaotique, hérissé d'éponges, de gorgones et d'alcyonaires roses ou mauves. A cent cinquante mètres, un choc énorme ébranle le submersible : nous nous retrouvons cul par-dessus tête au fond du submersible. Le temps de reprendre notre dignité, et nous voyons passer dans les hublots la silhouette monstrueuse d'un requin griset, ou requin-taureau : ce squale primitif, qui possède six fentes branchiales (au lieu de cinq chez les requins « modernes »), est un fossile vivant. Long de plus de sept mètres, il hante les eaux profondes, pratiquement inchangé depuis trois cent cinquante millions d'années... Celui-ci a dû avoir peur de nos phares. Il a foncé dans la soucoupe par un réflexe de défense. Quelle masse et quelle force !

« En voilà un, avoue Cousteau, que je n'aimerais pas rencontrer en scaphandre... »

La plongée continue. A cent dix mètres, nous localisons un long trottoir calcaire et l'entrée d'une grotte monumentale, où je réussis à fourrer le nez de la soucoupe. Nos phares nous révèlent une salle hérissée de stalactites et de stalagmites.

« Eh bien ! dit Cousteau, ces concrétions calcaires se sont formées à l'air libre, en un temps où le niveau des mers était à cent dix mètres au-dessous du niveau actuel. Par exemple, lors de la dernière glaciation, voici seize mille ans... »

Quand nous regagnons la *Calypso,* des nuages noirs s'accumulent sur nos têtes — au sens propre. Les prévisions météorologiques sont catastrophiques : deux cyclones successifs, baptisés Flossie et Georgette, vont s'abattre sur la contrée. Il faut fuir, fuir vite ; sur un seul moteur... Nous laissons une petite équipe sur Europa, et nous mettons le cap sur le port malgache de Tuléar. Dans la nuit, le vent siffle. Au matin, il hurle, avec des pointes de cent quatre-vingts kilomètres à l'heure. Les vagues deviennent déferlantes, puis montagnes d'écume d'un blanc plombé : la colère des éléments est sur nous. La *Calypso,* debout à la houle, nimbée d'embruns, dégoulinante de pluie, ballottée de droite et de gauche et d'avant en arrière, n'est plus qu'un insignifiant bouchon sur l'océan.

Je songe aux marins de la marine en bois qui, dans des circonstances analogues, recommandaient leur âme à Dieu. Ce n'est pas ma philosophie ; mais je comprends dans quel genre de circonstances on sent monter en soi le besoin de prier.

Quelques jours plus tard, sur une mer plate et dans une brise agréable, nous doublons le cap de Bonne-Espérance.

26

Le trésor du Banc d'Argent

Pépito et Cristobal • La maison de Napoléon
Le bagne de Cayenne • Mai 68
Nuestra Señora de la Decepcion.

VOICI QUATRE cent soixante-douze ans que le navigateur portugais Bartolomeu Dias toucha ce cap qu'il nomma *cabo de Todos Tormentos,* qu'on appela en français cap des Tempêtes, mais que la langue de bois du roi Jean II modifia en cap de Bonne-Espérance. Février 1486-février 1968...

La chose la plus urgente à vérifier, quand on navigue dans ces parages, est qu'on a deux pieds ; je veux dire : deux hélices. Or, sur la *Calypso,* nous n'en avons qu'une : l'arbre de l'autre est cassé. Nous faisons réparer à Durban. Puis nous revenons à la pointe extrême de l'Afrique, qui n'est pas le cap de Bonne-Espérance (près de la cité du Cap), comme on le croit, mais le cap Agulhas. Contrée restée sauvage, où nous plongeons plusieurs fois... Les fonds sont colonisés par des algues laminaires géantes — du kelp —, dont les « troncs » mesurent dix centimètres de diamètre et dix mètres de hauteur. Cette forêt sous-marine est peuplée de myriades de vers, de mollusques, de crustacés, qui font le régal des oiseaux de mer et des otaries. Parmi les oiseaux, les plus majestueux sont les fous du Cap, proches des fous de Bassan de l'Atlantique Nord ; et les pingouins (manchots) du Cap, qui portent sur la poitrine une ligne en fer à cheval noire, comme leurs cousins de Magellan et de Humboldt.

Les otaries sont captivantes à voir. L'espèce locale a reçu le nom d'otarie à fourrure d'Afrique du Sud. Elle est belle : un pelage brun, luisant, flammé de roux. Et puissante : les mâles dominants (les pachas) mesurent plus de deux mètres cinquante de longueur, et les femelles un mètre soixante-dix.

Le Pacha (le nôtre !) a une idée : nous en faire capturer deux, que nous emmènerons avec nous jusqu'en Amérique du Sud. Nous testerons de la sorte la capacité de ces animaux à vivre avec les hommes — éventuellement à les accompagner en plongée une fois apprivoisés.

Je forme des équipes. Nous nous munissons de filets. Sans trop perturber le troupeau, qui prend le soleil sur les rochers côtiers, nous réussissons à nous emparer de deux jeunes — moins méfiants que les adultes. Nous les embarquons sur la *Calypso*. Nous organisons un concours de noms pour les désigner. Le consensus se fait sur Pépito et Cristobal.

Les premiers jours, les deux otaries restent prostrées, choquées par la captivité : pour elles, c'est une catastrophe. Nous les laissons s'habituer au bateau, tandis que nous visitons la cité du Cap. La montagne de la Table est aussi belle qu'on le dit dans les livres. Quant à l'apartheid qui règne dans ce pays, et sur lequel j'aimerais en apprendre davantage, je n'ai guère l'occasion de le voir : comme tous les visiteurs occasionnels de l'endroit, il m'est impossible d'observer autre chose que ce qu'on réserve aux touristes. Aucun bidonville noir, encore moins un territoire bantou...

Comme je n'ai aucun don, ni aucune compétence en politique, j'en reviens à la seule chose que je sache faire : plonger... En compagnie du Pacha, de Raymond Coll et de Christian Bonnici, je descends sur l'épave d'un cargo coulé pendant la Première Guerre mondiale : le *Maori*. Tout le navire est environné de guirlandes jaune-vert de kelp géant, sur lesquelles courent des bulles argentées ; une épave comme on en voit dans les bandes dessinées. Chaque mètre de cale ou de coursive est occupé par une langouste.

Réparée, ravitaillée, prête à affronter le grand large, la *Calypso* laisse derrière elle la cité du Cap. Elle cingle vers Sainte-Hélène, ce roc volcanique planté au milieu de l'océan, et qu'on nomme parfois le « nombril de l'Atlantique ». L'équipe visite Longwood, la maison où certain empereur vit la fin de son rêve de puissance, entre 1815 et 1821.

Pépito et Cristobal se sont habitués à la présence des hommes. Leur jeunesse les sert. Ils s'adaptent. Ils mangent de bon appétit les poissons et les calmars que l'équipe pêche pour eux. Ils commencent de se laisser approcher sans trop montrer les dents.

La *Calypso* touche l'île d'Ascension, que le Portugais Joao da Nova découvrit le jour de cette fête, en 1501. Cendres et basaltes, pitons volcaniques et coulées de lave, excepté du côté de la Green Mountain (montagne Verte), où croissent des fougères arborescentes. L'île est un point d'émergence de la grande faille qui, du nord au sud, partage l'océan Atlantique en son milieu, et qu'on appelle la dorsale médio-Atlantique : c'est par cette faille que le magma remonte et provoque la dérive des continents — l'Europe et l'Afrique d'un côté, les Amériques de l'autre...

Les plages d'Ascension sont un lieu de ponte pour les tortues vertes du Brésil : ces animaux traversent la moitié de l'océan pour venir se reproduire. On se demande comment elles réussissent à retrouver ce caillou. On suppose que leur migration a commencé voici plus de deux cents millions d'années, quand l'Atlantique commençait à peine de s'ouvrir. Génération après génération, les reptiles auraient conservé le même lieu de ponte — obligés de nager de plus en plus loin pour aller se nourrir en temps ordinaire...

Lorsque je songe à ce genre d'hypothèses, que le Pacha nous

expose volontiers à l'heure du dîner, je me sens quantité négligeable dans le grand fleuve de la vie.

La *Calypso* quitte l'île en compagnie d'un troupeau de baleines. Des rorquals communs — la deuxième plus grande espèce au monde... Les cétacés mangent et paressent. Au crépuscule, ils dorment. La baleine ne respire environ qu'une fois toutes les deux minutes. Ses évents, qui ressemblent à des ouvertures de violons, s'épanouissent : le rorqual expire et inspire. Puis les narines se ferment et l'immense bête au dos gris bleu s'enfonce légèrement sous la surface. Jusqu'à la prochaine respiration... Chaque fois que c'est nécessaire, un petit coup de queue réflexe ramène les évents au-dessus du niveau de l'eau.

J'ai quitté le bord lorsque la *Calypso* touche l'Amérique dans le port brésilien de Natal, puis traverse la « plume » de l'Amazone, où le fleuve monumental décharge ses eaux brunes dans les eaux bleues de l'Atlantique. L'équateur passé, adieu, la Croix du Sud...

Escale en Guyane française. Cayenne. L'île du Diable : la *Calypso* jette l'ancre devant le bagne où tant de condamnés vécurent dans l'antichambre de l'enfer. Le Pacha visite les bâtiments pénitentiaires, que la végétation tropicale envahit. Cellules sordides. Cachots de un mètre de côté... Au cimetière, sur une pierre tombale mangée par les mousses, il relève au hasard une inscription qu'il note sur le Journal de bord : « Ici repose le déporté Rénier Gustave, décédé le 31 janvier 1939, âgé de 62 ans. » Qui fut Rénier : un criminel ? Un pauvre type condamné pour une peccadille ?

A présent, la mer Caraïbe ouvre ses espaces d'azur. Je suis de retour à bord.

Pépito et Cristobal sont apprivoisés. Ils se comportent sur la *Calypso* comme en pays conquis : tout leur est dû. Ils fouinent. Ils investissent les cabines et les couchettes de l'équipage. Ce dont ils ont envie, ils le volent. Nous sommes obligés de barricader l'entrée de la salle des cartes et de l'électronique, où ils commettraient de sérieux dégâts. Idem pour les réserves de nourriture... A part quoi, ils sont devenus les plus adorables pinnipèdes. Quand nous faisons la sieste, sur la plage avant du bateau, ils dorment avec nous. Seul Zoom, le chien du bord, n'est pas d'accord avec cette intrusion : de toute évidence, les deux otaries lui apparaissent comme des concurrents déloyaux dans l'art de séduire les hommes et d'obtenir leurs caresses.

Nous remontons la chaîne enchanteresse des Antilles. Aux Grenadines, nous jetons l'ancre dans Tobago Cays. Nous voulons tester la fidélité de nos deux passagers : nous installons un filet qui barre une petite baie et les empêche de fuir vers le large. Raymond Coll et moi accompagnons Pépito et Cristobal dans ce qui constitue leur premier bain de mer depuis l'Afrique du Sud. Nous nous sommes munis, pour les inciter davantage à ne pas nous fausser compagnie, de deux grands sacs remplis de calmars — leur délice.

Pépito, d'ordinaire plus familier que son congénère, retrouve immédiatement le goût de l'indépendance et explore à toute vitesse le domaine sous-marin qui s'offre à lui. Cristobal, de tempérament rebelle sur la *Calypso,* reste au contraire timidement dans mes palmes.

Pendant trois jours, nous nous relayons dans l'enclos pour nager avec eux. Merveilleuses machines aquatiques ! Là où nous peinons pour avancer de quelques mètres, ils jaillissent, ils trouent l'épaisseur liquide comme des torpilles. Ils sont souples, ils sont beaux. Le toboggan que nous avons installé pour faciliter leurs plongeons depuis la *Calypso* devient leur aire de jeu favorite.

Le 4 mai, dans la nuit, nous relevons les filets. Au matin, quand Pépito et Cristobal s'ébrouent avec nous dans la baie de Tobago Cays, ils ne savent pas qu'ils sont théoriquement libres. Ils restent sagement à proximité du bateau.

Puis Cristobal disparaît.

Nous le reverrons à huit cents kilomètres d'ici. Pris au filet par un pêcheur de Porto Rico, il sera racheté pour trois fois rien par une Américaine de San Juan, la capitale de l'île. Nous aurons vent de cette histoire; nous retrouverons la dame. Elle nous revendra Cristobal vingt fois plus cher qu'elle ne l'a acquis. Quinze jours plus tard, la jeune otarie voudra manger un crapaud-buffle! Malade, elle mourra en dépit des soins intensifs que lui prodiguera le médecin du bord.

Pour Pépito, l'avenir sera moins noir. Nous le relâcherons au Pérou, quand nous aurons passé le canal de Panama. Nous lui rendrons la liberté sur une côte peuplée d'autres otaries à fourrure — d'une espèce voisine de la sienne. En espérant qu'il trouvera, chez elles, un accueil favorable... Je n'en suis pas sûr. Le Pacha, non plus.

Nous aurons vécu, avec Pépito et Cristobal, des moments d'intimité extraordinaires. Ils auront enchanté notre traversée de l'océan Atlantique. Ils nous auront appris quelques bribes de leur mode de vie de mammifères amphibies. Mais — tout compte fait — c'est une erreur de les avoir enlevés à leur troupeau et à leur milieu naturel. Nous ne recommencerons jamais.

Et la *Calypso* navigue en mer Caraïbe. De perle en perle : Saint-Vincent; Sainte-Lucie; la Martinique; la Dominique; la Guadeloupe; Montserrat; Saint-Kitts et Nevis; les îles Vierges... En nous faufilant parmi ces dernières, nous rencontrons un gros troupeau de globicéphales — plusieurs centaines de ces super-dauphins noirs au front bombé, qu'on appelle aussi baleines-pilotes. Mesurant jusqu'à six mètres de longueur pour un poids de deux tonnes, ces cétacés sociables sont ceux qui se « suicident » le plus souvent en masse sur les plages, pour des raisons qui nous demeurent inconnues.

A la mi-juin 1968, le capitaine Caillart remplace le capitaine Maritano aux commandes de notre navire. Il nous apporte des nouvelles fraîches de France, sous la forme d'un ballot de journaux. Il est clair que, naviguant dans les Caraïbes pendant que les étudiants faisaient Mai 68, nous n'avons pas compris grand-chose aux « événements ». Nous les avons vaguement suivis à la radio. Je découvre pêle-mêle, dans des numéros de

L'Enragé ou du *Figaro,* les affiches fameuses (« La chienlit, c'est lui ! ») ou le texte des discours de De Gaulle, les photos de Daniel Cohn-Bendit ou celles des barricades du Quartier latin. Pendant les convulsions de la France, j'avais chaque jour devant les yeux les ondulations de deux otaries.

A la fin du mois de juin, après un bref carénage à San Juan de Porto Rico, le bateau met le cap sur le Banc d'Argent. Ce récif de corail, qui affleure à peine, s'étend au nord de l'île d'Hispaniola (qui comprend Haïti et Saint-Domingue), sur une superficie équivalente à la moitié d'un département français. Navigation dangereuse : ici, depuis le XVIIe siècle, des centaines de bateaux se sont perdus.

Un ami du Pacha, Rémy de Haenen, maire et hôtelier de la petite île de Saint-Barthélemy, est persuadé de connaître l'emplacement d'une épave riche d'un trésor extraordinaire : le galion espagnol *Nuestra Señora de la Concepcíon.* Cousteau n'est pas chaud pour les chasses au trésor : c'est contre ses principes. Mais la fascination de l'or est si forte que même l'équipe de la *Calypso,* vouée à des activités scientifiques, écologiques et cinématographiques, se laisse prendre. Les hommes réclament qu'on essaie — au moins... Ils deviennent presque agressifs.

Le Pacha sait qu'un bon commandement réclame, de temps à autre, une faiblesse feinte. Il dit : « Je n'ai pas armé la *Calypso* pour jouer les chercheurs d'or. Mais puisque vous y tenez, d'accord : nous allons nous amuser à ce petit jeu. A une seule condition : je vous donne un mois. Pas un jour de plus ! »

La *Calypso* se faufile entre les têtes de récifs. Rémy de Haenen raconte l'histoire du bateau perdu. La *Nuestra Señora de la Concepcíon* était le navire-amiral d'une flotte de huit vaisseaux qui, chargés d'or et d'argent du Nouveau Monde, quittèrent La Havane le 13 septembre 1641 et se trouvèrent au cœur d'un cyclone le 2 novembre : le navire, éventré sur un écueil, coula ; sur les cinq cent vingt-cinq membres d'équipage et passagers, deux cents sauvèrent leur vie. Mais le trésor était au fond.

Revêtir l'habit de plongée, les palmes, le masque et les bouteilles d'air comprimé, constitue pour moi un plaisir. J'ai cette chance inouïe de gagner ma vie en assouvissant ma passion de la mer et de ses créatures. *(Ph. Fondation Cousteau.)*

De tous les animaux de l'eau, le plus impressionnant est l'orque épaulard. Ce super-dauphin noir et blanc mesure huit mètres de longueur et pèse huit tonnes. Doué d'une rare intelligence, il vit en sociétés matriarcales organisées et solidaires.
(Ph. C. Davis/Fondation Cousteau.)

L'Antarctique ! J'en rêvais... Lors d'une mission Cousteau mémorable, je débarq sur la banquise, où je salue les phoques de Weddell — qui compte parmi les meilleurs des mammifères plongeurs Ils passent une heure e apnée, eux...
(Ph. Fondation Coustea

Ci-dessous : **Amarrée à la banquise antarctique, la *Calypso* ne dépare pas l'un des plus beaux paysages du monde. Milieu admirable, mais fragile...** *(Ph. J. Roux.)*
Ci-contre : **Je plonge en soucoupe sous la glace. J'y découvre une pullulation de plancton et d'invertébrés des fonds à laquelle je ne m'attendais pas.** *(Ph. Fondation Cousteau.)*

Dans une grotte de la péninsule du Yucatán, je surprends le requin-nourrice, ou requin dormeur. Il ne dort que d'un œil et fonce... terrorisé par ma silhouette ! *(Ph. R.Murphy/Fondation Cousteau.)*

Le barracuda, parfois long de deux mètres et doté de dents en poignards, est impressionnant. Bien des plongeurs le redoutent. Il n'a jamais mordu d'équipier Cousteau. *(Ph. S. Frier/Fondation Cousteau.)*

Le requin-léopard, en dépit de son nom, n'a rien d'un fauve. Il est tacheté comme le félin qui le désigne, mais c'est un squale pacifique, tranquille et superbe. Un seigneur du corail... *(Ph. A. Falco.)*

Le diodon, ou poisson-porc-épic, n'a l'air de rien quand il est calme. Enervé, il avale une énorme quantité d'eau, et se gonfle comme un ballon en hérissant de toutes parts des pointes acérées. *(Ph. A. Falco.)*

Sa Majesté, la baleine... Le plus gros animal que la Terre ait porté, le Léviathan de la Bible, le monstre qui avala Jonas, est une créature pacifique et superbe, que les hommes ont massacrée pour un peu d'huile ou des fanons... Ici, la baleine à bosse, ou jubarte, ou mégaptère, ou encore baleine chanteuse... *(Ph. C. Davis/ Fondation Cousteau.)*

Le plus gros des phoques s'appelle l'éléphant de mer. Les mâles dominants de l'espèce, dotés d'une trompe bizarre, atteignent six mètres et quatre tonnes. Ici, l'éléphant de mer du Nord. *(Ph. Sumian/Fondation Cousteau.)*

Le bébé phoque du Groenland est appelé « blanchon » à cause de sa fourrure immaculée. Naguère, on le tuait au gourdin et au coutelas. Brigitte Bardot a ameuté le monde sur ce massacre. *(Ph. S. Frier/Fondation Cousteau.)*

Rencontrer une otarie en plongée constitue un rare privilège. L'otarie de Californie est élégante. Elle virevolte dans l'eau avec une grâce que nous autres, hommes, n'approcherons jamais. *(Ph. C. Davis/Fondation Cousteau.)*

Les otaries n'aiment pas forcément qu'on les dérange. J'ai vu des mâles me foncer dessus pour m'intimider, et me cracher à la figure des restes de repas peu ragoûtants. J'ai obtempéré ! *(Ph. C. Davis/Fondation Cousteau.)*

La *Calypso !* Après plus de trente-cinq années de navigation autour du monde, elle méritait d'être remise en état. C'est chose faite dans un chantier naval de Floride.
(Ph. A. Falco).

J'aime, en pleine mission, décoller à bord de notre hélicoptère *Félix,* et accomplir une longue reconnaissance aérienne. C'est l'occasion de mille découvertes. *(Ph. D. Noirot/Fondation Cousteau.)*

Une complicité de près de quarante ans m'unit au Pacha JYC, comme nous l'appelons également. Rares sont les moments où nos avis divergent — du moins sur les questions importantes. *(Ph. R. Murphy/Fondation Cousteau.)*

Aux îles Kermadec, qui appartiennent à la Nouvelle-Zélande, nous plongeons dans des grottes où logent des mérous géants de plus d'un quart de tonne. Curieux, ces monstres nous tâtent les palmes du bout de leurs grosses lèvres.
(Ph. R. Murphy/Fondation Cousteau.)

Au Sud de l'archipel des Tuamotu, nous plongeons sur le cratère bouillonnant du volcan sous-marin Mac Donald. Ici, la lave remonte des entrailles de la Terre. Dans quelques siècles, une nouvelle île sera née. *(Ph. D. Noirot/Fondation Cousteau.)*

Au fond du lac Ontario, je contemple en soucoupe la parfaite figure de proue du vaisseau de guerre *Hamilton,* qui sombra dans une tempête en 1912. C'est à mes yeux l'« épave idéale », celle que j'ai toujours rêvé de découvrir. *(Ph. A. Falco.)*

En remontant d'une plongée en soucoupe à Cuba, avec Jean-Michel Cousteau *(en haut),* je songe à l'extraordinaire existence que son père m'a offerte, un jour de 1952, à Marseille. Aussi longtemps que possible, je continuerai le voyage...
(Ph. Anne-Marie Cousteau.)

Recherche iconographique : Anne Gestin

En 1687, un aventurier anglais nommé William Phips rencontra l'un des rescapés, qui lui vendit sa « carte au trésor ». Phips réussit, dans des circonstances rocambolesques, à récupérer une partie du précieux chargement. Mais il en reste...

La *Calypso* est sur le site — à quelques centaines de mètres près. Mais ces mètres posent problème... Depuis le XVIIe siècle, le corail a eu le temps de pousser. Il a tout recouvert. Coraux-champignons, cerveaux de Neptune. acropores branchus, etc., forment un jardin sous-marin confus, superbe, luxuriant, où volettent les nudibranches et les poissons-anges. Dans ce fouillis, pas le moindre indice d'épave...

L'équipe explore minutieusement le récif, divisé en secteurs à l'aide de bouées. Sans succès, d'abord. Mais un jour Bernard Delemotte localise un objet bizarre. C'est rond, c'est long, c'est en métal... C'est un canon ! De son côté, quelques mètres plus loin, Rémy de Haenen et Michel Deloire trouvent une marmite.

L'épave est ici. Du moins, une épave...

Le soir, sur la *Calypso,* pour la première (et la dernière !) fois, on vote. Le Pacha refuse de prendre part au scrutin. Il se retire dans sa cabine. L'équipe décide que, si elle trouve un trésor, elle fera parts égales — du simple matelot au capitaine.

Au boulot ! Il faut commencer par briser les coraux (hélas !). « Nous piochons le dur calcaire comme des bagnards de Cayenne, raconte Bernard Delemotte. Nous construisons un radeau de service que nous appelons (comme celui qu'utilisa Phips) le *Jeanne and Mary*. Nous installons notre suceuse pour déblayer le sédiment. Nous recueillons les débris dans de grands paniers métalliques, où nous trions les objets : boulets de canons, bouteilles de verre, tasses, pots à eau, etc. Plus nous mettons au jour de vaisselle et de pièces en tout genre (nous remontons aussi deux gros canons), plus nous sommes persuadés de l'intérêt des restes de navire que nous avons inventés (comme on dit). Mais est-ce bien l'épave au trésor ? »

Le Pacha n'y a jamais cru. Les objets pullulent, sous le

corail. Mais il n'y a ni or, ni argent, ni perles, ni pierres précieuses... L'ironie veut que le jour où les plongeurs aperçoivent enfin leur première pièce d'or soit aussi celui qui sonne le glas de leurs espérances. La pièce (plutôt un médaillon) est à l'effigie de saint François d'Assise, le... protecteur des pauvres. Et elle est accompagnée d'un paquet de sceaux frappés de la fleur de lys. Ces derniers portent la date de 1756.

Un siècle de trop ! Ce n'est pas la *Nuestra Señora de la Concepcíon* : comme dit Frédéric Dumas, c'est plutôt la *Nuestra Señora de la Decepcíon* !... Il s'agit en vérité d'un voilier de commerce — probablement hollandais : sur un vase figure l'inscription « J. Wÿn ». L'intérêt historique est grand ; l'intérêt pécuniaire, nul !

Chacun remâche sa déconvenue, les uns en plaisantant pour garder bonne figure, les autres en faisant la tête durant deux jours. Mais le Pacha remonte le moral de l'équipe en faisant sabrer le champagne. Il veut achever dans la joie cet épisode. Il fait nettoyer — intérieur et extérieur — l'un des canons renfloués. Frédéric Dumas confectionne une amorce et une charge de poudre. Il se déguise en corsaire, un bandeau noir sur l'œil ; il arme avec un boulet ; il boute le feu : énorme explosion. Le boulet tombe à dix mètres à peine. Effrayés par le tintamarre, les pélicans et les goélands du Banc d'Argent s'égaillent comme des rêves de richesse.

27

Le lagon des baleines grises

Le canal de Panama • L'or des Incas
L'Œil de Lièvre • La nuit des calmars
Le rallye des soucoupes.

OUBLIÉ, LE trésor du Banc d'Argent !... Le bateau fend les eaux bleues de la mer Caraïbe en direction de Panama. Pour la première fois depuis qu'elle a quitté le chantier naval de Seattle, où elle fut construite en 1942, la *Calypso* s'apprête à revenir dans l'océan Pacifique.

Nous nous engageons dans la baie de Limon, où est le port de Colón, puis dans le canal de Panama. A l'écluse de Gatun, nous nous élevons à vingt-six mètres au-dessus du niveau de la mer. Nous traversons le lac Gatun, puis la passe pittoresque de Culebra. Voici l'écluse de Pedro Miguel, le lac-réservoir de Miraflores, le port de Panama et — enfin — le Grand Océan sur lequel la *Calypso* s'engage sous une pluie diluvienne.

Nous faisons route vers le Pérou, où nous allons lâcher Pépito, et où Jean-Michel, l'aîné des deux fils Cousteau, nous a préparé une mission originale. Après une escale à Callao, l'avant-port de Lima, nous mouillons à Matarani, où nous débarquons un énorme matériel. Entre autres, nos deux sous-marins monoplaces — les « puces de mer »...

Nous arrimons ces charges sur les wagons d'un tortillard des Andes, qui nous emmène à trois mille huit cent douze mètres d'altitude, au bord du lac Titicaca. Cet immense plan d'eau, de plus de huit mille kilomètres carrés, recèle quelques énigmes. Devant les Indiens du village de Copacabana ahuris, nous déchargeons nos sous-marins et notre matériel de plongée. Nous rendons visite au peuple des Roseaux — les Urus, qui vivent sur des plates-formes de roseaux, dans des maisons de roseaux, naviguent sur des pirogues de roseaux et mangent (outre des poissons) des... bourgeons de roseaux. Ces hommes peuplaient la contrée avant l'arrivée des Incas. On suppose qu'ils descendent d'Indiens Arawaks venus de la forêt amazonienne.

Nous nous rendons à l'île du Soleil, qui fut un lieu sacré pour les Incas. Un homme ridé et voûté, connu sous le nom de Vieux du Lac et qu'on dit plus que centenaire, nous raconte qu'entre l'île du Soleil et celle de la Lune, distantes d'une douzaine de kilomètres, les Incas ont immergé une chaîne d'or qui indique l'entrée d'un tunnel secret, long de plus de trois cents kilomètres et conduisant jusqu'à l'ancienne capitale de l'empire : Cuzco.

Je plonge en scaphandre en compagnie de Jean-Michel Cousteau, de Bernard Delemotte et de Raymond Coll : nous n'apercevons que d'immenses peuplements côtiers de roseaux (localement nommés *totoras*) et, à partir de quelques mètres de profondeur, des champs de vase infinis. Les fonds sont hantés de crapauds énormes, étranges, d'aspect terreux, qu'on ne trouve que dans ces eaux... Une autre descente, en compagnie de Jean Riant, est plus fructueuse : nous mettons au jour des dizaines de poteries enfouies dans le sédiment. Elles sont d'origine inca, cela ne fait pas de doute ; mais elles ne recèlent aucun trésor.

Car là aussi, on dit qu'il y a un trésor à chercher — plus fabuleux encore que celui de la *Nuestra Señora de la Concepcíon.* Il s'agirait, ni plus ni moins, que du monceau d'or, d'argent, d'émeraudes et de perles que le dernier Fils du Soleil, l'Inca suprême Atahualpa, aurait fait immerger dans les eaux sacrées du lac pour le soustraire à la rapacité des conquistadores de Pizarre...

Le professeur Edgerton participe à cette mission. Il nous fournit un détecteur de métaux. Résultat de nos investigations : néant. Mais le Titicaca est immense... Pour accroître nos chances de découvrir quelque chose d'intéressant, Raymond Coll et moi prenons place dans nos « puces de mer ». Les deux submersibles s'enfoncent dans les eaux étranges du lac Titicaca. C'est la première fois qu'un sous-marin descend dans un lac situé à près de quatre mille mètres d'altitude !

Profondeur : cinquante mètres... Cent... Cent vingt... Passé l'étage des roseaux, le fond n'est qu'une succession de vallées partiellement comblées par les sédiments que les innombrables torrents tributaires arrachent à la cordillère des Andes. Jusqu'à cent vingt mètres, j'aperçois dans le pinceau de mes phares des traces bizarres, en zigzag, que je suis. Il ne s'agit pas de messages secrets laissés par les Incas, et qui nous mèneraient au trésor : ce sont des empreintes de pattes de crapauds !... Jamais je n'aurais pensé (aucun scientifique ne voudra nous croire quand nous livrerons cette information) que des batraciens puissent vivre à cent vingt mètres. Ce sera notre plus grande découverte, au lac Titicaca...

Le 20 novembre 1968, ayant récupéré l'équipe et son matériel, la *Calypso* lève l'ancre en direction du nord. Cachalots. Dauphins. Otaries. Requins. Espadons. Poissons volants... Nous relâchons à l'île Coco : encore un site au trésor ! C'est ici, a-t-on écrit, que le fameux pirate Barbe-Noire enterra le produit de ses rapines. Des dizaines d'aventuriers, munis de plans prétendument infaillibles, ont retourné le sol de cette terre hérissée d'une abondante végétation tropicale, et qui appartient au Costa Rica. Aucun n'a jamais extrait le moindre ducat, ni le plus petit rubis, ni la plus modeste perle. Mais la légende ne meurt pas... Quant à nous, ne nous demandez plus de creuser : un mois de bagne au Banc d'Argent nous a vaccinés.

Nous cinglons vers Acapulco, puis vers le cap San Lucas (qui achève la péninsule de Basse-Californie vers le Sud). La *Calypso* est à Los Angeles pour Noël : comme la majorité de l'équipage, je passe les fêtes en France.

Janvier 1969 : nous naviguons vers l'île de Guadalupe. Cette minuscule terre mexicaine, située à deux cent cinquante kilomètres au large de la Basse-Californie, en plein océan Pacifique, constitue l'ultime refuge à une espèce animale que l'homme a failli anéantir : l'éléphant de mer du Nord. C'est le plus gros phoque du monde (avec son cousin de l'hémisphère Sud). Les mâles dominants mesurent six mètres de longueur et pèsent quatre tonnes. Ils ont un museau hypertrophié en trompe — comme leurs homonymes de la savane africaine. Ils lancent de puissants barrissements quand ils se battent ou qu'ils rassemblent leurs harems de femelles. Le problème est que l'île de Guadalupe est trop petite pour accueillir la population résiduelle : les pachas ne cessent de s'affronter ; le sang coule ; les femelles s'accouplent au hasard, et nourrissent n'importe quel petit, dans la plus complète anarchie.

« Cette île, dit Cousteau, est devenue un comptoir du sexe et du lait. Voilà peut-être l'image de ce qui nous attend, nous autres hommes, si nous continuons de croître et de nous multiplier aussi vite sur la planète... »

Nous rallions la côte occidentale de la Basse-Californie. C'est le territoire de reproduction des baleines grises. Elles aussi ont failli être anéanties par l'homme. En 1852, le capitaine baleinier Charles Melville Scammon, posté à l'entrée du lagon qui porte aujourd'hui son nom, s'aperçut que les énormes cétacés (quinze mètres de longueur, quarante tonnes) y entraient nombreux. Il avait localisé le lieu de reproduction (la chambre d'amour et la nurserie) de l'espèce. Il fit un massacre. Les autres baleiniers suivirent : au début de ce siècle, la baleine grise avait virtuellement cessé d'exister.

Il en restait de rares sujets qui, bien protégés par les autorités mexicaines et américaines, reconstituèrent les troupeaux actuels.

La *Calypso* se présente devant le détroit de l'Ojo del Liebre (« l'Œil de Lièvre »), qui donne dans la baie de Scammon. Nous n'entrons dans le lagon qu'avec notre Zodiac et notre chaland. Il s'agit d'un immense bras de mer, cent fois ramifié, qui s'insinue sur des dizaines de kilomètres à l'intérieur du désert de Vizcaino, en Basse-Californie. De telle sorte qu'on peut qualifier les baleines grises de « baleines du désert »...

Nous ne mettons pas longtemps à apercevoir le souffle d'une mère et de son petit. Plus loin, une autre femelle tourne dans l'eau chargée de plancton; elle semble nerveuse, inquiète; peut-être est-elle sur le point d'accoucher; nous évitons de la déranger. Nous plongeons avec une troisième femelle, dont le bébé, âgé de plusieurs semaines, se débrouille parfaitement. Je me glisse dans l'eau près d'elle. Je contemple cet énorme corps et cette tête au museau arqué vers le bas, qui ouvre une bouche gigantesque tendue de fanons gris. Spectacle admirable : le jeune se frotte à sa mère; il lui donne des coups de museau affectueux dans les flancs; il prend plusieurs mètres d'élan et fonce droit sur elle ; il lui escalade le dos... Il a l'air heureux. Maman, symbole de patience, laisse faire...

Les baleines grises ont la peau constellée de parasites (surtout de balanes et de « poux » des baleines), qui leur donnent l'air d'avoir une carapace. La mère que nous observons en est couverte. Le bébé en est exempt : mais pas pour longtemps. Il souffrira bientôt, lui aussi, de ces profiteurs dont certains s'ancrent profondément dans la peau des cétacés.

Au moment où nous relançons notre Zodiac, au terme de notre plongée, nous ne prenons pas garde au fait que nous passons entre la mère et son bébé. C'est la dernière chose à faire ; la baleine adulte, inquiète pour son rejeton, plonge soudain sous notre embarcation et remonte à la verticale. Elle nous projette en l'air comme de ridicules pantins, et elle achève sa charge par un formidable coup de queue.

Philippe Cousteau, Bernard Delemotte et moi nous retrouvons à l'eau, à moitié sonné. Je suis coincé sous le Zodiac. Je me demande un instant si je vais réussir à me dégager. Je réussis à remonter en surface.

Lorsque nous reprenons nos esprits, sains et saufs, mais plutôt choqués, nous évaluons l'ampleur des dégâts. D'un seul coup de tête et de queue (joli doublé !), la femelle a cassé le plancher du Zodiac, détruit le moteur et écrabouillé comme une crêpe le réservoir à essence. Nous revenons de loin : si l'un de nous avait pris sur la tête cette baffe de sept mètres d'envergure et de cinq cents chevaux, il serait aussi plat que le réservoir...

La baleine grise de Californie n'est jamais agressive envers l'homme, sauf — précisément — quand une mère est inquiète pour son bébé. Alors, elle fonce, ce que ne font ni les baleines franches, ni les rorquals. Philippe Cousteau nous rappelle (un peu tard !) que les baleiniers américains nommaient l'espèce *devil fish,* « poisson-diable »...

Après quelques jours passés à soigner nos bosses et nos égratignures, nous continuons d'étudier les mœurs du grand cétacé. Nous veillons à ne donner en aucun cas aux femelles l'impression que nous pouvons présenter un danger pour leurs petits.

Un matin, sur une plage, Philippe découvre un baleineau échoué. Le jeune est encore vivant, mais il a sur les flancs de vilaines blessures sur lesquelles les oiseaux de mer s'acharnent. Il cligne de ses petits yeux où se lisent à la fois l'angoisse et l'intelligence. Philippe ne peut s'empêcher de penser qu'il implore à l'aide. Il alerte la *Calypso* par radio. Les équipiers roulent le petit dans un grand filet et le poussent à l'eau. Ce n'est pas si facile : il mesure quatre mètres cinquante de longueur et pèse une tonne et demie... Puis ils le remorquent derrière le chaland jusqu'à la *Calypso,* où ils l'attachent à la coque de façon qu'il ait les évents au-dessus de la surface et puisse respirer.

Le baleineau reçoit le nom de Jonas.

Le scientifique embarqué pour cette mission, le professeur Theodore (Ted) Walker, spécialiste des baleines grises, suppose que la mère doit tourner quelque part dans les parages en appelant son enfant. Il soigne les blessures de Jonas et lui confectionne une épaisse bouillie de lait enrichie de graisse et d'œufs, qu'il enfourne à la main dans la gueule du baleineau. Pendant deux jours et deux nuits, Jonas hésite entre la vie et la mort — et toute la *Calypso,* entre la joie et la peine. C'est la mort qui gagne. Jamais, peut-être, en plus de trente-cinq années de missions Cousteau, pareille tristesse ne s'est abattue sur les équipiers après la disparition d'un animal.

Au début du mois de février, le capitaine Claude Caillart cède la place à son homologue Jean-Paul Bassaget. Le 21 mars, nous apprenons le décès du père du commandant Cousteau, M. Daniel Cousteau, brillant avocat et esprit encyclopédique, que j'avais côtoyé et écouté dans les locaux des Campagnes océanographiques françaises ou sur la *Calypso,* pendant nos dix premières années de croisières.

Au printemps qui suit, nous explorons les îles du Détroit (les Channel Islands), situées en face de Los Angeles. Ces terres sont à la fois les symboles d'une nature partiellement préservée (avec des fonds merveilleux et des eaux riches en phoques, en otaries, en dauphins et en baleines), et la preuve que les splendeurs de la vie sont partout menacées par l'énorme progression des activités humaines ; urbanisation anarchique, industrie, agriculture intensive, tourisme, transports... La marée noire de Santa Barbara, qui a frappé ces côtes en 1968, laisse des images de désolation. Nous sommes les témoins consternés des dégâts qu'elle a commis.

Il reste, heureusement, de l'espoir : là où l'homme laisse la nature en paix, celle-ci remonte la pente. Non loin de l'énorme agglomération de Los Angeles, nous assistons en plongée à un ballet endiablé d'otaries de Californie. Nous pistons des dauphins nez-en-bouteille et des dauphins sténelles.

Nous tombons par hasard sur un prodigieux rassemblement

de calmars — comme jamais je n'en ai vu. Cela se passe à quelques milles au large de l'île de Santa Catalina. Les mollusques sont en pleine reproduction. Des centaines de milliers, des millions de ces créatures, longues de trente centimètres, se tortillent et palpitent dans les vagues. La nuit, le spectacle est ahurissant. Nous plongeons. La mer grouille. Les animaux sont surexcités. Ils jaillissent de toutes parts comme des flèches, en nageant à réaction. Les mâles se jettent sur les femelles et les serrent dans leurs dix bras ; puis, à l'aide d'un de leurs tentacules (dit hectocotyle), ils cueillent leurs spermatozoïdes à la sortie de leur orifice génital, et les enfournent dans la cavité palléale de leur compagne. La frénésie atteint une intensité étonnante. Des prédateurs, bien sûr, ont flairé l'aubaine. J'aperçois des requins qui engouffrent à pleine gueule les mollusques, qui ne voient même pas venir la mort. Puis des globicéphales s'invitent à la table du banquet...

Au matin, quand la folie se calme, nous effectuons une nouvelle plongée. Les femelles pondent des chapelets d'œufs blancs, qu'elles accrochent sur les gorgones et les algues du fond. Epuisés par l'acte d'amour, les adultes des deux sexes tombent lentement sur le plancher marin où ils meurent, et où ils forment bientôt une impressionnante couche de cadavres. Mais la descendance est assurée...

Au sud de Monterrey, en Californie, nous rendons visite aux loutres de mer. Rien n'est joli comme ces animaux à la fourrure précieuse, que les hommes (une fois de plus) massacrèrent. C'est pour la peau de cette espèce que les Russes, au XVIIIe siècle, s'installèrent en Alaska, puis descendirent le long des côtes occidentales de l'Amérique, jusqu'en Californie. Les loutres de mer aiment à s'enrouler dans les grandes frondes du kelp pour faire la sieste en surface. Nous nageons vers elles. Nous les regardons vivre leur vie de famille. Dans l'eau, elles sont la grâce même. Elles virevoltent, elles se tordent, elles dansent. Elles descendent chercher au fond les oursins, les ormeaux (abalones) et les crabes dont elles se délectent. Ce sont des animaux intelligents, qui savent se servir d'outils :

pour faire éclater la carapace ou la coquille de leurs proies, elles attrapent une pierre au fond. Elles s'installent en surface, couchées sur le dos. Elles frappent le crustacé, le coquillage ou l'échinoderme sur le caillou qui fait fonction d'enclume, jusqu'à faire éclater l'armure...

Les pêcheurs de crabes et d'abalones n'aiment pas les loutres de mer. Ils les accusent de piller « leurs » ressources — alors qu'ils sont, de toute évidence, les seuls responsables de la raréfaction de ces richesses naturelles. Ils se moquent des mesures de protection dont les jolis mammifères font l'objet. Quand ils en voient, ils sortent leur Winchester ; quand ils en prennent une dans leur filet, ils ne lui font pas de quartier.

Le 1er juin 1969, non loin de La Jolla, en Californie, se tient un extraordinaire rassemblement : celui de la quasi-totalité des mini-submersibles en service dans le monde. La soucoupe plongeante (que je pilote) rejoint dans l'eau nos deux « puces de mer » (où sont André Laban et Raymond Coll), mais également les engins américains *Beaver, Dowb, Deepquest, Star II* et *Nekton.* Un véritable jamboree aquatique, un rallye des soucoupes qui prouve que, désormais, l'humanité est prête à coloniser l'océan. Pour le bien de ce dernier, ou pour son mal ? La question reste posée.

Le 10 juin 1969, la *Calypso* entre dans le port de Seattle et accoste devant l'emplacement du chantier naval où elle fut construite, quarante-sept ans auparavant. Des ouvriers se souviennent du modeste dragueur de mines *J.B. 26,* dont personne ne pouvait deviner qu'il deviendrait le plus fameux bateau d'exploration du monde.

28

La tragédie des saumons rouges

Festins de krill • Les sauts des saumons
Les ours de Kodiak • Les dents des morses
Le langage des dauphins.

Le 17 juin 1969, la *Calypso* fait route vers l'Alaska.

Après avoir observé les baleines grises en hiver, c'est-à-dire pendant leur saison de reproduction, nous voulons les étudier en été, dans les eaux polaires où elles s'empiffrent de plancton. Comme la plupart des cétacés à fanons, ce sont d'infatigables migratrices. Contraintes de mettre bas dans les mers chaudes (leurs petits souffriraient dans l'eau glacée), elles font leur lard en été dans l'océan Glacial, où éclosent de prodigieux nuages de plancton, notamment de petites crevettes euphausiacées qu'on appelle le krill. Les baleines accomplissent au printemps et en automne un voyage de près de huit mille kilomètres, une fois vers le nord, une fois vers le sud. Le temps de gestation des femelles a été « calculé » en fonction de ce rythme annuel : les mères portent onze mois...

Nous voici à Anchorage. Puis nous cherchons les baleines grises en mer de Béring. Nous en trouvons plusieurs : énormité du souffle ! Elles sont à table : elles nagent lentement dans les bancs de crevettes roses. Elles ouvrent la bouche : l'eau et le plancton pénètrent. Puis elles ferment les mâchoires et font remonter leur langue vers leur palais : le liquide inutile jaillit vers l'extérieur entre les fanons. Ne restent dans la bouche, retenus par les barbes des lames cornées, que le krill, les mollusques ou les petits poissons, que l'animal avale avec la satisfaction goulue d'un convive de banquet...

Plus tard, tandis que le Pacha charge une équipe d'aller filmer les loutres de mer de la péninsule d'Alaska et des îles Aléoutiennes, il me confie la responsabilité d'une mission sur l'île Kodiak. Il s'agit d'étudier la migration des saumons rouges.

Avec quelques compagnons, nous établissons un camp volant au bord de la rivière Fraser. Il y a là le cinéaste Jacques Renoir (le fils de Jean, l'homme de *La Grande Illusion* ; c'est-à-dire le petit-fils d'Auguste — le génie du *Moulin de la Galette*), ainsi que les plongeurs Bernard Delemotte, Yves Omer, Dominique Arrieu et Patrice Innocenti. Nous attendons les poissons : ils arrivent. Guidés par leur odorat prodigieux, ils retrouvent, après quatre années passées à s'engraisser en mer, l'embouchure de leur cours d'eau natal, qu'ils désirent maintenant remonter jusque dans le ruisseau où ils ont vu le jour.

Ils cessent de s'alimenter dès qu'ils nagent en eau douce. Les mâles ont le museau tordu, bizarre (on les appelle « bécards »). Les deux sexes migrent vers l'amont. Ils ne se laissent arrêter par rien. Devant une cascade, ils prennent leur élan et sautent. Ils peuvent franchir en quelques bonds plusieurs mètres de rapides. S'ils ratent leur coup, ils recommencent. Certains s'épuisent, retombent lourdement sur les cailloux, se blessent. Ils essaient, le cas échéant, jusqu'à la mort. Ils doivent parfois trouver leur chemin vers des échelles à poissons que les hommes ont construites à leur intention, afin qu'ils puissent contourner les barrages.

Nous nous postons dans des cascades écumantes. Malgré nos combinaisons de plongée, nous claquons des dents. Mais le spectacle des saumons qui bondissent est prodigieux. Nous découvrons que, pour sauter, ils utilisent à merveille la puissance des contre-courants qui naissent au pied des chutes.

Nous sommes les témoins du manège des ours bruns Ceux de Kodiak comptent parmi les géants de l'espèce . jusqu'à trois mètres soixante de hauteur, quand ils se dressent sur leurs pieds plats... Pour les plantigrades, la migration des saumons constitue une aubaine. Ils marchent dans le courant, plongent la tête dans l'eau et la ressortent presque à chaque fois avec un poisson dans la gueule. Ou bien ils attendent en haut d'une cascade que leurs victimes leur sautent dans la bouche. Par contre, je n'en vois aucun qui pêche avec sa patte, comme on prétend qu'ils le font...

Les ours ne sont pas seuls à aimer la chair rose des saumons. Les aigles à tête blanche (qu'on qualifie parfois de « chauves », et qui sont l'emblème des Etats-Unis) en consomment; tout comme les renards — et les goélands, qui picorent les restes abandonnés par les ours.

Les saumons qui échappent à ces dangers et parviennent jusque dans leur ruisseau natal entament la danse d'amour de l'espèce. Le mâle et la femelle tournent au-dessus d'un lit de gravier, dans lequel la seconde creuse un sillon avec sa queue. Elle lâche des centaines d'œufs blanc rosé dans le nid, que son compagnon arrose de laitance (sperme). Epuisés, les adultes qui ont donné la vie se laissent aller au fil de l'eau. Leur peau se nécrose; ils semblent vieillir en accéléré; ils meurent — sans exception (contrairement aux saumons de l'Atlantique, chez lesquels certains reproducteurs retournent à la mer). Dans quelques semaines, les œufs écloront. Les alevins deviendront parrs, puis (dans un an) tacons (ou smolts) : ils nageront vers l'océan, où ils grandiront pendant quatre années, avant d'entreprendre à leur tour le périlleux voyage amont vers leur ruisseau natal.

Nous avons fait du bon travail à l'île Kodiak. Nous regagnons la *Calypso*. Dans la baie de Bristol, l'équipe a étudié les morses.

Elle a trouvé ces animaux à Round Island et (comme on pouvait s'y attendre) à Walrus Island (l'île Morse). Ces pinnipèdes, à peine moins gros que les éléphants de mer, forment une famille intermédiaire entre celle des otaries et celle des phoques. Ils ont été massacrés pour leur lard (par les baleiniers) et pour leurs longues canines — leurs défenses, dont l'ivoire est aussi précieux (malheureusement pour les deux espèces) que celui des éléphants. Les morses ressemblent à d'énormes chenilles brun-rouge lorsqu'ils rampent sur la terre ferme. Dans l'eau, ils acquièrent une grâce inimitable. Ils accomplissent de longues migrations, partie en nageant, partie en se laissant dériver sur les glaçons, qui leur tiennent lieu d'autobus de l'Arctique...

L'équipe a plongé avec eux. Ils se nourrissent de coquillages, de crabes, de concombres de mer, etc., qu'ils déterrent non pas avec la pointe de leurs défenses, comme on l'a cru, mais avec les lèvres. Ils ne cessent d'émettre des bruits de toutes sortes. Ils crient, ils grognent, ils sifflent, ils gazouillent. On les a appelés les « pinsons de la mer ». Dans l'eau, les mâles produisent de curieux tintements de cloche, que les anciens navigateurs prenaient pour un glas...

Nous évoluons, dans des forêts sous-marines de kelp géant, avec des loutres de mer, puis avec des otaries à fourrure d'Alaska. Nous filmons les crabes géants du Pacifique Nord, ou crabes royaux, dont les plus grands exemplaires dépassent trois mètres d'envergure. Ces géants des crustacés, surpêchés, deviennent rares. Nous apercevons des narvals — curieux cétacés dont une dent hypertrophiée et torsadée prolonge le museau ainsi qu'une épée, et qu'on surnomme licornes de mer.

Au début du mois de septembre, quand la mer et les conditions météorologiques se gâtent dans l'Arctique, les baleines grises gouvernent vers le sud. La *Calypso* en fait autant. Nous revenons dans le port de Seattle.

Repos. Réparations. Changement d'équipes...

Lorsque les travaux d'exploration recommencent, nous plongeons dans le détroit de Juan de Fuca, entre l'île de

Vancouver et l'Etat de Washington, où les plus grosses pieuvres du monde ont leurs appartements. Deux cents kilogrammes ; des bras de quatre mètres de longueur : impressionnants mollusques... Ces animaux — intelligents, comme tous les poulpes — ne sont nullement les monstres cruels que décrivent les récits d'aventures. Ils paraissent en vérité bien pacifiques. S'ils ont de la force dans les tentacules, ils s'épuisent vite, comme toutes les créatures à température variable. La spécialiste qui plonge avec nous, le docteur Joan Duffy, n'est qu'une « faible femme », pour un œil de macho. Cela ne l'empêche nullement de maîtriser en un tournemain une pieuvre géante trois fois plus grande qu'elle... Nous admirons, dans le labyrinthe de leurs cavernes, ces animaux qui nagent par réaction et qui, lorsqu'ils sortent en pleine eau, ressemblent à de vastes fleurs palpitantes. A la moindre émotion, le brun-rouge de leur peau vire à l'ocre ou au gris blafard...

Nous gagnons vers le sud. Passé Monterrey, nouvelle rencontre avec les loutres de mer (des stars d'Hollywood !) : Philippe Cousteau fait ami-ami avec elles. Il les amadoue avec des oursins et des coquillages. Elles acceptent qu'il fasse la sieste avec elles, enroulé en surface dans des frondes de kelp géant...

Nous plongeons avec les otaries de Californie. Nous assistons à une scène étonnante : ces animaux se mettent à plusieurs pour capturer un gros poisson-lune (ou mole) de plus de deux mètres de longueur. Et (ô surprise !) : les rusés lions de mer coupent les nageoires de leur victime à coups de dents. Le poisson, incapable de fuir, mais vivant, devient un garde-manger pratique où chacun se sert selon son appétit ! Le mot « cruel » n'a aucun sens, appliqué à des animaux. Mais ce « truc » est une preuve supplémentaire de l'intelligence des pinnipèdes, qui ont au moins une « idée » de l'avenir.

Novembre et décembre en Californie. Essais de scooters sous-marins. Observations sur le comportement des dauphins en liberté — sous la houlette du professeur René-Guy Busnel, spécialiste mondial des émissions sonores et du langage des cétacés. Autour de l'île de Santa Catalina, nous pistons les dauphins communs, les dauphins nez-en-bouteille, les sténelles, les dauphins à flancs blancs, etc., avec nos hydrophones. Le professeur Busnel analyse la structure des sons qu'il enregistre. Il tente de percer le sens des clics, des gazouillis, des sifflements que les animaux ne cessent de produire. Certaines émissions sonores (notamment les clics) servent à l'écholocation. D'autres ressemblent à des phrases, contiennent des informations, composent une sorte de discours.

Au sud, toujours au sud... Nous passons la Noël de 1969 au mouillage, près de l'îlot San Benedicto, à deux cent cinquante milles au sud de la pointe de la Basse-Californie. Dauphins. Globicéphales. Espadons. Marlins. Barracudas. Requins.

Janvier 1970 : relâche dans le port mexicain de Mazatlan. Puis navigation en direction de l'atoll de Clipperton. Ce minuscule îlot, perdu dans le Pacifique, à trois cents milles à l'ouest d'Acapulco, appartient à la France. Un bouquet de cocotiers, un lagon, un cratère... Et des vagues de crabes ! Ces crustacés pullulent sur la plage. Ils n'ont peur de rien. Christian Bonnici s'amuse à se coucher sur le sable : en quelques minutes, les animaux le recouvrent ; certains d'entre eux commencent de goûter, qui un bras, qui une cuisse... Ce sont des mangeurs de cadavres, des nécrophages. Tout ce qui traîne, ils le font disparaître. Ils sont superbes — d'un orange lumineux, avec des stries rouges. Christian préfère, pour le moment, ne pas trop engraisser l'espèce...

Comme tous les atolls, celui de Clipperton s'est formé sur un cône volcanique en cours d'émersion. Bernard Delemotte plonge dans le cratère envahi par l'eau. Il franchit une couche limpide, puis s'enfonce dans une purée épaisse, noire, inquiétante, où il perd tout sens de l'orientation : heureusement qu'il a mouillé une bouée et un fil d'Ariane, le long duquel il remonte... Quand il débouche en surface, il a l'impression d'avoir séjourné dans un baquet d'eau bouillante : sa figure et ses mains, devenues écarlates, le brûlent de façon abominable.

Il comprend que la matière fangeuse dans laquelle il s'est immergé se compose d'algues pourrissantes, dont la fermentation en l'absence d'air (anaérobie) engendre de l'acide sulfhydrique. Il lui faudra une semaine — et une pelade, comme après un gros coup de soleil — pour reprendre face humaine.

29

Les fous du corail

Les trous bleus • Opération « Tunicile »
Les poissons des abysses • Les grottes de corail
Malaises.

Le 12 avril 1970, la *Calypso* franchit le canal de Panama dans le sens ouest-est. Nous revoici dans l'océan Atlantique... Le capitaine Bassaget met le cap sur le Honduras, puis sur le Belize — l'ancien Honduras britannique.

Au large de ce petit pays, sur quatre cents kilomètres de longueur, s'étendent des champs de récifs qui forment le deuxième ensemble corallien du monde après la Grande Barrière d'Australie. Nous nous faufilons à travers le récif de Glover, puis nous pénétrons dans le récif de Lighthouse (du « Phare »), en nous réservant d'explorer plus tard le plus vaste et le plus beau : celui de Chinchorro.

Le récif de Lighthouse est un gruyère, creusé de galeries envahies par l'eau. Des « trous bleus » le parsèment. Il s'agit de puits ronds, bien visibles d'avion, d'un diamètre de plusieurs centaines de mètres. Ils sont beaucoup plus profonds que l'eau environnante, comme en témoigne leur couleur, d'un intense outremer. Cousteau a décidé d'en visiter un, ce que personne encore n'a fait. Un mystère de plus à résoudre...

Pour parvenir au trou bleu, c'est du sport : sueurs froides sous les tropiques !... Le capitaine Bassaget me demande de prendre la barre. Je me fie aux indications de mes amis, qui nous ouvrent la route en chaland et en Zodiac. Nous slalomons entre les écueils. Nous avons parfois moins de cinquante centimètres d'eau sous la quille. Il suffirait d'une tête de corail traîtresse...

Vue d'hélicoptère, quand elle flotte au centre du trou bleu, la *Calypso* paraît minuscule. On dirait qu'elle a été posée sur ce rond outremer par quelque géant facétieux. Nous entamons nos plongées de reconnaissance. Nous nous enfonçons dans une eau transparente, dont la couleur fonce au fur et à mesure que nous nous insinuons dans les entrailles du récif. Les parois du gouffre s'évasent vers le bas. De toute évidence, il s'agit d'un sol calcaire — de nature karstique, comme disent les géologues. Ce sédiment, déposé jadis au fond de la mer, puis durci, a été mis hors d'eau à la faveur d'un abaissement du niveau des océans. Puis il a été de nouveau couvert par les vagues. Pendant la période où les mers étaient basses (durant une ou plusieurs glaciations), les pluies ont ruisselé dans les fissures et dissous le calcaire. Elles ont creusé des galeries et créé des réseaux aussi complexes que dans les Causses. D'immenses cavernes souterraines ont vu leur toit s'effondrer. Elles se sont transformées en gouffres (en avens), lesquels, ennoyés, sont devenus trous bleus...

Cette hypothèse, que je forme dans mon esprit, et que le commandant Cousteau imagine lui aussi tandis que nous palmons ensemble (nous en parlerons au carré...), demande vérification. Pour obtenir la preuve qui nous manque, nous nous faufilons dans une galerie latérale : elle ne mène à rien. Nous descendons davantage — à plus de soixante mètres. Nous trouvons un passage. Nous l'empruntons avec prudence : angoisse ! Rien n'est risqué comme de plonger dans les grottes ; on se perd si facilement... Des plongeurs ont épuisé leurs réserves d'air, et sont morts avant de retrouver la sortie... Nous avons, bien sûr, accroché à l'entrée une corde que nous déroulons, et qui nous sert de fil d'Ariane. Nous gagnons l'intérieur de la roche calcaire. Nos lampes font naître autour de nous des fantômes.

Et voici la preuve : une salle immense, décorée de stalactites et de stalagmites... C'est la démonstration que ces grottes, aujourd'hui englouties, se sont constituées hors de la mer, à une époque où le récif était soumis à l'érosion des eaux douces d'infiltration — seules susceptibles de déposer du calcaire en cristaux... Nous passons des heures d'émotion et de plaisir à contempler ces merveilles minérales.

Nous restons plusieurs jours sur le site. Je plonge en « puce » jusqu'à cent trente mètres. Je touche la partie la plus profonde du trou bleu, que certaines légendes disent « sans fond ». A cet endroit, le plancher de la mer est encombré par un cône d'éboulis : ce sont les roches du plafond de l'aven, effondré voici quelques milliers d'années...

Mission accomplie... La *Calypso* vogue vers les îles Bahamas. Nous explorons quelques beaux récifs des sept cents îles de l'archipel. Nous saluons des dauphins et des orques, des tortues et des raies mantes. Nous sommes subjugués par la beauté de ces fonds où, dans des décors de coraux cornes-de-cerf et de coraux cerveaux-de-Neptune, de gorgones jaunes et de gorgones violettes, passent de délicats nudibranches, des porcelaines tachetées, des crevettes nettoyeuses et des légions de poissons multicolores : poissons-anges reines bleu et jaune, poissons-anges français de velours noir à pois d'or, poissons-demoiselles bleus, poissons-perroquets verts, poissons-écureuils rouge vif...

Et la *Calypso* fait route vers l'Europe... Après un détour par Miami, nous doublons les Açores et nous touchons Monaco le 15 septembre 1970. Nous venons, en trois ans, de boucler un périple de plus de cinquante mille milles !

La fin de l'année 1970 se passe, pour la plupart des équipiers, en vacances... Mais pas pour une petite troupe, dont je suis. Congés écourtés, nous préparons une nouvelle mission. Celle-ci se déroule en octobre, dans le détroit de Sicile : elle est baptisée « opération Tunicile » parce qu'elle consiste à étudier la « faisabilité » (comme disent les technocrates) de la pose d'un gazoduc entre la Tunisie et la Sicile — afin d'alimenter l'Italie en gaz naturel d'Afrique du Nord. La *Calypso* gagne la Tunisie. Nous traçons une ligne du cap Bon à l'île Favignana et au port de Marsala. Relevés de fonds aux échosondeurs. Photographies grâce aux traîneaux « troïkas ». Plongées en soucoupe (j'en effectue vingt-huit). Lors d'une de ces visites, j'ai la joie de découvrir, à deux cent cinquante mètres sous la surface, une épave antique probablement phénicienne — et intacte. J'exulte en songeant aux trésors historiques qu'elle contient. Mais je tempère mon enthousiasme : deux cent cinquante mètres, c'est beaucoup trop pour des plongeurs en scaphandre...

Nous achevons le boulot dans le détroit de Messine, où la violence des courants rend le pilotage de la soucoupe très... acrobatique. Même les animaux ont du mal à se maintenir sur ce fond caillouteux. Ceux qui restent sont bizarres. Dans ce lieu où la légende grecque logea les monstres Charybde et Scylla, les poissons des abysses remontent en surface plus souvent qu'ailleurs. On ramasse sur les plages des chauliodus (vipères de mer) munis de dents longues et aiguës comme des alènes de cordonnier ; des poissons-hachettes ; des mauroliques de Müller... Ces animaux hantent la zone perpétuellement obscure de la mer. Ils possèdent sur les flancs des rangées d'organes lumineux. Certains arborent sur le museau une canne à pêche et un appât phosphorescent. Lorsqu'une crevette ou un petit poisson s'approche, croyant faire un bon repas, une tragique surprise l'attend...

L'opération « Tunicile » bouclée, le tracé du futur gazoduc porté sur les cartes marines, nous retournons à Marseille.

En 1971, les capitaines Philippe Sirot, puis Alain Bougaran, prennent le commandement de la *Calypso*. Nouvelles missions en Méditerranée : études géologiques ; recherches sur le plancton, etc. En mars-avril, sous la direction du professeur René-Guy Busnel, nous menons l'enquête sur le comportement et le langage des dauphins. Plus question, désormais, de capturer des cétacés pour les enfermer dans un parc marin ! Nous nous sommes pris d'amitié pour ces mammifères élégants, rapides, affectueux, tellement malins...

Nous remorquons un bassin flottant au large. Nous capturons — avec force précaution — quelques dauphins communs. Nous les plaçons dans notre enclos, le temps de les étudier et d'enregistrer leurs émissions sonores. Lorsque le professeur Busnel est satisfait de ses bandes, nous les relâchons.

« Ils ne cessent de s'appeler, raconte le scientifique. Ils émettent des clics d'écholocation et des foules d'autres bruits qui semblent structurés comme des phrases. Impossible de ne pas songer à un parler véritable — peut-être analogue au langage sifflé de certains bergers des Pyrénées ou des îles Canaries... »

Nous constatons que les dauphins, quoi qu'il arrive, restent solidaires. Quand nous en prenons un, la bande ne s'éloigne pas. Elle l'encourage de la voix. Elle attend, visiblement inquiète, que le captif ait recouvré le bien le plus précieux — pour le cétacé comme pour l'homme : la liberté.

En juillet, nous effectuons une campagne en Corse, dans la région de Bonifacio. Objectif : corail rouge. Ce cousin des gorgones se compose d'une colonie de polypes d'un blanc lumineux, qui sécrètent un petit « arbre » (polypier) commun de calcaire rose ou rouge vif, très demandé en joaillerie. C'est bien le problème... Les pêcheurs de corail sont nombreux, dans les eaux locales : les précieuses branches se raréfient. On les trouvait jadis à trente ou quarante mètres. Désormais, il faut descendre à quatre-vingts ou cent...

Il existe une race d'hommes qui osent, plusieurs fois par jour, plonger à ces profondeurs pour effectuer leur récolte. Les corailleurs de Corse sont prodigieux. Ils font un travail de pur pillage ; mais ils jurent que c'est le seul moyen pour eux de gagner leur vie, et que déjà leurs ancêtres agissaient de la sorte... Je lie connaissance avec l'un d'eux. Il appartient à une famille qui fait parler d'elle du côté de Propriano. Il s'appelle Recco. Toussaint (dit Tony) Recco. Une force de la nature...

Il enfile son scaphandre autonome — des plus rudimentaires, avec des bouteilles d'air comprimé à deux cent cinquante kilogrammes (de véritables bombes !) et un détendeur bricolé. Je m'équipe et je plonge avec lui. Je respire, pour ma part, un mélange d'hélium. Il descend à toute vitesse, bien plus vite que je n'ai jamais osé le faire. J'ai peine à le suivre. Trente mètres, cinquante, quatre-vingts, cent... Autour de nous, l'eau est presque noire. Il pénètre sans hésiter dans une grotte dont le plafond est hérissé de branches de corail magnifiques, qui luisent dans la lumière de nos lampes comme un trésor d'Aladin. Une merveille marine... Je voudrais m'arrêter, admirer... Mais il travaille, lui. Il casse les polypiers à la base, d'un coup de marteau précis, et les jette dans un panier métallique. Je me demande comment il peut conserver, à cette profondeur, en respirant de l'air ordinaire, une telle lucidité.

Je le vois soudain remonter comme une flèche et me dépasser. Il est fou ! Il me double comme un coureur cycliste qui voudrait arriver plus vite au sommet du col !... Il risque un accident de décompression !

Quand j'arrive en surface, il est déjà sec... Il éclate de rire. C'est juste s'il ne me traite pas de mauviette !...

A coup sûr, Tony Recco est costaud. Il descend et remonte plus vite que quiconque, et observe des paliers de décompression pifométriques. Peu d'organismes humains résisteraient à ce traitement...

Pour tourner le film que le commandant Cousteau m'a demandé de réaliser sur lui, je réclame une tourelle Galeazzi. Pas question, pour moi, de mettre en danger la vie ou même la santé de la petite équipe qui m'accompagne. Tandis que nous prenons nos précautions, Recco continue de braver les lois de la médecine des profondeurs. Je sais (il le sait aussi : il me l'avoue, un soir) qu'en dépit de sa constitution exceptionnelle il joue gros pour chaque panier de corail qu'il remonte. Des incidents, il en a eu. Il souffre des articulations (un symptôme classique des décompressions mal faites). Il boite de plus en plus. Il a des absences...

Un jour ou l'autre, une grosse bulle d'air se formera dans une artère de son cerveau. Et alors...

30

Le grand Continent blanc

Le Sixième Continent • Les baleines de Valdés
L'œil du Léviathan • Le Sphinx de glace
Souvenir des baleines bleues.

La *Calypso* est restée à quai de longs mois. J'ai occupé le temps. J'ai plongé à Sormiou, à Morgiou, au Frioul, aux îles d'Hyères : les vacances du plongeur consistent à plonger. Je m'ennuie. Je bricole. Force m'est de reconnaître que ma vie s'identifie désormais à celle du bateau de Cousteau. Je me demande si c'est normal. Docteur, est-ce normal ?

Bien sûr, j'ai une vie sentimentale, une famille, une fille délicieuse, que je vénère. Je me dis parfois que mon existence d'aventures sur toutes les mers du monde ne vaut pas un sourire de cette enfant. Je rêve, à mes heures, d'une vie de rond-de-cuir. Je rentrerais tous les soirs à la même heure, je mettrais les pieds sous la table... Mais, sitôt que je laisse mon regard filer vers l'horizon bleu de la Méditerranée, au-delà des îles, je sais que rien ne pourra me retenir à terre.

Je n'en aimerai que plus fort les miens chaque fois que je reviendrai : tel est le monstrueux égoïsme du marin.

Le 30 septembre 1972, la *Calypso* lève l'ancre — enfin ! Elle fait route vers l'Antarctique — l'immensité blanche, le Sixième Continent, le royaume du froid, des blizzards et du songe. Treize millions de kilomètres carrés de glaces, sans compter la banquise qui mange l'océan durant l'interminable hiver... Il y a longtemps que Cousteau en rêvait et nous en faisait rêver. Cette fois sera la bonne. Nous y tournerons un film de long métrage dont le titre est déjà trouvé : *Le Voyage au bout du monde*; et quatre films de télévision.

Je n'accomplis pas la première partie de la navigation. Je rejoins le bord par avion, à Rio de Janeiro, où nous chargeons quelques tonnes de matériel, et d'où nous appareillons le 23 octobre. Buenos Aires. Puerto Madryn. Nouvel embarquement de fournitures.

Nous abordons la péninsule Valdés. Splendeur de la Patagonie... En dépit du fait que, sous ces latitudes, c'est le printemps, je trouve qu'il fait frisquet. Mais si j'ai la chair de poule en entrant dans le golfe de San José, au nord de Valdés, ce n'est pas de froid. C'est à cause des baleines.

Majestueuses, énormes, prodigieuses... Ce sont des baleines franches noires — une espèce que je n'ai encore jamais vue. Seize à dix-huit mètres de longueur, cinquante à soixante-dix tonnes... Voici le cétacé qui, jadis, venait se reproduire en hiver dans le golfe de Gascogne, près des côtes du Pays basque : on l'appelait pour cette raison baleine des Basques, ou baleine de Biscaye. Un animal gigantesque, mais débonnaire. Doux, lent, pacifique... Les Basques ont appris à le chasser vers le IXe ou le Xe siècle. Ils ont été les premiers baleiniers de l'Histoire. Hélas ! Ils ont presque éliminé l'espèce avant la fin du XVIIIe siècle : dans l'Atlantique Nord, il n'en subsiste aujourd'hui qu'un minuscule troupeau — miraculé —, dans la baie de Fundy, à la frontière du Canada et des Etats-Unis.

Nous pénétrons dans le golfe de San José en même temps qu'un de ces monuments de graisse et de muscles. La baleine souffle comme une forge et envoie dans l'air son double aérosol en cœur. Tête énorme, fanons de cinq mètres de longueur... Elle a la peau anthracite, constellée de parasites, notamment au-dessus des yeux, sur les joues et le menton. Sa lèvre supérieure porte une bosse de peau plissée, durcie, incrustée de balanes et de coquillages : les harponneurs appelaient « bonnet » ce curieux jardin japonais, et prétendaient que le toucher portait chance.

Nous suivons la baleine jusqu'au milieu du golfe de San José : voilà qu'elle fait demi-tour. Elle lève sa vaste queue au-dessus de la surface et se laisse pousser par le vent de terre — le vent de la pampa —, qui la remmène au large. Bon sang, mais c'est bien sûr : elle s'amuse ! A Valdés, les baleines franches font de la planche à voile avec leur queue !

La *Calypso* fend lentement ces eaux magiques. C'est ici que se reproduisent la majeure partie des baleines franches noires de l'hémisphère Sud. Nous passons des journées enchantées avec elles. Nous découvrons des mères et leurs petits : scènes d'affection. En plongeant, nous constatons que ces bêtes énormes se plaisent à rester de longues minutes en apnée (parfois une demi-heure), couchées sur le fond, immobiles, silencieuses. A quoi correspond ce comportement ? Peut-être est-ce, pour elles, une façon d'échapper au sonar des orques, leurs plus dangereux ennemis naturels ?

Un matin, je m'enfonce dans l'eau glauque, striée de rais de lumière bleu-vert. Bernard Delemotte m'accompagne. Nous localisons une baleine couchée au fond de la mer, à quarante mètres sous la surface. Je la rejoins. Je longe son corps interminable. Je la caresse : elle a la peau douce comme du velours ; elle frissonne au contact de ma main. Je détaille ses larges battoirs, la commissure de ses lèvres, ses fanons en partie visibles et son œil rond, de la taille d'un pamplemousse, surmonté d'un amas de parasites. Le géant — le Léviathan de la Bible — me regarde comme je le regarde. Je lis dans sa prunelle un intérêt, une curiosité, peut-être une interrogation. De l'intelligence, j'en suis certain ! Je me demande ce que la baleine pense de moi : croit-elle que je suis une sorte de phoque bizarre, handicapé pour la nage et doté d'une peau en caoutchouc noire à raie jaune ? Ou bien connaît-elle l'espèce humaine ? Dans ce dernier cas, comprend-elle que tous les hommes ne cherchent pas à lui percer la poitrine avec un harpon ?

Je l'espère...

Certains jours, quand le vent soulève les vagues sur la mer, les baleines franches de Valdés semblent prises de folie. Elles sautent. Elles prennent leur élan, décollent et retombent sur le côté dans des éclaboussements énormes.

Un après-midi, nous assistons à un acte d'amour. Quatre baleines (trois mâles, une femelle) nagent ensemble en surface, en soulevant beaucoup d'écume. Nous nous demandons quelle est la raison de ce remue-ménage. Nous approchons en Zodiac. Le quatuor de Léviathans s'enfonce sous la surface.

Philippe Cousteau empoigne une caméra et les suit. Il nous raconte la scène quand il remonte : c'est le plus beau spectacle qu'il lui ait été donné de voir.

« Les animaux, dit-il, se caressent, se touchent et forment une sorte d'énorme fleur. Les mâles ne se battent pas, contrairement à ce qui se passe chez la majorité des espèces. L'un des mâles, simplement, réussit à insinuer son pénis rose, long de trois mètres, dans le vagin palpitant de la femelle. L'étreinte dure quelques secondes ; mais c'est l'accomplissement d'un mystère du monde... »

Nous quittons à regret la péninsule Valdés. Michel Deloire, notre chef opérateur, voudrait passer des mois en compagnie des géants.

Nous mettons le cap au sud. Escale à la pointe Trombo : sur ces plages, des centaines d'éléphants de mer se prélassent. Ce sont les cousins méridionaux des éléphants de mer du Nord que nous avons rencontrés sur l'île mexicaine de Guadalupe. Les mâles dominants (les pachas), le nez prolongé par une trompe boudinée, hurlent en rassemblant leurs femelles récalcitrantes. Mais l'essentiel des naissances et des accouplements a déjà eu lieu : les reproducteurs, fatigués, sont de plus en plus coulants sur la discipline. Des mâles de rang inférieur profitent de la situation : ils s'approchent des femelles en faisant un détour ; certains d'entre eux parviennent à leurs fins...

Des millions (trois millions, peut-être) de pingouins de Magellan hantent ce rivage. Tête et dos gris ardoise, ventre blanc... Ils possèdent sur les joues une ligne claire et sur la poitrine une ligne sombre caractéristiques. Ils nichent en arrière de la plage où, depuis des générations, ils creusent ou réoccupent des terriers de plus d'un mètre de profondeur. Ils défendent leurs œufs ou leurs petits avec énergie : je m'en aperçois lorsque je fais mine de m'emparer d'un poussin. L'un des parents me donne sur l'index un coup de bec dont je me souviens...

Nous longeons la côte de Patagonie dans des envols de cormorans, de goélands dominicains et de pétrels. Nous touchons la Terre de Feu (la Tierra del Fuego), que nous contournons par l'est en passant à l'île des Etats (de los Estados). Sur ce rocher battu par les vagues, nous faisons la connaissance de deux espèces d'otaries : l'otarie à fourrure d'Amérique du Sud, ou *dos pelos* (devenue rarissime parce que massacrée par les chasseurs de fourrure) ; et le lion de mer de Patagonie : superbes animaux... Les femelles, avec leur pelage de flamme orange ou dorée, sont la finesse incarnée. Les mâles, le cou augmenté d'une abondante crinière brun sombre, ont des allures de lions — et des crocs qui rappellent ceux des grands félins !

Nous jetons l'ancre devant Ushuaia, la cité la plus méridionale du monde, sur la côte sud de la Terre de Feu. Un petit port, avec des jetées de bois. Des maisons de planches peintes de couleurs vives (comme toujours, dans les contrées de brouillard et de pluie). Une lumière plombée, étrange, baignant une baie grise que domine un cimetière envahi d'herbes folles..

Nous vérifions que tous nos appareils fonctionnent. A Rio de Janeiro, des techniciens de la NASA ont installé sur la *Calypso* un récepteur d'images météorologiques (envoyées par satellite) et un système de télécommunications (en relation avec un autre satellite). Nous sommes le premier navire qui bénéficie de ce matériel ultramoderne. Dieu — et Cousteau — savent qu'il ne sera pas superflu dans les glaces antarctiques.

A Puerto Madryn. en Argentine, nous avons aussi embarqué un petit hélicoptère Hughes 300, qui peut décoller et atterrir sur une plate-forme grillagée que nous avons construite à l'avant de la *Calypso.*

Nous recevrons l'assistance d'un bâtiment argentin, le *Bahia Aguirre,* qui nous ravitaillera en gazole, en kérosène, en eau et en vivres. Vogue la galère...

Nous filons vers le sud à travers le détroit de Drake. Les eaux les plus agitées et les plus dangereuses de la planète... Le capitaine Alain Bougaran et son second Michel Laval scrutent l'horizon à la jumelle. Mais l'horizon est bouché. Le plafond de nuages s'abaisse ; le vent se lève et creuse la houle ; le grésil puis la neige tombent. Dire que nous sommes au printemps !

J'admire les damiers (ou « pigeons ») du Cap, qui tournoient dans l'air au-dessus du sillage de la *Calypso.* Je contemple le vol royal des albatros : aucun autre oiseau ne possède leur science du vent. Nous croisons une troupe pressée de pingouins papous, qui sautent dans la vague à la façon des marsouins : étonnantes créatures. Ils sont de toute évidence en train de déjeuner : ils piquent et resurgissent en avalant de petits animaux. Je donne, par curiosité, un coup de filet à plancton : l'engin s'emplit de crevettes rosâtres, longues de cinq centimètres. Des euphausiacées. Le fameux krill, dont les baleines à fanons s'empiffrent...

Je suis chef plongeur de cette mission, comme de la plupart de celles qui l'ont précédée. J'ai veillé à la qualité du matériel. Nous avons l'intention de nous immerger sous la banquise, dans des eaux dont la température descend au-dessous de zéro degré centigrade (le sel dissous abaisse le point de congélation). J'ai fait confectionner, pour chaque plongeur, une combinaison spéciale, isolante, de couleur rouge. Grâce à cet habit appelé *unisuit,* la peau n'est pas en contact avec le fluide marin : une couche d'air l'en sépare, et permet de tenir une demi-heure ou trois quarts d'heure immergé, là où on n'aurait pas enduré dix minutes avec un matériel classique.

Nous croisons nos premiers icebergs (je ne parle pas des simples glaçons). Prodigieuses montagnes flottantes ! Aucun n'est identique à un autre. Certains ressemblent à des immeubles de bureaux, d'autres à des églises de campagne, d'autres à des temples grecs ou à des pavillons de banlieue. Nous en filmons un qui imite le Sphinx d'Egypte — un félin couché sur le ventre, avec une tête humaine ! Tous sont suivis d'un cortège de glaçons plus petits, qu'on appelle *growlers,* et qui pourraient faire du mal à notre coque...

Nous touchons l'île King George, dans l'archipel des Shetland du Sud. Nous mouillons dans la vaste baie du Léopard, qui s'ouvre au sud-est, face à la péninsule Antarctique. Des blocs de glace à la dérive portent leurs chargements de pingouins papous, de gorfous sauteurs et de pingouins adélie, comme des autobus emmènent des passagers dans les rues des villes. Un phoque de Weddell, qui se reposait sur une plaque de banquise, se réveille en sursaut à notre arrivée ; il se laisse glisser dans la mer sans une éclaboussure. Philippe Cousteau et François Dorado s'en vont en Zodiac explorer la langue d'un glacier qui vêle ses icebergs dans l'océan : au moment où ils approchent, un énorme pan de glace de plus de cinquante mètres de hauteur et de cent mètres de longueur s'effondre en grondant : la masse gelée creuse en tombant un monstrueux entonnoir liquide, qui se comble en donnant naissance à un raz de marée. Philippe et François, ballottés comme des lièges sur les crêtes écumantes, s'en tirent indemnes. Mais l'Antarctique nous a avertis. Ici, la nature est plus brutale que partout ailleurs.

Plus brutale, mais tellement plus belle... Les mots sont incapables de rendre la splendeur des montagnes qui se reflètent dans la mer parsemée de glaces — les blancs, les bleus, les gris, en mille nuances...

Sur la plage de la baie Léopard, le scientifique qui nous

guide, le professeur Raymond Duguy, spécialiste des cétacés, nous aide à reconstituer un squelette de baleine bleue. Ces parages furent le royaume des baleiniers. La chasse aux grands rorquals (baleine bleue et rorqual commun) commença vers 1902 en Antarctique. Les Norvégiens, les Anglais, les Américains et une dizaine d'autres nations vinrent massacrer ces géants, dont on traite le lard dans des stations à terre, puis dans des bateaux-usines. Dans les années 1930, on tua en Antarctique plus de trente mille baleines par saison de chasse ! Fleuves de sang répandus dans l'océan... Il faut savoir qu'aujourd'hui, après plus d'un demi-siècle de tuerie, il ne reste, dans le monde, que deux ou trois mille baleines bleues — peut-être moins de mille, selon certains cétologistes...

Le squelette que nous reconstituons m'apparaît comme le témoignage pathétique de la cruelle rapacité des hommes. Notre espèce n'a pas hésité à massacrer des montagnes vivantes de trente mètres de longueur et de cent cinquante à deux cents tonnes, afin d'en faire de la graisse à chandelles et des produits chimiques !

Les baleines, nous les cherchons évidemment dans la mer lorsque nous quittons l'île King George, en route pour l'île Déception. C'est, pour elles, la saison favorable. Nous devrions les voir souffler nombreuses, en train de se gorger de krill... Mais non. L'homme a trop tué. Nous ne rencontrons que deux baleines à bosse et quelques petits rorquals — plus un troupeau d'orques. Aucune baleine bleue. Bien que cette dernière soit protégée depuis plusieurs décennies, on n'est pas sûr qu'elle survivra : au-dessous d'un certain effectif, l'espèce n'est plus assez nombreuse pour que les femelles et les mâles se retrouvent au moment favorable dans l'immensité de l'océan ; et les tares dues à la consanguinité abaissent le chiffre des naissances.

L'île Déception porte le nom qui convient. Un désert minéral... C'est une montagne volcanique en noir et blanc : d'un côté, le basalte ; de l'autre, la neige et la glace. La *Calypso* manœuvre pour entrer dans la baie presque fermée qui en occupe le centre, et qui est formée par une caldera (un cratère d'explosion) envahie par la mer. Le bateau de Cousteau se faufile dans le goulet que les anciens baleiniers appelaient les Forges de Neptune, ou la Gueule du Dragon, ou encore les Portes de l'Enfer. Nous jetons l'ancre. Nous allons en Zodiac visiter les anciennes bases de baleinage britannique et chilienne, aujourd'hui en ruine.

Le volcan de Déception n'est qu'endormi : un peu partout dans la baie, la mer fume. Des sources bouillantes s'y déversent. Localement, la température de l'eau atteint cinquante degrés centigrades. Nous avons l'idée de nous baigner : curieuse expérience ! La couche supérieure chaude ne dépasse pas deux pieds d'épaisseur ; de telle sorte que, debout dans l'eau, on a la poitrine qui brûle, le nombril à la bonne température et les jambes glacées !

Le lendemain, tandis qu'une partie de l'équipe chausse les crampons et part en reconnaissance sur le glacier, je plonge en soucoupe avec Philippe Cousteau. Nous descendons dans une eau chargée de particules organiques. Je suis frappé par la richesse biologique de cet océan, qui contraste avec la désolation de la terre émergée. Le fluide regorge de plancton : nous traversons des nuages confus de crevettes, de mollusques, de petits animaux en tout genre, dont l'explosion démographique est un bonheur pour les prédateurs. Voici, devant notre hublot, un poisson bleu qui ne figure sur aucun guide d'identification. Des pingouins filent comme des flèches argentées de bulles à la poursuite des crevettes. Un phoque crabier se goinfre de krill. Toute la vie antarctique est dans la mer.

Nous fêtons Noël à l'île Déception. Nous chantons, nous buvons du champagne, nous échangeons des cadeaux. Même éloignés de nos familles, nous sommes heureux. Le plus enthousiaste de tous est notre second, Michel Laval.

Le 28 décembre, Michel Laval est mort...

A 11 h 30, il est sur le glacier en compagnie de Philippe Cousteau, de François Dorado et du cinéaste Colin Mounier. Ils ont marché des heures. Ils sont épuisés. Ils demandent par radio que l'hélicoptère de la *Calypso* les récupère. L'appareil se pose. En voulant ranger son sac pour grimper dans la cabine, Michel Laval glisse. Le rotor de queue lui heurte la tête. Il s'effondre.

C'est le deuxième accident fatal d'un équipier Cousteau, après celui de Jean-Pierre Servanti en 1952. Michel Laval était plus qu'un marin et un explorateur : un poète. Tandis que la *Calypso* rentre vers Ushuaia pour rapatrier le corps, menée par des hommes abrutis de douleur, Cousteau me lit un passage de l'oraison qu'il prononcera sur la tombe de notre ami :

« Toute sa vie, Michel a cherché de nouveaux horizons. Excellent marin, il a sillonné toutes les mers. Poète de la nature, pour lui l'univers était source d'émerveillement et sujet d'amour. La nature l'a repris à la frontière de l'inconnu. »

31

En plongée sous un iceberg

Le Gondwana • Le poisson-glace
Les entrailles de l'iceberg • Le vol du pingouin
Blizzard à Esperanza.

LES DEUILS ne s'oublient pas : la mort de Michel Laval me hante. Mais le propre de l'homme est de faire « comme si ». Quand le trapéziste tombe, le spectacle continue...

La mission continue...

Nous revenons d'Ushuaia accompagnés pendant des dizaines de milles par un grand albatros. Nous repassons par l'île du Roi George, où nous cherchons des fossiles. Nous mettons la main sur des roches qui portent de belles empreintes de feuilles, notamment de plantes appelées glossopteris. Ces végétaux du début de l'ère secondaire se retrouvent, identiques, en Amérique du Sud, en Afrique du Sud, en Inde, en Australie et en Antarctique. Ils constituent la preuve matérielle qu'à l'époque ces terres ne formaient qu'un seul continent : le Gondwana. A la fin du secondaire et au tertiaire, l'énorme pièce a éclaté. Les continents ont dérivé vers leurs positions actuelles. De nos jours, pratiquement aucune plante ne croît en Antarctique : seuls résistent au climat (et encore :

uniquement dans la péninsule Antarctique) des mousses et des lichens, et deux petites espèces de plantes à fleurs.

Le commandant Cousteau a accompagné le corps de Michel Laval en France, et serré dans ses bras la mère de notre ami disparu (que peut-on dire à une mère, dans de telles circonstances ?). Il nous rejoint grâce à un bateau de croisière — et à notre hélicoptère. Il arrive avec notre bosco, doté d'une épaisse moustache noire et nommé Paul Zuéna.

Nous franchissons le détroit de Guerlache de conserve avec une bande d'orques épaulards. Animaux magnifiques : ces super-dauphins (dits « baleines tueuses ») sont les plus intelligents des cétacés. Ils règnent sur toutes les mers. Ils ont pour empire soixante et onze pour cent de la surface de la planète. Aucune autre espèce ne possède une aire de distribution aussi vaste. J'admire la haute nageoire dorsale du grand mâle de la troupe ; et le velouté de la peau noir et blanc de chaque individu.

Nous faisons route vers l'île Melchior. Nous touchons l'île d'Anvers et la base américaine de Palmer, d'où nous repartons vers l'île Renaud, puis vers l'île Lavoisier. Les glaces s'accumulent autour du bateau. Nous commençons, par moments, à nous sentir pris au piège. Heureusement que nous avons, pour nous guider dans le dédale des chenaux, notre chaland, nos Zodiac et notre hélicoptère. Celui-ci nous est évidemment utile quand il faut choisir entre deux routes : de haut, on se repère mieux !

Dans l'archipel de la péninsule Antarctique, nous allons d'île en île, de baie en baie. Enchantement de la roche, de la glace et de l'eau... Nous visitons la base britannique de l'île Adélaïde. Nous poursuivons vers le sud et la baie Marguerite, que le commandant Charcot, sur son *Pourquoi-Pas ?*, baptisa de la sorte en hommage à sa femme. Le temps, redevenu serein, permet à Philippe Cousteau d'essayer sa montgolfière. Nous gonflons le ballon à air chaud au-dessus de la banquise : il est superbe — jaune et noir, avec une bande verte où figurent plusieurs fois la nymphe et le dauphin emblématiques de la

Calypso. Philippe Cousteau profite de l'absence de vent pour s'élever dans l'air. Il nous crie son émerveillement dans son walkie-talkie. Il aperçoit à plus d'un mille les souffles d'un groupe de baleines.

Le soir, nous nous amarrons à un iceberg de deux cents mètres de côté, dont le capitaine Bougaran évalue la masse à huit millions de tonnes...

« C'est cela, l'Antarctique, remarque le Pacha : de l'eau douce. Treize millions de kilomètres carrés d'eau douce, sur une épaisseur qui dépasse quatre mille mètres... La plus formidable réserve de la planète... Il est impensable qu'un jour les hommes songent à exploiter les richesses minérales de ce continent. Le risque serait trop grand. Un crime contre l'avenir, contre le climat de la Terre, contre les générations futures ! »

Je plonge en soucoupe avec Cousteau. Une révélation... Nous descendons dans des nuages de krill, puis de mollusques planctoniques. Nous traversons des bancs de méduses bleues, vertes ou rose vif. Le fond de la mer est incroyablement riche en espèces : des éponges, des cœlentérés hydraires, des vers tubicoles, dont beaucoup n'ont jamais été décrits par les zoologistes, se pressent sur le sédiment. Voici de grosses anémones de mer brunes, des mollusques bivalves, des galathées rouges, des étoiles de mer-soleils à plus de vingt bras, des concombres de mer, des semis d'oursins et d'ascidies. Un étrange animal arpente le fond tel un extra-terrestre : un pycnogonide ; monté sur quatre paires de pattes-échasses, c'est un cousin non pas des crabes, auquel il ressemble, mais des araignées. Les poissons me paraissent moins nombreux : nos phares éclairent des sortes de gobies argentés, puis une morue antarctique (rien à voir avec les morues de Terre-Neuve !). Et nous contemplons la vedette : le poisson-glace. Cet animal, long d'une vingtaine de centimètres, est quasi transparent. Son sang décoloré contient une protéine antigel : il évolue sans problème dans des eaux dont la température descend au-dessous de zéro degré !

J'amène la soucoupe jusqu'à deux cent trente mètres de profondeur. Jamais un submersible n'avait exploré l'océan Antarctique. A côté de moi, le Pacha filme et photographie des créatures que personne n'avait vues : étrange sentiment, que celui d'être le premier... Par endroits, le fond est labouré par les icebergs comme par une charrue titanesque aucune créature ne se risque dans ces sillons de plusieurs mètres de profondeur. En remontant le long d'un château gelé, je redoute de coincer la soucoupe sous un auvent...

Tout se passe bien. La *Calypso* poursuit son chemin en saluant l'île Pourquoi-Pas et la baie Ryder. Elle entre dans la baie Laubeuf, puis dans le dangereux chenal Gunnel, qui sépare l'île Hansen de la péninsule Arrowsmith. Nous nous amarrons à la banquise de la baie Hanusse. C'est l'occasion d'une série de plongées mémorables.

Nous descendons en scaphandre au cœur d'un iceberg. Philippe Cousteau en rêvait. Il prend la tête d'un groupe dont je fais partie, et qui comprend aussi François Dorado et Raymond Coll. Nous nous approchons en Zodiac d'un monstre blanc-bleu. Nous le choisissons solide : il ne conviendrait pas qu'il s'écroule sur nous...

Nous nous mettons à l'eau. Nous nous laissons glisser le long de la muraille froide. Dix mètres, vingt, quarante... Les couleurs sont étonnantes : toutes les nuances du blanc et du bleu, avec des plaques d'argent, des zébrures, des lignes étranges... Philippe Cousteau s'engage dans une fissure qui mène dans les entrailles de la glace. Nous le suivons. J'avoue que j'ai le cœur qui bat. Je dois faire l'effort de me dominer. Je contrôle ma respiration. C'est encore plus impressionnant que de plonger dans une caverne. Ici, tout est étrange. Une ambiance agressive, dure, inhumaine, mais une splendeur. Les bulles de nos scaphandres accrochent des amas d'étoiles au ciel de verre. Par places, la matière de l'iceberg ressemble à du bonbon à la menthe. Ailleurs, on dirait un drap. Plus loin, la surface solide est creusée d'encoches, comme un silex taillé... Le plus impressionnant, ce sont les craquements. L'iceberg vit, bouge ; sa masse se déforme. Nous entendons les ondes sonores que ces mouvements engendrent. Chaque bruit nous rappelle que, si le monstre gelé se brisait...

Je remonte de cette plongée comme on émerge d'une cérémonie.

A présent, le Pacha veut filmer sous la banquise les phoques crabiers, les phoques-léopards et les phoques de Weddell. Nous creusons nos trous dans la glace, à l'exemple de ces pinnipèdes. Vêtus de nos combinaisons isolantes, nous nous immergeons et nous nageons jusqu'aux orifices respiratoires des phoques, afin de les surprendre. Ils sont magnifiques quand ils se laissent glisser dans l'eau, la tête la première : ces fusées sous-marines ont tôt fait de disparaître dans l'épaisseur glauque. Vue de dessous, la banquise prend des teintes vertes, bleues, argentées, parfois rehaussées de taches semblables à du mercure ou à du plomb fondu. Les phoques de Weddell, les plus puissants et les mieux adaptés de leur famille, lancent de longs appels que les glaces répercutent. On suppose que ces animaux possèdent (quoique moins perfectionné) un sonar biologique comparable à celui des dauphins. Ils se dirigent dans les ténèbres des profondeurs par écholocation. Leurs performances en plongée sont ahurissantes : ils descendent à huit cents mètres, et restent trois quarts d'heure en apnée !

Nous ne laissons les phoques que pour admirer les pingouins — ces oiseaux incapables de s'élever dans l'air, mais qui volent avec tellement d'élégance dans la mer... Je ne comprends pas pourquoi (seuls au monde) les Français s'obstinent à les appeler « manchots » : d'abord, ils ont leurs deux bras ; ensuite, ils sont loin d'être maladroits...

Nous étudions les mœurs du pingoin papou et du pingouin de Magellan, du pingouin à jugulaire et du gorfou sauteur. Mais surtout celles du pingouin adélie et du pingouin empereur — les deux seules espèces qui osent se reproduire sur le continent Antarctique. L'adélie, dos et tête noirs et ventre blanc, possède un anneau immaculé autour de l'œil. Son cousin empereur est le plus grand de la famille ; il a les joues et le cou illuminés d'orange vif. Dans le couple, la femelle pond un seul œuf, que les deux parents font incuber sur leurs pieds palmés, contre leur bas-ventre à la peau riche en vaisseaux sanguins. Chez le pingouin empereur, la ponte a lieu en hiver (avril) ; le mâle seul couve pendant soixante-deux à soixante-quatre jours, le temps que la femelle aille faire provision de nourriture en mer ; lorsque le petit éclot, monsieur laisse le bébé à madame et va se restaurer au large. Tout est calculé au jour près : si l'éclosion est retardée, ou si la femelle revient en retard de la pêche, le poussin est condamné...

Les conditions de vie, en Antarctique, sont d'une dureté inimaginable. Les pingouins les supportent. Nous ne tardons pas à y être confrontés.

La saison s'avance. Nous revenons vers la station de Palmer, puis vers la baie Yelcho, que nous sillonnons. Nous passons l'île Doumer et de nouveau le détroit de Guerlache, pour déboucher dans la baie d'Esperanza, à l'entrée de la mer de Weddell, où est une station argentine.

C'est ici que le vent se lève. En quelques heures, il souffle en furie. *Blizzard à Esperanza* sera le titre d'un de nos films de télévision. Une folie. Un cataclysme météorologique... Les rafales balaient la baie, emportant des nuées d'embruns qui deviennent grésil et se figent en couches de plus en plus épaisses sur les superstructures de la *Calypso*. Nous tournons en rond dans la baie pour ne pas être drossés sur la banquise. Nous tâchons de deviner les icebergs dans le brouillard glacial. Le vent se rue par moments sur la mer à plus de cent soixante kilomètres à l'heure. La *Calypso* s'enveloppe dans une carapace de glace qui l'alourdit. Nous n'avons pas d'autre solution que de tourner en rond. Toute une nuit et tout un jour, nous tournons. Le blizzard ne faiblit pas. Quand la nuit tombe, nous continuons de faire des ronds sur l'océan déchaîné.

Au matin, un glaçon que nous ne parvenons pas à éviter déchire le bordé à bâbord arrière (heureusement, au-dessus de la ligne de flottaison) ; mais, en continuant sa course, le growler tord le propulseur. Nous n'avons plus qu'un moteur. Nous

nous regardons d'un drôle d'œil : nous savons que la *Calypso,* blessée, ne supportera plus longtemps la colère des éléments.

Au matin du troisième jour, le vent faiblit. Enfin !... Nous évaluons l'étendue du désastre. L'arbre d'hélice de bâbord s'est brisé sous l'effet des contraintes dues à la glace. Nous empoignons qui une hache, qui un marteau, qui une pelle, et nous cassons la gangue gelée qui fait gîter dangereusement le navire.

Cahin caha, nous touchons l'île du Roi George. Nous attendons que les cartes météorologiques qui nous arrivent par satellite soient un peu plus favorables ; et nous nous risquons à franchir, sur un seul moteur, les mille kilomètres du détroit de Drake — les eaux les plus dangereuses de la Terre... Un bâtiment de la marine chilienne, le *Yelcho,* accepte de nous escorter. Rassurant... Nous avançons à six nœuds à peine, mais, le 19 février, nous voyons le cap Horn. Le 20, nous sommes en sécurité à Ushuaia.

« Mes amis, dit Cousteau à l'instant où la *Calypso* s'amarre : je vais vous faire un aveu. Je n'ai pas été si tranquille, en baie d'Esperanza ! »

Le Pacha manie bien l'euphémisme.

32

Le quadrille des langoustes

Les derniers des Qawashqars • L'île des Femmes
Les requins dormeurs • A la queue leu leu
Les mérous de Belize.

AUCUNE MISSION n'a été plus dure, pour la *Calypso,* pour son équipe, pour le commandant Cousteau et son fils Philippe, que celle de l'Antarctique... Le bateau a souffert. Il se remet en partie de ses blessures au chantier naval de Punta Arenas, au Chili, dans le détroit de Magellan. Hélice réparée, coque étanchée, il clôt son voyage au bout du monde par une navigation de découverte dans les canaux de l'archipel magellanique.

Nous nous faufilons dans ce dédale de milliers d'îles où il pleut trois cents jours par an. Nous saluons les otaries de Patagonie, les cormorans de Magellan et les baleines franches noires. Nous rendons visite aux vingt-sept derniers survivants du peuple des Alakalufs, ou Qawashqars : ces Fuégiens, qu'on appelait le Peuple des canaux, ont été décimés par la violence des colons européens, et surtout par les maladies des Blancs : la rougeole, la grippe, la syphilis, la tuberculose... Ils ne sont plus qu'une poignée à sillonner, sur leurs canots d'écorce, les eaux grises de ce labyrinthe oublié. Ils se nourrissent de fruits de mer, surtout de grosses moules dont un tabou leur interdit de rejeter les coquilles à l'océan. Les rives qu'ils hantent sont semées de monticules de ces déchets.

Les vingt-sept derniers représentants de la tribu vivent, hélas ! en quasi-clochards sur l'île Wellington, regroupés dans une bourgade qu'une cruelle ironie a baptisée Puerto Eden. Ils savent encore quelques légendes de leurs ancêtres et une ou deux danses sacrées. Ils rêvent des temps anciens — quand ils allaient nus et qu'ils étaient heureux.

En 1973, ils sont tous vieux ou malades. En 1990, à l'heure où ce livre paraît, il n'y a plus de Qawashqars...

Nous laissons les canaux du Chili, leurs brumes, leurs pluies et leurs forêts sous-marines de kelp hantées de galathées rouges, de crabes géants et de poissons sébastes noirs. Nous longeons la côte Pacifique de l'Amérique du Sud. Escales à Puerto Montt et à Talcahuano (Chili), puis à Callao (Pérou). Par le canal de Panama, nous gagnons la mer Caraïbe et le golfe du Mexique : nous remisons la *Calypso* pour de longs mois dans le port de Galveston, au Texas.

Je profite de cette interruption des missions Cousteau pour mettre au point un engin de plongée dont j'ai conçu les plans. J'achète à un ferrailleur de La Seyne-sur-Mer deux bouées qui servaient à soutenir des filets anti-sous-marins. Je réunis ces éléments par un cylindre métallique. Je pose un hublot dans la sphère avant et je monte une tourelle sur la sphère arrière. Deux hélices pour la propulsion, et voici mon submersible personnel !... Je le baptise *Régalec,* du nom d'un poisson bizarre, allongé, écarlate, que j'ai parfois aperçu dans mes plongées, et que les pêcheurs nomment « roi des harengs ».

Le *Régalec,* quoique rustique, descend à quatre-vingts mètres sans problème. J'envisage égoïstement de le garder pour mes vieux jours — afin de visiter mes chers poissons quand je serai trop vieux pour le scaphandre. Mais c'est aussi un formidable engin d'exploration de la partie supérieure du plateau continental. Un submersible bon marché — qui pourrait convenir aux pays pauvres, dont les ressources marines sont mises en coupe réglée par les riches.

Un sous-marin d'amateur, ou une soucoupe plongeante du Tiers Monde, comme on voudra...

En septembre 1974, coup de téléphone du Pacha. « Falco, tenez-vous prêt ! » Je boucle mes valises : je connais le bonhomme. L'après-midi même, un second coup de téléphone, donné par Lise Coenca, la secrétaire du commandant, m'apprend que mon billet d'avion m'attend à Paris. Direction : le Texas. Je voyage en compagnie de notre nouveau capitaine : Camille Alibert. La *Calypso* est comme neuve : elle a été révisée de la quille au radar aux chantiers navals Todd, à Galveston.

Nous levons l'ancre pour un voyage en mer Caraïbe.

La première escale est au large de la péninsule mexicaine du Yucatan et du cap Catoche, à l'île Mujeres (l'île des Femmes). Nous voulons étudier un aspect de la biologie des requins. Ces animaux, perpétuels rôdeurs de l'océan, sont munis de branchies, comme tous les poissons. Certains scientifiques prétendent que, s'ils cessent de nager, la quantité d'eau qui passe sur ces lames respiratoires ne suffit plus à combler leurs besoins en oxygène. La question est celle-ci : les squales doivent-ils avancer sans cesse pour ne pas mourir asphyxiés ?

Je plonge en compagnie de Raymond Coll et de Bernard Delemotte. Nous explorons systématiquement les côtes de l'île Mujeres. Nous localisons une falaise sous-marine calcaire, toute creusée de grottes et de fissures que nous visitons une par une. Dans un de ces refuges, nous trouvons, serrés flanc contre flanc, un gros mérou et un requin-nourrice. Dans un autre, un barracuda. Dans un autre encore, un squale dont une ligne de pêche dépasse de la bouche : il doit avoir la mâchoire profondément blessée par l'hameçon ; qui dira la souffrance des poissons dont le fil casse, et qui vont crever lentement dans leur tanière ?

Nous pénétrons dans la grotte suivante. C'est l'appartement d'un énorme requin-nourrice. L'animal, qu'on appelle aussi requin-nurse, dépasse trois mètres de longueur et possède les amples nageoires caractéristiques de son espèce. De sa mâchoire supérieure pendent deux barbillons bizarres. Il ne bouge pas. Il n'a pas l'air effrayé par nos lampes, qui révèlent le velours de sa peau grise à reflets rouges. Les requins dorment donc... Ils ne sont pas contraints de nager pour vivre...

Mais soudain, sans que rien l'ait laissé prévoir, le squale se réveille et démarre. Une bombe ! Je ne distingue aucun détail de l'action : il était là, allongé sur le sable, au fond de la grotte ; et il n'y est plus... Le nuage de sédiment soulevé par son décollage obscurcit l'eau alentour.

Le requin est passé entre Bernard Delemotte et moi. J'ai senti qu'il me frôlait. Il a bousculé Raymond Coll, qui tenait la lampe, avant de s'échapper par l'ouverture de la caverne. Il aurait pu mordre. Mais nous sommes tous trois intacts...

La puissance de ces poissons est incroyable. Nous en avons d'autres preuves, moins mouvementées cependant, en observant dans les journées qui suivent des requins-citrons (de taille moyenne) et un énorme requin-taureau, auquel je préférerais ne jamais avoir à me frotter.

Nous mettons le cap sur la Floride : à Key West, nous embarquons une équipe de scientifiques américains, avec lesquels nous allons étudier la productivité biologique du golfe du Mexique et les apports du Mississippi. Au large de La Nouvelle-Orléans, nous analysons l'eau et les alluvions du fleuve. Nous tirons des bords dans ce qu'on appelle la « plume » du Mississippi, c'est-à-dire le panache d'eau douce et de sédiments qu'il envoie à des dizaines de milles en mer. Hélas ! ce fleuve que les Indiens appelaient le Père des Eaux est devenu un égout : il draine les pollutions des deux tiers des Etats-Unis. La Nouvelle-Orléans est la cité d'Amérique, et l'une des villes du monde, où les taux de cancers sont les plus élevés.

Nous remontons sur plus de cent kilomètres le delta du fleuve. Cette contrée de marécages et de cyprès chauves fut un paradis animal peuplé d'ibis rouges, de hérons, d'aigrettes blanches, d'alligators et de mocassins d'eau. La faune s'est appauvrie. Par places, les pesticides, les métaux lourds ou les substances radioactives atteignent des concentrations inquiétantes.

A la mi-décembre, nous retraversons le golfe du Mexique en direction de la péninsule du Yucatan. Nous saluons l'île Mujeres. Nous nous intéressons à sa voisine, l'île Contoy. Un pêcheur-plongeur mexicain surnommé Valvula (à cause de son scaphandre : j'ignore son vrai patronyme) nous a signalé un phénomène étonnant. Chaque année, aux alentours de Noël, après la première tempête d'hiver, les langoustes partent en voyage...

Avec une petite équipe, j'établis un camp sur une plage de l'île Contoy. Pour rien au monde, je ne voudrais manquer cette migration que personne n'a étudiée ni filmée. Durant nos premières plongées, nous apercevons de nombreuses langoustes, mais bien cachées dans leur trou. Il s'agit de langoustes à épines : l'espèce, dotée d'un rostre acéré et de longues antennes en fouets, possède une carapace bardée de pointes, et joliment colorée de brun, de roux et de jaune.

La tempête s'abat sur nos têtes. La *Calypso,* contrainte de se mettre à l'abri, nous abandonne dans notre campement sommaire. Nous nous accrochons à nos tentes pendant une nuit de cauchemar. Au matin, quand le vent tombe, nous plongeons. Tout a changé, sous la surface... Les langoustes sortent de leurs cachettes et se cherchent — elles qui, normalement, sont solitaires. Quand elles se trouvent, elles se palpent mutuellement avec leurs antennes. Et elles se mettent en marche — d'abord en petits groupes de trois ou quatre, puis en longues files de plusieurs dizaines de sujets. Elles avancent à la queue leu leu, comme dans un dessin animé. Chacune reste en contact avec la précédente. Elles me font penser à des éléphants qui défilent en tenant par la trompe la queue de celui qui va devant...

Jamais je n'ai vu des langoustes se comporter de façon aussi curieuse. Bernard Delemotte teste les réactions de ces gros crustacés. Il agace celui qui termine le cortège. L'animal se retourne et fait face. Dans les circonstances ordinaires de leur existence, les langoustes ne songent qu'à fuir les prédateurs ; elles n'ont cure de ce qui pourrait advenir à leurs congénères. Mais quand elles migrent, elles se « sacrifient » pour le reste de la troupe. Elles deviennent « altruistes »... Ces modifications d'attitude, m'expliquera un scientifique du Musée de Monaco, sont dues à l'excitation du départ, et à un « effet de groupe » qui se traduit par des sécrétions d'hormones particulières.

Les langoustes avancent, disciplinées... Elles laissent une trace étrange sur le sable du fond. Elles empruntent la pente descendante du plateau sous-marin. Elles se dirigent vers les grands fonds. Quarante mètres, soixante, quatre-vingts... Nous ne pouvons plus les suivre. Elles emportent avec elles, dans les ténèbres de la mer Caraïbe, le secret de leur migration, qui ne correspond pas à une nécessité de reproduction, et dont aucun spécialiste à ce jour n'a pu trouver la raison.

Lorsque la *Calypso* vient nous reprendre, nous constatons que les pêcheurs mexicains connaissent la date du voyage. Pour eux, cette exceptionnelle concentration de crustacés est une aubaine. Ils travaillent jour et nuit — à la main ou à la foëne. Ils emplissent leurs barques de langoustes à épines luisantes. Cette pêche miraculeuse, hélas ! ne sert pas à nourrir leurs pauvres familles. Ils ne gardent que les « queues » des animaux, qu'ils cèdent à des grossistes munis de bateaux frigorifiques. Ces protéines de la mer sont destinées aux grands hôtels pour touristes, aux paquebots de croisière et aux marchés d'Amérique du Nord, d'Europe et du Japon.

La veille de Noël, nous faisons route au sud. Au large de l'île de Cozumel, nous apercevons ce que nous croyons être une nappe de pétrole. Encore la pollution ? Mais non... Pour une fois, il s'agit d'un phénomène naturel. Nous plongeons. Nous nous trouvons en face d'un véritable mur de poissons. Un banc de grogneurs phénoménal, de plus de cent mètres de longueur et d'une dizaine de mètres de hauteur... Les poissons, longs chacun d'une trentaine de centimètres, et couverts d'écailles d'un superbe argent, avancent, montent, descendent, tournent à droite ou à gauche comme s'ils étaient les cellules d'un seul organisme, obéissant à un cerveau central. Nous faisons le tour de la muraille vivante. Nous nous amusons à la percer : les animaux s'écartent devant nous, mais reforment le rang derrière. Les bancs constituent, pour les poissons, une façon d'unir leurs forces et d'impressionner les prédateurs. Statistiquement, les individus du groupe ont moins de risques de se faire dévorer que s'ils étaient seuls.

Nous plongeons aussi sur la côte occidentale de l'île de Cozumel, où un parc marin offre aux amateurs les merveilles de la faune marine tropicale : éponges et coraux, gorgones et anémones de mer, spirobranches et bryozoaires, crevettes, coquillages, étoiles de mer et holothuries. Et poissons multicolores : poissons-anges reines et poissons-anges français, poissons-trompettes et poissons-porcs-épics, poissons-perroquets et poissons-demoiselles... Une statue de la Vierge immergée règne sur ce paradis aquatique...

Nous passons la majeure partie du mois de janvier 1975 sur le récif de Chinchorro, au large du Belize. Paysages coralliens sublimes... Les créatures du corail sont magiques. Nous nous attachons à l'étude des mérous des Caraïbes, ou mérous striés. Ces animaux vivent normalement en solitaires, sur tout le pourtour de l'immense récif. En janvier, ils quittent les logis qu'ils occupent, guidés par le grand aimant du sexe... Ils parcourent des dizaines de kilomètres. Ils se retrouvent dans quelques zones particulières du banc de Chinchorro, et entament leurs parades.

Nous les observons et nous les filmons dans une superbe trouée de sable blanc ouverte entre deux châteaux de madrépores, et que nous appelons la « Vallée heureuse ». Les plus jeunes mérous sont des mâles, les plus vieux des femelles : l'espèce change de sexe avec l'âge. Lorsque les couples s'approchent et entament leur danse d'amour, qui consiste en des longues séries de ronds dans l'eau, les partenaires modifient aussi leur couleur : sous l'effet de l'émotion, ils perdent les stries brunes qui leur valent leur nom commun ; les mâles rosissent, les femelles deviennent blanches. Lorsque ces dernières ont atteint l'état d'excitation nécessaire, elles lâchent leurs œufs dans des touffes d'algues ou d'herbes marines. Les représentants du sexe dit « fort » (ici, le plus faible) arrosent cette production de leur laitance.

Nous effectuons, à bord de la *Calypso,* des expériences sur la reproduction de l'espèce : Bernard Delemotte et moi capturons au filet une femelle et deux mâles, dont nous observons les ébats dans le grand aquarium du bord — avant de les relâcher quand la ponte est faite. Nous essaierons d'élever les alevins en captivité, mais sans illusions. C'est quasiment impossible..

Le rassemblement nuptial des mérous du Belize attire de nombreux pêcheurs, dont nous chiffrons les prises. Nous nous apercevons — hélas ! — que les prélèvements sont excessifs. L'homme n'utilise jamais avec sagesse les richesses de la nature. Sitôt qu'il les connaît, sitôt qu'il en a la possibilité technique, il les surexploite. Il puise dans le capital au lieu de se contenter des intérêts... Mais comment expliquer cela à des hommes du Tiers Monde, dont la pauvreté fait pitié ?

Le congrès des mérous s'achève aussi mystérieusement qu'il avait commencé : chaque poisson, ayant transmis la vie, s'en retourne chez lui. Dans son trou de corail, parfois distant de plusieurs dizaines de kilomètres... Il vivra là, pendant onze mois, l'existence casanière des mérous ; jusqu'à ce qu'une irrésistible pulsion lui ordonne de repartir pour la « Vallée heureuse ».

33

L'énigme de l'Atlantide

La bataille de Navarin • Retour à Anticythère
L'épave aux Crânes • Le chantier de Dhia
Le volcan de Santorin.

Nous voici revenus dans des eaux familières. Les côtes de la Grèce ressemblent à celles de mes chères calanques. Mon nom de Falco (« Faucon »), d'origine italo-hispano-corse, mon teint mat et mes cheveux noirs m'empêchent d'oublier que je suis — et fier de l'être ! — un Méditerranéen. Jusqu'à la caricature, si nécessaire... Entre Grecs et Marseillais, on se comprend : les premiers ont fondé la cité dont les seconds se vantent.

La *Calypso* a achevé diverses missions en mer Caraïbe — en Floride, au banc d'Argent, au banc Tortugas, à la Jamaïque... Nous avons plongé sur une épave au banc Formigas. Nous avons étudié la biologie des coraux et leurs combats fratricides. Nous avons mené une série de travaux de cartographie sous-marine en collaboration avec des chercheurs de la NASA.

Le 7 octobre, le bateau de Cousteau arrive à Marseille. Carénage. Le 31, nous embarquons pour la Grèce.

Nous commençons une campagne de recherches archéologiques qui me plaît. J'aime les épaves, je l'ai dit. Elles ont pour moi le mystère des choses anciennes. Elles sont enveloppées d'autant de drames que d'eau. Je n'en explore aucune sans une intense émotion. Quand on est marin, on imagine forcément qu'un jour ou l'autre on pourrait être victime d'un naufrage Il m'est arrivé de songer que la *Calypso* coule, et que, dans cinquante ou cent ans, des plongeurs la visitent. Je les vois d'ici longer la coursive colonisée par des mérous, pénétrer par la porte de la passerelle et se mettre à la barre, ou encore se faufiler dans le local de plongée et étudier les bouteilles marquées « Falco »...

En Grèce, pour les épaves, je suis servi. Nous passons le canal de Corinthe. Nous embarquons du matériel et des vivres dans le port de Zéa, une annexe du Pirée. Nous empruntons le chenal de Kéa, puis le canal Evvoïkos, qui sépare l'île Eubée de l'Attique. Nous naviguons au nord de l'île d'Eubée, non loin du cap Artémision, où fut découverte, en 1925, une épave antique qui contenait un Poséidon de bronze, avec son char et ses chevaux. Tout n'a pas été renfloué, de ce trésor. Nous espérons dégager ne serait-ce qu'un sabot de cheval... Nous mettons en marche notre nouveau sondeur perfectionné — le sonar a balayage latéral, inventé par le professeur Harold E. Edgerton. Grâce à cet appareil, nous obtenons un profil précis du fond sur une largeur de cinq cents mètres.

Mais le plancher de la mer se compose de vase, et nous n'avons guère de chance de trouver quoi que ce soit. Nous plongeons par acquit de conscience. Je descends en soucoupe Nous réussissons à mettre au jour un pot de bronze antique et quelques pièces de moindre importance, que nous offrons avec solennité à notre archéologue attaché : le professeur Kharalambos Kritzas.

Nous repartons vers Le Pirée, puis le golfe de Corinthe. Nous allons fouiller la baie de Pylos, à l'ouest du Péloponnèse. C'est là que, en 1827, fit rage un combat naval qui opposa les flottes unies de la France, de l'Angleterre et de la Russie d'un côté, à celles de la Turquie et de l'Egypte de l'autre. A cette époque, Pylos s'appelait Navarin. Nous trouvons quelques vestiges épars des bateaux qui participèrent à cet affrontement dont découla l'indépendance de la Grèce, en 1830. Je songe au destin des hommes que le hasard transforme en acteurs de l'Histoire sans qu'ils s'en doutent. Que pouvait comprendre un marin illettré, recruté dans un bistrot du port de Marseille ou de Toulon, à la bataille de Navarin ?

Nous fêtons la Noël de 1975 et le nouvel an de 1976 à Zéa. Nous repartons en quête de navires perdus. Nous plongeons à l'île Dhokos, où est un gisement de poteries connu des archéologues. Nous mettons le cap sur Milos (où fut exhumée la célébrissime Vénus), puis sur Anticythère. Voici vingt-trois ans, le Pacha avait juré qu'il reviendrait ici, où dorment des restes d'épave romaine : il tient parole !

Je cherche le mur de pierres qui, voici presque un quart de siècle, m'a servi d'amer pour localiser le site. J'étais alors en compagie de Frédéric Dumas. Je suis heureux de m'y retrouver, puisque Didi nous a rejoints pour cette mission ! Nous plongeons ensemble, comme si toutes ces années ne s'étaient pas écoulées, comme si nous reprenions une quête interrompue hier au soir...

L'eau est toujours aussi limpide. Les parois de roche, hérissées d'éponges, de vers spirographes, de gorgones, sont austères et belles. Voici le balcon minéral, à cinquante-cinq mètres de profondeur, où Didi avait exhumé un gros clou de bronze. Nous explorons le sédiment. Une forme de sable oblongue me paraît receler un objet. Je gratte : je dégage de sa gangue un clou identique au précédent. Et voilà le travail !... L'épave est là. Nous n'avons qu'à piocher. Ce serait le diable si nous ne mettions pas la main sur quelque chose d'important. Nous remontons, enthousiastes, sur la *Calypso*.

« C'est parfait, dit le docteur Kritzas : je vous félicite d'avoir trouvé si vite. Mais pas question de fouiller sans une autorisation officielle du département des Antiquités. Je la demande aujourd'hui même. Ne soyez pas impatients : cela peut prendre des mois ! »

Les Grecs, pillés pendant des siècles, sont jaloux de leurs trésors archéologiques. Ils les surveillent, et ils ont raison. Mais, comme tous les équipiers Cousteau, je me sens frustré. Nous ne reviendrons, en réalité, que six mois plus tard sur le site. Nous y découvrirons, parmi des dizaines d'objets, deux magnifiques statuettes de bronze représentant des adolescents pugilistes, et qui figurent désormais en bonne place au musée d'Athènes.

Pour l'heure, nous naviguons vers l'île de Crète, où s'épanouit à l'âge du bronze une civilisation prodigieuse, dite « minoenne » (du nom de Minos, dynastie légendaire de cette terre d'oliviers et de vignes). Nous entrons dans le port d'Héraklion, la capitale (qui fut aussi appelée Candie). Nous visitons les ruines voisines du palais de Knossos. Je me remémore la légende de Thésée, ce héros athénien qui affronta le monstre Minotaure, mi-homme, mi-taureau, et qui sortit du labyrinthe grâce au fameux fil d'Ariane...

En Crète, les épaves sont légion. Elles datent de toutes les époques, de l'âge du bronze à nos jours. Nous commençons nos recherches. Les sondeurs crépitent. La récompense ne tarde pas. Près du port d'Héraklion même, sous à peine dix-sept mètres d'eau, nous localisons une forme sur laquelle nous plongeons. Ce sont les restes du vaisseau de guerre français la *Thérèse,* que nous identifions grâce au travail de moine que notre ami Jacques Constans accomplit au musée de la Marine, à Paris. La *Thérèse* explosa le 24 juillet 1669, durant le siège de Candie que le roi Louis XIV avait (vainement) ordonné pour aider Venise à chasser les Turcs de Crète.

Nous mettons en marche notre suceuse. Nous dégageons des fragments de bordés et des membrures de coque, puis des dizaines d'objets familiers : des monnaies de bronze, un cadran solaire de poche, des peignes, des assiettes, des chaussures de cuir, des chapeaux, etc., et même une vraie pièce d'or à l'effigie de Louis XIII. Un jour que je plonge en compagnie de Raymond Coll, Ivan Giacoletto et Henri Garcıa, Coll met la main sur une forme ronde, qu'il dégage du sédiment et observe. Bon sang, mais c'est bien sûr : il s'agit d'un crâne !...

Un crâne... En voici d'autres — par dizaines; avec des fémurs, des tibias, des vertèbres : un ossuaire... Il est rare qu'on découvre des restes humains dans les épaves : attaqués par l'eau salée, les os sont rongés par les animaux fouisseurs, puis décomposés par les bactéries. Ici, une boue épaisse et sans oxygène les a protégés.

La *Thérèse* devient, pour nous, l' « épave aux Crânes ». En plongée, devant ces squelettes épars, je médite sur la précarité du destin des hommes. Ce vaisseau-là aussi avait embarqué des marins à Toulon ou à Marseille; l'un de mes arrière-grands-oncles, peut-être... Folie des affrontements guerriers !... La *Thérèse* explosa à cause de la maladresse d'un canonnier, qui mit le feu à la soute aux poudres. Je découvre des preuves de la violence de la déflagration : par exemple, une brique du fourneau de cuisine plantée comme un clou dans une poutre de chêne...

Outre des squelettes et des objets familiers, nous remontons un gros canon en bronze, que l'équipe passe des journées à décaper, à briquer, à polir. Les armoiries gravées sur le fût sont celles du roi Charles IX; elles montrent des lions rugissants et portent la date de 1565.

La *Thérèse* fouillée, nous accomplissons le court voyage qui mène du port d'Héraklion à l'îlot de Dhia, situé à quelques milles au nord de la cité. Le Pacha raisonne en marin : il suppose que les Anciens utilisaient l'abri de cette terre pour préparer leurs débarquements en Crète, lorsque soufflait le redoutable vent du nord, Borée, que les modernes baptisent Meltem... Nous débarquons une petite équipe, dirigée par Bernard Delemotte, dans la baie Saint-Georges. Bernard et ses amis établissent un campement à terre et passent leurs journées à explorer le fond. Je les aide en soucoupe. Nous ne tardons pas à localiser de véritables cascades d'amphores. Ici, les épaves sont si nombreuses que nous les numérotons : I, II,

III, etc. Nous ouvrons un chantier de fouilles dans les règles, en quadrillant le plancher marin d'un réseau de barres de métal, et en creusant avec méthode chaque carré ainsi délimité. Notre suceuse pompe douze heures par jour. Son compresseur ronfle sur une plate-forme que nous aménageons et que nous baptisons *Ulysse*... après qu'Ulysse, le petit chien de Mme Cousteau, l'eut arrosée à sa façon !

Les deux archéologues qui nous accompagnent désormais — le docteur Kharalambos Kritzas et son collègue Lazaros Kolonas — sont ravis, d'autant que je les emmène régulièrement en soucoupe inspecter le chantier. Ils n'ont jamais eu cette chance. Le docteur Kritzas a toujours le sourire aux lèvres. Le docteur Kolonas est du genre renfrogné... Nous exhumons des dizaines, des centaines de poteries et d'objets de toutes sortes et de toutes les époques. Un monceau d'amphores, de rhytons, de vaisseaux, d'aiguières, de lampes à huile, etc., sans oublier des poids de plomb, des épingles, des pièces de monnaie, que sais-je ? Un jour, je dégage du sédiment une tasse bizarre, dont l'anse est à l'intérieur ! Un vrai gag, un récipient digne du *Catalogue d'objets introuvables* de Carelman — la preuve que les Anciens avaient, autant que nous, le sens du canular...

L'île de Dhia, comme l'a deviné Cousteau, fut utilisée comme avant-port de Knossos depuis les époques les plus reculées de la civilisation crétoise. Nous en avons la preuve le jour où nous mettons la main, au fond d'une tranchée de fouilles, sur une petite coupe — une simple coupe de cuivre vieille de trois mille cinq cents ans. Une poterie d'origine minoenne. De l'âge du bronze !

C'est alors que le Pacha nous réunit au carré et nous expose une théorie fascinante.

« Vous connaissez le mythe de l'Atlantide, dit-il. Dans ses dialogues du *Timée* et du *Critias,* Platon nous parle d'une cité puissante, entourée de trois murailles (de pierre, de bronze et d'orichalque), et régnant sur un empire. Rivale d'Athènes, l'Atlantide disparut dans les eaux à la suite d'un cataclysme.

Elle était située, ajoute le philosophe, au-delà des Colonnes d'Hercule, c'est-à-dire dans l'Atlantique.

« Depuis que Platon a donné naissance à ce mythe, plus de cinq mille livres et des dizaines de milliers d'articles ont été écrits sur ce sujet. Presque tous prétendent avoir localisé la cité engloutie. On a parlé de la côte marocaine, du Sahara, des Açores, de l'Irlande, des Bermudes, de la Scandinavie, d'Israël, voire de l'Abyssinie, de l'Asie centrale ou de l'Antarctique.

« Rien de convaincant. C'est la raison pour laquelle des chercheurs modernes, comme l'archéologue Spiridon Marinatos et le géophysicien Angelos Galanopoulos, formulent une autre hypothèse. En se basant sur le texte de Platon et sur des connaissances scientifiques récentes, ils supposent que, pour autant que ce mythe possède une base historique, la civilisation de l'Atlantide fut la civilisation minoenne — elle aussi brillante, elle aussi rivale d'Athènes. Et que le cataclysme qui l'anéantit, au XVe siècle avant Jésus-Christ, fut la plus formidable explosion volcanique de l'Histoire, celle du volcan de Santorin (ou Théra), qui ravagea la Méditerranée orientale et engendra une vague de raz de marée (un tsunami) de près de cent mètres de hauteur...

« Je ne sais si cette théorie a plus de corps qu'une autre, conclut Cousteau. Mais nous avons deux moyens de tenter de la vérifier : trouver au fond des eaux crétoises des preuves du raz de marée ; et chercher sur Santorin des indices d'existence de la civilisation minoenne. »

Les défis du Pacha sont beaux : c'est pourquoi j'aime cet homme !

La première série de preuves qu'il demande, nous ne la découvrons pas à Dhia, mais à Psira.

C'est un autre îlot du nord de la Crète. Nous y ancrons la *Calypso*. Grâce à notre hélicoptère, nous prenons des centaines de photographies aériennes de la côte. Nous les développons et nous les assemblons en mosaïque. Nous les examinons à la loupe. Il y a une anomalie. Dans une des baies de Psira s'allonge un promontoire englouti, une avancée sous-marine en forme de doigt. J'y plonge en soucoupe avec le Pacha, puis nous y redescendons en scaphandre. La structure est d'origine humaine. Il ne faut pas longtemps aux marins que nous sommes pour y reconnaître un port. Un port antique, avec des bateaux à l'amarrage, les uns à côté des autres, le nez tourné vers le quai. Tous coulés sur place... Quelle fut la cause de cette catastrophe? Je ne vois qu'une explication : les navires ont été submergés à la même seconde par une vague énorme.

Reste à savoir quand... Nos archéologues datent les poteries que nous extrayons de leur gangue de sédiment : elles remontent à l'âge du bronze; aux environs du XVe siècle avant notre ère!

Comment ne pas supposer que ce port de Psira, comme les autres havres minoens, fut submergé par le tsunami colossal qui résulta de l'explosion du volcan de Santorin? Imaginez une vague de cent mètres de hauteur qui déferle sur Marseille, Londres ou New York : que resterait-il, après son passage, de la civilisation locale? Surtout si, dans le même temps, les cultures de l'arrière-pays se trouvent couvertes par plusieurs mètres de cendres volcaniques...

Cap sur Santorin, donc... Cette île appartient au grand arc volcanique des Cyclades. Elle fut aussi nommée Spondyle (« la Ronde »). On l'appelle à présent Théra (ou Thira). Nous entrons dans l'immense baie circulaire où se reflètent les falaises brun, ocre et blanc de la grande terre. En face de cette muraille, qu'escalade un escalier de mille quatre cent cinquante marches, s'étend l'île de Thérasia; au centre, voici les îlots d'Aspronisi, de Paléia Kaméni et de Néa Kaméni. Nous voguons sur le fossé d'effondrement — la caldera — du volcan. Celui-ci n'est pas éteint. Les deux Kaméni ont surgi récemment des eaux. Un jour, peut-être, un énorme cône éruptif se reformera ici et explosera en envoyant dans l'atmosphère des millions de tonnes de cendres et de fumées; et en provoquant un raz de marée prodigieux qui détruira les ports de la Méditerranée.

En soucoupe dans la gueule inondée du volcan, où je me promène bientôt avec Cousteau, je mesure à quel point l'explosion fut violente. La plus forte qui ait retenti à l'oreille des hommes aux temps historiques. L'équivalent de plusieurs milliers de bombes d'Hiroshima. Les parois du cratère, verticales, sont tranchées comme à la hache. Brunes ou ocre, par endroits noires comme de la suie... Peu d'animaux réussissent à survivre dans ce milieu difficile. Je sens diffuser en moi une sorte d'angoisse. L'homme peut faire le malin, avec ses gadgets techniques : quand il se trouve confronté aux crises de rage de la nature, il se sent quantité négligeable.

Je conduis le submersible jusqu'à deux cent vingt mètres : le sol de la caldera est une morne étendue de débris volcaniques ; mais je sais que, là-dessous, le magma en fusion bouillonne. En remontant, nous croisons un banc de castagnoles roses ; et un poisson qui m'est cher puisque j'ai donné son nom à mon sous-marin personnel : un régalec ; un « roi des harengs » rouge, long, serpentin, avec sur la tête deux curieux plumets.

L'Atlantide mystérieuse fut-elle en vérité la Crète ? Nous n'aurons jamais de réponse définitive à la question. Sous l'eau, l'équipe Cousteau a trouvé des éléments de preuves qui vont dans le sens de cette hypothèse. Mais, après tout, le philosophe a surtout créé ce mythe pour les besoins de sa démonstration philosophique et politique.

C'est ce que me dit le Pacha sur l'île de Théra même, où nous visitons les fouilles du village d'Akrotiri. On a trouvé là, sous plusieurs mètres de cendres et de pierres ponces, un autre Pompéi — mais de l'âge du bronze. Un ensemble de maisons de style minoen, sur les murs desquels, juste avant le cataclysme, des artistes peignirent des fresques comparables à celles des palais de Knossos ou de Phaistos. L'une de ces œuvres montre un printemps fleuri ; une autre, des boxeurs ; une autre encore — la plus belle — un singe bleu en train de fuir sur les rochers écarlates d'un volcan qui menace.

34

Un ultimatum sous la mer

Le Britannic • *La cabine de l'infirmière*
Les prairies de la mer • *L'épave empoisonnée*
Le sourire des enfants.

DANS LE ciel de la Grèce volent les faucons de la Princesse, qu'on appelle aussi faucons d'Eléonore : ces animaux ont été dédiés à la princesse de Sardaigne Eleonora d'Arborea qui, au XIVe siècle, décida de protéger les rapaces. Une princesse écologiste ! Pendant la guerre de Cent Ans ! Volez, falcos mes frères !...

La *Calypso* s'est engagée dans le chenal de Kéa, au sud-est d'Athènes. Nous accueillons à bord une dame charmante, âgée de quatre-vingt-six ans à peine : Mrs Sheila Macbeth Mitchell. Elle est écossaise. Elle était infirmière à bord du paquebot anglais *Britannic*, reconverti en navire-hôpital durant la bataille des Dardanelles, en 1916. Le 21 novembre de cette année-là, à 8 h 12 du matin, une gigantesque explosion retentit : en moins d'une heure, le plus grand bateau du monde est envoyé par le fond. Trente morts — des passagers et des membres d'équipage qui s'étaient crus sauvés, mais que les hélices du géant ont broyés dans leurs chaloupes de sauvetage...

Mrs Mitchell se rappelle chaque minute du drame. Elle nous le fait vivre. Depuis cette époque, une question se pose : le *Britannic,* navire-hôpital, portait une croix rouge sur chaque flanc. A-t-il heurté une mine, ou a-t-il été torpillé par un sous-marin allemand (un *U-Boot*) ? Dans le premier cas, le naufrage est dû à la malchance ; dans le second, c'est un crime de guerre...

Le *Britannic* avait deux frères (deux *sister-ships*), comme lui réputés insubmersibles, et qui eurent un destin tragique : le *Titanic,* qui sombra après avoir heurté un iceberg le 10 avril 1912, au large de Terre-Neuve (plus de mille cinq cents morts) ; et l'*Olympic,* qui éperonna un autre navire en 1934 et fut envoyé à la casse... Nous cherchons l'épave au sonar à balayage latéral. Nous lisons, sur l'écran, des échos favorables.

Une forme sur le fond... Il faut aller voir. J'enfile mon scaphandre, Raymond Coll le sien. Nous ne nous sommes pas consultés : nous réagissons de façon identique. Coll a débuté en même temps que moi sur la *Calypso* ; comme moi, il a acquis les réflexes maison, et il fait partie des meubles... C'est un Catalan peu communicatif, parfois taciturne — mais d'une efficacité sans égale. Il nage et plonge comme un phoque. Je ne l'ai jamais entendu protester contre une mission, fût-ce la plus pénible ou la plus dangereuse. Je ne l'ai même jamais vu fatigué ou en proie au ras-le-bol...

Nous sautons à l'eau. Il faut aller profond, et vite. Nous descendons sans contempler le paysage : quarante mètres, soixante, quatre-vingts. Nous nous enfonçons dans le noir. Je distingue d'énormes bossoirs. Je m'approche : c'est bien lui ! Le *Britannic...* Je longe un des ponts. Je trouve un sabord, par lequel je me faufile. J'emprunte la coursive et je ressors par le sabord suivant. Je glisse le long de la coque. Cent mètres, et je ne suis pas au point le plus profond de l'épave... L'énorme paquebot (deux cent soixante et onze mètres de longueur, quarante-huit mille tonnes de jauge) gît dans la pente, couché sur le flanc droit. J'essaie d'aller jusqu'à l'étrave. Impossible : je plonge à l'air comprimé. Je commence à me sentir bizarre. Je ne suis plus dans mon état normal. Tout va trop bien. Je connais ces symptômes : l'ivresse des profondeurs. Je dois remonter d'urgence !

Je calme mon cerveau gagné par l'euphorie, et mon cœur qui s'emballe. Je trouve le filin de la bouée que nous avons mouillée sur le site. Je remonte vers la surface, main sur main, selon la technique que nous avons mise au point voici un quart de siècle sur la *Calypso*. Je vérifie que Raymond Coll est bien là, lui aussi.

Durant les semaines suivantes, le *Britannic* constitue pour nous un sujet d'étude fascinant. Nous plongeons sur cette épave monumentale en utilisant des mélanges ternaires (hélium, azote, oxygène), que nous concocte ce sorcier de docteur Cabarrou (l'un des spécialistes mondiaux de la médecine des hautes pressions). Nous explorons un navire que les années passées dans la mer ont assez peu abîmé. Nous visitons la chambre des machines et les locaux transformés en salles d'hôpital, où les lits de fer s'entassent pêle-mêle. Nous descendons en palmant le monumental escalier du grand salon d'honneur (l'ai-je bien descendu ?). Nous entrons dans les toilettes des premières classes : superbes carrelages ! A la passerelle, Ivan Giacoletto prend la barre, tandis que je fais mine de manœuvrer les chadburns. Nous allons inspecter les trois hélices gigantesques dont les armateurs du navire étaient si fiers : elles tuèrent, le matin du naufrage...

Raymond Coll emmène Mrs Mitchell en soucoupe plongeante.

« Il lui a rarement été donné d'avoir passagère aussi agréable, raconte-t-il : elle ne cesse de plaisanter. C'est la première fois qu'elle prend place dans un sous-marin, bien sûr ; mais rien ne l'étonne. Elle le guide le long de la coque ! Elle reconnaît sa cabine.

« Ici !... Oui, c'est ici ! s'exclame-t-elle... Mon Dieu, je n'aurais jamais imaginé que je reverrais ce hublot... Est-ce que vous ne pourriez pas nous faire entrer ? Je suis désolée, mais, en 1916, j'ai quitté l'endroit un peu vite. J'ai oublié sous mon lit un carnet de chansons que j'avais composées, auquel je tenais beaucoup, ainsi qu'un paquet d'oranges. J'ai peur que les fruits ne soient plus très frais ; mais les chansons ne seraient pas démodées ! »

Admirable Mrs Mitchell ! Je me demande quel effet cela peut produire de revoir, par plus de cent mètres de fond, le bateau sur lequel on a fait naufrage soixante années auparavant...

De son côté, le Pacha est déchaîné. Il descend en scaphandre à l'avant du *Britannic,* à cent vingt mètres : il bat son record de profondeur. A soixante-six ans ! (Les plongeurs amateurs apprécieront !) Il tire au clair les causes de la catastrophe. Il découvre une énorme brèche dans la coque, et des morceaux de charbon épars sur le fond. La fissure ne ressemble pas à un impact de torpille : on peut écarter l'hypothèse du crime de guerre. Le paquebot a heurté une mine. Mais une mine n'aurait pas provoqué seule des dégâts aussi considérables. La houille éparpillée donne la clef du naufrage : l'explosion de la mine s'est produite, par malchance, à la hauteur de la soute. La poussière de charbon a sauté, comme cela arrive dans les galeries souterraines : on appelle ces accidents des coups de poussier.

L'énigme du *Britannic* résolue, nous rentrons à Marseille. Vacances. Farniente à Sormiou et aux îles d'Hyères.

En cette année 1977, je suis préoccupé par le sort de la Méditerranée, ce bassin à nul autre pareil, chargé d'Histoire et de légendes, de splendeurs et de drames, d'œuvres d'art et de preuves de la violence des hommes. Ma mer va mal. Elle souffre des activités de notre espèce. Depuis mon enfance, je l'ai vue tomber malade et dépérir. Là où elle regorgeait de créatures, elle devient un désert.

Le 6 mai 1977, la Commission internationale pour l'exploration scientifique de la Méditerranée (C.I.E.S.M.), présidée par le prince Rainier III de Monaco, et dont Jacques-Yves Cousteau est le secrétaire général, charge l'équipe de la *Calypso* d'un travail d'évaluation complète de la santé de la Grande Bleue. Mes amis le commandant Jean Alinat et Jacques Constans dressent un plan de travail.

Nous embarquons à Marseille. Nous allons d'abord vers l'ouest. Puis nous tournons autour du bassin dans le sens contraire des aiguilles d'une montre. Languedoc. Roussillon. Catalogne (visite à la centrale nucléaire de Vandellos). Costa Brava (tourisme de masse). Ile d'Alboran (et sa forêt d'algues géantes). Maroc. Algérie. Tunisie. Egypte (mais pas Libye : Khadafi ne veut pas). Israël. Liban. Turquie. Dardanelles et Bosphore. Nous allons jusqu'en mer Noire — jusqu'aux bouches du Danube. La Grèce, de nouveau. Puis la Yougoslavie (mais pas l'Albanie : rivages interdits). L'Italie, enfin, avant de rentrer à Marseille.

Durant ce grand tour, baptisé « Opération Medpoll » (pour « Méditerranée-Pollution »), nous effectuons des milliers de prélèvements d'eau, de sédiments et de plancton, que nous donnons pour analyse aux meilleurs laboratoires du monde. Ceux-ci dosent pour nous les hydrocarbures, les métaux lourds, les pesticides, les isotopes radioactifs, etc. Quand nous disposons des résultats, force nous est de constater que la pollution industrielle, agricole et domestique, localement préoccupante, n'explique pas à elle seule l'effondrement du nombre des êtres vivants en Méditerranée. Certaines baies, certains ports, certaines embouchures de fleuves sont sales Mais pas au point de tout tuer. Il y a autre chose — un autre facteur de mort.

« Je sais de quoi il s'agit, dit Cousteau. Il y a longtemps que je m'en doutais. Maintenant, c'est à mes yeux très clair. La pollution n'est que la deuxième cause de diminution des populations végétales et animales. La première, c'est la destruction mécanique directe, le saccage. Je regroupe sous ce terme la pêche industrielle, qui ravage les fonds ; la pêche à la dynamite ou à la lampe; et surtout les grands travaux de rectification des côtes. Chaque fois qu'on creuse un nouveau port de commerce ou de plaisance, chaque fois qu'on bâtit un immeuble " pieds dans l'eau ", chaque fois qu'on agrandit un aéroport côtier, on bouleverse la portion la plus riche du grand corps marin : l'herbier littoral. Cette prairie, située entre zéro et cinquante mètres de profondeur, est formée de posidonies, qui sont des plantes à fleurs et non des algues. Ces végétaux constituent à la fois le garde-manger, le poumon et la pouponnière de la mer. Les posidonies sont broutées par les herbivores, qui servent d'aliments aux carnivores. Elles produisent de l'oxygène. Et elles offrent des refuges dans lesquels la plupart des espèces viennent pondre. Détruire cette prairie, c'est tuer la Méditerranée. Voilà à quoi l'homme s'emploie en dressant un mur de béton sur le rivage! »

Bien raisonné, Pacha! Reste à faire passer le message : c'est une autre histoire... Il n'est déjà pas facile de mettre en cause une usine ou une ville qui polluent. Le saccage est bien plus difficile à dénoncer — plus insidieux, plus anonyme, plus quotidien. Chacun de nous y contribue — ne serait-ce qu'en allant prendre ses vacances sur la Côte au mois d'août...

Durant cette mission « Medpoll », nous avons l'occasion d'observer des dauphins, des globicéphales, des cachalots, etc. Nous nous préoccupons surtout du sort des phoques-moines : ces pinnipèdes, que les Anciens révéraient, sont au bord de l'extinction. Il en subsiste moins de cinq cents — en Mauritanie, près des îles du Maghreb et autour des îles grecques et turques. Mais aucun aux îles d'Hyères et en Corse... Massacrés par les pêcheurs, qui les accusaient de voler « leurs » poissons (éternelle hypocrisie de l'homme!), les phoques-moines sont aujourd'hui dérangés dans leurs ultimes refuges par les touristes et leur obsession du « petit coin tranquille ». Si nous ne leur réservons pas quelques territoires exclusifs, il faudra parler d'eux au passé avant le XXIe siècle.

La tortue caret, ou carette, est presque aussi menacée. Elle se reproduit dans quelques îles de Méditerranée, notamment sur les plages de l'île de Zanthe (Zakynthos), à l'ouest de la Grèce. Hélas ! On commence à construire des hôtels sur ces plages-là...

La mer est malade. Par moments, à faire peur.

La trouille de ma vie, en plongée, je l'éprouve sur l'épave de la *Çavtat.*

Cela se passe au large du petit port italien d'Otrante, à l'entrée de la mer Adriatique, où un cargo yougoslave a sombré en 1974, à la suite d'une collision (d'ailleurs suspecte) avec un navire italien. La *Çavtat* gît par quatre-vingt-dix mètres de profondeur. Tout le monde a oublié ce naufrage, sauf un petit juge de province, nommé Alberto Maritati. Le magistrat a eu connaissance — par hasard — de la nature de la cargaison. Ses cheveux se sont dressés sur sa tête. Il a alerté le commandant Cousteau, dont les cheveux ont subi le même mouvement vers le haut !

A force d'obstination, le juge Maritati a contraint le gouvernement italien à réagir. L'épave de la *Çavtat* sera vidée de son contenu. Le travail sera assuré par une société italienne, la S.A.I.P.E.M., qui dispose d'une plate-forme de plongée nommée *Castoro II*. L'équipe de la *Calypso* sert de conseil à la S.A.I.P.E.M.

Je me prépare à descendre sur le site, en compagnie de Raymond Coll et de Bernard Delemotte. L'épave de la *Çavtat* est bourrée de neuf cents fûts — trois cents tonnes — de l'un des plus violents poisons qui existent : du plomb tétraéthyle et du plomb tétraméthyle. Si les bidons fuient et que le produit entre en contact avec notre peau, nous sommes perdus. Intoxication aiguë. La mort en dix minutes !...

Nous sautons à l'eau. Nous nous enfonçons. Je me remémore les paroles du commandant Cousteau :

« Si cette cargaison n'est pas remontée en surface, si les fûts rouillent, fuient et déversent leur contenu dans le détroit d'Otrante, la moitié de la Méditerranée en crèvera ! Une bombe à retardement ! Un ultimatum sous la mer !... »

A côté de ça, le plus furieux des requins blancs respire l'innocence.

Voici l'épave. Elle n'a l'air de rien : un cargo banal, avec des nuages de poissons qui tournent autour... Nous pénétrons dans la cale. Les conteneurs de métal sont entassés dans un beau désordre. Gorgés de poison violent... Sur chaque fût, un logo avec crâne et tibias croisés : éloquent ! Nous nous en approchons plus prudemment que d'un repaire de cobras. Certains bidons semblent en piteux état. Le choc du naufrage les a cabossés. Je regarde de plus près une pliure. Elle est rouillée. Un filet de fumée brunâtre s'en échappe. Bon Dieu : il est temps ! Le plomb mortel commence de diffuser dans la masse aquatique !

Nous nous écartons. Sous sa forme métallique, le plomb ne présente aucun danger. Sous sa forme organique, il tue par simple contact, à travers l'épiderme...

Les opérations de renflouage de la totalité de la cargaison de la *Çavtat* prendront quinze mois. Il y faudra deux cent soixante-dix plongées. Chaque bidon remonté en surface (et retraité par la firme chimique Octel) coûtera quatorze mille dollars. Ainsi se paient les négligences des hommes...

Tout est fini. Je me promène sur le quai du port d'Otrante, où les enfants jouent sans savoir qu'ils ont été les otages de la bêtise et de l'irresponsabilité des adultes. Leur sourire se superpose dans mon esprit à celui de ma fille, qui m'attend au bord de la même mer.

35

Les sources du Nil

Le fleuve de l'Histoire • L'hydravion P.B.Y. Catalina
Le territoire du sitatunga • Le Sadd al-Aali
La mort de Philippe.

POUR LA *Calypso*, 1978 est une année de vacances. Ou de chômage, comme on voudra... Les missions projetées sont annulées ou retardées. Rien ne va comme le Pacha le souhaiterait : même lui a des problèmes... Ce sorcier médiatique, ce séducteur que j'ai vu négocier des contrats de recherche ou de cinéma dans la plus pure tradition de l'esbroufe (ce qui, chez lui, ne préjuge pas du résultat !), n'arrive pas à placer une idée de campagne océanographique ou de film de télévision... Je n'en crois pas mes yeux.

C'est le moment que Philippe Cousteau choisit pour essayer de prendre le relais. Il veut organiser sa première grande mission, à bord de l'hydravion qu'il a affrété. L'appareil est un P.B.Y. Catalina — l'un des plus solides du genre. Il a reçu le nom de *Calypso II*, ou de *Calypso volante*... Bourré de gadgets qui permettent les prises de vues aériennes, muni d'un local de plongée et d'un compartiment de couchage, il constitue l'engin idéal pour emmener une petite équipe vite et loin. Son rayon d'action (trois mille huit cents milles) et son altitude de vol (vingt mille pieds) en font un appareil étonnant — qui semble conçu pour l'exploration. C'était, à l'origine, un appareil de guerre. Un bombardier...

Philippe Cousteau est le deuxième fils du commandant. Comme l'aîné, Jean-Michel, âgé de deux ans de plus que lui, il a appris à plonger en même temps qu'à marcher... Papa et maman les ont menés sous la surface dès que le scaphandre autonome a été au point. Tandis que Jean-Michel, après avoir participé à certaines missions (comme celle du lac Titicaca), tente de se faire un prénom dans l'architecture marine, Philippe joue le rôle de l'héritier. Ce qu'il a le mieux attrapé de son père, c'est le goût de l'aventure. Il aime aller où personne n'a mis les pieds. Il adore piloter. Il est heureux quand il vole. Il pratique la montgolfière ou l'autogyre. Il a passé ses brevets d'aviation. Pour cette mission sur le Nil, il est accompagné d'un professionnel, l'Américain Michael Sullivan (un ancien du Viêt-nam...). Mais, souvent, c'est lui qui tient le manche.

Nous volons au-dessus de l'Egypte : le Sahara, ocre et jaune, est un désert magique. Nous nous posons au bord du Nil, à Mérowé, où nous saluons d'antiques pyramides. Nous redécollons vers le sud. Nous traversons l'immense Soudan, en passant par les monts Nouba. Nous entrons en Ouganda. Nous frôlons les monts de la Lune (le massif du Ruwenzori) : c'est ici que, dans l'Antiquité, le géographe Ptolémée situait les « mères du Nil ».

Le Nil : fleuve chargé d'Histoire... Pendant des millénaires, la question de ses sources a passionné les géographes, les philosophes et les poètes. Ce cours d'eau venu du cœur de l'Afrique apportait à l'Egypte les bienfaits annuels de ses crues et de ses alluvions.

Les sources ont été trouvées, au XIXe siècle, par le Britannique John Hanning Speke, qui parvint le 21 juillet 1862 devant l'émissaire du lac Victoria (Victoria Nyanza), d'où le fleuve s'échappe. L'exploration du bassin nilotique occupa la plupart des grands voyageurs de l'époque : Richard Burton, David

Livingstone, Henry Morton Stanley, Florence et Richard Baker, etc. Au XXe siècle, on chercha l'origine ultime du fleuve, c'est-à-dire le plus lointain affluent du lac Victoria. Il en existe deux. La source la plus éloignée de l'embouchure est au Rwanda : c'est celle de la rivière Rukarara. La source la plus méridionale est au Burundi : c'est celle de la rivière Kasumo.

Nous amerrissons sur le lac Victoria, près du port ougandais d'Entebbe. Nous allons, d'un coup d'ailes, jusqu'au Burundi, en quête de la source la plus méridionale, que l'Allemand Burkhart Waldecker aperçut le premier en 1937. Là, au cœur des hauts plateaux d'Afrique, une humble pyramide de pierre marque le lieu d'une formidable naissance. Une plaque de métal gravée donne, en latin, les noms du cours d'eau jusqu'à son delta, ainsi que ceux de ses découvreurs. Philippe Cousteau pose un pied sur une rive de la source, qui jaillit du sol par un tuyau, et regarde vers le nord : l'eau qui sourd de la terre, entre ses jambes, parcourra six mille six cent quatre-vingt-quinze kilomètres avant de se fondre dans la Méditerranée...

Nous suivons les rivières vers l'aval : la Kasumo, qui grossit la Ruvuvu, qui alimente le Nyawarongo, qui se jette dans la majestueuse Akagera — le principal tributaire du lac Victoria. Nous étudions l'écologie du bassin. Le Burundi et le Rwanda, surpeuplés, sont en proie à des conflits inter-ethniques qui dégénèrent parfois en massacres. Tutsis contre Hutus... Au Rwanda — le Pays des Mille Collines —, nous visitons Kigali, la capitale. Nous allons, d'un coup d'ailes, atterrir près des monts Birunga : ici, aux confins du Rwanda, du Zaïre et de l'Ouganda, vivent les derniers gorilles de montagne. Nous rendons visite à Diane Fossey, cette Américaine qui est devenue la mère protectrice de l'espèce. Femme étonnante. Tendre avec les singes qu'elle veut sauver du massacre. Dure avec les braconniers... Nous ignorons que, quelques années plus tard, Diane Fossey sera assassinée par ces derniers... Les gorilles sont des êtres fascinants. Beaux, bizarres, intelligents, puissants mais pacifiques. Et tellement menacés par le fusil des imbéciles ou des pauvres, auxquels une seule dépouille peut rapporter l'équivalent de six mois de salaire...

Nous passons des semaines dans le parc rwandais de l'Akagera en compagnie d'un homme exceptionnel, appelé Jules Anotier, spécialiste des maladies tropicales : maladie du sommeil, bilharziose... Dans cette réserve sauvage, c'est la grande faune africaine tout entière qui nous est offerte. Les éléphants et les rhinocéros. Les girafes et les buffles. Les babouins, les zèbres, les antilopes (impalas, gazelles...), les lions, les panthères, les lycaons, les hyènes, les chacals... Dans les marigots vivent les hippopotames et les crocodiles, les baléniceps (becs-en-sabots) et les hérons, les jabirus et les jacanas, les marabouts et les grues couronnées. Nous réussissons à filmer la rare antilope des marais sitatunga ; et nous manquons tomber dans une embuscade de bandits tanzaniens sur le lac Hago... De marais en savanes, nous croisons la route de centaines de mammifères et d'oiseaux, sans oublier les reptiles : varans, tortues, serpents (je vous recommande le mamba)... Les batraciens, les insectes, les araignées pullulent. Je me sens heureux, dans ce grouillement de vie digne des premiers âges de l'homme — lequel, d'ailleurs, apparut quelque part dans la contrée, entre Kenya et Tanzanie... Bien entendu, ce Paradis terrestre est menacé par l'expansion humaine. Comment protéger la nature africaine tout en élevant le niveau de vie des Africains ?

Philippe Cousteau revient se poser sur le lac Victoria, en Ouganda. A cette époque, le pays est mené de main brutale (est-ce mieux depuis ?) par un certain Idi Amin Dada. Celui-ci nous a autorisés à visiter ses parcs : il exige, en retour, de voler dans l'hydravion de Philippe. Amin Dada, géant rigolard, semble sympathique ; mais l'équipe est composée d'étrangers qu'il respecte ; il ferait moins bon appartenir à une ethnie ennemie de la sienne... Philippe l'emmène dans son Catalina. Lorsqu'ils amerrissent, le dictateur déclare avec une emphase amusante : « Ce Cousteau-là est un bon pilote ; mais le meilleur pilote du monde, c'est Idi Amin Dada ! »

Sur le lac Victoria, l'équipe filme de prodigieux tourbillons de moustiques — épais comme des nuages d'orage. Elle étudie les poissons, les batraciens, les crustacés dont vivent les peuples locaux.

Mais un malheur s'abat. Patrick Delemotte (le frère de mon ami Bernard) se tue en automobile, en rejoignant le camp. Un banal accident de la route, comme sur une nationale pendant un week-end...

Philippe rapatrie le corps. Quand il revient commence la descente du fleuve. Au sortir du lac Victoria, dans le chenal Napoléon, le Nil (dit Victoria) est à mille cent trente-trois mètres d'altitude, et à plus de six mille kilomètres de son delta. Il cascade aux chutes Ripon (aujourd'hui amorties par un barrage hydroélectrique). Il se perd ensuite dans l'immense lac Kyoga, sorte de poulpe liquide couvert d'îles de papyrus aux formes changeantes, où vivent des pêcheurs du peuple Karamoja.

Après quoi, le Nil court entre deux rives crépelées de jungle épaisse. En un endroit, sa vallée se resserre jusqu'à ne plus mesurer que six mètres de largeur. Soudain, le sol se dérobe. Dans un bruit d'enfer, et dans un perpétuel arc-en-ciel, le fleuve tombe de trente-six mètres. Ce sont les chutes Kabalega, naguère nommées Murchinson. Philippe se pose sur l'eau en aval de la cascade, vers laquelle il remonte en Zodiac : monstrueux remous d'écume blanche, prodigieuse impression !

Les végétaux et les animaux pullulent dans cette contrée vierge, qui constitue l'un des plus beaux parcs naturels d'Afrique. L'équipe se met en quête des étonnants dipneustes, ou poissons-poumons, ou encore protoptères : ces animaux primitifs sont capables de respirer par des branchies, comme tous les poissons ; mais, à la saison sèche, ils s'enterrent dans la boue et tirent leur oxygène de l'air grâce à une ébauche de poumon. Tout aussi bizarres sont les tilapias : chez eux, les mâles prennent dans leur bouche la ponte des femelles et la protègent jusqu'à l'éclosion ; pendant plusieurs jours, les alevins se réfugient dans la gueule de papa en cas de danger.

Le poisson-éléphant, ou mormyre, possède une sorte de trompe. Le poisson-chat électrique envoie des décharges de quatre cents volts. Le polyptère bichir sort de l'eau : grâce à ses nageoires antérieures articulées, il « marche » à la poursuite des insectes ou des mollusques. Le poisson-tigre est un prédateur. Le géant de ces eaux s'appelle perche du Nil : avec ses cent ou cent vingt kilogrammes, elle ne craint que les crocodiles...

Des crocodiles, en voici... Tout le monde les déteste. Ils sont beaux. Ils sont menacés... Trop de sacs à main, trop de ceintures et de chaussures de luxe sont faits de leur peau. L'espèce, dont certains exemplaires atteignent six mètres de longueur, pullulait jadis de l'Egypte jusqu'à l'Afrique du Sud ; elle risque de disparaître. Je propose qu'on crée un comité de défense du crococile — de la même façon qu'il conviendrait de mettre sur pied un groupe de protection des requins. Je ne plaisante pas.

Au lac Albert convergent les rivières descendues de l'énorme massif montagneux du Ruwenzori. Le Nil — devenu Albert — roule vers Nimule. Le fleuve s'élargit, paresse, semble dormir. Brusquement, il s'élance sur un toboggan monstrueux : les rapides de Fola. Il entre au Soudan, où on l'appelle Bahr el-Djebel, le « fleuve de la Montagne ».

Après Juba, la capitale du sud du Soudan, le Nil se perd dans une immensité marécageuse plus grande que la Suisse, qu'on appelle le Sadd (ce mot arabe signifie « barrage »). C'est un labyrinthe de canaux et de forêts où vit une faune superbe. C'est aussi le pays de grands hommes minces, souvent hauts de plus de deux mètres, qui ressemblent à des échassiers et qu'on appelle Nilotes. Ces indigènes appartiennent aux peuples Dinka et Nuer. Philippe rend visite aux Dinkas. Ils font paître leurs troupeaux de bœufs watussis aux énormes cornes. Ils ont inventé une civilisation de la vache. Ils vivent dans des cases aux murs de terre et de fumier de vache. Ils allument des feux de bouses pour éloigner les moustiques du paludisme et les tsé-tsé de la maladie du sommeil. Ils boivent le lait de leurs bêtes et mangent un fromage qu'ils confectionnent en faisant cailler le lait avec l'urine de ruminant. Ils consomment un peu de viande. Ils soignent leurs blessures à l'aide d'urine de vache, dans laquelle ils lavent leurs enfants en jurant qu'elle préserve des maladies. La bouse leur sert d'onguent contre les insectes et de teinture de cheveux...

Les Dinkas (chez lesquels, on s'en doute, tous les achats se paient en vaches, notamment celui des femmes qu'on épouse) pratiquent l'excision des filles, parfois même l'infibulation de ces malheureuses. Ces coutumes barbares s'intègrent dans un univers de croyances qui forment le ciment de la société. Mais que de souffrances...

En 1978, les Dinkas vivent comme leurs ancêtres l'ont toujours fait. Ils accomplissent de longues transhumances derrière leurs troupeaux, en fonction de la hauteur des eaux que le fleuve répand dans les marécages. Ils mènent une existence difficile, mais ils sont heureux. Dix ans plus tard, la majorité d'entre eux auront été tués ou chassés par la guerre civile qui ravage le sud du Soudan. Affamés, maigres à faire peur, malades, les survivants gagneront les camps de réfugiés de Juba, où l'assistance alimentaire internationale leur sera refusée.

Au lac Nô (l'ami des cruciverbistes !), le Bahr el-Gazal, le « Fleuve de la Gazelle », rejoint le Bahr el-Djebel. Ici, le Nil devient le Bahr el-Abiad, le « Fleuve Blanc ». Voici Malakal, puis Kodok et Fachoda où, en juillet 1898, eut lieu l'entrevue fameuse entre le capitaine français Marchand et le capitaine britannique Kitchener. Chez les Shillouks, le roi était exécuté dès qu'il tombait malade : on considérait que, affaibli, il n'était plus assez efficace pour intercéder auprès des Esprits ou pour défendre son peuple. Rêvons d'un système analogue appliqué à nos hommes politiques !

Voici Kosti ; et Khartoum, la capitale soudanaise, dont le nom signifie « Trompe d'éléphant ». C'est là que le Nil Blanc mélange ses eaux à celles de son *alter ego,* le Nil Bleu (le Bahr el-Azraq). Ce dernier prend sa source au lac Tana (ou Tsana), au nord d'Addis-Abeba. Il franchit les superbes chutes Tissisat (« Fumée sans feu ») et draine les hauts plateaux d'Ethiopie.

Le Nil réuni, sans adjectif — colossal, superbe —, arrose les riches plaines soudanaises. Mais c'est un désert qu'il doit ensuite affronter — le plus grand du monde : le Sahara. Il reçoit son dernier affluent, l'Atbara. Il perd de l'eau par évaporation. Il dévale la Cinquième Cataracte, puis la Quatrième (près de Mérowé, où nous avons fait escale au début de cette mission). Il arrose Dongola, franchit le pays de Kouch et la Troisième Cataracte.

La Deuxième Cataracte a été engloutie sous les eaux d'un lac artificiel de plus de cinq cents kilomètres de longueur : le lac Nouba (ainsi nommé au Soudan), ou Nasser (c'est son appellation égyptienne). Ce plan d'eau résulte de l'édification du haut barrage d'Assouan — le Sadd al-Aali.

Voici l'un des plus gros barrages du monde. Envisagé par les Anglais, planifié par les Américains, il fut finalement réalisé par les Soviétiques, et inauguré le 14 mai 1964 par Gamal Abdel Nasser et Nikita Khrouchtchev... Un volume de terre égal à sept fois la Grande Pyramide, d'une longueur de plus de quatre kilomètres, d'une hauteur de cent neuf mètres et qui retient une masse d'eau de cent soixante-quatre milliards de mètres cubes : tel est ce géant, dont les usines hydroélectriques possèdent une puissance installée de deux mégawatts. Le barrage d'Assouan permet d'écréter les crues du fleuve et d'irriguer de nouvelles terres.

Mais l'équipe Cousteau, que le Pacha rejoint en personne, dresse un sombre bilan de cette réalisation de prestige. Des trésors historiques ont été anéantis par sa faute (même si on a sauvé les temples d'Abou-Simbel et de Philae). Les conséquences écologiques d'Assouan sont terribles. Nous les observons en parcourant l'Egypte. Les rives du fleuve se dégradent. Les alluvions, bloquées dans le lac Nasser, n'enrichissent plus les champs : les paysans (fellahs) doivent acheter les engrais chimiques qu'une usine de Kom-Ombo produit en consommant de l'électricité produite grâce au barrage (ô absurdité !). Les irrigations, mal conduites, provoquent des remontées de sel qui stérilisent les cultures. Certaines maladies infectieuses ou parasitaires (bilharziose, paludisme) progressent. Et le delta, qui ne reçoit plus de matériaux solides, est en pleine régression, mangé par la mer...

Nous saluons au passage la splendeur des temples et des monuments de l'Egypte pharaonique : Edfou, Louqsor, Karnak, Abdjou (Abydos), Akhmîn et Sohag, Hermopolis, Memphis... Sans oublier Guizèh, son Sphinx et ses Pyramides... Mais le cœur n'y est pas. Comment être optimiste pour ce pays, quand on visite l'énorme agglomération du Caire (El Qahira), avec ses douze millions d'habitants, ses rues encombrées, ses rares égouts qui se déversent dans le Nil, ses mendiants qui logent dans des cimetières... Un concentré des problèmes du Tiers Monde. Les « trois P » : population, pauvreté, pollution...

Nous voici au bout du voyage. Nous volons jusqu'à l'extrémité des deux branches principales du delta : celle de Damiette à l'est, celle de Rosette à l'ouest. Le Nil, ce géant de près de sept mille kilomètres de longueur, a été asservi par l'homme. Mais ce fleuve-roi est un fleuve mort. Il n'apporte plus qu'un filet d'eau à la mer, laquelle dévore la terre. Des maisons, des quartiers entiers des villages de la côte sont submergés. Et, parce que les alluvions manquent, le plancton se raréfie en Méditerranée orientale. Les poissons disparaissent.

Tandis que, sur la plage de Rosette, je regarde un misérable pêcheur jeter et rejeter son filet dans lequel aucune sardine ne se prend, je songe que l'homme, en domestiquant le Nil, a commis l'une des plus grandes erreurs de son histoire. Et que, hélas ! il se dit prêt à recommencer ailleurs — au Sénégal, au Pakistan, en Chine ou au Brésil.

Cette mission s'achève dans la tristesse. Quelques mois plus tard, un immense malheur va nous frapper.

En juin 1979, tandis qu'il travaille au montage des deux films tirés de cette aventure africaine, Philippe Cousteau surveille les réparations de son hydravion P.B.Y. Catalina *Calypso II.* Il veut l'essayer en compagnie de son copilote, Jean-Pierre Gros.

Le vol de contrôle se déroule au Portugal, près de Lisbonne, le 19 juin. Philippe est aux commandes. Il se prépare à amerrir à l'embouchure du Tage. L'appareil touche l'eau et pique du nez. La cause probable de l'accident est une trappe qui est restée ouverte par erreur. Philippe tente de redresser le P.B.Y. Il tire sur le manche. Mais l'hélice, endommagée, se détache, brise le cockpit et le tue sur le coup. Notre ami avait trente-neuf ans... Jean-Pierre Gros, un bras quasi sectionné, s'en tire par miracle...

Je ne vais pas décrire la peine d'un père à qui on annonce que son fils est mort : le commandant fait pitié. Il murmure que ce n'est pas juste, qu'il aurait dû, lui, partir le premier... Il parle de tout laisser tomber, de couler la *Calypso* sur place... Jean-Michel accourt de Los Angeles. Il le soutient, le convainc que Philippe n'aurait pas accepté ce renoncement. Il l'assure qu'il restera désormais près de lui, et que l'œuvre entreprise depuis si longtemps sera poursuivie.

Philippe Cousteau aura des funérailles de marin — celles qu'il aurait voulues : son cercueil sera immergé dans l'Atlantique, au large du Portugal.

Quelqu'un n'oubliera jamais. Quelqu'un ne se consolera pas. Je veux parler de la Bergère — la mère de Philippe. Comme capitaine de la *Calypso,* je l'entendrai plus d'une fois pleurer en secret, dans sa cabine. Mais que lui dire, pour adoucir sa peine?

36

Les brumes de Terre-Neuve

Le trésor du Natal • *L'épave du* Monitor
Les épaves du volcan • *Le Grand Banc de Terre-Neuve*
Le baleineau délivré.

POUR LA *Calypso,* la seconde moitié de l'année 1978 finit tout de même par être productive. Près de Marseille, l'équipe cherche l'épave d'un navire qui me fascine depuis longtemps, dont j'ai entendu parler par des pêcheurs et que je réussis à « vendre » à Cousteau. Il s'agit des restes du *Natal.* Lancé en 1881, ce bateau fit naufrage le 30 août 1917 à la suite d'une collision. Plus de cent morts... Une rumeur dit qu'il aurait emporté des lingots d'or, pour une valeur de l'ordre de vingt millions de dollars actuels.

Nous découvrons l'image du navire sur un vieux timbre-poste. Nous essayons de le localiser au fond de la mer à l'aide d'un sonar EEG — la nouvelle invention du professeur Harold E. Edgerton. Nous trouvons, dans la zone du naufrage, plusieurs épaves : un croiseur auxiliaire nommé *Drôme,* un navire inconnu que nous baptisons « *Faux Natal* », et un bateau à aubes, le *Logobo.* Le 2 août, le *Natal* se profile sur notre écran. Je descends en soucoupe avec le Pacha : nous identifions les restes de façon formelle. Le bâtiment gît par cent vingt mètres de fond, sur un lit de sable. Nous apercevons dans les cabines des valises qui semblent avoir été bouclées hier. Mais de lingots d'or, pas le moindre. Si le trésor existe, il y est encore.

Après des travaux d'entretien, la *Calypso* quitte Monaco pour Norfolk (Virginie), où sont installés les bureaux de la grande fondation pour l'environnement que le Pacha a créée aux Etats-Unis : la Cousteau Society.

Nous passons par l'île d'Alborán, où j'ai une nouvelle fois le plaisir de plonger parmi les laminaires géantes (c'est ma forêt de Brocéliande; je ne serais pas étonné d'y croiser Merlin l'Enchanteur...). A Gibraltar, nous nous amusons à mettre en évidence le courant profond qui sort de la Méditerranée, sous le courant superficiel rentrant de l'Atlantique. Nous mouillons un vaste parachute de nylon, lesté et attaché à la grue de la *Calypso* par un filin. L'engin coule à cent cinquante mètres. Il se déploie lentement. La *Calypso* arrête ses moteurs. La voile sous-marine, gonflée par le courant, tire notre navire vers le large, jusque dans l'Atlantique. C'est ainsi que nous passons les Colonnes d'Hercule : on dit (sans en avoir la preuve) que les Phéniciens connaissaient le truc...

Le 2 juin 1979, la *Calypso* pénètre dans le port de Norfolk, où l'accueillent des centaines d'embarcations de toutes sortes et, sur les quais, des dizaines de milliers d'amis américains. Je n'aurais jamais imaginé un tel comité de bienvenue. Le chanteur John Denver interprète un hymne qu'il a composé à la gloire du navire et de son équipage. Musique, flons-flons, cris de joie, applaudissements — le tout retransmis en direct à la télévision.

Sur la *Calypso,* nous sommes peu faits pour ces manifestations — même si nous avons conscience que les médias paient nos aventures. Comme tous mes camarades, je suis soulagé lorsque le boulot reprend. Notre première mission américaine consiste à naviguer jusque dans les parages du cap Hatteras, afin de retrouver, d'explorer et de filmer l'épave d'un fameux bateau américain de la guerre de Sécession : le *Monitor*. Ce fut le premier cuirassé de l'Histoire. Construit en 1862, il engagea pour le compte des Nordistes un combat naval contre le *Merrimack* des Confédérés. Il coula, surpris par une grosse vague arrière, entraînant seize hommes dans les flots.

Nous repérons l'épave par plus de soixante-dix mètres de fond. Nous l'explorons en scaphandre. Visite passionnante, en dépit du violent courant qui balaie cette contrée marine — et qui n'est autre que le Gulf Stream. Philippe Cousteau tourne ici ses dernières images...

En juillet, la *Calypso* vogue vers la Martinique. Elle jette l'ancre dans la baie de Saint-Pierre, où eut lieu une tragédie. Le 8 mai 1902, jeudi de l'Ascension, au cours d'une éruption cataclysmique, le volcan de la montagne Pelée lança sur la cité une nuée ardente qui tua trente mille personnes et ne laissa qu'un rescapé : un prisonnier noir nommé Samson Sylbaris, qui fut protégé par les murs de son cachot. Le nuage de feu qui ravagea la ville coula dix-huit bateaux à l'ancre dans la baie. Nous voulons en explorer un.

Nos guides s'appellent Michel Metery et Jean Bally. Michel Metery a repéré, en plongée, quatre épaves du volcan : le *Diamant* (un vapeur français) ; la *Teresa Lo Vico* (un voile et vapeur italien) ; la *Gabrielle* (une goélette française) ; et le *Roraima* (un vapeur anglais). Nous choisissons ce dernier. Il est brisé en trois parties, et gît par cinquante mètres de fond, colonisé par des milliers de gorgones filiformes blanches qui lui font comme une chevelure de vieillard : voici l' « épave aux Cheveux blancs »... Des barracudas, des poissons-anges royaux, des poissons-anges français, des poissons-chirurgiens et cent autres espèces l'ont adoptée comme refuge. La mer redonne des couleurs à la ferraille de sa coque, que la fureur de l'éruption a envoyée par le fond. Dans le sédiment, Raymond Coll découvre un crâne et des os humains : il a le chic pour les trouvailles macabres !

Quant à moi, je ne peux pas rester immergé plus de quelques minutes.

Il m'arrive un malheur, le pire qui puisse toucher un plongeur. Je souffre de l'arrière-nez. Il m'est impossible de respirer normalement, et de décomprimer mes sinus quand la pression augmente.

J'avais des problèmes — mineurs. Des croûtes dans les sinus. J'étais gêné sous l'eau. Voici quelques mois, je vais voir mon médecin. Il m'affirme qu'en me faisant gratter tout ça je retrouverai mes sinus de vingt ans. Il me donne l'adresse d'un chirurgien — le meilleur de Marseille. J'accepte. J'aurais mieux fait de me casser une jambe.

Le chirurgien qui doit m'opérer est probablement le meilleur. Le problème est qu'il me fait sous-traiter par un de ses élèves et que celui-ci me « rate »... Quand je me réveille, je souffre atrocement. On me dit que c'est normal. Je sens bien que non, puisque je puis à peine respirer. On m'assure que c'est la suite normale des choses, et qu'avec un peu de patience...

Au bout de quelques semaines, on m'avoue que l'opération ne s'est pas bien déroulée. Qu'il faut ouvrir de nouveau... J'accepte. Le deuxième réveil est encore plus dramatique que le premier. Je suffoque. Pour réparer l'erreur, le chirurgien en a commis une autre — plus terrible. J'ai maintenant un trou dans la cloison nasale ! Je ne parviens plus à parler : il faut que je me rééduque !

Je souffre physiquement, et plus encore moralement. Ma carrière de chef plongeur est terminée. Je descendrai encore sous la surface, certes, quoi qu'il m'en coûte de douleur et de fatigue : quand je ne plongerai plus, cela voudra dire que je serai mort. Mais c'en est fini des exploits et des performances. Quant à mon préjudice, j'essaierai de le faire admettre devant les tribunaux : en vain. Cela durera des années. Les experts médicaux commis pour évaluer les dégâts de l'opération sont des collègues ou des copains de ceux qui m'ont vilainement charcuté.

La *Calypso* passe la fin de l'année 1979 dans une longue mission au Venezuela. Sous la direction scientifique de

Jacques Constans, nous étudions la composition de l'eau, les sédiments, la richesse en plancton animal et végétal d'une immense portion de mer. Nous effectuons des milliers de prélèvements. Nous visitons les bouches de l'Orénoque — dont les apports minéraux et organiques sont essentiels à l'équilibre écologique local.

Durant la deuxième phase de cette mission, nous nous livrons à des recherches géologiques dans la zone de Maracaibo. Sous les dômes de sel, l'odeur du pétrole : cela me rappelle notre voyage de 1954 dans le golfe Arabo-Persique.

Le 24 septembre 1979, non loin des îles Blanquillas, au nord de l'île Margarita, la soucoupe accomplit sa millième plongée ! Mille bulles de champagne !

Carénage à Curaçao. Escale à la Martinique, où Jo Seguy, pendant les mois de vacances de l'équipe, repeint à lui seul la *Calypso* de la proue à la poupe.

En juin 1980, la *Calypso* entame une nouvelle mission de grande envergure. Le but ? Les parages de Terre-Neuve, le fleuve Saint-Laurent et les Grands Lacs d'Amérique du Nord...

Notre bateau est reçu au Bedford Institute of Oceanography de Halifax, en Nouvelle-Ecosse. Le capitaine Marc Soviche remplace Alain Traonouil, qui guidait la *Calypso* depuis qu'elle était basée à Norfolk.

Nous entamons cette mission en visitant l'île Sable, au large de la Nouvelle-Ecosse. C'est une terre plate, sans cesse menacée par les tempêtes. Vue de la mer, elle donne l'impression d'être un bateau qui coule. Mais c'est elle qui coule les bateaux ! Entourée de hauts-fonds, elle a été fatale à des légions de barques, de goélettes, de vapeurs, bref de navires de toutes sortes : c'est le plus prodigieux cimetière d'épaves du monde ! Parmi les coques brisées engraissent des crabes et de gros homards qui font le régal des phoques (phoques gris, phoques des ports) ; et des poissons-loups de deux mètres de longueur, dont les énormes mâchoires laissent dépasser des dents qu'on verrait plutôt dans la bouche des crocodiles...

L'intérieur de l'île Sable constitue le domaine d'un troupeau de chevaux sauvages, dont on pense que les ancêtres ont été les seuls rescapés d'un naufrage.

Le 5 juillet, nous sommes à Saint-Pierre-et-Miquelon, confetti de l'ancien empire français du Nouveau Monde. Désormais, nous mettons notre étrave dans le sillage de celui qui fut l'artisan de la découverte du Canada : Jacques Cartier. Le célèbre Malouin accomplit deux voyages à Terre-Neuve et dans le golfe du Saint-Laurent, en 1534 et en 1535-1536. Durant le second, il remonta le fleuve jusque sur le site d'Hochelaga — l'actuelle Montréal.

Nous étudions les activités de pêche sur le Grand Banc, l'un des endroits les plus poissonneux du monde. Nous accompagnons le chalutier français *Croix-de-Lorraine* dans une de ses campagnes. Bernard Delemotte, Raymond Coll et Jacques Delcoutère plongent et filment la gigantesque poche de mailles en action. Images fortes — et terribles — d'une bouche dévoreuse, impitoyable, qui avale sans distinction tout ce qui se présente. L'homme a besoin de poisson pour vivre. Mais il pêche trop. Il ne se contente pas d'engranger la moisson annuelle de la mer : il puise dans le capital. Il détruit les stocks de reproducteurs. Des conflits éclatent pour la maîtrise des ultimes « gisements » de poissons commerciaux. La « guerre de la Morue » a défrayé les gazettes. Mais le vrai problème se pose en ces termes : la pêche est une activité de cueillette, digne des civilisations de l'âge de la pierre. Or, nous la pratiquons avec les moyens de l'industrie lourde, avec des bateaux énormes, des sonars, des avions et des hélicoptères de reconnaissance...

La *Calypso* entreprend d'accomplir le tour de l'île de Terre-Neuve dans le sens contraire des aiguilles d'une montre. La mer est dure ; la houle nous brasse. En soucoupe plongeante, où tout est calme, je lie connaissance avec des espèces que je n'avais jamais vues ailleurs que sur l'étal de mon poissonnier : la morue, le lieu jaune... J'aperçois des baudroies et des chabots, qui semblent avoir engagé un concours de laideur. Le cinéaste Colin Mounier les trouve superbes ; il a raison : quand on les considère avec attention, ces monstres difformes ne manquent pas de charme...

La saison de la migration des capelans bat son plein. Ces poissons d'une vingtaine de centimètres de longueur fraient par millions, au début de l'été, dans les eaux de Terre-Neuve. Ils consomment du plancton animal (notamment des crustacés copépodes et euphausides) et servent de proies aux grandes espèces (saumons, morues, lieus...). Nous assistons à l'arrivée massive des capelans près des côtes : ils sont si nombreux que leurs corps argentés forment avec la mer une sorte de soupe huileuse. Les femelles lâchent leurs œufs sur le sable, quasiment sur la plage, et les mâles arrosent la ponte de leur laitance. A la suite de quoi les reproducteurs meurent, épuisés. En quelques heures, les cadavres des capelans rejetés par les vagues forment une frange épaisse sur le sable. Mais, dans l'eau, la génération suivante a commencé son cycle...

Les capelans constituent la nourriture des grands poissons, mais aussi des oiseaux de mer : nous admirons la technique de pêche des guillemots, des fous de Bassan (superbes, dans leur livrée blanche à cou jaune), des alques, des mergules nains et des macareux : ces derniers, qu'on appelle aussi perroquets de mer à cause de leur gros bec strié de rouge, remontent parfois de la pêche avec deux ou trois douzaines de poissons dans les mandibules.

Dans les eaux de la baie Bonavista, nous allons au secours d'un baleineau...

Les baleines à bosse (ou mégaptères, ou jubartes) — espèce à laquelle appartient ce jeune animal — apprécient, elles aussi, les capelans. Pour les enfourner dans leur vaste gueule, et les filtrer à travers leurs fanons, elles s'approchent des côtes. Hélas ! les pêcheurs mouillent des filets dans chaque baie. Les cétacés s'y entortillent. Beaucoup d'entre eux meurent noyés.

C'est ce qui risque d'advenir à notre baleineau, qui est immobilisé dans les mailles d'un filet de grandes dimensions... Je réquisitionne l'hélicoptère de la *Calypso* et ses Zodiac. Je plonge en compagnie de Bernard Delemotte. Nous commençons par rassurer le « petit » animal, qui mesure tout de même plus de huit mètres de longueur et pèse quinze tonnes (il a moins d'un an). Je ne sais si le jeune comprend que nous lui voulons du bien : en tout cas, il se laisse faire. Quoique entravé, il parvient à garder ses évents hors de l'eau pour respirer. Mais il s'épuise.

Bernard Delemotte et moi travaillons comme des forcenés pour couper les cordes de nylon. Pendant plus d'une heure, nous travaillons du couteau. Jusqu'à ce que, finalement, la dernière maille cède... Le baleineau est libre, mais il ne semble pas s'en rendre compte. Il est blessé, choqué. Son corps frissonne. Il s'ébroue. Il souffle trois fois de suite, puissamment. Il remue la queue et commence de s'éloigner. Hourrah ! Il a repris ses esprits !

Comme pour nous remercier, il se tourne sur le dos et brandit vers le ciel son long aileron blanc, qu'il agite pendant de longues minutes. Au revoir, jeune mégaptère ; et meilleure chance pour l'avenir : l'homme a tendu tellement de pièges dans la mer !...

Le 14 juillet, la mer moutonne, le vent souffle, la neige tombe : il fait un temps d'hiver en été. La *Calypso* poursuit son voyage. Saint-Jean. Le parc national de Terre-Nova...
Nous filmons une pêche au calmar : les mollusques, trompés par des appâts colorés, s'accrochent les uns après les autres sur les hameçons de lignes de turluttes, que les pêcheurs font inlassablement descendre et remonter. On jurerait qu'ici les hommes pompent le calmar...

Accompagné de Jean-Michel Cousteau, je plonge en soucoupe près d'un iceberg : vision étonnante. La lumière bleue de la glace semble céleste. De grosses méduses aurélies palpitent. Entre cent cinquante et cent quatre-vingt-dix mètres, nous traversons un épais nuage de crustacés copépodes. De temps à autre, une morue ou un énorme flétan taille à pleine bouche dans cette masse de plancton grouillante. L'image de la richesse de la vie marine — hélas ! si menacée...

Nous nous engageons dans le détroit de Belle-Isle, qui sépare Terre-Neuve du Labrador. Ici, vers l'an mil, les Vikings débarquèrent — éphémères conquérants du Nouveau Monde, presque cinq siècles avant Christophe Colomb. Ici, au début du XVIe siècle, les Basques établirent des bases de baleinage. A Red Bay, nous aidons une équipe d'archéologues canadiens à fouiller l'épave d'un galion basque, le *San Juan*, qui coula en 1565. L'eau, glaciale, impose une rude épreuve aux plongeurs ; mais elle conserve les restes de bateaux.

Demain, nous serons dans le golfe du Saint-Laurent.

37

Les glaces du Saint-Laurent

La Belle Province • Les bélougas du Saguenay
La Dame du lac • Les chutes du Niagara
Le feu et la glace.

LE GOLFE du Saint-Laurent est une mer : nous y entrons avec le respect qui convient. Nous passons devant les blancs sables de Blanc-Sablon, que Jacques Cartier nomma, et qu'il vit tels que je les vois. Fous de Bassan, macareux et cormorans : images d'un monde pur...

Les noms de lieux chantent aux oreilles françaises : pointe Riche, Tête-de-Vache, Bonne-Baie... Nous sommes dans la Belle Province — au Québec. Nous gagnons vers l'ouest, comme Cartier : pointe des Belles-Amours, île de la Demoiselle, baie du Saumon, Tabatière, Tête-à-la-Baleine, île Sainte-Marie... Hors de l'eau, il fait froid. En plongée, ce ne sont que homards, poissons-loups, morues, flétans et baudroies. Nous remontons en Zodiac la rivière Mingan. Nous visitons un camp d'Indiens Montagnais : leur problème est qu'ils ont toujours pêché le saumon dans ce cours d'eau ; mais qu'aujourd'hui un riche Américain prétend avoir acheté tous les droits. Les Indiens refusent de comprendre.

Au large, les îles Mingan (parc naturel) semblent avoir été sculptées par un fou génial : les roches y sont autant de tours, de donjons, de beffrois, de minarets, de châteaux de la Belle au bois dormant... Nous visitons aussi la grande île Anticosti, où vivent (protégés) la plupart des représentants de la grande faune canadienne : orignaux (élans), caribous (rennes), cerfs, chevreuils, ours, loups, renards, gloutons, lynx, castors, aigles, hiboux... Ici, des chevreuils broutent des algues sur le rivage, près des phoques endormis.

Nous visitons l'épave à moitié immergée du *Mongibello,* qui fut un fier vaisseau canadien et qui n'est plus qu'un amas de tôle rouillée où les cormorans font leurs crottes. A dix milles à l'ouest d'Anticosti, je plonge en soucoupe dans le passage de Honguedo. Ici, le Saint-Laurent commence de faire sentir sa puissance : le courant ballotte le submersible, que j'ai le plus grand mal à conduire.

Havre-Saint-Pierre. Longue-Pointe. L'embouchure de la rivière Saint-Jean. Rivière-au-Tonnerre (« capitale du crabe »). L'estuaire de la Moisie. La baie des Sept-Iles (qui ne sont que six !)... Jean-Michel Cousteau, longtemps retenu par des tâches administratives, nous rejoint. Le voyage est superbe. Baie-Comeau. L'embouchure de la Manicouagan, puis de la rivière aux Outardes. Aux Grandes-Bergeronnes, nous apercevons des souffles de baleines. Nous mettons les Zodiac à l'eau. Ce sont des baleines bleues. Les géantes des géantes ! Je n'en avais jamais vu : elles sont devenues si rares. Il s'agit d'un couple. J'observe la femelle. J'ai l'impression d'un formidable mur gris-bleu, d'un rempart du Moyen Age dont je vois bien qu'il avance, mais qui n'en finit pas de passer. La queue est un monstrueux propulseur de sept mètres de large et d'une puissance de cinq cents chevaux...

Dans cette portion du fleuve, les bateaux sont nombreux. Au-dessus et au-dessous de la surface. Flottants ou transformés en épaves... Le 28 mai 1914, près de Rimouski, le luxueux paquebot *Empress of Ireland* télescopa un minéralier dans le brouillard. Il fit naufrage en entraînant mille deux cents personnes au fond. Nous cherchons les restes de ce navire. Nous les trouvons. Nous plongeons avec Jean-Michel Cousteau. Luxe des salons et des cabines de première classe... Nous allons jusqu'à la salle de bal : le parquet, sur lequel tourbillonnaient les danseurs en smoking et les jeunes filles en robe de soirée, est à présent colonisé par les concombres de mer, les rascasses et les chabots difformes.

Nous entrons dans le Saguenay. Une bande de bélougas nous introduit dans cet affluent du Saint-Laurent, qui compose un fjord sublime, bordé de murailles de roches parfois hautes de près de deux cents mètres. Les bélougas, ou baleines blanches, sont immaculés — du moins à l'âge adulte, car les bébés sont chocolat. Ce sont de gros dauphins de six mètres de longueur et de sept cents kilogrammes, cousins des narvals, et comme eux propres aux eaux arctiques. Ils sont beaux, rapides, admirables plongeurs. Ils ne cessent d'émettre des bruits de toutes sortes : clics d'écholocation, murmures, sifflements, grincements, grognements, etc. : de vrais concertistes sous-marins... Ils sont encore trois cent cinquante, dans le Saint-Laurent. Mais le spécialiste québécois qui nous les présente, et qui les étudie depuis longtemps, le docteur Jean Boulva, nous apprend qu'ils sont condamnés. Les pêcheurs ne les tuent plus contre une prime, comme naguère. Ces cétacés sont protégés mais ils souffrent de la pollution. Les produits chimiques (les P.C.B., les métaux lourds, les pesticides) que les usines, les villes et les exploitations agricoles déversent dans le fleuve les rendent stériles. Ceux que nous voyons sont les derniers de leur race.

La *Calypso* s'avance dans le fjord, jusque sous le cap Eternité (quel nom !). Elle a l'air minuscule, au pied des falaises. La soucoupe plongeante est prête : Jean-Michel Cousteau s'installe à mon côté. La grue nous dépose sur la surface liquide. Nous descendons. Nous avons d'adord l'impression de nous enfoncer dans du Coca-Cola : la masse aquatique est brun-rouge sur quinze mètres d'épaisseur. Passé une limite franche, elle devient limpide, transparente comme du verre. Les eaux de surface, colorées par les décompositions organiques, sont douces : ce sont celles de la rivière Saguenay, qui draine le Labrador. Les eaux inférieures sont salées. Elles sont profondes de plus de deux cents mètres. Elles constituent une lentille d'eau de mer, venue de l'océan Arctique par le Saint-Laurent et le verrou du Saguenay... La faune qui y vit est marine : des millions de petites méduses blanches dansent autour de la soucoupe. Quand le submersible descend, nous avons l'impression qu'il neige à l'envers ! Au fond du fjord, nous admirons un paysage fantastique, où des nuées de crevettes écarlates luisent dans l'eau sombre, et où des morues et des flétans se réfugient sous les troncs et les branches des sapins tombés des falaises.

« C'est une des plus belles plongées de ma vie ! » s'exclame Jean-Michel.

A la remontée, nous avons l'émotion de notre vie. Nous touchons sans problème la couche d'eau douce couleur de Coca-Cola. Mais impossible de la traverser pour faire surface. La soucoupe, équilibrée pour l'eau de mer, est trop dense. Je largue notre lest et je vide le ballast : rien à faire. Nous sommes coincés, en quelque sorte prisonniers du principe d'Archimède ! L'angoisse commence de nous chatouiller la gorge... Les minutes passent... Que c'est bête ! Il me vient l'idée de la dernière chance : je commande le gonflage de la jupe extérieure du submersible, qui sert normalement à éviter que l'eau ne pénètre dans l'habitacle, en surface. Ça marche ! La soucoupe bondit vers le soleil. Cher soleil !

Quand nous sommes sur le pont, la *Calypso* regagne le lit du majestueux Saint-Laurent et poursuit son voyage vers l'amont. Baie Saint-Paul. L'île aux Grues. L'île d'Orléans. Québec, où bat le cœur de l'Amérique francophone... Nous nous amarrons non loin des plaines d'Abraham où, en 1759, eut lieu la bataille qui vit le succès anglais des troupes du général James Wolfe sur les bataillons français du marquis de Montcalm. L'accueil des Québécois est extraordinaire. Nous recevons le Premier ministre de la Belle Province, René Lévesque, qui nous invite à un repas d'honneur au château de Frontenac.

Nous repartons. Trois-Rivières. Montréal (nouveau triomphe). Nous voici dans le canal parallèle au Saint-Laurent, le Saint-Lawrence Seaway, qui permet d'éviter les rapides de Lachine. Cette partie du voyage est moins drôle : béton, écluses, usines hydroélectriques, grandes industries... Nous débouchons dans le lac Ontario.

Nous mettons en panne sur le site de l'épave du cargo quatre-mâts *Burt-Barnes,* qui coula en 1926 au cours d'une tempête. Nous nous préparons à plonger. Je tiendrai la caméra, Dominique Sumian aura la lampe, le photographe Scott Frier nous accompagnera, tandis que le rôle de porte-câble sera attribué à Rémy Galliano. Cette plongée me met mal à l'aise. Rémy Galliano, hyper-nerveux, fume trop et dort à peine. Je n'aime pas ça. Je lui demande s'il se sent en forme : il me répond que oui. Nous nous laissons couler dans une eau froide. Rémy semble avoir des problèmes : Dominique Sumian lui fait signe de remonter. Il refuse. Quelques minutes plus tard, tandis que nous arrivons sur l'épave, nous sentons que Rémy ne tend plus le câble. Nous le cherchons. Il a disparu !

Alerte ! Une deuxième équipe de la *Calypso* plonge pour nous aider. Le médecin du bord, le docteur Jean-Marie Tatibouet, croise en Zodiac, prêt à intervenir. Nous fouillons l'épaisseur de l'eau. A chaque minute qui passe, notre raison nous souffle un peu plus fort que c'est foutu; mais notre cœur refuse de l'admettre.

Il nous faut des heures pour retrouver le corps. Notre ami n'est pas mort noyé : l'autopsie montrera qu'il a subi une embolie cérébrale massive. Remonté trop vite. Crise de panique. Hier au soir, j'entendais le rire de Rémy, qui jouait aux cartes à la table du carré... C'est le cinquième mort en mission, depuis que la *Calypso* a entamé son aventureux périple. Jean-Pierre Servanti au Grand Conclu. Michel Laval en Antarctique. Patrick Delemotte en Ouganda. Philippe Cousteau au Portugal. Rémy Galliano au Canada... Deux ont péri en plongée, les trois autres dans des accidents d'hélicoptère, de voiture ou d'hydravion. Le Pacha nous rejoint, les yeux rouges. Il me demande, pour la cinquième fois, si le jeu en vaut la chandelle.

Pour la cinquième fois, nous finissons par répondre que oui, et la mission continue. Parce que, sur la *Calypso*, nous sommes tous d'accord pour préférer laisser notre peau au bout du monde plutôt que dans un carambolage sur l'autoroute des vacances...

Toronto et sa tour de télévision. Burlington, où nous attend l'épave du *Hamilton*.

Tous les plongeurs du monde ont rêvé d'entrevoir au fond de l'eau l'épave idéale. Parfaite... Pour ma part, j'imagine un vaisseau posé droit sur le fond, avec ses mâts et ses vergues en place, ses voiles carguées, ses canons pointés au travers des sabords... Dans mon rêve, une magnifique figure de proue, sculptée dans une pièce de bois massif, donne sa vie au bateau fantôme...

J'ai visité des dizaines d'épaves, dans toutes les mers du monde. Aucune n'a jamais ressemblé à celle de mon songe. Elles étaient ou trop anciennes, ou trop récentes. Rongées par les vers, ou dépassant à peine du sable...

C'est ici, dans le lac Ontario, que l'occasion m'est enfin donnée... Un sympathique rouquin à lunettes, le docteur Daniel Nelson, me raconte l'histoire du navire perdu sur lequel je m'apprête à descendre. En 1812, la guerre fait rage entre le Canada, colonie britannique, et les jeunes Etats-Unis indépendants. Qui tiendra le lac Ontario aura l'avantage stratégique. Dans la nuit du 8 août, la flotte américaine se prépare. Elle est supérieure en nombre et en force. Elle va tailler en pièces la canadienne... Mais non ! La tempête se lève et coule les deux plus belles unités de l'armada US : le *Hamilton* et le *Scourge*. Match nul. La frontière passera au milieu des Grands Lacs.

Accompagnée d'une vedette du Bedford Institute de Burlington, la *Calypso* se présente au-dessus de l'épave. L'eau est froide : entre 2 et 4 degrés centigrades. Je m'installe dans la soucoupe en compagnie du cinéaste Colin Mounier. Nous descendons à soixante-dix mètres. La visibilité diminue au fur et à mesure que nous approchons du fond, jusqu'à ne plus atteindre que cinquante centimètres. Au sondeur, je détecte d'épais nuages de poissons : les animaux, affolés, s'enfoncent dans la vase et provoquent ce brouillard.

Je remonte ; mais je suis têtu. Je demande au docteur Nelson de venir avec moi. Nouvelle tentative. La soucoupe touche une masse métallique. Je me retourne. Je suis en face... d'un canon dont la gueule noire et ronde vise mon hublot !

L'épave du *Hamilton* est là ! Idéalement conservée. Intacte, après cent soixante-huit ans... Je longe le pont : il me semble que les canons pourraient rouler sur leurs chariots. Je trouve une grosse pièce de bois terminée par une gueule de lion sculptée : voilà la potence qui servait à soulever l'ancre à jas. Je distingue plusieurs capes-de-moutons (qui fixaient les haubans) — mais les cordages ont disparu. Je continue vers l'étrave, où un solide beaupré pointe vers les ténèbres. La soucoupe plongeante, tel un funambule, longe ce mât oblique. J'ai des problèmes de batteries, mais pour rien au monde je n'arrêterais cette reconnaissance. Je redescends en suivant l'emplanture du beaupré. Et c'est le choc : sous les projecteurs un peu faiblards du submersible, j'admire dans mon hublot une Diane chasseresse admirable — couronnée de feuillages, parfaite, sublime... Un buste de bois doré que l'eau douce et froide du lac Ontario a conservé précieusement. Une apparition. La Dame du lac. La plus belle image qu'il m'ait été donné de contempler sous la surface...

« Merci, murmuré-je au docteur Nelson : voilà trente-cinq ans que j'attendais cet instant ! » Mais le docteur Nelson, fasciné, ne m'entend pas. J'ai l'impression qu'il voudrait sortir de la soucoupe pour aller serrer la Diane dans ses bras !

Nous remontons. J'ai hâte de faire partager mon émerveillement à celui qui l'a permis : le Pacha.

La *Calypso* franchit les sept écluses du canal Welland, qui contourne les chutes du Niagara. Elle débouche dans le lac

Erié. Une équipe, dont je fais partie, rejoint en jeep les cataractes célèbres. Nous remontons en Zodiac les remous monstrueux, jusqu'au pied du mur d'eau blanche. Tonnerre ininterrompu de ces milliards de litres qui sautent d'une hauteur de cinquante-neuf mètres, en dessinant un croissant de cinq cents mètres de largeur au milieu duquel passe la frontière entre les Etats-Unis et le Canada...

Sur le lac Erié (côté Canada), nous explorons la réserve naturelle de la pointe Pelée, où nous assistons à la migration de millions de papillons monarques : des arbres entiers en sont couverts. Les insectes grouillent, palpitent, décollent comme une fumée épaisse en battant de leurs jolies ailes marquetées d'orange et de noir. Ils entament un voyage de trois mille kilomètres, qui leur permettra de passer l'hiver au soleil du Mexique. Entomologiste passionné, Jacques Constans ne sait plus où donner de la tête.

Nous saluons Detroit. Une foule monstrueuse nous attend sur les quais. Tout ce qui navigue est à l'eau. Des dizaines de milliers de fans de Cousteau et de son bateau nous crient leur enthousiasme. J'avoue que je suis ahuri. Personne ne peut déplorer pareille popularité. Mais n'y a-t-il pas quelque chose d'inquiétant dans ce culte ? Moi qui connais le Pacha depuis longtemps, je crois qu'il est satisfait qu'on l'écoute, parce que cela lui permet de proclamer bien haut quelques évidences, et de dire leurs quatre vérités écologiques aux hommes qui nous gouvernement. Mais, d'un autre côté, Cousteau a conscience qu'il n'y a pas loin du succès médiatique au culte de la personnalité. Et que, si intelligent et modeste qu'il soit, l'objet d'une telle religion finit par perdre le jugement...

Nous entrons dans le lac Saint-Clair. Nous prenons pour pilote un jeune homme de soixante-treize ans, rempli d'humour, qui a passé sa vie sur les Grands Lacs et n'avoue que deux passions : les femmes et les bateaux. Morgan L. Howell nous introduit sur le lac Huron où, dit-il, il a connu l'une de ses plus belles histoires d'amour. La *Calypso* roule et tangue. Nous passons l'écluse de Sault-Sainte-Marie, où notre pilote évoque d'autres souvenirs sentimentaux. Nous débouchons dans le lac Supérieur. Un télex nous arrive de France : à Marseille, on a porté en terre notre ami Rémy Galliano. Une chape de tristesse s'abat sur le navire.

Nous touchons le port de Thunder Bay, à l'ouest et tout au fond du lac Supérieur. Je contemple d'énormes silos à blé, près desquels accostent des barges de trois cents mètres de longueur — les fameux *lakers* des Grands Lacs, qui entrent au centimètre près dans les biefs des écluses. Visite aux Indiens Ojibways : ceux-ci exécutent pour nous une danse folklorique réservée aux touristes — une mascarade ! Nous naviguons sur l'immensité grise du lac Supérieur. Escale à l'Isle-Royale. Nous plongeons sur les épaves du *Kamloops* ; et surtout du *Gunilda,* merveilleux yacht fantôme à la coque blanc et doré. A l'île Agathe, le docteur Rodney Kirkham nous dispense une passionnante leçon de géologie. Ce savant nous montre des échantillons de roches qu'il a trouvées dans la contrée : vieilles de plus de deux milliards et demi d'années, elles comptent parmi les plus anciennes de la Terre. Or, elles contiennent déjà des traces de vie — des fossiles d'algues unicellulaires bleu-vert, ou cyanophycées.

Le lendemain, une terrible tempête se lève — comme le lac Supérieur en connaît souvent. Nous nous réfugions dans le port de Terrace Bay. Lorsque les éléments se calment, nous aidons les naturalistes de l'île Slate à marquer des caribous : scène de poursuites ponctuées de gags !

L'automne arrive. Précoce. Tandis que la *Calypso* commence de faire route vers l'aval, nous étudions les castors et les ratons laveurs de l'île Michipicoten ; ainsi que les truites et leurs parasites suceurs de sang, les lamproies. Le 27 septembre, nous entrons de nouveau dans le lac Huron. Le 30, dans le lac Saint-Clair. Le 2 octobre, dans le lac Ontario. Le 6, nous accostons à Montréal. Deux mois de vacances.

Le 2 décembre, tout le monde est revenu à bord. Il nous faut gagner la mer — et vite — si nous ne voulons pas être bloqués par l'embâcle du Saint-Laurent. La neige tombe, de même que le mercure dans le thermomètre. La course contre la montre est engagée. Le fleuve commence de se prendre en surface. Nous plongeons en soucoupe dans le Saguenay, mais nous nous échappons de justesse du fjord. La *Calypso* heurte des glaces flottantes. A l'avant, sa coque est sciée sur plusieurs mètres de longueur et sur les trois quarts de son épaisseur : danger immédiat ! Nous doublons le cap Gaspé. Nous mouillons pour la nuit près de l'île Bonaventure. Le froid devient fou. La nuit du 15 décembre est effroyable : le blizzard souffle en furie. Les superstructures du bateau se couvrent de givre. Le radar gèle sur son mât. A l'arrière, le réservoir annexe d'essence se détache : nous risquons à tout moment l'incendie. J'ai l'impression de me retrouver quelques années plus tôt, dans la baie d'Esperanza, en Antarctique. Nous passons le détroit de Canso, afin de déboucher sur la côte orientale de la Nouvelle-Ecosse.

Le 23 décembre 1980, après avoir pensé chavirer plusieurs fois, nous entrons enfin dans le port de Norfolk. Restent à digérer les leçons de la mer et du fleuve.

38

La forêt du dauphin rose

Les yeux rouges des jacarés • Pororoca
Millions d'espèces • En plongée dans la forêt
Tucuxi et boto.

JE ME promène au bord d'une de ces rivières du Brésil qu'on appelle *igarapés*. Il fait nuit. Il fait tiède. Les étoiles se sont allumées au firmament ; d'autres étoiles luisent dans l'obscurité, à la surface de l'eau. Ce sont les yeux rouges des jacarés — des caïmans...

Nous sommes en Amazonie. L'« Enfer vert » — en réalité, à mes yeux, un paradis de vie et de beauté... Le fleuve Amazone est une mer d'eau douce. Un monstre aquatique, qui apporte à l'océan en une journée ce que la Seine y déverse en un an... Le plus grand système fluvial de la Terre.

Notre mission sur le Saint-Laurent a été fructueuse. De plus en plus persuadés que l'état des mers dépend de celui des artères d'eau douce qui leur fournissent sels minéraux et substances organiques, le Pacha et son fils Jean-Michel nous ont préparé une expédition hors du commun. L'une des plus longues et des plus complexes que nous ayons faites. L'exploration du géant des géants. Du colosse. De l'incomparable Amazone.

Pour les besoins de ce voyage, dont la durée prévue est de deux ans — 1982, 1983 —, la *Calypso* subit un long carénage.

Partis de Norfolk, nous cinglons vers le sud. La Floride et ses « Clés » (Keys). Les Grandes et les Petites Antilles. Un salut à la Martinique et aux nombreux amis que nous comptons dans cette île. Nous passons les Guyanes et nous naviguons vers l'embouchure du fleuve des fleuves. Nous en sommes loin, encore, quand je constate que l'eau change de couleur. Celle de l'océan est bleue. Celle que fend l'étrave de notre navire est grise. Puis gris-brun, puis de plus en plus brune au fur et à mesure que nous avançons.

L'Amazone est tellement puissant qu'il expédie dans l'océan un panache — une « plume » — d'eau douce et de sédiments de plus de trois cents kilomètres de longueur. En 1500, le Portugais Pinzón dériva jusque dans ces parages après une tempête qui l'avait détourné de sa route (il allait aux Indes par le cap de Bonne-Espérance !). Il aperçut cette eau gris-brun bien avant la terre même. C'est ainsi que le Brésil fut découvert — depuis le large, grâce au flux du plus colossal de ses cours d'eau.

Notre mission est, comme d'habitude, moitié scientifique et moitié cinématographique. Notre programme de recherches consiste en une étude complète (grâce à des centaines de prélèvements d'eau, de plancton et de sédiments) de la richesse minérale et biologique du fleuve, depuis son embouchure jusqu'à sa source — puis en redescendant vers la mer. Nous nous sommes (entre autres) munis d'un appareil ultramoderne, qui dose en continu le taux de chlorophylle dans l'eau. Pour le cinéma, nous utiliserons les recettes habituelles. Nous pouvons compter sur une logistique de premier ordre. Nous ferons des images aériennes grâce à nos deux engins volants : notre hélicoptère *Félix* et notre hydravion *Papagallo* (« Perroquet »). Nous réaliserons des prises de vues au sol grâce à notre camion « Jacaré ». Nous sillonnerons le lit de l'Amazone et de ses affluents avec la *Calypso* et ses Zodiac, avec un hovercraft, avec un grand radeau pneumatique baptisé *Pirarucu,* enfin avec un bateau amazonien à fond plat, l'*Anaconda.* Bien entendu, fidèles à notre vocation, nous plongerons dans le fleuve et ses tributaires, parmi les piranhas et les caïmans.

Nous sommes à présent tout près de l'immense estuaire, large de trois cent cinquante kilomètres. Les bras du fleuve enserrent des milliers d'îles, dont celle de Marajo, qui est plus vaste que la Belgique. Tandis que Jacques Constans et Richard Murphy procèdent à leurs récoltes scientifiques, aidés par les marins du bord, je grimpe dans l'hélicoptère *Félix,* que pilote notre ami Robert (Bob) Braunbeck. Nous nous élevons au-dessus de la *Calypso.* Vers le large, il me semble que la mer ondule. Les trains de vagues se suivent. Leur amplitude augmente près du rivage.

Il s'agit d'une série d'ondes parallèles de marée montante — d'une marée de vive-eau —, qui se lance à l'assaut du fleuve. Flux contre flux ; bataille de titans... Voici ce qu'on appelle un mascaret. J'alerte le bord. L'hydravion *Papagallo,* piloté par Guy Gervais, nous rejoint depuis le proche aéroport de Belém : il embarque le Pacha et le cinéaste Colin Mounier. Nous survolons les crêtes de la marée, qui avancent à plus de vingt-cinq kilomètres à l'heure. Le mascaret s'engage dans les chenaux de l'estuaire. Il prend de la hauteur au fur et à mesure que les rives se resserrent. Les vagues gonflent jusqu'à mesurer cinq mètres de hauteur. Elles déferlent avec une force prodigieuse. Elles rognent la terre des berges. Elles dévastent les premiers rangs de la forêt. Je les vois abattre des arbres de cinquante mètres comme si c'étaient des allumettes.

Le mascaret de l'Amazone, le plus puissant qu'on connaisse, est appelé *pororoca* — c'est-à-dire le « Grand Mugissement » — par les Indiens. Le bruit qu'il engendre est infernal. Rien ne résiste à sa force.

L'Amazone entier est un fleuve de la démesure. Nous le voyons, nous le comprenons, nous le percevons par nos cinq sens dès que nous commençons de le remonter. Nous voguerons sur ce cours d'eau fabuleux pendant trois mille sept cents kilomètres, jusqu'en amont d'Iquitos, au Pérou. Puis nous le redescendrons, et nous irons explorer son principal affluent, le rio Negro.

L'Amazone n'a pas d'égal sur la Terre. Il est long de sept mille kilomètres. Il débite en moyenne cent vingt mille mètres cubes d'eau par seconde — et plus de deux cent mille à la saison des crues. Il équivaut à douze Mississippi. Il remplirait le lac Ontario en trois heures. Il reçoit un millier d'affluents importants, dont une trentaine dépassent mille kilomètres de longueur, et dont dix sont plus longs que le Mississippi. Son lit mesure dix kilomètres de largeur à deux mille kilomètres de la mer, et plus d'une soixantaine à la saison des crues. Il est souvent profond de plus de trente mètres, parfois même de plus de cent, comme devant Manaus. Lorsque vient le temps des hautes eaux, il inonde une superficie de terres (appelées *varzeas*) équivalente à l'Espagne et à la France réunies... Ce réseau colossal d'affluents, de sous-affluents, de lacs, de marécages, de baies et de criques forme un bassin de sept millions deux cent mille kilomètres carrés — presque la surface des Etats-Unis, ou de l'Europe de l'Atlantique à l'Oural. Le fleuve et ses tributaires intéressent neuf pays.

La *Calypso* file sur la rivière : la navigation ne pose pas de problème, excepté celui des troncs à la dérive, dont les racines ou les moignons de branches perceraient notre coque. Après nous être ravitaillés à Belém, la porte de l'Amazonie, au confluent du rio Tocantins, nous voguons vers l'amont en direction de Santarém.

« La forêt amazonienne, que certains Indiens appellent d'Emeraude, constitue la plus vaste et la plus ancienne formation botanique du monde, nous explique Jacques Constans, au cours d'une conférence improvisée au carré de la *Calypso*. Jadis, à l'ère secondaire, le fleuve coulait vers l'ouest — vers l'océan Pacifique. A l'ère tertiaire, quand les Andes ont surgi de la mer et dressé leur formidable barrière, un lac immense s'est formé au centre de l'Amérique du Sud. Puis les eaux ont trouvé un passage entre le bouclier des Guyanes et celui du Brésil : le fleuve, tel que nous le connaissons, est né. La forêt tropicale qui l'entoure est encore largement vierge. On y trouve des dizaines de milliers d'espèces végétales, parmi les plus belles et les plus précieuses. Beaucoup de ces plantes ne sont pas encore identifiées ou étudiées par les spécialistes. Certaines possèdent des propriétés médicinales que nous serions heureux d'utiliser. Songez qu'il existe plus d'espèces d'arbres dans un hectare de forêt amazonienne que dans toute l'Europe !

« Quant aux animaux, poursuit Constans, c'est encore autre chose. L'Amazonie est le pays du singe hurleur, du ouakari à face écarlate et du singe tamarin (le plus petit du monde) ; du jaguar, de l'ocelot, du tapir, du fourmilier géant (ou tamanoir), du paresseux, du cabiai (ou capybara, le plus gros des rongeurs), du tatou et — dans les rivières — du lamantin noir et de deux espèces de dauphins (le rose et le gris). Les frondaisons accueillent des volées jacassantes d'oiseaux au plumage de rêve : aras tricolores et aras macaus, ibis et cigognes, jacanas et anhingas, aigles, harpies, faucons, colibris, etc. A terre ou dans l'eau ondulent les reptiles : le redoutable serpent à sonnette (sans sonnette !) qu'on appelle maître de la brousse, ou sururcucu ; le boa constrictor ; l'immense anaconda (dont la légende prétend qu'il pourrait atteindre vingt mètres ; en réalité, on n'en a jamais mesuré de plus de dix) ; le caïman (ou jacaré) ; les tortues, et notamment la bizarre mata-mata... L'Amazonie, c'est aussi le royaume des batraciens — des grenouilles et des rainettes rouges ou bleues, dont la peau contient des poisons fulgurants. C'est l'empire des poissons : piranhas voraces, pirarucus géants, anguilles électriques, néons lumineux, etc. : les rivières locales en nourrissent huit mille espèces — davantage que l'océan Atlantique... Mais la forêt constitue surtout le pays d'élection des invertébrés ; des vers, des escargots, des araignées (les grosses mygales), des scorpions, des scolopendres et des insectes. Il y a là, depuis le sol jusqu'aux hautes branches, des centaines de milliers, peut-être des millions d'espèces d'insectes : énormes blattes, scarabées goliaths de dix centimètres de longueur, phyllies pareilles à des feuilles, phasmes qui imitent les brindilles, fourmis couturières, fourmis légionnaires, guêpes solitaires, abeilles coloniales, etc. Sans oublier les papillons, les merveilleux papillons, comme les morphos bleus aux ailes de saphir... »

Jacques Constans nous fait rêver. Nous ne tardons pas à constater de nos propres yeux que son enthousiasme n'a rien d'exagéré. Chaque fois que je le peux, je me joins à une mission en Zodiac sur un affluent de l'Amazone. Nous nous enfonçons dans la forêt — verte, mouillée, fertile, superbe. Les aras qui crient dans les arbres, les singes qui s'esclaffent, les grands papillons qui palpitent au-dessus de l'eau : tout me remplit de bonheur. J'ai l'impression de revivre l'un de ces temps anciens où le monde était neuf, innocent, n'ayant rien à craindre de la folie dévastatrice des hommes.

Nous remontons le fleuve. Parfois, une averse tropicale lance des trombes d'eau obliques sur l'eau d'en bas. C'est la saison des pluies. L'Amazone est en crue. Près du fleuve, les hommes ont pris leurs dispositions : parfois cernés par la montée du niveau liquide, ils attendent patiemment la décrue dans leurs maisons, qu'une prudence séculaire leur demande de construire sur des éminences. Ils mettent à l'abri leur bétail dans des enclos, sur des collines ; parfois, l'eau monte plus encore que d'ordinaire, et ils doivent aller secourir leurs vaches en barque. Nous rendons visite à l'un de ces *caboclos* (colons), métis de Blancs, d'anciens esclaves noirs et d'Indiens. Il possède un troupeau dont il est fier, et une tripotée d'enfants (j'en compte quatorze). Le Pacha lui demande combien il a de vaches : il cite le chiffre sans hésiter. Lorsque Cousteau l'interroge sur le nombre de ses fils et filles, il paraît beaucoup moins sûr de lui !

Le niveau de l'eau, entre la saison des pluies et la saison sèche, peut varier de quinze mètres. A l'époque de la crue, en juillet-août-septembre, l'Amazone envahit la forêt. Des centaines de millions d'arbres, sur des millions de kilomètres carrés, se retrouvent le pied dans l'eau. Nous grimpons dans des Zodiac, et nous nous enfonçons dans la forêt inondée. Une expérience étrange et merveilleuse...

Il fait sombre sous les frondaisons. Nous immergeons des hydrophones et nous coupons les moteurs de nos Zodiac. Nous entendons, dans les écouteurs, le bruit des fruits qui tombent dans l'eau . « Floc ! Floc ! » ; et le craquement des mêmes fruits que les poissons croquent : « Crac ! Crac ! » La forêt nourrit les animaux aquatiques, notamment plusieurs espèces de piranhas végétariens. Les piranhas carnivores, c'est autre chose. J'ai l'occasion d'en rencontrer en plongeant en scaphandre. Ce sont de beaux poissons aplatis latéralement, avec des flancs d'argent vert lavés de rouge. Ils ont dans la bouche les dents les plus tranchantes qui se puissent imaginer. Mais je ne suis pas transformé en squelette dans la minute ! En réalité, à la saison des pluies, les piranhas ne sont pas dangereux : ils ont à manger plus qu'il ne leur faut. Le problème, pour eux, se pose au moment de la décrue : ils se retrouvent par milliers, prisonniers de mares qui rétrécissent chaque jour davantage, coupées du lit principal des rivières. C'est alors que, affamés, ils ressemblent à ce que leur réputation prétend qu'ils sont...

La forêt inondée est une sublime source de mystère. Nous avançons en Zodiac dans le fouillis des troncs : difficile de ne pas se perdre dans ce labyrinthe !... Nos équipes restent en permanence reliées à la *Calypso* par walkie-talkie. En plongée, nous nous faufilons parmi les branches : sommes-nous oiseaux ou poissons ?

Un matin à l'aube, tandis que je m'immerge en compagnie de Cousteau, j'entends des séries de clics rapides. Pas de doute : ce sont des dauphins. Nous avons eu l'occasion de les voir souffler en surface Notre ami le professeur René-Guy Busnel, qui nous accompagne, a enregistré leurs manifestations vocales. L'Amazone en héberge deux espèces : le dauphin gris, ou *tucuxi* ; et le dauphin rose, ou *boto* (ou *boutou*). Le gris est petit et très semblable aux dauphins marins que je connais. Le rose est un personnage !

Nous cherchons les cétacés entre les troncs immergés, dans l'eau glauque. Nous ne les voyons pas, mais eux nous ont trouvés. Quand nous nous retournons, ils sont là... Un couple. Ils nous regardent, ou plutôt ils nous « échosondent ». Ils ont de petits yeux : ils sont presque aveugles ; le sens de la vision ne leur est pas d'un grand secours dans l'eau perpétuellement trouble du fleuve. Ils possèdent une bosse sur le front (leur melon), grâce à laquelle ils amplifient les ondes qu'ils émettent pour se guider. Ils sont puissants : près de trois mètres de longueur. Ils ont la peau d'un bizarre rose chair, avec des taches grises sur les ailerons et le dos. Leur colonne vertébrale, d'une souplesse incroyable, leur permet de se faufiler entre les racines à la recherche des poissons dont ils se nourrissent. Mais chez eux, le plus étrange est leur museau. Ils sont affublés d'un rostre interminable, long et étroit — un vrai nez à la Cyrano, un cap, une péninsule... Leurs mâchoires sont garnies de courtes dents pointues...

Les deux dauphins roses nous contemplent d'un air surpris : nous ne ressemblons à rien de ce qu'ils connaissent. Puis ils soufflent l'un après l'autre en surface, et s'évanouissent dans l'eau sombre. J'ai l'impression d'avoir rêvé...

Nous aurons l'occasion d'étudier cette étonnante espèce de plus près, lorsque nous en capturerons trois exemplaires dans une crique du fleuve fermée par un filet. Ces animaux en tous points remarquables — superbement adaptés aux conditions de vie de l'Amazone — ont des côtés primitifs et d'autres « modernes ». Ils sont malins, mais moins joueurs que les dauphins communs ou les dauphins nez-en-bouteille. En réalité, ils ne s'intéressent guère à l'homme. Ils ne le craignent pas, mais ne le cherchent pas davantage.

Pourtant, dans toute l'Amazonie, le dauphin rose possède une réputation sulfureuse. On dit qu'il entretient des relations coupables avec notre espèce... Un vieux pêcheur du fleuve nous raconte ce que chacun croit ici : il arrive (tout le monde vous le dira !) qu'un *boto* sorte de l'eau et se déguise (selon son sexe) en jolie fille ou en beau garçon, afin de séduire un homme ou une femme du village. L'animal retourne à l'eau, mais l'union est féconde. Un bâtard, mi-homme, mi-dauphin, naît de ces relations sexuelles.

Cousteau demande au pêcheur si lui-même a du sang de dauphin. Le personnage s'esclaffe, un peu gêné. Et il nous suggère que sa mère...

39

Le fleuve vert

Sarah Bernhardt • Rendez-vous à Iquitos
Les Jivaros et les Matis • Catcha la loutre
L'or, le mercure et le feu.

NOUS VOICI à Manaus, la capitale de l'Amazonie brésilienne, au confluent de l'Amazone (que les Brésiliens, avant ce point, nomment rio Solimoes) et du rio Negro. Lorsque ces deux géants liquides marient leurs eaux, le mélange est long à s'accomplir : plus de quatre-vingts kilomètres... Nous plongeons sur cette curieuse limite : au nord, les eaux acides, dites « noires », du rio Negro (elles sont, en vérité, chocolat, ou Coca-Cola ; leur teinte et leur acidité sont dues à l'humus décomposé qu'elles transportent). Au sud, les eaux « blanches » (en réalité : grises) du rio Solimoes, chargées de particules terreuses que le fleuve arrache à la cordillère des Andes.

Manaus, ville champignon, a poussé en quelques années, lors de la ruée vers le caoutchouc de la fin du siècle dernier. Des fortunes prodigieuses s'y sont faites : les récolteurs de latex (les *seringueiros*) partaient dans la forêt saigner les troncs des hévéas. Ils récoltaient les larmes de lait des arbres dans de petits pots. Ils enfumaient ce matériau brut (nommé *borracha*) et le roulaient en grosses balles qu'ils allaient vendre au marché de Manaus. Si la collecte avait été bonne, ils pouvaient se payer une bonne cuite dans les bars du port. Les plus cultivés d'entre eux allaient écouter, au théâtre, les acteurs et les artistes lyriques fameux d'Europe et d'Amérique du Nord. Sarah Bernhardt et quelques étoiles de première grandeur se produisirent ainsi à Manaus.

Je visite le théâtre — un bijou construit avec les matériaux les plus coûteux, importés à grands frais d'Europe... Puis je m'envole avec une équipe de cinéma : nous allons observer en forêt le labeur des *seringueiros* — ceux qui restent. Car si la fortune de Manaus fut rapide, sa ruine ne tarda guère. On planta des hévéas en Malaisie. Puis vint le temps du caoutchouc artificiel tiré du pétrole. Aujourd'hui, les *seringueiros* espèrent de nouveau, pour cause de sida et de préservatifs !

A Manaus, où la *Calypso* fait escale quelques semaines, j'ai l'occasion d'étudier de près une autre activité locale, que tous les ports du monde cultivent : le vol organisé. Une nuit que chacun dort sur le bateau, je me réveille, alerté par un craquement. Je sors de ma cabine et je marche dans la coursive : j'entends qu'on court. Je crie : « Halte-là ! » Une volée de filles me passe devant le nez en semant des billets de banque et les objets plus ou moins précieux qu'elles viennent de subtiliser dans les poches des hommes de l'équipe. Pas un de nos innocents n'a décelé quoi que ce soit.

Tandis que nous réglons nos petits problèmes à Manaus, nous recevons des nouvelles de l'autre partie de notre mission sur l'Amazone. La *Calypso,* je l'ai dit, remonte le fleuve jusqu'en amont d'Iquitos, au Pérou. Mais, dans l'autre sens, Jean-Michel Cousteau descend le roi des eaux depuis sa source. Avec le metteur en scène Jacky Ertaud, le chef opérateur Jean-Paul Cornu et un guide péruvien, Jean-Michel a réussi l'ascension du sommet d'où procède le fleuve : le mont Mismi, au Pérou, qui culmine à cinq mille six cents mètres.

« J'ai jeté une poignée de neige vers l'ouest, raconte Jean-

Michel au téléphone : j'ai pensé que l'eau de fonte qui en résulterait irait, après un trajet de moins de deux cents kilomètres, se perdre dans le Pacifique. Puis j'ai lancé une boule de neige à l'est : les gouttelettes de cette dernière descendront vers l'océan Atlantique, mais après avoir parcouru plus de sept mille kilomètres ! Le ruisseau de naissance de l'Amazone contribue à former le rio Hornillos, qui devient le rio Huallaga, puis le rio Apurimac, lequel s'unit au rio Urubamba pour former le rio Ucayali, lequel épouse le rio Maranon pour donner le rio Amazonas. Celui-ci reçoit le Napo et l'Itacuai. Il entre au Brésil où il prend le nom de Solimoes. Grossi du Jurua, du Japura, du Tefé et du Purus (entre autres), il devient l'Amazone en rencontrant le rio Negro. Il lui reste, avant la mer, à absorber les eaux du rio Madeira, du rio Trombetas, du rio Tapajos, du rio Xingu, du rio Para, du rio Tocantins : autant de géants liquides... »

Jean-Michel Cousteau et ses amis dévalent dans leur radeau pneumatique *Pirarucu* les eaux écumantes du rio Apurimac : ce nom inca signifie « le Parleur (l'Oracle) de Dieu ». La rivière, semée de rapides, est tonitruante. Dominique Sumian, chef de mission, passe par-dessus bord et manque se noyer, en dépit de sa force et de son expérience exceptionnelles de nageur.

Le rendez-vous général des équipes Cousteau a lieu en amont d'Iquitos, au confluent du Maranon et de l'Ucayali. Ici, la *Calypso* n'a plus que cinquante centimètres d'eau sous la quille. Le 18 septembre 1982, tout le monde est là, autour du « bateau-amiral de la flotte écologique », comme l'appelle, dans un sourire, Jean-Michel Cousteau : le radeau pneumatique *Pirarucu,* l'hovercraft, l'hydravion *Papagallo,* l'hélicoptère *Félix,* le bateau amazonien *Anaconda...* Retrouvailles, embrassades...

Après la fête, nous entamons la descente. Une équipe, menée par Jean-Michel Cousteau et sa femme Anne-Marie, rend visite aux Indiens Jivaros de la tribu des Achuaras. Elle est accueillie par le chef Kukus (peintures rituelles sur le visage, coiffure de plumes), qui offre à tout le monde la boisson traditionnelle de son peuple : le *masato*. Ce dernier est à base de manioc : les femmes mâchent la racine de la plante et crachent le jus dans une calebasse. La salive et les sucres fermentent ; une mousse rose se forme ; c'est prêt... Pour un non-Jivaro, cela semble innommable. Les Achuaras adorent : le chef, qui est polygame, assure pouvoir dire, rien qu'au goût, laquelle de ses femmes a préparé le breuvage.

Kukus emmène les équipiers Cousteau assister à une pêche traditionnelle : les villageois coupent une liane de la forêt, qu'ils appellent *barbasco,* et l'écrasent dans l'eau de la rivière. Les poissons, endormis, anesthésiés, se laissent harponner aisément. Le soir, tout le village offre une fête aux équipiers Cousteau. Hélas ! les réjouissances sont gâchées par la mort d'un enfant...

Bien entendu, les Jivaros ne réduisent plus les têtes de leurs ennemis ou des explorateurs, comme l'ont fait leurs ancêtres. Ils survivent à grand-peine : les colons péruviens leur volent leurs meilleurs terrains de chasse et les défrichent pour en faire des champs cultivés (quand ce ne sont pas des plantations de coca). Comble de malheur : on a trouvé du pétrole dans leur réserve, que traverse désormais un hideux pipe-line peint en rouge.

Une autre équipe se dirige vers le territoire des Indiens Matis. « Ce sont de pauvres gens, raconte Colin Mounier, au retour de mission. Ils ont pour totem le jaguar — le plus grand félin de la forêt vierge — et se peignent les moustaches du fauve sur la figure lorsqu'ils partent à la chasse. Mais ils ont presque disparu. Ils ont succombé massivement aux maladies apportées par les Blancs, contre lesquelles ils n'étaient pas immunisés : la rougeole, la variole, la polyomyélite, la tuberculose, la grippe... Leur espérance de vie à la naissance est de moins de vingt-cinq ans. Les fonctionnaires de la FUNAI (Fondation nationale pour l'Indien) les ont regroupés dans un camp où ils reçoivent l'aide d'une mission chrétienne. Mais leur nouveau refuge, situé au bord d'une rivière, est inclus dans une zone où sévit le paludisme, maladie qui leur était épargnée lorsqu'ils habitaient les profondeurs de la forêt. »

Les Indiens d'Amazonie étaient probablement deux millions lorsque les conquistadores espagnols et portugais ont commencé de les exterminer — par le fer ou par le feu, en les réduisant en esclavage ou en leur transmettant leurs maladies (parfois volontairement : on offrait en cadeau aux « Sauvages » des couvertures de varioleux). A l'heure actuelle, on n'en compte plus que deux cent mille... Beaucoup de ces misérables, privés de leurs terrains de chasse, sont allés grossir les rangs des mendiants des bidonvilles d'Iquitos, de Manaus ou de Belém... Nous en aurons bien des preuves, par exemple en rendant visite aux Txukahamei du Xingu, qui ne dansent que pour les touristes et qui, une fois ceux-ci partis, remettent leurs shorts et leurs Adidas et vont se soûler à la bière !

Au fil de l'eau, je songe à cette expédition formidable durant laquelle l'Espagnol Francisco de Orellana descendit le Maranon, puis la totalité du géant liquide, jusqu'à l'océan Atlantique. C'était en 1535, peu après la conquête du Pérou par Pizarre. Orellana crut apercevoir, sur une rive, des femmes qui tiraient à l'arc. Il se souvint de la légende grecque des Amazones guerrières (au sein droit coupé), et baptisa le fleuve.

Nous passons le point triple où l'Amazone tient lieu de frontière entre la Colombie, le Pérou et le Brésil. Trois villes ont surgi de la jungle dans ce périmètre : Leticia, Tabatinga et Benjamin Constant. Je n'ai jamais vu nulle part pareille densité de trafiquants. Les uns s'occupent de cocaïne : un Colombien, tout ce qu'il y a de plus riche et de plus répugnant, nous propose d'en passer quelques kilogrammes à bord de la *Calypso*. Nous sommes insoupçonnables, dit-il, et, en y regardant bien, quelques efforts dans ce sens nous permettraient de financer des années d'expéditions ! D'autres contrebandiers s'occupent du commerce illicite de l'or ou des émeraudes, d'autres de celui des fourrures, d'autres de celui des peaux de crocodile, d'autres de celui des animaux vivants. Jean-Michel Cousteau assiste, à Leticia, à une saisie de peaux d'ocelot et de jaguar : un hangar en est bourré. Des milliers de félins tachetés ont péri pour le plaisir frimeur de quelques élégantes. Elégantes ?... Les massacres de caïmans (jacarés) sont tout aussi lamentables : plusieurs centaines de milliers de peaux passent chaque année par ici, afin d'être transformées en chaussures et en sacs à main de luxe... Le commerce des aras, des perroquets, des singes, des tatous, etc., n'est guère reluisant.

Je me fais une idée, à Leticia, du pillage éhonté auquel les hommes soumettent la forêt amazonienne. Bien entendu, ce saccage n'aurait pas lieu si la demande des pays riches n'existait pas. Ce sont les Etats-Unis, l'Europe et le Japon qui amorcent la pompe.

Dans un hôtel de la ville, au fin fond d'une arrière-cour, dans un bassin d'eau croupie, nous découvrons l'une des merveilles vivantes de l'Amazonie : une loutre géante. Elle a été prise par un braconnier. L'hôtelier en a fait une attraction. Il la nourrit d'os de poulet. Elle perd ses poils, elle est malade, elle va mourir. Nous voulons la sauver. Nous l'adoptons et nous lui construisons un enclos sur la plage avant de la *Calypso,* où nous remplissons pour elle notre grande piscine bleue. Pendant deux jours, Catcha (c'est le nom que nous lui donnons) reste prostrée. Elle montre les dents quand nous approchons. Elle a tant souffert à cause des hommes... Je lui pêche d'excellents poissons de l'Amazone — des piranhas, des tucunarés, etc. Je les lui offre. Le troisième jour, elle accepte. Elle prend dans ses deux mains le cadeau que je lui fais et elle le croque, en commençant par la tête, avec de drôles de grognements de satisfaction : « A-gno-gno-gno !... A-gno-gno-gno !... »

Dès lors, elle devient le plus charmant compagnon (c'est un mâle). Elle se précipite pour m'accueillir le matin. Elle me fait la fête. Elle roule sur le dos et exige que je lui gratte le ventre. Elle comprend tout — mieux qu'un chien. Elle mesure près de deux mètres de longueur. Elle est fine, elle est souple, elle est belle. Elle nage à la perfection. Un jour, elle s'évade. Elle saute dans l'Amazone par un trou du grillage. Nous la croyons perdue. Nous mettons le Zodiac à l'eau. Je l'appelle en lui proposant des poissons. Elle saute sur mes genoux, comme si elle avait simplement voulu se dégourdir les nageoires un moment.

Je ne suis pas loin de devenir gâteux quand je contemple Catcha. C'est un concentré de grâce et de légèreté. Comment peut-on vouloir voler la peau d'un être aussi parfait ? Je ne le comprendrai jamais. Pourtant, c'est un fait : la loutre géante du Brésil, traquée par les braconniers avec la même hargne que la loutre de mer, est aujourd'hui inscrite sur la liste des quinze espèces de mammifères les plus menacées d'extinction.

Une autre espèce va mal : le lamantin (ou *manati*) d'Amazonie. Nous aidons une équipe de scientifiques de l'I.N.R.A. (Institut national de recherches amazoniennes), dirigée par le docteur Robin Best, à en capturer une douzaine de sujets dans un lac de la région de Tefé. Le but est de transporter ces animaux d'une zone où ils sont en danger (parce que trop chassés) vers un parc où ils jouiront des protections nécessaires. Le lamantin d'Amazonie ressemble à son cousin de Floride : c'est un sirénien — une « vache de mer ». Son corps en torpille, adapté à la nage, fait oublier qu'il a des ancêtres communs avec l'éléphant. L'espèce d'Amazonie est noire comme un diable, avec une tache blanche sur la poitrine ; elle n'a pas de griffes au bout des doigts. Elle se nourrit d'herbes aquatiques, notamment de cette « peste » envahissante, aux jolies fleurs mauves, qu'on appelle jacinthe d'eau.

Le lamantin se raréfie parce que les colons du fleuve trouvent sa chair aussi bonne que le bœuf : du reste, les *caboclos* le nomment *peixe bos,* « poisson-bœuf ». Ce n'est pas une sinécure que de prendre au filet, de maîtriser et de charger dans une barge des animaux dont certains atteignent quatre mètres de longueur et pèsent quatre cent cinquante kilogrammes... Nous y réussissons. Quand nous relâchons ces créatures énormes et attendrissantes dans le lac où elles seront enfin en sécurité, un petit de quelques mois, dont la mère a été tuée et qui pèse à peine cinquante kilogrammes, refuse de nous quitter. Chaque fois que nous le poussons vers le large, il revient se jeter dans les bras de notre ami, le plongeur Xavier Desmier.

La navigation continue, entrecoupée de missions annexes sur les principaux affluents du fleuve. Nous filmons un paresseux qui traverse un bras de rivière à la nage : il n'a pas le style de Johnny Weissmuller, mais il avance plus vite dans l'eau que sur la terre ferme. Il mettra deux jours pour grimper au sommet du nouvel arbre qu'il s'est choisi pour refuge... Nous pistons des capybaras (cabiais) dans les marécages : ces cousins des souris sont gros comme des chiens et vivent en sociétés bien organisées. Nous plongeons avec un boa constrictor : le reptile ondule superbement dans l'eau trouble et disparaît dans une touffe de roseaux. Nous capturons un anaconda de plus de quatre mètres (un tout petit !) : sa force est prodigieuse. Dans un lac, nous assistons à une pêche au pirarucu : un vieil homme nommé Aldeberto guette le poisson géant dans sa pirogue, pendant des heures. D'un coup, il détend son bras armé d'un harpon : l'animal est transpercé ; il le hisse avec peine à bord. Voici l'un des plus étranges et des plus beaux poissons du monde — le plus gros poisson d'eau douce qu'on connaisse. Il dépasse trois mètres cinquante de longueur et pèse trois cents kilogrammes. Ses larges écailles sont rouges sur la tête, rouge et vert sur les flancs, vertes sur la queue.

L'une des plus belles plongées que j'accomplis, dans un lac, me permet d'admirer dans son milieu la bizarroïde tortue matamata. La carapace bosselée et découpée en zigzag de ce reptile lui donne des allures de monstre antédiluvien. La matamata est inoffensive — mais pas la raie à aiguillon. Cette dernière, lorsqu'on marche dessus, inflige des blessures affreusement douloureuses. J'ai vu, sur le fleuve, un colon dont le pied avait quadruplé de volume et pris une vilaine teinte violacée, à la suite d'une piqûre de cette pastenague. Un autre animal aquatique peu recommandable est le candiru : il s'agit d'un poisson-chat de la taille d'une allumette, qui s'introduit dans les orifices naturels (anus, etc.) de l'homme ou des grands animaux, et s'y maintient en déployant ses arêtes. Douleur affreuse...

Les caïmans (jacarés) sont nettement plus sympathiques. L'homme les massacre par centaines de milliers chaque année, mais eux ne tuent jamais l'homme. La plus grande espèce amazonienne dépasse rarement quatre mètres. Elle est farouche et craintive. En plongée dans la forêt inondée, je me faufile dans un fouillis de racines et je tombe nez à nez avec un jacaré noir. Il a la gueule garnie de dents nombreuses et pointues. Je n'ai pas peur ; lui, oui. Impressionné, il s'éloigne en ondulant avec grâce. L'obscurité de l'eau le mange.

Notre périple amazonien nous fait vivre des moments de grâce. Il nous démontre aussi, hélas ! à quel point la forêt tropicale est menacée. Ce prodigieux réservoir de formes vivantes souffre des saccages et des pollutions des hommes. Comme tous les milieux naturels. Plus que les autres systèmes...

Sur le rio Jari, nous allons visiter l'immense domaine dont le milliardaire américain Daniel K. Ludwig voulut faire un centre pilote pour la production de pâte à papier. L'expérience se solda par un gigantesque fiasco économique et écologique : à l'époque où nous sommes sur place Ludwig passe la main ; l'Etat brésilien récupère ce qu'il peut d'investissements colossaux.

Grande comme l'Europe, l'Amazonie n'est peuplée que de cinq millions d'habitants. Or, elle est cernée par une masse de plus de deux cents millions d'individus (cent cinquante pour le seul Brésil), dont beaucoup sont de pauvres paysans sans terres. La tentation est grande, pour des gouvernements débordés par la dette extérieure et la misère intérieure, d'offrir les immensités vierges aux sociétés multinationales (intéressées par le bois, le pétrole ou les richessses minières) et aux crève-la-faim qu'un peu d'espoir ferait revivre. C'est exactement ce qui se produit.

Les groupes miniers sont persuadés (comme les conquistadores du XVIe siècle) que l'Amazonie est un Eldorado. Ils achètent. Ils investissent. Ils exploitent — sans le moindre souci de préservation des richesses biologiques — arbres, fleurs, insectes, petits et grands vertébrés... Les mines à ciel ouvert éventrent la forêt. Des collines entières sont rasées pour les besoins de l'exploitation du charbon, du fer ou d'une pléiade de minerais plus ou moins stratégiques.

Dans le sud de l'Amazonie, dans l'Etat de Rondônia, non loin de Porto Velho, une équipe Cousteau assiste à l'arrivée massive des nouveaux colons auxquels on attribue des arpents de forêt. Les nouveaux immigrants, venus du Nordeste brésilien désormais désertique ou de la banlieue tentaculaire de Sao Paulo, ont emporté tout ce qu'ils possèdent. Ils arrivent en train, en vieille voiture brinquebalante, en charrette. Ils mettent le feu aux arbres, sur la parcelle qui leur est dévolue, et labourent ce brûlis. Ils se ruinent en achats de graines et de vivres — pour subsister jusqu'à la moisson. La première récolte est bonne, les deux ou trois suivantes aussi. Puis il advient ce qui arrive toujours en pareil cas : la mince couche d'humus de la forêt tropicale est balayée par le vent et les pluies. Le sol s'encroûte, se latérise (comme disent les agronomes) et se transforme en désert. Les malheureux immigrants n'ont plus qu'à plier bagage, pour aller défricher d'autres morceaux de forêt. Plus loin. Toujours plus loin...

Lors d'un vol de reconnaissance dans l'hydravion *Papagallo,* au côté de Guy Gervais, je contemple l'horizon de l'immense sylve amazonienne. Des centaines de panaches de fumée montent vers le ciel, de toutes parts. Dévastation. Saccage. Par places, sous l'appareil, les étendues défrichées apparaissent comme une sinistre pelade. Les forestiers, quant à eux, n'y vont pas avec le dos de la cuiller. Ils abattent non seulement les arbres à la tronçonneuse, mais à la pelle mécanique...

Le symbole des désirs les plus fous de l'homme, c'est l'or. L'or de l'Eldorado. Les chercheurs de métal précieux — les *garimpeiros* — sillonnent la forêt. Leurs mœurs sont plutôt brutales : ils dégainent comme au Far West.

Nous les observons longuement dans deux endroits de cauchemar. Sur le rio Madeira, des nuées de pauvres orpailleurs travaillent à la pioche, à la pelle et à la batée — comme au temps de la ruée en Californie ou en Alaska. Certains d'entre eux ont quitté femme et enfants depuis six mois et ne rapporteront même pas à la maison de quoi vivre le reste de l'année. Pour extraire l'or du sable, ils utilisent le mercure, qui forme un amalgame avec le métal jaune. A la suite de quoi, ils brûlent le mélange au chalumeau pour séparer les deux corps. Ils ignorent qu'en agissant de la sorte ils inspirent de dangereuses vapeurs mercurielles : ils s'empoisonnent. Ils abandonnent sur le sable ou dans l'eau le mercure en excès, qui pollue désormais dangereusement le rio Madeira.

Sur cette rivière, les *garimpeiros* les plus riches possèdent une barge, qu'ils ancrent au fond. Ils plongent avec un masque et un tuyau respiratoire (un narguilé) pour promener dans le sédiment l'embout d'une suceuse : le sable aspiré passe sur des plans inclinés, où il est lavé. Notre ami Arturo Calvo accepte de plonger dans les mêmes conditions que ces forçats du précieux métal : il remonte épouvanté. Là-dessous, on n'y voit pas à trente centimètres. Le courant est énorme. Les hommes restent parfois quatre heures immergés : les accidents de décompression sont fréquents. Sans compter que les concurrents s'attaquent à coups de couteau pour s'approprier les meilleurs emplacements...

L'autre haut lieu de l'or, au Brésil, s'appelle Serra Pelada — la « Montagne pelée ». Il porte bien son nom. Dans une excavation gigantesque, des milliers d'hommes-fourmis creusent, creusent, creusent jour et nuit, dans l'espoir obsessionnel de trouver l'énorme pépite qui fera leur fortune. La maladie, l'épuisement, les éboulements de terrain les tuent. Hormis quelques chanceux, ils ne gagnent rien — ou reperdent aussitôt au bordel ou au jeu ce qu'ils avaient amassé. Ils piochent, pellettent ou portent sur leur tête, en escaladant des échelles branlantes, les sacs de terre noire qu'il faut laver pour en extraire quelques paillettes. Ils acceptent, hallucinés, une existence de bagnard qu'ils imaginent achever comme des nababs dans des palais d'Orient.

Devant ce spectacle de misère et d'envie — devant cette folie individuelle et collective —, je ne sais que penser. Sinon que l'Amazone, fleuve du futur, est devenu le symbole des maux que les hommes, fourmis trop nombreuses et trop avides, répandent sur la surface de la planète — subitement trop petite.

40

L'esprit de la redécouverte

Mississippi, « Père des Eaux » • Haïti la miséreuse
Fidel Castro • Aux Marquises
Le tombeau de Gauguin.

IL ME semble que j'ai vécu cent vies. Le Pacha aime à dire qu'il a eu trop de chance ; que son existence a été tissée de fils trop riches. J'ai la même impression. Trop d'aventures, trop d'émotions, trop de spectacles que personne n'avait jamais contemplés... Je suppose que je devrais être blasé. Lorsqu'il m'arrive de prendre le bateau de Monsieur Tout le Monde, et que je vois les passagers s'extasier devant le moindre aileron de dauphin, je me remémore les centaines de ces cétacés que j'ai côtoyés dans leur élément même, avec lesquels j'ai fait ami-ami, que j'ai cru comprendre et qui m'ont honoré de leur beauté et de leur intelligence. C'est tellement plus que la plupart de mes contemporains !... Et je ne parle ni des grandes baleines, ni des requins, ni des poissons-anges, ni des coraux... Pourtant, pas une seconde je n'ai perdu cette faculté d'émerveillement qui était la mienne à Sormiou quand j'avais cinq ans et que je regardais fuser les crevettes dans les flaques d'eau des rochers.

Fin 1983, nous explorons le Mississippi. La *Calypso* remonte le courant du fleuve colossal que les Indiens appelaient « Père des Eaux ». Nous allons jusqu'en amont de Minneapolis-Saint Paul. Une mission volante dirigée par Jean-Michel Cousteau nous emmène jusque sur le lac Itasca, qui constitue la source du fleuve, de même que le lac Victoria est à l'origine du Nil. En plongeant dans ces eaux pures, j'entrevois la silhouette bizarre de l'esturgeon scaphirhynque, qui ne vit que dans le Mississippi, et la trogne encore plus étonnante du poisson-spatule, dont le museau est aplati et arrondi comme une cuiller à touiller la sauce; mais c'est la vase du fond que l'animal remue, afin d'en extraire de petites proies.

Nous organisons une autre mission volante sur le Missouri — l'*alter ego* du Mississippi. Dans le parc national du Wyoming, j'ai le plaisir de contempler la grande faune nord-américaine telle qu'elle fut sur ce continent avant les massacres de la colonisation. Bisons d'Amérique, cerfs wapitis, élans, chèvres des Rocheuses, mouflons bighorns, antilopes pronghorns, ours noirs, grizzlys, lynx, ratons laveurs, mouffettes, cygnes, oies, pics, aigles à tête blanche, crotales : mille espèces superbes, que presque partout ailleurs la « civilisation » blanche a exterminées... Nous contemplons les jaillissements des geysers et la splendeur des lacs salés. Nous allons de glacier en cascade, sur les traces des explorateurs du Far West. Mais même si la vie sauvage est encore belle, ici, elle est asservie aux désirs de l'homme. Les grands mammifères portent au cou des colliers munis d'émetteurs radio. C'est de cette façon que les gardes et les scientifiques les suivent — qu'ils les tiennent à l'œil. J'ai la faiblesse de préférer les espèces sans collier. Dans la fable du loup et du chien, je choisis le loup...

Nous descendons le Missouri jusqu'à son confluent avec le Mississippi, à Saint Louis. Là se dresse la grande arcade de la Porte de l'Ouest. Puis nous naviguons vers l'aval à bord de la *Calypso*. Le « Père des Eaux » n'est plus ce qu'il fut. C'est un fleuve asservi. L'homme l'a emprisonné entre deux rives de béton sur la quasi-totalité de son cours. Il a cessé d'être un personnage liquide capricieux, généreux, coléreux, imprévisible, susceptible de débordements formidables, pour devenir un canal. Dans certains endroits, on en est à couler des kilomètres de plaques de béton armé pour fixer le fond du lit... Inutile de dire que, dans ces conditions, la vie aquatique s'appauvrit. D'autant que le fleuve est un des plus pollués du monde : les villes y déversent une partie de leurs eaux d'égout ; les usines y crachent des effluents toxiques ; le ruissellement y apporte les excès d'engrais et les pesticides des agriculteurs. Saint Louis, Memphis, Cairo, Greenville, Vicksburg, Baton Rouge, La Nouvelle-Orléans... Cette dernière ville, où nous sommes accueillis comme des princes dans le quartier français, est, hélas ! une des plus polluées des Etats-Unis.

Il ne reste que le delta (et encore, en partie) pour rappeler la splendeur perdue du fleuve. Nous nous perdons en Zodiac dans les chenaux (bayous) où les alligators redeviennent nombreux : ces reptiles, protégés après avoir manqué disparaître à cause de la chasse, ont tendance à proliférer. Je guette, en compagnie de Dominique Sumian, le vol des aigrettes blanches, des ibis rouges, des anhingas et des pélicans bruns. Parmi les cyprès chauves, je surprends le glissement furtif du mocassin d'eau.

Au terme de cette mission, la *Calypso* est malade. Elle est vieille. Percluse de rhumatismes et de toutes sortes d'autres maladies... Elle a parcouru des centaines de milliers de milles depuis qu'elle est devenue navire océanographique. Il faut la réparer de façon complète. Nous la faisons entrer dans un chantier naval de Floride. Une armée d'ouvriers s'abat sur elle — pour son bien. Nous changeons son bordé, au travers duquel on voyait le jour (j'exagère à peine). Nous remplaçons ses membrures : les nouvelles sont en solide chêne d'Amérique. Nous lui donnons des moteurs, des hélices, des réservoirs de gazole flambant neufs ; bref, nous la reprenons de la quille à l'antenne de radar. Sa passerelle ressemble désormais à la cabine de pilotage d'un avion de ligne.

Je surveille en personne ces travaux. Quand ils s'achèvent, le navire est prêt pour la nouvelle mission que le commandant Cousteau et son fils Jean-Michel lui assignent : la Redécouverte du monde...

Je suis le capitaine de la Redécouverte...

Il me faut préciser que la *Calypso* n'est plus seule. Elle a une sœur cadette : l'*Alcyone*. Celle-ci vogue en utilisant l'énergie du vent. Elle est dotée de deux voiles ultramodernes, conçues sur le modèle des ailes d'avion et que nous appelons turbovoiles. Ces propulseurs révolutionnaires ont été inventés par le professeur Malavard, l'ingénieur Bertrand Charrier et le commandant Cousteau. Ils ont été testés sur la plate-forme *Moulin-à-Vent,* avec laquelle le Pacha a traversé l'Atlantique.

La Redécouverte du monde, à deux bateaux, constituera, pour cinq années au moins (1985-1990), un défi sublime. Revoir le monde avec des yeux neufs, dans le sillage des explorateurs de la Renaissance et des Grandes Découvertes ; et évaluer l'état de santé des milieux vivants : tel est le programme qu'à présent nous devons remplir.

Nous commençons, avec la *Calypso,* par Haïti. De juillet à septembre 1985, nous cabotons le long des côtes de cette partie de l'île d'Hispaniola (dont l'autre portion forme la République Dominicaine). Je garde, de cette mission, un souvenir pénible. Haïti est un concentré des problèmes du Tiers Monde. Un espace surpeuplé. Des enfants mal nourris, des adultes misérables, qui tentent de trouver leur salut dans des pratiques magiques impressionnantes, mais vaines... J'assiste, en compagnie du cinéaste Jean-Paul Cornu, à une cérémonie vaudou. Des femmes entrent en transes ; des hommes appellent les esprits ; partout, dans la nuit du village, les flammèches des bougies vacillent et créent une atmosphère irréelle. Je me sens pris par cette ferveur, par la simplicité brutale de ce culte venu d'un autre âge et d'un autre continent. Et en même temps, quand je vois ces corps noirs en sueur, ces fidèles qui invoquent les morts et les puissances de l'au-delà, je me sens tellement étranger... Ce spectacle m'apparaît pour ce qu'il est : une agitation, une frénésie d'humains qui n'ont d'autre espoir que l'irrationnel.

Les difficultés d'Haïti — économiques autant qu'écologiques — paraissent réellement insolubles. La population, trop nombreuse, finit d'abîmer le cadre naturel dont elle aurait besoin pour se sortir de l'impasse. On a coupé les forêts pour gagner des terres cultivables et obtenir du bois de feu. Résultat : la terre arable, balayée par les pluies que les racines des arbres ne retiennent plus, est partie au fil des torrents et des rivières. Haïti se transforme en désert. Comble de malheur : cette terre fertile qui manque aux champs et aux jardins va s'accumuler dans la mer, où elle tue les bancs de coraux et les poissons qui en dépendent. Les pêcheurs haïtiens, quand ils osent sortir dans leurs misérables pirogues, ne prennent plus que de minuscules poissons qui ne nourrissent pas leurs familles.

Je suis pessimiste. Je ne sais ce qu'il adviendra de cette île, qui fut riche et belle quand elle n'était peuplée que d'Indiens Caraïbes. Je me dis que, pour remonter la pente du sous-développement, les Haïtiens auront besoin à la fois de beaucoup de démocratie, de beaucoup d'éducation et de beaucoup d'aide internationale.

Cuba, la grande île voisine d'Haïti, n'a pas le même genre de problèmes. Nous la visitons d'octobre à décembre 1985. Quel contraste !

Dans le domaine des libertés publiques, certes, la terre cubaine n'a rien d'un paradis. Mais le pays gère bien ses ressources aquatiques. A Haïti, les fonds sont ravagés par une pêche intensive ininterrompue. A Cuba, probablement grâce à l'autoritarisme planificateur du régime communiste, les zones marines ont été divisées en parcelles qui sont exploitées à tour de rôle. Et la pêche est interdite pendant les périodes de reproduction des animaux : tout juste ce que, avec Cousteau, nous réclamons depuis toujours... Cette sagesse permet aux Cubains de relever des filets remplis d'excellents poissons de toutes sortes (mérous, capitaines, grogneurs...), et d'exporter chaque année des centaines de tonnes de leur célèbre langouste !

Nous plongeons en divers endroits de la côte, notamment sur une superbe épave, près de La Havane. Les restes du bateau sont colonisés par mille créatures aquatiques et servent de repaire à un banc de tarpons : ces puissants poissons carnassiers, longs de un mètre cinquante, se déploient comme des chevaliers du Moyen Age en armure bleue. Spectacle magique, que filme Louis Prézelin.

Une autre scène rarissime nous est offerte : un requin-baleine de plus de dix mètres de longueur, et de plus de dix tonnes de poids, fait surface devant la *Calypso*. Planté dans l'eau à la verticale, la gueule béante au cœur d'un gros banc de sardines, il engloutit des centaines de ces petits poissons bleus qui frétillent et passent dans son estomac sans même s'en rendre compte.

Nous recevons à bord de notre navire le *lider maximo* de la Révolution cubaine : Fidel Castro. Personnage étonnant, barbu expansif dont les grands rires tonitruants ont quelque chose de forcé, mais dont on sent qu'ils voudraient être sympathiques... Fidel Castro ne fume plus les fameux cigares de son île : son médecin le lui interdit. Il discute avec le Pacha de tout et de rien — des grands problèmes de développement propres aux pays du Tiers Monde, comme de recettes de cuisine. Cousteau réussit à lui arracher la promesse qu'il libérera un contingent de prisonniers politiques en échange de l'étude d'océanographie biologique que nous menons pour son pays.

Nous sommes mêlés, peu après, à un événement qui constitue un symbole. La *Calypso* navigue en vue de la base militaire de Guantanamo, que les Etats-Unis ont conservée à Cuba après la chute du dictateur Batista. Jamais, depuis le blocus de 1961, un citoyen américain n'a pénétré dans cette place forte en venant de la terre. Or, avec le commandant Cousteau, une Américaine est invitée à le faire : notre amie l'écrivain Paula DiPerna.

« Ce jour restera gravé dans ma mémoire, raconte Paula au moment où je franchis les barbelés, j'ai l'impression d'entrer aussi dans l'Histoire. Même si je sais que je n'y suis pas personnellement pour grand-chose ! »

Tandis que l'*Alcyone,* après avoir traversé l'Atlantique, double le cap Horn puis remonte dans l'océan Pacifique qu'elle visitera par le nord (mer de Cortez, Californie, Hawaii, îles de la Reine-Charlotte, Alaska, mer de Béring, Japon, Mariannes, etc.), la *Calypso* franchit le détroit de Panama et s'engage dans le Pacifique Sud. Nous ne retrouverons l'*Alcyone* qu'en Nouvelle-Guinée, après avoir salué les îles de la Polynésie française, la Nouvelle-Zélande et la Grande Barrière de corail.

Notre première étape est pour les îles Galapagos. Je salue avec plaisir leurs tortues géantes, leurs otaries si fines, leurs iguanes bizarres, leurs cormorans aptères, leurs pingouins (si insolites sous l'équateur), leurs crabes si vifs, leurs poissons-chauves-souris difformes — bref, la vie fascinante d'un laboratoire de l'évolution.

Nous sillonnons l'archipel des Marquises. Ce sont des montagnes dans la mer. Une eau turquoise. Des pics volcaniques déchiquetés, couverts d'une végétation épaisse... Nous visitons l'archipel : Nuku-Hiva, Ua-Huka, Hiva-Oa, Tahuata, Fatu-Hiva, etc. A l'heure actuelle, les Marquises ne sont plus peuplées que de six mille cinq cents habitants — près de dix fois moins qu'il y a un siècle. Cet effondrement démographique est dû aux méfaits de la colonisation européenne en général, et aux maladies des Blancs en particulier : variole, tuberculose, grippe, rougeole, syphilis.

Nous plongeons dans ces eaux qui, contrairement à celles des îles de la Société ou des Tuamotu, ne nourrissent pas de récifs de coraux. Nous y saluons des bandes de raies-aigles nari-nari, aux vastes ailes noires tachées de blanc ; nous y croisons de puissants requins — parmi les plus gros qu'il m'ait été donné de voir (un longimane de plus de quatre mètres cinquante, un requin-tigre de plus de cinq mètres). Nous observons une faune riche et variée, composée d'éponges, de cœlentérés, de bryozoaires, de mollusques (huîtres, porcelaines, tritons...), d'échinodermes.

A seize milles au nord-ouest de Fatu-Hiva, le Pacha me montre une sorte de tête rocheuse qui dépasse de la mer : c'est l'îlot Thomasset. D'énormes vagues s'y fracassent. Cousteau me demande d'essayer d'y amarrer la *Calypso*. Manœuvre délicate... Je fais venir à droite toute, afin d'approcher le récif par l'arrière. Puis je saute dans un Zodiac et je tire un câble d'acier que j'ai fait préparer sur le cabestan arrière. Je pilote mon canot pneumatique autour du caillou et je reviens assurer l'amarrage sur la *Calypso*. Ouf ! j'ai redouté que les courants n'écrasent le navire sur l'écueil...

Nous plongeons. Sous la couche d'eau superficielle, follement agitée et où nous avons de la peine à nager, s'ouvre un royaume des merveilles : toutes les catégories inimaginables d'invertébrés et de poissons s'y associent, dans une pullulation magnifique. Une oasis dans le Grand Océan...

Le lendemain à l'aube, tandis que la *Calypso* est encore amarrée à l'îlot Thomasset, je grimpe dans l'hélicoptère *Félix* en compagnie de Bob Braunbeck. J'aperçois, sur la mer, une sorte de risée. Ce n'est pas le vent qui la provoque, mais des centaines, des milliers de cétacés. De grands dauphins au crâne arrondi, qui méritent leur nom commun de têtes-de-melon...

Branle-bas sur le navire ! L'équipe se mobilise pour filmer ce spectacle. Les plongeurs (Michel Deloire à la caméra, François Sarano, Christian Le Curieux-Belfond, Dominique Arrieu) s'équipent et disparaissent sous la surface, où je les rejoins. Pendant de longues minutes, nous admirons le défilé des têtes-de-melon qui passent, rapides, puissants, lisses...

Les cétacés partis, nous jetons un coup d'œil sur les fonds, hier encore si riches d'espèces variées. Ils semblent déserts... Les gorgones, les coraux et les étoiles de mer sont là ; mais ni les langoustes, ni les calmars, ni les poissons. Ces animaux se sont cachés. En cherchant bien, nous les repérons dans les fissures et les anfractuosités de la roche. Tapis. Terrorisés. Les dauphins, qui nous paraissent si gentils et si sympathiques, incarnent à leurs yeux les plus dangereux des tueurs. Des Attilas des profondeurs. Des assassins !

De Marquise en Marquise, la *Calypso* suit le chemin bleu de la Redécouverte. Nous abordons Nuku-Hiva : c'est ici que, d'après la mythologie polynésienne, le dieu créateur Tokohiti brisa une pierre de volcan pour sculpter le couple initial. Atéa, le premier homme, et Atanua, la première femme, eurent quarante enfants, lesquels engendrèrent le reste de notre espèce...

A Fatu-Hiva, la *Calypso* vogue dans la baie des Vierges : on a dit (je partage ce jugement) que c'est le plus parfait paysage du monde. C'est ici que Paul Gauguin peignit ses fameux *Cavaliers sur la plage*.

Dans l'île voisine de Hiva-Oa, je médite avec Cousteau sur la tombe de l'artiste, mort en 1903. Puis sur la tombe du chanteur Jacques Brel, qui vint dans ces terres lointaines « quêter l'inaccessible étoile »...

ÉPILOGUE

La mer, pour toujours

La Polynésie désenchantée • Mururoa
Le pays du Long Nuage blanc • La Grande Barrière de corail
L'horizon.

ME VOICI donc, capitaine de la *Calypso,* à Tahiti, à soixante ans. A l'heure du bilan.

La Redécouverte du monde bat son plein. J'en suis un acteur heureux. Satisfait de ce que je contribue à trouver, à comprendre, à faire aimer, à préserver. Content, finalement, de ce que j'ai fait de ma vie. Je pense à mon père et à sa barque — sa bette, ce modeste « pointu » dont il était si fier. J'aimerais qu'il soit ici, qu'il me regarde à la barre du plus fameux bateau de recherche et d'aventure du monde. Ma mère vit toujours. Elle est vieille ; je vois bien, chaque fois que je reviens de mission, qu'elle s'affaiblit. Elle n'en a plus pour longtemps. Quand elle m'embrasse, son sourire chaleureux s'assombrit d'une pointe de tristesse qui me fend le cœur...

A bord de la *Calypso,* nous étudierons la vie des îles enchantées du Pacifique Sud, qui mériteraient davantage le nom d'îles Désenchantées, tant les chocs de la civilisation et du tourisme y ont saccagé les anciens modes de vie, les coutumes et l'environnement. Nous visiterons Bora Bora, son lagon sublime et son explorateur polaire (Paul-Emile Victor, vieux complice du Pacha !). Nous sillonnerons l'archipel des Tuamotu, où nous verrons mille espèces d'invertébrés et de poissons multicolores. Nous étudierons les effets du tourisme sur ce milieu fragile. Nous filmerons les pêches traditionnelles aux perles ou à la tortue. Nous assisterons, sur l'atoll de Mururoa, à une explosion nucléaire française ; nous étudierons la qualité de l'eau dans le lagon et dans l'océan alentour ; je plongerai en scaphandre et en soucoupe sur le récif, où je découvrirai de longues fissures dans le corail. L'atoll tiendra-t-il le coup ?

Nous voguerons vers la Nouvelle-Calédonie, puis vers la Nouvelle-Zélande. Je verrai les deux grandes îles de ce pays, que les Maoris, indigènes de ces terres, appellent le pays du Long Nuage blanc. Nous apprendrons comment ces hommes, abordant l'archipel en pirogue voici plus de mille ans, y ont trouvé un ensemble vierge d'une prodigieuse originalité. Des espèces végétales qui remontent à l'ère secondaire. Aucun mammifère terrestre ; en revanche, des lions de mer et toutes sortes de cétacés dans la mer. Sur les îles, des fossiles vivants, comme le reptile sphenodon, ou tuatara ; des sortes d'autruches (les moas) ; des râles aptères, des perroquets, des pingouins, des takahés — et ces ahurissants oiseaux, incapables de voler, avec des plumes qui ressemblent à des poils, et qu'on appelle kiwis, ou aptéryx...

Nous visiterons l'île du Nord (ou île Fumante), avec ses geysers, ses volcans, ses mérous, ses argonautes... Et l'île du Sud (ou île de Jade), avec ses poissons-éléphants, ses dauphins d'Hector, ses cachalots, son mont Cook serti de glaciers, son merveilleux Fjordland où des cascades de mille mètres de hauteur tombent dans une mer où croissent des garrigues sous-marines de corail noir... Nous plongerons en soucoupe à la recherche des étranges brachiopodes, qui ressemblent à des mollusques mais qui n'en sont pas. Nous saluerons les otaries de Nouvelle-Zélande et leurs cousins les lions de mer de

Hooker. Nous irons plus au sud encore, dans les parages subantarctiques — jusqu'aux îles Auckland, où les mamans otaries mettent bas dans une forêt de *rata trees* aux feuilles rouges, et où s'est établie la plus vaste colonie du monde d'albatros timides.

Nous rallierons l'Australie. Le long du Queensland, nous visiterons le plus prodigieux récif de corail du monde : la Grande Barrière... Deux mille kilomètres de constructions calcaires, dues au labeur patient, millénaire, de milliards de minuscules polypes coloniaux... Nous assisterons à la fabuleuse nuit d'amour des madrépores : une fois par an, sur toute la superficie de la Barrière, mus par une force instinctive que les scientifiques ne s'expliquent pas, l'ensemble des coraux lâchent dans l'eau leurs paquets d'ovules roses et leurs nuages de spermatozoïdes. Prodigieuse, incroyable orgie collective, qu'on ne connaît que depuis quelques années... Nous mènerons nos recherches sous l'égide du professeur Michel Pichon, qui a découvert cet hallucinant phénomène.

Nous explorerons des centaines d'atolls, de récifs frangeants et de récifs-barrières. Nous plongerons dans des aquariums d'éponges, d'anémones, de gorgones, de bryozoaires, de vers spirobranches, de coquillages contournés, d'étoiles de mer, d'oursins et d'ascidies ; et surtout de poissons tropicaux aux formes et aux couleurs sans pareilles, inimitables, incroyables, époustouflantes. Rien n'est plus beau que le poisson-ange-empereur, aux rayures jaunes et bleues, si ce n'est la rascasse volante, ou ptéroïs, dont les nageoires semblent des ailes...

Nous verrons des requins, des tortues qui s'accouplent puis qui pondent dans le sable chaud, des dauphins qui bondissent et qui gazouillent, des dugongs qui broutent l'herbe des fonds. Nous irons, sur le continent d'Australie, espionner l'étrange ornithorynque, ce mammifère qui arbore un bec de canard et une queue de castor, qui pond des œufs et qui allaite ses petits. Nous débusquerons, dans deux rivières, le poisson-poumon, ou dipneuste, qui respire tantôt par des branchies, comme un bon poisson qui se respecte, et tantôt par un poumon rudimentaire; cette double adaptation lui permet d'exploiter les richesses des cours d'eau à la saison des pluies et de s'enterrer dans la boue à la saison sèche...

Nous irons, à la pointe extrême du cap York, nager dans la rivière Jardine, où François Sarano, Michel Deloire et Didier Noirot plongeront en compagnie du monstre local : le crocodile de mer, dont certains exemplaires dépassent sept mètres de longueur, et qui possède une belle réputation de croqueur d'hommes.

Nous rejoindrons l'*Alcyone* en Papouasie-Nouvelle-Guinée. Tandis qu'elle remontera le fleuve Sepik, au pays des Papous, nous explorerons la mer fertile qui entoure cette terre où la vie prolifère (oiseaux de paradis, papillons sublimes...). Epaves de la Seconde Guerre mondiale colonisées par les éponges, les coraux, les poulpes et les poissons-chirurgiens. Requins et pêcheurs de requins. Bénitiers géants. Orques en chasse, qui dévorent des squales et des raies mantes...

Le voyage se poursuivra vers Bornéo. La mangrove des nasiques et des crabes. La forêt des orangs-outans. L'îlot de Sipadan, où vivent les tortues de mer, et où elles meurent dans une immense grotte sous-marine qui fait office de cimetière...

Nous irons en Thaïlande — jusqu'à Bangkok, à l'île de Phuket et dans la baie sublime de Phangnga.

Nous irons aux Andaman.

Nous irons à Java, à Banda, aux Moluques, à Komodo...

Nous irons en Chine. Nous remonterons le Yangzi...

***

Ces noms chantent dans ma tête. Ils me fascinent. Ils m'obsèdent. Je donnerais des fortunes pour savoir ce qu'ils cachent vraiment — quels hommes, quels animaux, quelles plantes... Il me semble que, même quand j'ai vu les contrées qu'ils désignent, il me reste tout à découvrir d'elles.

Aujourd'hui, après ces années d'aventures, je ne suis sûr que d'une chose : je n'en aurai jamais assez. Je ne serai jamais saturé de vagues, de marées, de coquillages, de poissons et de baleines. Je naviguerai le plus longtemps possible. Le soleil et les embruns creuseront des rides supplémentaires sur mon visage et blanchiront mes cheveux. Ma passion ne prendra ni rides ni cheveux blancs.

Au cours de ma vie de marin, j'aurai rempli à ras bord mon sac de souvenirs. J'aurai plongé dans toutes les eaux, de Sormiou à l'Antarctique, de l'Alaska à l'Australie et de la mer Rouge aux Marquises.

Quand je fermerai les yeux pour évoquer ma carrière, j'aurai sous les paupières l'immense variété de la houle, des fleuves, des glaces, des mangroves, des vivants, des pays et des hommes.

Lorsque je serai bien vieux, j'irai — tant que j'aurai des forces — regarder l'horizon bleu depuis les îles de Marseille, où tout a commencé, sur la bette de mon père.

Je redeviendrai enfant et je partirai avec lui vers le large.

TABLE DES MATIÈRES

Achevé d'imprimer en juin 1990
sur presse CAMERON
dans les ateliers de la S.E.P.C.
à Saint-Amand-Montrond (Cher)
pour le compte des éditions Robert Laffont

Dépôt légal : juin 1990.
N° d'Édition : 32805. N° d'Impression : 1502.